U0730853

海洋文化概论

主　编　曲金良
著　者　（以姓氏笔画为序）
山　曼　马英杰　干焱平　王　蓓
王庆云　刘安国　朱建君　曲金良
华敬炘　李　扬　张树国　罗贻荣
赵光育　袁洁秋　郭泮溪　蓝　健

中国海洋大学出版社
·青岛·

图书在版编目(CIP)数据

海洋文化概论/曲金良主编. —青岛:中国海洋大学出版社,1999.12(2021.3 重印)

ISBN 978-7-81067-093-7

Ⅰ.海…　Ⅱ.曲…　Ⅲ.海洋-文化-高等学校-教材　Ⅳ.G112

中国版本图书馆 CIP 数据核字(1999)第 49951 号

中国海洋大学出版社出版发行

(青岛市香港东路 23 号　邮政编码:266071)

出版人:刘宗寅

日照报业印刷有限公司印刷

新华书店经销

*

开本:850mm×1 168mm　1/32　印张:13　字数:312 千字

1999 年 12 月第 1 版　2021 年 3 月第 7 次印刷

印数:9 401～9 900　　定价:32.00 元

前　言

21 世纪是海洋世纪，这已经成为国际社会的共识。人类社会的进步将越来越寄希望于海洋；未来文明的出路在于海洋。海洋事业的发展离不开海洋文化这一深层人文意识观念、社会组织制度和民众生活方式等系统的支撑；而且海洋事业的发展本身就是海洋文明发展的标志。在国际社会普遍重视海洋科技、海洋产业发展的今天，重视海洋文化建设和发展，已是大势所趋。

我国是一个海洋大国，海洋文化历史悠久，博大精深，丰富多彩，发展前景广阔。在国际社会呼唤海洋世纪到来的今天，我国政府对发展海洋事业十分关心重视，国家有关部门也制定了海洋发展战略，并制定了一系列切实可行的措施。我国沿海各省市也都勾画出了发展海洋事业的宏伟蓝图，"海上山东"、"海上大连"、"海上辽宁"、"海上苏东"、"海上浙江"、"海上福建"、"海上广东"、海南"海洋大省"等相继提出，这些都为发掘我国海洋文化的历史传统，弘扬我国海洋文化的当代精神，藉以推动我国海洋事业的健康发展，提供了大好契机。

海洋文化学，是近年来伴随着国际国内重视海洋发展战略、将21 世纪视为"海洋世纪"、大力发展海洋事业的新形势，由青岛海洋大学在我国高等学校中率先倡导和创建的一门综合性、交叉性学科。它作为研究人与海洋的关系，研究人类海洋文明的历史、现状和未来的重要学科，已经成为学校的重点扶持领域。学校通过成立海洋文化研究所、创办《中国海洋文化研究》年刊、创设《海洋文化概论》课程(现已被正式列为全校必修课,并被列为山东省重点课程)、开展国内外海洋文化学术交流与合作等,已经使海洋文化学科的建设在国内外产生了较为广泛的影响。

青岛海洋大学作为国家重点综合大学,在21世纪海洋事业大发展的国际国内环境中,担负着责无旁贷的重要使命。充分发挥海洋大学的海洋学科特色,在海洋自然科学、海洋工程技术科学等"蓝色"学科群已经形成综合性集中优势的情况下,文、理、工相互结合、交叉、渗透,人文社会学科也突出"蓝色",形成"蓝色"文科群,大力研究海洋经济、海洋法学、海洋文化,以适应我国和全球海洋事业大兴旺、海洋文化大发展对学术、对人才的需求,是我们的必然选择。

作为一门人文学科的建立,一"史"一"论"是最基础的两个方面。由于海洋文化学刚刚初创,目前在学术研究和人才培养上最急需的,首先是一"论"——即首先要解决海洋文化的概念、范畴、内容、特性,以及海洋文化学的基本框架体系和研究方法等基础理论问题。为此有了我们现在的这部《海洋文化概论》。

本书是在青岛海洋大学校长管华诗教授的倡导和支持下,基于笔者1998年首开《海洋文化概论》课所设计的基本框架体系和编写的讲义,由海洋文化研究所发挥集体的力量,并邀请校内外相关领域的部分资深专家和年轻学者共同研究协作的成果。在副校长侯家龙教授的关照和支持下,青岛海洋大学教材审定委员会将本书选定为全校必修课的专用教材,并对本书的出版给予了重点资助。我们在此表示衷心感谢。

本书旨在重点解决目前急需解决的海洋文化学作为一门新兴学科的如下基础理论问题:一、海洋文化的基本范畴、性质和特色问题;二、海洋文化学的基本理论框架问题;三、海洋文化的基本内容构成及其分类问题；四、海洋文化各主要门类的基本面貌和发展状况问题；五、海洋文化的应用及其发展前景问题；六、海洋文化学的基本研究方法问题等等。

本书的写作完成，采取的是集体协作与各自分工相结合的方式。各位学者的具体分工执笔情况如下(未注明单位的作者，均系青岛海洋大学的作者)：

曲金良：前言，第一章，第二章，第三章第一节，第六章，第八章第一节，第十章第一节，第十四章第一、二节，附篇；山曼(烟台师范学院)：第三章第二、三、四节；朱建君：第四章；王蓓(青岛大学)：第五章；郭泮溪(青岛民俗学会)：第七章第一、三、四、五节；张树国(北京大学)：第七章第二节；王庆云：第八章第二节；罗贻荣、赵光育(浙江师范大学)：第八章第三节；刘安国、蓝健：第九章；袁洁秋：第十章第二、三、四节；华敬炘、马英杰：第十一章、第十二章；于焱平：第十三章；李扬：第十四章第三节。全书由曲金良策划、组织和统校。

由于海洋文化学刚刚初创，几乎一切相关问题都尚在积极探索的过程之中，全无现成的理论可资参考借鉴，我们著述本书，只能为这门新兴学科打下一个基本理论建设的基础，以应学术研究和教材建设之急需，由于时间紧迫，本书体系的架构、体例的设计和内容的阐述等，都不无草创之初的缺憾，衷心敬请学界批评指正，并请各用为教材的高校在教学过程中提出宝贵意见，以俟我们将来再版时能够加以吸收改进，使之不断趋于完善。

曲金良

1999 年 9 月

目　录

第一章 绪 论

第一节 海洋文化的本质及其概涵

“海洋文化”这一名词和概念，尽管不是近几年才有的，但把它作为一个学科提出来，上升到学科意识对其加以研究，却是近几年来的事。

关于海洋文化的方方面面的研究和阐述，古今中外，早已有之。如黑格尔在《历史哲学》中就写道：

> 大海给了我们茫茫无定、浩浩无际和渺渺无限的观念；人类在大海的无限里感到他自己的无限的时候，他们就被激起了勇气，要去超越那有限的一切。大海邀请人类从事征服，从事掠夺，但同时也鼓励人类追求利润，从

> 事商业……他便是这样从一片巩固的陆地上，移到一片不稳定的海面上，随身带着他那人造的地盘，船——这个海上的天鹅，它以敏捷巧妙的工作，破浪而前，凌波以行……①

我们读这样的文字，简直就像在读主题是关于大海与人类的一首好诗。至于古今中外人们关于海洋自然现象的探讨，关于海洋与人类社会方方面面的研究，自然多得数不胜数。以我国早已和正在开展的有关研究而言，比如海上丝绸之路研究，海外交通研究，徐福东渡研究，郑和下西洋研究，海岛渔俗研究，青岛文化研究，泉州文化研究，潮汕文化研究，闽粤文化研究，海外移民研究，妈祖海神研究，海港海关研究，船史研究等等，都是有关海洋文化的研究。外国也有很多关涉海洋文化的研究机构，如 the Institute for Maritime History 和 the Institute of European Expanding History Studies；还有刊物，如 *International Journal of Maritime History*；还有博物馆等，很多都有网站，内容丰富，让人目不暇接。联合国教科文组织对相关研究也非常重视，比如搞了十年的海上丝绸之路考察研究项目，从 1987 年到 1997 年，成绩斐然。所有这些都说明，关涉海洋文化的研究，古今中外不少，只是都还没有把"海洋文化"作为一个学科来建设、来研究。

有没有"海洋文化"这个学科，区别何在？显然，在没有"海洋文化"这一学科意识的情况下，所有的相关研究只能是单方面的、孤立的，或者是别的学科视角下的研究，因而也就不可能把"海洋文化"作为一个整体来研究，把所有的有关海洋文化的思想和现象

① 转引自郑敬高《海洋文化与欧洲文明的兴起》，《中国海洋文化研究》第一期，1999 年。

纳入“海洋文化”这个整体的框架之中来研究。这样,无疑就妨碍了人们对自古至今影响人类世世代代的海洋和由此而生成的人类海洋文明从本体上的整体认知,由此也就妨碍了人们在当代生活中对占地球表面积70%多的海洋进行可持续性大开发、大利用的观念、意识和方向。“21世纪是海洋世纪”,这已经成为国际国内的共识;然而“海洋世纪”并非单靠海洋科学家、海洋技术专家、海洋工程专家和海洋产业发展海洋经济就能解决了、解决好的事情;人与海洋的互动关系,说到底,是一种文化。“海洋文化”整体概念的提出以及“海洋文化学”作为一门学科的建构,就是基于这个前提。

什么是“海洋世纪”?“海洋世纪”至少包括这样几个层面。其一,它是海洋经济的世纪;其二,它是海洋高科技的世纪;其三,它是建立国际海洋权益新秩序的世纪;其四,它是海洋资源和海洋环境可供可持续发展的世纪;其五,它是全民——地球村的全体村民的整体海洋意识和海洋观念普遍强化的世纪。20世纪末叶以来,人们的“世纪末”感觉和心态日益加重:人类的人口压力越来越加大、环境越来越恶化、生存空间越来越狭小、陆地资源越来越减少、食品生产和供应越来越捉襟见肘……21世纪怎么办?难道人类在21世纪只能束手待毙?人们这才把目光重新投向海洋:我们赖以生存的地球,70%多的区域是海洋!那里是一座天然的浩大的可供我们人类利用的无量(尽管有量)宝库!我们人类的祖先就诞生于海洋、发展于海洋,我们有必要“重返海洋”;而“重返海洋”,并不能一味地向海洋索取,“杀鸡取卵”,只有强化和端正海洋意识、海洋观念,以法治海,以法治洋,使海洋“人文化”,才是21世纪的根本上策——君不见,如今的海洋已大面积地遭受到了严重破坏,众多海湾将成“死海”,鱼虾蛤蟹携菌带毒,海面油污狼藉,甚至在不少海区,所有的海洋生物行将灭绝!即使对公海,人们惊呼的声浪同样不绝于耳,“尼诺”、“尼娜”兄妹频繁造访,给我们众多的沿海国家和地区,甚至非沿海的国家和地区造成那么多灾变和异常!中国内江内河的连年大洪水,中国沿海的越来越常见的风暴潮大灾害,使得人们在歌颂了伟大的抗洪精神、伟大的抗灾精神之后不得不反思回想:人类和大自然的关系应该怎么处?人定胜天?天定胜人?能不能互为朋友,和谐互利,共存共荣?退田还湖,退田还林,退田还海……说到底,就是退人造——那些“无知识”“无文化”的人造,还自然——包括合乎人文精神的自然!21世纪作为海洋世纪,最根本的是个21世纪的意识问题,观念问题,怎样开发利用海洋的指导思想问题,是否能够制定和执行(尤其是执行)可持续发展战略的问题。通过现代科学,通过高新技术,知识经济发展了,但朝哪个方向发展,事关重大。人类早已发明了原子弹,有不少人却用它来恫吓和毁灭自己的同类;人类早已发明了火药,有不少人却用来制造枪炮杀伤自己的同类;人类早已发明了化学工业,有不少人却用来有意无意地污染毒害自己的同类。至于海洋经济和技术也不例外,人类早已发明了电捕鱼技术,难道不是有很多人用来竭泽而渔?我们早已发明了潜水舰艇,难道不是有很多人用来偷袭别人?人类早已发明了登山览海的索道,难道不是有很多人把海滨旅游景点的山头挖凿得狼藉不堪?为什么蓝蓝的海洋一次次惨遭污染?为什么有很多海区已无鱼可捕?为什么海洋上的战争一次次爆发?将来有了更多更“高级”的海洋高科技产品,同样地,是用来造福于人类,还是作恶于人类,结果大不一样。说到底,海洋经济、海洋科技的问题,是个文化问题,是个怎样认知和把握、发展海洋文化的本质及其蕴涵的问题。海洋世纪的到来,如果缺失了海洋文化的研究,会比现在更可怕。

既然的确应该把海洋文化作为一个学科来建设和研究,这就必然首先面临着需要解决“海洋文化”的学术概念及其内涵和外延的问题，也就是“什么是海洋文化”的问题。这似乎是每一门学科在创立时甚至创立后都必须要解决的问题。如果这一首位的问题解决不了，那么这一门学科似乎就无从谈起，因为它关乎这门学科的研究对象到底“是什么”，由此才可能探讨它的“怎么样”。

那么，什么是“海洋文化”？

看似简单，其实非然。翻一翻中外关于什么是“文化”的定义，就不下上百种甚至更多，“海洋文化”的定义自然没有，需要给出一个。对此，近年来的研究也众说不一，这里我们引述几种，以供参考。

其一，文化，从广义上讲，是人类社会所创造的物质财富和精神财富的总和；从狭义上说，是人类社会的意识形态以及与之相适应的社会制度、组织机构和生活状态，是人类的知识、智慧、科学、艺术、思想、观念等的结晶和物化形态，是人类文明进步的表征。海洋文化，作为人类文化的一个重要的构成部分和体系，就是人类认识、把握、开发、利用海洋，调整人与海洋的关系，在开发利用海洋的社会实践过程中形成的精神成果和物质成果的总和，具体表现为人类对海洋的认识、观念、思想、意识、心态，以及由此而生成的生活方式包括经济结构、法规制度、衣食住行习俗和语言文学艺术等形态。①

其二，海洋文化是中华文化的重要组成部分。所谓海洋文化，其实也是地域文化，主要指中国东南沿海一带的别具特色的文化。同时，也包括台、港、澳地区以及海外众多华人区的文化。②

---

① 曲金良《发展海洋事业与加强海洋文化研究》，原载《青岛海洋大学学报》社科版，1997年第2期，转载于1997年12月10日《中国海洋石油报》。

② 李天平《海洋文化的当代思考》，见《岭峤春秋·海洋文化论集》，广东人民出版社，1997年。

其三，海洋文化，顾名思义，一是海洋，二是文化，三是海洋与文化结合……凡是滨海的地域，海陆相交，长期生活在这里的劳动人民、知识分子，一代又一代通过生产实践、科学试验和内外往来，利用海洋创造了社会物质财富，同时也创造了与海洋密切相关的精神文明、文化艺术、科学技术，并逐步综合形成了独特的海洋文化。①

其四，海洋文化的概念是：滨海地域的劳动人民和知识分子世世代代在沿海地区生活，他们对内交流、对外交往，依傍海洋从事政治、经济、文化活动，创造了丰富的物质财富和精神财富，并在斗争实践中逐步孕育、构筑、形成具有海洋特性的思想道德、民族精神、教育科技和文化艺术，综而言之，就是海洋文化。②

其五，人类社会历史实践过程中受海洋的影响所创造的物质财富和精神财富的总和就是海洋文化。③

其六，海洋文化，是人类与海洋有关的创造，包括器物制度和精神创造。具体说来，海船、航海、有关海洋的神话和风俗，以及海洋科学等都是海洋文化。④

由此可见，对于"海洋文化"，目前还没有一个公认的定义，要想在短时期内改变这一状况是不可能的，即使想在较长的时期内达成共识，也只能是理想主义。实际上，"共识"就在"尚未达成共识"之中，而"尚未达成共识"的状态会长期存在下去，探讨、争论会

---

① 林彦举《开拓海洋文化研究的思考》，见《岭峤春秋·海洋文化论集》，广东人民出版社，1997年。

② 林彦举《把握机遇，凝成一体，明确目的，虚实并举》，见《岭峤春秋·海洋文化论集》，广东人民出版社，1997年。

③ 徐杰舜《海洋文化理论构架散论》，见《岭峤春秋·海洋文化论集》，广东人民出版社，1997年。

④ 邓红风《海洋文化与海洋文明》，见《中国海洋文化研究》第一期，1998年。

长期存在下去——其实这是好事，甚至可以说，只有这样才好，因为海洋文化古今中外历史悠久，丰富多彩，门类众多，并一直作为一种甚至多种历史过程，从过去到现在、再到将来不断地创新发展着，人们对它的把握不可能人人一致地一步到位，人人一致地全面准确；而且，若强求都那么“一致”，反而会大有陷入僵化死板、从而扼杀了海洋文化学这门新兴学科的危险：任何学科似乎都是这样，只有在大体有共识而又“无共识”的矛盾统一中求发展、求创新，这门学科才会有生命力。

既然如此，既然把问题看得这么“透”，是否“早知如此，何必当初”，用不着对海洋文化的本质及其概涵问题亦即海洋文化学的研究对象问题进行探讨、论争了？不是。人们认识和把握事物，其认识、把握的程度和目的，其实就在这一认识和把握的过程之中。省却了认识和把握事物的过程，也就无从认识和把握事物本身。既然人们不可能不存在“尚未达成共识”的状态，不可能不探讨、争论下去，那么这种“无共识”下的探讨和争论的价值就在于，一个人的自成一说既然是自成一说，那么他就必然会有自己的观察视角、把握方式、认知界域和深广程度，从而就会对他人提供出可资参考借鉴和启示启发的无可替代的学术价值。事实上，正是这样众多的“自成一说”的群体作业，才成为一门学科的形无实有的共识，才会使一门学科走向繁荣。

正是基于如上的认识，我们对海洋文化的本质及其概涵亦即海洋文化学的研究对象的所有探讨，才会有必要，有价值，有意义。扩而言之，所有的学科尤其是人文社会学科的名实之辨(不止于此)，几莫不如是。

因此，什么是海洋文化？我们这里只能给出一个参考性的定义：海洋文化，就是和海洋有关的文化；就是缘于海洋而生成的文化，也即人类对海洋本身的认识、利用和因有海洋而创造出的精神的、行为的、社会的和物质的文明生活内涵。海洋文化的本质，就是人类与海洋的互动关系及其产物。

这里，“和海洋有关的文化”，就不是一般意义上的文化，和海洋无关的文化就不属于海洋文化；“人类对海洋本身的认识、利用和因有海洋而创造出的精神的、行为的、社会的和物质的文明生活内涵”，分指“和海洋有关的文化”的四个层面：一是感官认识、知识体验以至上升到心理和意识形态的层面，一是言语、行为方式的层面，一是人居群落、组织结构和社会制度的层面，一是物质经济生活模式包括资源利用及其发明创造的层面；把“人类与海洋的互动关系及其产物”视为海洋文化的本质，无疑有利于我们借鉴人类开发利用海洋同时又受制于海洋的历史，从而更好、更有效地在实施可持续发展战略的前提下，进入海洋世纪，让海洋更多更好地造福于我们的人类文明。

人类的海洋文化虽然不是一般意义上的人类文化，或者说人类的全部文化，但它却是人类全部文化的发生源、母胎或曰历史与逻辑的起点，同时也是后来的人类全部文化的重要构成部分，并且在众多民族、国家和地区那里，是主体部分，重心或者中心部分，甚至就是那里的文化的全部。[①]

第二节　海洋文化的特征

认识到了海洋文化的本质内涵，认识到了它与人类全部文化的关系或曰它在人类全部文化中的含量，我们再来把握一下它的

① 曲金良《海洋文化二题》，《青岛海洋大学学报》(社科版)，1997年第4期。

特色和特征。

海洋文化的这一"特"字，实际上是与一般意义上的人类文化相对应的，尤其是与内陆文化相对应的。如上所说，海洋文化占着人类文化的大部，然而长期以来，人文社会科学界"正统"地位的传统学术理念和立足点，大都是站在内陆而背对着海洋的，很少有面向海洋者，因而他们的文化观念大多是内陆型的，很少有海洋型的，因而本来不"特"的海洋文化与已经被视为一般文化的内陆文化相对应，海洋文化的"特"字也就显而易见了。

那么，海洋文化其"特"者何？论者也有多说，且看二三：

其一，有的从海洋文化在社会经济生活中的体现的视角加以把握，论其特征为"重商性"和"开放性"、"外向性"。①

其二，有的从其对异域文化的吸纳的视角加以把握，论其特色为"多元性"、"兼容性"。②

其三，有的兼而论之，谓其具有"外向性"、"开放性"、"冒险性"、"崇商性"、"多元性"。③

其四，有的从中华海洋文化的视角加以把握，谓其具有"开放性"、"多元性"、"兼容性"、"商业性"、"开拓性"。④

其五，有的从人类海洋文明史的视角加以把握，谓其具有"开放性"、"多元性"、"原创性和进取精神"这三大特点。⑤

① 欧初《研究海洋文化、增强海洋意识是当代一项战略任务》，见《岭峤春秋·海洋文化论集》，广东人民出版社，1997年。

② 欧初《研究海洋文化、增强海洋意识是当代一项战略任务》，见《岭峤春秋·海洋文化论集》，广东人民出版社，1997年。

③ 徐杰舜《海洋文化理论构架散论》，见《岭峤春秋·海洋文化论集》，广东人民出版社，1997年。

④ 林炳熙《发挥海洋文化优势，加速滨海城市建设》，同上书。

⑤ 邓红风《海洋文化与海洋文明》，见《中国海洋文化研究》第一期，1999年。

其六，有的从海洋民俗文化的视角加以把握，谓其具有“民族性”、“地域性”、“漂流性”、“变异性”、“行业性”、“功利性”、“神秘性”、“包容性”凡八大特征。①

还有人总结出了其“三开四味”：“三开”曰“开放性、开发性、开拓性”，“四味”曰“海味、洋味、古味、新味”。

凡此种种，如上所论，都不见得十分严密、完善和成熟，但都把握到了海洋文化的底里，至少是部分的底里，都对人们的进一步探讨和把握提供了很好的借鉴。

这里，综合已有所论，我们有必要对海洋文化的特征从海洋文化的本质上给予一种较为系统的把握和表述。

首先，就海洋文化的内质结构而言，是它的涉海性。人们常说海洋文化是“蓝色文化”，“蓝色”的“色彩”属性就是海洋文化的属性。人类缘于海洋而创造的文化，涉海性是它的首要的也是本质的特征。这里的涉海性，既包括人类对海洋的自然属性的认知和把握，又包括人类缘于海洋而生成的文明的属性。人类对海洋的自然属性的认知和把握，是人类海洋文明的属性的基础和前提，离开了这一基础和前提，海洋文化也就无从产生，或者说也就不成其为海洋文化；海洋文明是人类与海洋互动关系中人类对海洋的认识、反映、利用及其结果，离开了人类的这种认识、反映、利用及其结果，海洋只是海洋，只有海洋的自然属性，同样，所谓海洋文化也就无从谈起，或者说海洋文明也就无从产生。本来，海洋的自然属性可以不是我们海洋文化学所要研究的问题，但海洋的自然属性要靠人类的感知、认识和探索来把握，因而人类对海洋的感知、认识和探索过程及其成果，无疑也是我们海洋文化学所应予以研究

① 曲鸿亮，全国首届海洋民俗文化研讨会(青岛)论文，见《中国海洋文化研究》第一期，1999年。

的内容。

其次，就海洋文化的运作机制而言，是它的对外辐射性与交流性，亦即异域异质文化之间的跨海联动性和互动性。这也是由海洋文化的本质所决定的。因了海洋的自然属性，也因了人类对海洋的认识和利用，海洋文化从总体上来说不是阙于一域一处的文化，人类要借助于海洋的四通八达，把一域一处的文化传承播布于船只能够布达的异域的四面八方，并由异域的四面八方再行传承播布开去，这样的传承播布、再传承播布的过程，都必然会对异域的土著文化产生程度不同的影响，使其或多或少地也具有了异域异质文化的内涵，这就是其联动性；同时，四面八方的异域那里的土著文化因发生了土洋文化的联动而产生了“杂交儿”，那些个“杂交文化”也从四面八方的异域“土著”那里通过海水和船只的布达而反过来传承播布回来，对这里的“土著”（或者已经不是原来意义上的“土著”了）发生影响，在这里产生“杂交”或新的“杂交”，这就是其互动性。这样的联动与互动的过程，就是异域异质文化相互辐射与交流的过程，也是海洋文化得以发展、变迁的历史过程。无论就人类历史长河中的大部分时段看来，还是就人类过去和现在的大部分众体看来，既然海洋是人类生命的发源地，既然海洋占人类所在的地球面积的 70%还多，那么，显然地，宏观地说来，人类赖以生存的环境主要就是海洋——人类的居住多依傍于海洋，人类的生活多依傍于海洋，人类的迁徙多依傍于海洋，因而基本说来，或者从总体上说来，人类文化的对外辐射和交流，尤其是异域异质文化之间大跨度的辐射和交流，大都是依傍于海洋才发生的。从总体上说，人类因海洋而有了先是小船后是大船，因而也就必然有了先是近海之间后是远洋之间的相互迁徙“入住”，并由此带来异域异质文化之间的辐射与交流，包括精神、物质、语言行为和社会制度结构模式之间的辐射和交流。海洋文明越发达，人们的海洋观念越强烈，海外的信息越多，海外异域异质文化的吸引力就会越大，因而通过人自身“亲自”体验来进行异域之间的交流、迁徙的愿望和实践也就越来越成为热线和热点。试将人类海洋文明的早期、中期、近期和现当代相较，情况不言而喻。中国开放以来的出国潮大家有目共睹，海外的出国潮——对于吸纳方来说是“入国潮”——其温度同样也越来越高，因而其异域异质文化之间的辐射和交流量也就越来越大。这，就是世界性海洋经济贸易文化一体化能够得以实现的缘由和前提。

其三，就海洋文化的价值取向而言，是海洋文化的商业性和慕利性。在海洋文明社会里，崇商具有着突显的特征。“无商不富”，即使黄土地上的妇孺亦知。然而为什么在内陆文明那里商业总是发展不够，上层总是重农轻商、抑商，而且连老百姓也贵农贱商？视土地为饭碗，为生活的依靠，为命根子，这正是其作为因土地而生成的文化与因海洋而生成的文化的区别所在。农民有了土地可以自产自销、自给自足，商业贸易只是自产自销、自给自足的补充，只要有些小手工业作坊，只要有五天一个集市供盆盆罐罐、鸡毛蒜皮的买卖，只要有零零星星的大小商店供油盐酱醋、针头线脑的换取即可，有商固好，对于农民的总体来说，无商也可活人，也可“老婆孩子热炕头”，商业虽可致富，但那总是副业，从商者总归是“不务正业”。但在海洋文明这里却大有不同。就其总体来说，海洋文化的创造主体们没有可供耕种的土地（有的是原本没有，有的是后来舍弃），他们所有的“土地”和“耕作工具”主要是漂移的船，随船而变位的网，和用为贸易经商的港口。若不贸易，他们的生活资源就会只有鱼鳖虾蟹，因而他们只好从商，只好在异域之间或海陆之间进行“舶来品”的贩运买卖，而舶来品本身，又自然是大受欢迎的，这就越发刺激了其舶来舶往行商贸易业的发展繁荣。因而在海洋文化这里看来，经商“下海”不是副业，而是主业；经商贸易不是可耻可贱的，而是光明正大的：这就是为什么西方海洋国家和我国沿海地区的港口城市多是商业性城市，而一些农业大国和我国内陆的城市多是政治性城市和工业性城市的缘故。当然，在我们传统的占了“统治”地位的文化里常常嗤之以鼻的“见钱眼开”、“拜金主义”、“铜臭气”，虽然在海洋文化这里看来似乎天经地义，但毕竟是人之作为“人”的物化或曰异化。这是传统海洋文化作为一种文化形态的固有弊疾。如今，人们面对海洋知识经济时代的即将到来，是否能够面对或多或少的、大大小小的异化，更多地关照关照人类自己，返回到人文精神的“人”这里来？

其四，就海洋文化的历史形态而言，是它具有开放性和拓展性。此与上述特征互为因果。一个真正的海洋国家和民族，是不能闭关锁国的，人类面向海洋的时代，就应该、也只能是开放的时代。海洋连接着五大洲的大大小小的岛屿和陆地，人类的大多数民族、国家和地区濒临海洋，海洋面向人类开放着，几乎每一寸海面(甚至不仅仅海面)都是天堑通途，几乎每一滴海水都是公路、铁路的路基，陆地上的公路、铁路只能靠人工铺设成线，而海洋上的“公路”、“铁路”却是天然一片，这样的天然开放性谁也堵截拦断不了，因而人类对海洋的开放性的利用，必然产生出“天然”的开放性的文化历史。古今中外的历史发展证明，从总体规律上来讲，什么时候、哪里面向海洋了，开放了，什么时候、那里的经济、文化就繁荣了，发展了；否则，即使不因为战争的征服和自然灾害的毁灭性打击，那里的文明也容易衰败、落后，甚至走向死亡。面向海洋的开放，必然带来拓展，并以拓展为手段，同时也是目的。它的拓展性，包括经济活动范围的拓展、生活资料来源的拓展、商贸市场的拓展、人文精神影响力的拓展，以及人居空间环境的拓展。这同样也是与前述诸特征互为因果的。尤其是哥伦布、达·伽马、麦哲伦等开创了世界大航海和地理大发现的时代之后，西方资本主义原始积累和大规模殖民时代随之到来,这种通过海外的拓展扩张来实现经济范围、资料来源、商贸市场和人居空间拓展的海洋文化表现,十分明显。当然,尽管不少人曾经甚至仍然十分赞赏和宣扬西方的蓝色文明,但其武力的征服,殖民的文化心态及其作为,无论如何不是我们今天的人类所应该借鉴、效仿的。

其五,就海洋文化的社会机制而言,是它具有社会组织的行业性和政治形态的民主性,相应的也就具有法制性。社会组织的行业性、政治形态的民主性和法制性,是个很大的题目,我们这里姑且从略。

其六,就海洋文化的哲学与审美蕴涵而言,是它具有生命的本然性和壮美性。人类的生命来自海洋,海洋的自然天性的浩瀚壮观、变幻多端、能量巨大、自由傲放、奥秘无穷,使得人类视海洋为生命本能的对象物,为力量的、智慧的象征与载体,因而我们若把海洋文化与大陆文化相比较可知,海洋文化无疑更具有人类生命的本然性和壮美性:其硬汉子强人精神,其崇尚力量的品格,其崇尚自由的天性,其强烈的个体自觉意识,其强烈的竞争冒险意识和开创意识,其悲剧意识,其激情与浪漫,其壮美心态等,都与大陆文化的讲求以柔克刚,讲求中庸之道,讲求温良恭俭让,讲求三思而后行,讲求靠天吃饭,讲求老道守成,讲求本分,讲求禁欲,讲求节度,讲求安逸,讲求知足常乐,讲求柔美心态,讲求大团圆结局,讲求老人经验…… 迥然有别。在大陆农耕文化中,往往老年人即是当家人,即是当权者,老年人往往对年轻人以“我过的桥比你走的路多”、“我吃的盐比你吃的米多”自居,年轻人在老人面前若有“非分之想”,只要老人“老经验”的“经典”里没有先例,只需拂须轻轻一笑,便可一笑“了”之,把它消灭在这一慈祥和善的一笑之中,因而冒险、流动、闯荡、慕利、自由、竞争、浪漫、情欲、刺激、思变、牺牲…… 从总体上来说,都只能是海洋文明人的生命本然的哲学与审美体现，在大陆农耕文明中，较少讲求这些字眼。有人说，中国的传统社会(这里主要指在历史上占据了“正统”地位的黄土文明社会，尤其是在封建社会时期；其实不止中国传统的农耕社会尤其是封建社会如此，西方中世纪的黑暗时期，历史地比较看来，是由面向海洋转而背朝海洋的时期，同样如此)只见社会不见人，泯灭了人的天性，话虽不无过分，倒也一语中的。在传统中国的大陆农耕文明中，在西方黑暗的中世纪，无论是封建大一统还是封建割据，历史地比较看来，背对着海洋，“人”在哪里？举例来说，有谁能见到男男女女大庭广众之中如入无人之境地亲亲昵昵？有谁能见到在大街人流之中穿梭往来“招摇过市”的比基尼三点式？这些无疑都是人之作为“人”的天性使然，大多在滨海地区尤其是海滨浴场才常见到，进而习以为常，成为海洋国家海洋民族的风俗天性。当然，话又说回来，海洋文化的这种特性，也有其正反两方面的效应。曾几何时，我们中国老百姓连养只鸡鸭猪羊、搞点小买小卖都被视为资本主义尾巴，这固然大错特错；刚刚改革开放、面向海洋之时，经商下海虽掀狂潮仍被下看，商人总被视为一些不光彩、不正当、偷鸡摸狗、投机钻营、利益熏心、见利忘义、爹娘老子不认、谋取不义之财的“不三不四”的角色，这固然和我们中国商潮初起时期一些诸如“高台跳水”、政企不分、收受贿赂、官倒、裙带等非商业因素和非商业现象有关，与经济的社会的市场机制、体制有关，也与这些商人以及官员的自身素质有关，即使现在也没有从根本上得到改变；但多年来我们一面改革开放，一面扫黄打非，而黄流不时泛滥，非法不时横行，却无疑是西方海洋文化中物欲横流所“流”入的负面恶果，虽然也体现出“人之大欲存焉”的特征，但毕竟不应是我们今天的人们可以依然趋之若鹜的。我们考察研究海洋文化，并不是、也绝不能把海洋文化说成什么都好，它有其利，也有其弊，我们的任务就是要充分把握它的总体特性，扬其利、避其弊和扼其弊，使其更好地为我们人类未来的海洋文明发展服务。

第三节 海洋文化学的学科建构

海洋文化学作为一门学科的学术宗旨，就是阐述和实证人类海洋文化的总体样态及其发生发展规律，并研究解决其中的一些个案问题，以为人类海洋文明的发展服务。

海洋文化学，是一门交叉综合性极强的学科。它的交叉综合性，体现在它具有文理工科的相互渗透性。它从总体上或曰主体上看来属于人文社会学科的范畴，同时又与海洋自然科学和海洋工程技术科学具有极强的关联性，尤其在海洋自然科学史学和海洋工程技术史学方面，甚至是交叉重叠的。

就人文社会学科而言，我们上面所论海洋文化的本质概涵中所包括的一切方面，现有的人文社会科学的各分支学科都已经或多或少地分别给予了关注和研究，如在哲学那里，在史学那里，在语言文学那里，在社会学那里，在心理学那里，在经济学那里，在民族学、民俗学、法学、宗教学、考古学、人类学尤其是文化人类学、文化地理学那里，等等，但它们的分别的各自的研究，都是在各自学科的学术立场和视角下进行的，不会有自觉的海洋文化学意识，因而即使是对同一种或同一类海洋文化现象，在它们那里所作出的认知和把握，也不会如同我们站在海洋文化学的立场和视角下对其所作的认知和把握一样：或者从理论上，或者从史料上，或者从当代鲜活的海洋文化生活上，阐述或实证人类海洋文化的总体形态及其发生发展规律和个案问题。

就与海洋自然科学和工程技术科学的关联而言，海洋文化学不是一般文化学，它所研究的是人类因海洋而生成的文化现象，那么人类对海洋自然现象的探索、认知和把握，有关海洋的科技发明和海洋工程化开发利用，实质上就是人类的海洋文化创造；只不过因为每一学科总要有自己相对独立的学科分野，我们的海洋文化学不会去研究探讨海洋的自然现象本身，不会去进行具体的海洋技术的发明和研制，不会去进行海洋工程本身的研究、施工和开发，但海洋自然科学、工程技术科学界学人们的研究思想、意识和文化理念，他们的研究成果向社会的转化及其对人类社会文化生活的作用力和影响，却是海洋文化学应加以研究且绝不可忽视的内容。至于海洋自然科学史、海洋技术科学史和海洋工程科学史，它既是海洋自然科学、技术科学和工程科学的基础研究——人类的科学总要在前人已经铺设起的阶梯上前行，而不能总是重复前人走过的脚印，人类的海洋科学的前行发展也不例外；它又正是人类海洋文明的历史本身的重要构成部分，甚至可以说是与人类海洋文明历史的其他部分密切相关的最基本的部分；因而自然地，它同样也是海洋文化学所涵括的重要学科内容。

海洋文化学作为一门交叉综合性学科，还体现在它既是一门基础理论学科，又是一门实践功能性很强的应用学科。

就其是一门基础理论学科而言，它主要是一门人文学科，因为它研究的对象是文化；它的研究方法、学科理论体系，主要属于人文学科的范畴；而就它与海洋理工学科的渗透交叉甚至重合的部分而言，则既属于人文学科范畴，又属于理工学科范畴，尤其是就海洋科学技术与工程史而言，就既属于人文学科“历史学”的“专门史”，又属于理工学科“科学技术史”的“学科史”。此无须赘言。

就其是一门应用学科而言，它的应用性表现在它不是纯理念的学问，它的现实功利性很强。这是因为，它的学术宗旨是阐述和实证人类海洋文化的总体样态及其发生发展规律和个案问题，它可以为人类今天的海洋文化建设和明天的海洋文化发展走向提供能动的借鉴参考。具体表现在：其一，在发展海洋事业的决策层面上，海洋文化学的研究可以寻找到何种海洋文化模式更适合于本地区、本民族或本国家的海洋发展战略，从而在制定经略海洋的政策时吸取那些成功的经验，记取那些失败的或者负面影响太大的教训，使得海洋文化朝着人类文明真正有利于“人”的进步的方向发展；其二，在海洋人文哲学和人文意识的层面上，海洋文化学的研究可以使人们建立正确的海洋意识和观念，不仅开发利用海洋，而且亲和海洋，善待海洋，使海洋成为人类得以可持续发展的、同时在生态环境上也是审美的自由自在的生存空间；其三，在发展海洋事业的具体运作层面上，海洋文化学可以通过其具体的应用性分支学科的研究，诸如海洋产业文化、海洋社区文化、海洋旅游文化、海洋饮食文化、海洋交通文化、海洋环境文化、海洋军事文化等，提供出具有适应海洋文化发生发展规律和特色的战略策划、形象策划、市场策划和运作策划；其四，在海洋事业人才教育培养层面上，海洋文化学不仅是海洋事业高级人才综合素质、综合能力培养所必须开设的课目，而且是相关课目开设的基础和前提，同时也是面向社会，尤其是面向青少年普及海洋意识观念和知识的重要学科支撑。

关于海洋文化学的研究层次，也有学者有所涉及，给我们不少启示。如曰：

> 海洋文化的研究，我考虑可以分两个层次。
>
> 第一个层次是，海洋文化的理论研究，其中包括海洋文化的定义、概念、内涵、外延、研究对象、范围；海洋文化与社会科学、自然科学、技术科学的关系，以及研究方法。

……

第二个层次是，海洋文化的具体内容研究。①

作者还就“中华海洋文化”的研究指出了四个主要门类：“第一，与海洋有关的人文地理、地貌和生态的研究”；“第二，与海洋有关的文化传承”；“第三，海洋文化与中原文化的关系研究”；“第四，海洋文化与提高沿海城市文化品位的关系尤为密切”。

也有人把“中华海洋文化”的主要研究内容概括为：“第一，海洋地理地貌、生态的人文描述”；“第二，海洋架构的文明的绵延”；“第三，沿海城市与港口的开发及其传说”；“第四，海的文化传承”；“第五，沿海文化与中原文化的比较研究”；“第六，海疆万里风光美”。②

在此，我们将海洋文化学的学科体系及其研究范畴概括如下③：

其一，海洋文化基本理论研究，包括海洋文化概论与分论。概论包括海洋文化的概涵，海洋文化的本质，海洋文化的特征，海洋文化的形态，海洋文化的运作规律等等；分论包括本书以下各章所论，以及本书所及的海洋文明精神研究，海洋文明方式研究，海洋审美心理研究，海洋与社会发展研究等等。

其二，海洋文化史研究。包括中国和世界海洋文化通史、断代史、专门史及其专题研究，如历代海洋文化的历史分期及其特色研究，历代海洋意识、海洋观念的丰富内涵及其发展演变研究，历代

---

① 丁希凌《时代呼唤开拓海洋文化研究》，见《岭峤春秋·海洋文化论集》，广东人民出版社，1997年。

② 姜樾《“蓝色文化”——世界文明的摇篮》，见《岭峤春秋·海洋文化论集》，广东人民出版社，1997年。

③ 参见曲金良《发展海洋事业与加强海洋文化研究》。

海洋语言、文学、艺术现象研究，历代海岛、渔村、港口、都会文化研究，历代沿海社会及其民众生活方式研究，历代海洋神话传说与信仰研究，历代海洋科学技术发明发展史研究，历代海上交通与经济贸易及其观念与方式研究，历代沿海移民与华侨文化研究，历代中外、域外国际间地区间民族间的海洋文化交流研究，历代沿海城市文化现象研究等等。

其三，中外海洋文化的相互传播、影响及其不同形态、模式的比较研究。

其四，海洋文化田野作业。包括对某一沿海区域、海岛的生产生活方式、风俗与方言、民间文艺及其社会功能和流变的调查，某一渔村、渔业社区或某一行业的“解剖麻雀”，渔民文化节会的调查，沿海港口、城市文化现状及其走向的调查研究，涉海社会的人文精神塑造等等。

其五，海洋文化与社会发展的应用研究。包括对当代海洋文明建设的研究，对外开放与沿海文化发展战略的研究，海洋文化与可持续发展研究，沿海经济(企业)与海洋文化形象设计，当代海洋文化与东西方文化交流的运作媒体研究，推进海洋文化建设、实现海洋观念现代化的措施和方法研究，海洋科技、蓝色产业对社会发展的综合影响研究，人与海洋的和谐发展与人文理想的实现方式研究，海洋资源的开发利用、海洋环境的保护优化及其政策管理研究，海洋文化传统在现代化海洋文明建设中的转换、扬弃与再塑研究，国家与人类共同的海洋事业的发展目标及其实现途径的研究等等。

第二章 *海洋与人类文明*

第一节 海洋与人类文明的起源

长期以来，人类大多脚踏着坚实的土地，在地面上耕种，在地面上做工，在地面上衣食住行，在地面上生老病死、婚丧嫁娶，在地面上编织着家族与社会，在地面上演绎着悲欢离合而又丰富多彩、可歌可泣的人生。然而我们要问，我们人类是从哪里来的？人类的生命是如何诞生、如何延续的？

生命科学的研究结果表明，海洋是地球上一切生命的母胎和产床，一切生命都起源于海洋。人类生命的本源自然也不例外。

不仅人类生命的本源出自海洋，人类文明的诞生及其发展，也依赖于海洋与海洋有着不解之缘。

海洋占地球表面积的大约71%，俗话说"三山六水一分田"，实际上海洋的面积比"六水"还多。从宇宙学的角度来看，地球实际上是一个大水球。有人因而戏说人类给自己所在的星球起错了名字："地球"应该叫"水球"。人类的居住环境，实际上是被浩瀚的海洋包围着，"水球"上的一片片陆地，只不过是一个个大大小小的"岛屿"而已。自然地，从总体上来说，人类的形成和发展、人类的生活离不开海洋。即使从当代来看，世界上人口居住密度最大的也是各沿海地区，而且"当今世界的发达国家几乎都是沿海国家，一国之内的发达地区也几乎都是沿海地区。"① 从历史上来看，尤其是从人类文明的起源那里来看，情形更是如此。

过去我们讲世界文明的起源，讲"五大文明"，除了讲地中海爱琴文明是海洋文明外，其他如巴比伦文明、埃及文明、印度文明、中国文明，都被说成是内陆文明，是江河流域文明，比如说巴比伦文明是两河流域文明、埃及文明是尼罗河文明、印度文明是印度河文明、中国文明是黄河(或加长江)文明等，这话实际上只讲对了一半。事实上，这些文明都是内陆文明与海洋文明的复合产物，追溯其始源，又多半都是海洋文明的产物：巴比伦文明、埃及文明与爱琴文明一样，都是地中海文明的产物；印度文明是阿拉伯海及孟加拉湾文明的产物；中国文明是中国海包括今日所称之渤海、黄海、东海和南海的文明的产物。关于中国文明起源和发展于海洋文明这一问题，我们不妨在此稍加解说。

第一，中国现有18 000千米的海岸线(尚不包括各岛屿的海岸线)，就中国文明的祖先在沿海的生活范围和活动区域来说，远远不止这些。而且即使仅就渤海、黄海、东海和南海的沿海地区来

① 李瑞环在会见第24届世界海洋和平大会代表时的讲话，1996年11月18日，新华社发。

说，这里也是中国文明的发源地。这是就地域而言。

后来被称为“东夷文化”和“百越文化”的所在地区，都是沿海文化区域。我们至今以“炎黄子孙”自居，而中华文明的祖先炎黄各部族，现在的中国古史研究越来越表明，就发源于古东夷地区和古百越地区。尽管我们中华史前文明的历史发展链条还比较模糊，还不够具体，但大体的和合理的脉络应该是，所谓“黄河文明”，是沿海的东夷海岱文明从黄河下游向中上游的延伸和推进；所谓“长江文明”，是沿海的百越（粤）包括吴越文明从长江下游向中上游的延伸和推进。

让我们的目光再向历史的时光隧道回溯延伸。人类在部分地进入农耕文化之前，最早的文化是渔猎文化。关于作为中华文明祖先的沿海地区“贝丘人”，在考古中已有了越来越多的发现。辽东半岛、环渤海湾、山东半岛、江苏、浙江、福建、两广地区以及长山岛、台湾岛、海南岛等大岛及其周边的许许多多群岛、列岛、小岛上面，原始社会的贝丘遗址分布极多极广。贝丘中有蚶、牡蛎、蛤蜊等海洋软体动物 20 多种，足可说明海产品对于原始人饮食生活的重要。这是就其物质生活的文化层面而言；就其精神生活的文化层面而言，“贝丘人”的审美文化，也“就地取材”于海。在大多为新石器时代遗址的这类贝丘中，有很多被打磨和穿钻得十分细致讲究的贝饰，足以说明海洋产品对于原始人服饰生活和审美生活以及信仰生活的重要。正因为这样重要，贝才具有了贵重的“价值”，以至于及至后来人们有了物质交换的需求进而发展到货币交换的历史时期之后，贝竟然成了“币”。在我国古史中，至少从殷商时代产生货币交换制度，贝就一直用为“硬通货币”，直到秦代才废止，后王莽新朝时还曾得以复辟，至今在有些少数民族那里仍然使用贝币。即使在至今我们的汉语言中，我们依然说贵重值钱、喜欢疼爱的东西为“宝贝”；在我们的汉字里，大凡与“贝”字相关的，大都和货币、财宝、买卖贸易等等相关。

让我们的眼光再往前追溯。即使今天看来我国的远离大海的陆地，包括山区和高原，在我们中华文明的起源期那里，有很多也曾经是汪洋沧海一片，我们那里的祖先也曾生活繁衍在沿海地带，和海洋有着不解之缘。我们知道，早在20世纪30年代，我们的考古学家就在北京周口店地区发现了“山顶洞人”的遗址。就在这些生活于距今2万年左右的旧石器文化晚期的“山顶洞人”那里，不但其用做佩戴的饰品中也有海蚶壳等，而且还有大量的海产品遗弃物堆积。我们完全有理由推测，那时的“山顶洞人”们，就是一些和海洋打交道或打过交道的“靠海吃海”的我们中华民族的先民。这不是天方夜谭。有谁会想到巍巍泰山的脚下，曾经是汪洋大海？更有谁会想到，即使西藏境内的海拔8 000米以上的希夏邦马峰，竟然曾是海洋动物们遨游的世界？① 且不要说有些沧桑之变发生得十分遥远，甚至那时人类、至少是人类文明还远远没有诞生，即使有了人类文明之后，这样的沧桑之变，也不断地发生过、并且至今也在不断地发生着。只是在人类文明的历史长河中，作为个体生命的人生百年，“肉眼凡胎”，不便察知罢了。即使人类有文字记载的历史，在人类文明史上，也只是弹指一瞬而已；但在民间传说那些从古老天荒年代传承下来的口碑记忆及其心理的文化的积淀里，却永远挥抹不去。就在最近，新华社还播发过一则报道：“在藏族神话传说中青藏高原原是一片大海，后来变成长着棕榈树的海岸，气候炎热而湿润。令人惊奇的是，越来越多的科学考察得出的结论与这一传说相吻合。”② 事实上，有许许多多的神话传说，原

① 参见侍茂崇，刘安国《海洋史话》，天津科学技术出版社，1980年版，第20～21页。

② 新华社西宁1999年4月20日电。

来看似荒诞不经，却正是反映了历史的真实，至少是部分地或者变相地反映了历史的真实，即如新华社消息所说，是“科学与神话相吻合”。我国古代著名的传说“麻姑三见沧桑之变”，又是一例。此虽为神仙家言，沧桑之变无论如何应是一次次渐变过程，即使大量渐变造成了突变，麻姑一人也不可能亲历所见其三，但这一传说所反映的沧桑之变本身，却是自然史的变迁因而也使得人类文化史得以变迁的历史真实。直到今天，“沧海桑田”、“沧桑之变”、“历经沧桑”等等，依然是人们从对海陆变迁的自然现象和社会现象的认知本身，感受并借喻到对社会和人生变故的表述上来的常用词语。

再如不仅我国各民族中几乎都有、世界上大多民族中也都有流传的“洪水兄妹婚”神话，其“世界性”大洪水的暴发与退落及其给人类各有关民族的历史延续或先或后造成的毁灭性和再生性影响，成了人类各民族永远挥抹不去的潜入民族灵魂和血液的历史记忆。

正是这种海陆变迁、沧海桑田的“交叉感染”，使得我们中华文明的祖先或多或少、或先或后大多都受到过海风的吹拂，大多都有过沿海而居的经历，也就是说，在中国这块辽阔的土地上，即使中华民族大家庭中那些在今天看来远离海洋的居民的祖先们，也大多和海洋有过不解之缘，并在他们的后代之中一直“残存”着挥抹不去的关于海洋的历史文化积淀。

语汇和名称是一个民族通过语言来记载（当然多是无意识地记载）其历史文化变迁的符号。让我们从两方面来看。就称名而言，仅从我国从南到北、从东到西（尤其是从南到北）的大大小小的地名来看，已经足以使我们大叹身处于大大小小的“海”字的包围之中了：“香港”、“台湾”、“澳门”、“海南岛”、“海口”、“北海”、“汕头”、“汕尾”、“潮州”、“潮阳”、“海丰”、“海门”、“海宁”、“海曲”、“海兴”、“海州”、“海安”、“海阳”、“海城”、“海盐”、“海陵”、“海康”、“海澄"、"临海"、"宁海"、"宁波"、"上海"、"盐城"、"连云港"、"青岛"、"威海"、"沧州"、"静海"、"秦皇岛"等等。仅仅这些从南到北沿海省市、地区至今仍然"健在"的"海"化地名,就已经足以覆盖了我们中华民族版图的半壁江山,至于那些古代地名今不存者,就更是数不胜数了。人们世世代代生活繁衍在这块充满海味、凭海临风的土地上甚至直接是海洋上,文化的细胞里哪能不充满着海味、波涛汹涌?再看语汇。如果说"海"化地名的分布多在沿海地理区域的话,那么在我们的汉语中,除了我们上面所举的"沧海桑田"、"沧桑之变"之外,"海内"、"海外"、"海内外"、"海宇"、"海右"、"放之四海而皆准"、"四海之内皆兄弟"、"百川归海"、"大海航行靠舵手"、"茫茫人海"、"海涵"、"海量"、"鲸吞"、"渔利"、"下海"、"大风大浪"、"劈波斩浪"、"乘风破浪"、"一帆风顺"、"扬帆远航"、"掀起高潮"、"处于低潮"、"搁浅"、"暗礁"、"海枯石烂"、"海底捞针"、"海市蜃楼"、"海阔天空"、"高不过蓝天深不过海"等等,无论其本义还是其喻义、借用义,都成了我们中华民族中汉语民族的共同语汇了。为什么就连世世代代生活在"黄土高坡"、"深山老林"里的人们,甚至世世代代都未识文解字,而他们的语言里和观念意识里大有"海"的存在?这都反映出早在我们民族的古老祖先那里,就与海与洋发生了生活的和文化的历史关联。海洋文化,是我们中华民族历史文化的摇篮。

第二,中国自原始社会即有了发达的海洋型生活方式——包括饮食、服饰、生产、货币、贸易等各个方面。这是就生活方式而言。其中的很多方面,上面已经涉及,"靠山吃山,靠海吃海",其"渔盐之利,舟楫之便",其"(夏朝帝王芒)东狩于海,获大鱼"(《竹书纪年》),其原始的史前航海以及"殷人东渡"等海上移民①,其民

① 孙光圻《海洋交通与文明》,海洋出版社,1993年。

俗文化风情等等，虽然他们没有什么文字记载留给我们，我们也自可想见。看一看世界地理大发现之后，西方国家海上殖民扩张时期文化人类学和民族学、民俗学学者们对一些欧洲"蓝色文明"社会的"文化残留物"和各"海外""新发现"的"野蛮"民族地区——大多也都是"蓝色文明"民族和地区，只不过海洋文明的模式和进程不同罢了——的采风调查及其研究记述，我们更可推知一二。

第三，再就古老的精神信仰而言。中华民族的祖先主以龙凤为图腾。龙自不必说，是海洋文化的产物；凤即玄鸟，东夷殷商原始部族的图腾。"天命玄鸟，降而生商"①，"殷契，母曰简狄——有娀氏之女，为帝喾次妃，三人行浴，见玄鸟堕其卵，简狄取吞之，因孕生契。"② 龙凤融合之后（甚至原来就是一家人，只不过分居在不同地区而为不同的部族③），凤便是女龙而已。此无须多赘。

如同中国的情况一样，沧桑之变，在世界各民族各国度那里也都有发生。如前所述，洪水兄妹婚神话在世界各民族中大多都有悠久而广泛的流传；自古希腊人那里就有描述、至今人们仍在探秘的沉入大西洋海底的"大西国"甚至是"大西洲"的古文明④；地近北极的北欧斯堪的那维亚，"在半岛很深的地下，曾经发现被海相沉积所覆盖的小船、锚和渔民住舍等"⑤；在太平洋中的波纳佩岛（加罗林群岛的一个岛）上发现的已经沉入海中一半的大城遗址；已经越来越被证实认可的古印非大陆上曾经存在然而却沉入海洋的史前文明；考古学家已经探明了的15 000年前连接今中国、日

---

① 《诗经·玄鸟》。

② 《史记·殷本纪》。

③ 《左传·昭公元年》："昔高辛氏有二子，伯曰阏伯，季曰实沉……后帝不臧，迁阏伯于商丘……商人是因……迁实沉于大夏……唐人是因。"

④ 参见近年出版的《海洋》、《海洋世界》等杂志。

⑤ 侍茂崇，刘安国《海洋史话》，天津科学技术出版社，1980年，第23页。

本、朝鲜半岛的“黄东海大平原”或曰“三海大平原”古文明①;甚至有不少学者断言,“开始于尧、舜、禹时代的中国文明,也是劫后余生的‘三海平原’上的先民们创造的。还有(美洲大陆的)玛雅文明,其创造者(也)是从‘三海平原’迁徙过来的”。② 所有这些,都使得我们的人类祖先及其后代们有着强烈的海洋意识和永久的海洋文化历史积淀,进而不可消失地影响着人类的思想精神生活和物质文化生活。

第二节　海洋与人类文明模式的建构

由于人类地球村里有了海洋的大面积存在,海洋对人类文明模式的建构和发展,起的不但是基础的而且是人海同构的作用。

对此,我们不妨从以下几个方面加以把握。

首先,海洋影响着人类大部分地区的气候条件和生存环境,甚至影响着人种的形成、体质体态的特征及其文化的内涵等。且不说地球上各个岛屿和大陆(如前所说,所谓大陆,从宇宙学的角度看来,也就是一个个大岛而已)的沿海地带的气候属无须争议的“海洋性气候”,因而天气、温度、动植物的生长等影响着人类的劳作与消费对象、劳作与消费方式和劳作与消费规律,影响着人与自然的生态协调与平衡,即使那些所谓不靠海的地区,也不能不受到

① 苏永生等《神奇的海洋世界》(青岛海洋大学出版社,1996)中“沧海桑田话变迁”部分也有介绍。专门的论说和考证,参见齐涛著《外星人之谜》(山东大学出版社,1990)及其《外星人与宇宙文明之谜》(青岛出版社,1996)。

② 参见刘德增,对齐涛等国内外学者研究的评述:《海洋底下的人类文明》,青岛海洋大学海洋文化研究所编《中国海洋文化研究》第一卷,文化艺术出版社,1999年。

海洋性气候和人地环境的影响，甚至直接受到沿海人的影响，受到沿海文化的影响，从而在总体上建构起了海洋文化的大体系，尽管在这其中由于人的能动性而形成了千差万别。至于从海洋与人类文明起源的关系上的把握，我们上面已经阐明，在此不赘。

其次，海洋影响着人类的观念、信仰、心态、思维方式和审美感受。在人类大多民族的观念里，什么最大？最大莫过于浩瀚的海洋；什么最深？最深莫过于深不见底的海洋；什么最神秘？莫过于海洋；什么最吉凶难卜？也是莫过于海洋；什么最使人惊心动魄、荡气回肠？恐怕也莫过于海洋：那一望无际的蔚蓝或湛蓝，那浩瀚澎湃的波峰浪谷，那强力轰鸣的惊涛拍岸，那海鸥盘飞万舸竞渡的海面、大到长鲸小到浮游生物的充满生机的海中、色彩缤纷斑斓让人叹为观止胜过人间花园的海底世界；那让人不得不精于计算来不得半点马虎的舟楫构造与海上航行；那顺应潮涨潮落季风海流等自然客观规律的海上劳作；那大规模专业化海上作业中来不得小家庭式、家长权威式、自给自足式运作，只能重民主、重能力、重技术、重贸易、重优化组合、重“物竞天择、适者生存”的观念与实施；那富有探险冲动、科学心态、竞争机制，充满浪漫、激情和哲学思辨色彩的民族精神……这一切一切，都是海洋赋予人类因而使得人类各涉海民族及其文化得以披满海风、浸满海味的。

其三，海洋影响着人类民间社会的生活方式，同时也影响着上流社会的生活方式。这主要表现在：1)海洋影响着民间的饮食结构和饮食习惯。我们知道，自我们的原始人类祖先那里，最早开始的就是渔猎采集生活，从贝丘人的普遍分布看来，海产是他们的主要食物来源。人类自古至今，几乎不可一日无盐，盐是人类与生俱来的必需食品。无论是在沿海地区还是内陆地区，海鲜海产，无论是其营养成分还是其色香味，都为人们所喜食，并形成了各民族海产包括海鲜的饮食文化，包括菜系及其饮食习惯。2)海洋影响着民间的食疗和医药,包括观念和内容。尤其是我国古代的医疗、食疗观念与方法,仅从《本草》等医书来看,采自海洋或源于海产者,就有很多。至近现代的海洋药物、尤其是海洋新药的研制与开发应用,比如碘类及碘的主要来源海藻类药物,比如海龙海马海燕、鱼肝鱼油等营养药物和医疗药物,都有很广泛的应用,并受着观念认可的护佑。3)海洋影响着民间的服饰、器物制造及其感受。比如海鱼海兽类皮制品、海贝海珠类工艺装饰品等,至今仍有很高的实用价值和欣赏价值。在这方面,我们看一看至今尚带有原始社会色彩的一些岛国岛民那里的情形,更为突出显见。4)海洋影响着民间的居住样式包括构造和装饰等等。且不说那些以船为家的海上居民,也不说自古如此、至今仍然常见的滨海渔民的海草房屋,即使古代上至宫廷建筑、下至民间庭院的外部构造和雕梁画栋,比如龙,比如凤,比如那些鱼、船、锚等等的象征,以及壁画、廊绘等上面最为常见的"大海红日"、"一帆风顺"等等,也与海洋难绝关联。至于澳洲现代建筑悉尼歌剧院的贝壳式整体造型,则可以看做现代建筑与海洋的关联的典型。5)海洋影响着民间的交通工具与旅行。因为有海洋,必然就有舟船。船文化,成为人类文化的一个重要组成部分。出海捕捞,航行送货,旅游观光,走亲访友,娶亲,迎神,如此等等,每一种行事,都有不同的出行仪式、讲究和对船身船体的装扮。还有因了有船而必然要有的港口码头,进而形成的港口城镇甚至国际港市及其文化,还有作为港口向内陆的延伸的经济腹地和文化腹地的构成,都是由于海上交通包括海外交通的缘故。6)海洋影响着民间的婚丧嫁娶及其家庭和社会组织结构。受海洋影响的人们,尤其是直接与海洋打交道的人们,无论是丈夫或妻子,姑娘或小伙,男人或女人,他(她)们的家庭生活,包括他(她)们的感情生活、恋爱生活、夫妻生活及其禁忌,还有他(她)们的家庭劳作和社会劳作的分工,社会集团和行业的形成与运作等等，自然都直接或间接地与海洋有缘。据研究，就连女子的月经周期，也和海洋的潮汐规律相关。7)海洋影响着民间的风俗节日和文化娱乐的仪式和内容。比如众多的相关海祭、庙会、百戏搬演等等，都是。8)海洋影响着民间的信仰包括俗信和禁忌，还有世俗观念和道德价值体系。这些，我们在后面还要专门讲到。就连世界几个大的宗教的跨国跨地区远程传播，也是仰仗了海洋的存在而实现的。所有这些，也都影响了和影响着上流社会的相关的方方面面。

其四，海洋影响着人类的语言创造和艺术创造。就语言创造来说，且不说语言的内容，就是语言的声音声调，也多与受海洋的影响有关。比如，为什么越是近海地区，就同一种语言比较而言，人们说话的嗓门越大、重音越突出、声调越高？这和越是山区、越是人烟稀少的草原，那里的民歌越多，越高亢、甚至越苍凉的道理一样。至于渔歌、小调，至于像《军港之夜》、《大海啊，故乡》之类的音乐创作，则更是直接取自海洋、表现海洋的了。

其五，海洋影响着人类的科学技术发明与发展的走向。比如地质学、地理学、测绘学、物理学、气象学、化学、生命科学、仿生学、生态学、能源开发与资源利用等等，其发展都离不开海洋学及其工程技术开发的现实需要与直接和间接的影响。比如仿生学的研究与开发应用，在船舶、导航、潜水、声纳、航空航天以及日常生活中，都相当广泛。

其六，海洋影响着各民族之间尤其是跨海各民族、区域间的政治、经济、文化、生活方式的交流交往甚至人种之间的婚配和“混血”交融。世界上几个比较大的“文化圈”的先后形成，就是由于海洋的存在与人的能动性运作的互动结果。我们知道，在世界上最大的几个文化圈中，拉丁语文化圈、英语文化圈的形成，是15～16世纪世界性大航海和地理大发现之后的产物；在世界上的几个古文明文化圈中，印度文明文化圈、地中海和爱琴海文化圈等，由于其在海洋上的便利和优势，影响曾相当广泛，但又由于涉海各国各民族在海洋上的便利和优势的变化，它们又都落伍于时代的发展，被新形成的文化圈所代替，比如在欧洲黑暗的中世纪时期，代之而起的，是以航海、经商起家的阿拉伯文化圈的形成；而欧洲近代资本主义萌芽出现之后，随着大航海时代暨地理大发现时代的到来，阿拉伯文化圈被相互竞争、相互影响和交叉、而又各呈大面积势力范围的拉丁语文化圈和英语文化圈所替代。在自古至今的各个文化圈中，只有汉文化圈是一直延续下来、并有着不衰的生命力的一个。下面，我们就中国航海文化与东方汉文化圈的形成作为一例，具体说明海洋对人类文明各大文化圈形成的影响和作用。

世所公认，由于中国文化的辐射性传播影响，在世界上形成了一个相当大的汉文化圈。这一相当大的汉文化圈之所以习惯地被人们称作“东方汉文化圈”，一是因其位于世界的东方，二是因其位于中国及其所能传播影响到的中国的东方、南方、东南方。以前没有被人们明确意识到的是，这种辐射性的传播影响，主要是通过海路得以实现的，是中国航海文化的产物。

中国的航海文化，是世界上最早发展起来的中国海洋文化的重要构成部分。无论是从旧石器时代的贝丘遗址来看，还是从虽未考实但令世人信然的“殷人东渡”的众多蛛丝马迹来看，中国先民很早就实现了海上作业；中国先民的航海能力，达到了世界上最早将自己的文化实现远距离跨海交流的水平。这不但刺激了中国海洋文化的向外拓展的必然要求，而且事实上构成了中国文化包括海洋文化通过海洋对其邻邦文化——东亚和东南亚文化的强烈的吸引力。这就是我们至今引以自豪的东方汉文化圈能够相当早地形成的缘由。“西方的海洋文化”主要指的是欧洲文化，试比较看，且不说“殷人东渡”对美洲文化的影响是否合乎史实，即使当我国北方的“箕子去国”从而对朝鲜半岛的文化产生了影响、“徐福东渡”对日本列岛的文化产生了影响的时候，欧洲的远距离的大规模、大阵容航海在哪里？除了他们的海洋探险，他们的远距离的跨海交流只是15世纪之后的事情，且也是受到了东方国家尤其是中国航海文化的启示，从而刺激了他们对东方文明尤其是中国文明的强烈的羡慕之心和求知欲、占有欲之后的事情。

当然，以上只是东方汉文化圈形成的肇始和起因，东方汉文化圈的真正形成，有着在此之后的一个相对漫长的历史过程。以北部沿海和东部沿海大面积地长期活跃着并创造了灿烂文明的东夷民族的航海文化为基础，齐文化、燕赵文化以及吴越文化和岭南文化中的航海文化都获得了相当的发展，从而出现了大大小小遍布沿海的众多港口，大大小小的航船，还有相当发达的航海技术，从而为汉文化圈的形成和发展创造了条件。

这种主要通过海路传播影响所形成的东方汉文化圈，在结构类型上从南到北可分为两种：一是东南亚型，或曰东南亚扇面；二是东北亚型，或曰东北亚扇面。通过海路辐射影响而成的具有这两种结构类型的汉文化圈，其辐射影响源地有三，即汉文化的三大亚文化源：其一是八闽和岭南百越文化，主要辐射影响东南亚汉文化圈；其二是齐、燕、辽文化，主要辐射影响东北亚汉文化圈；其三是江浙吴越文化，以辐射影响东北亚汉文化圈为主，兼及东南亚汉文化圈。另外，还有一种辐射影响源不容忽视，那就是中国历代王朝的中央政权。

这两大结构类型的汉文化圈，尽管在主体上都属于儒家文化的范畴，但一因各自的主要辐射影响源不同，二因各被辐射影响的土著文化本身不同，三因各土著文化自身同时或先后所接受的其他文化的辐射影响不同，其不同之处是显而易见的。一是东南亚汉文化圈中由近代移民形成的华侨华人社区网络现象更为突出，人数更为众多;而在东北亚汉文化圈中,汉文化通过中国人传承播布的现象在古代最为突出,尔后则“当地化”现象明显,即其汉文化的“集大成”者大多为深受汉文化影响熏陶的当地本国人。二是前者商贸文化色彩更浓,民间经济文化交流色彩更浓;而后者儒学文化色彩更浓,官方经济文化交流色彩更浓。三是在前者中,儒、释、道文化的精神与仪式均运作甚广,妈祖信仰尤重,同时伊斯兰教、基督教也渗透和溶入了汉文化之中;而在后者中,则以儒学和佛教文化及神道文化的学理精神层面传播较重,并且伊斯兰教影响较淡,基督教进入和影响较迟。四是前者通过“海上丝绸之路”向南亚以至非洲、欧洲等的辐射影响较多,同时也受他们的回应影响较大;而在后者中,其文化的“再输出”以及其他文化的回应性影响则来得较少、较迟。

这两大汉文化圈类型的之所以形成和之所以在结构、内涵上有所不同,主要靠了这样一些传承传播媒体以及他们原有的亚文化圈的有所不同:一是渔民,二是商人,三是移民,四是中国历代王朝所派遣去和接受来的官员与文人。

这些传承传播媒体之所以成为传承传播媒体并发挥作用,其先决条件主要有三:一是航船的建造技术和水平基本上达到了安全抵达彼岸目的地的要求,二是找到了较近而又较为安全的海路(至少是较为安全的海路),三是出发地和目的地都有可以登船、上岸的港口码头。当然,这种传承播布过程并非只有当上述先决条件一齐具备之后才得以发生,中华民族的先辈们其间不知经历了多少艰难险阻,承载了多少探险的惊骇、牺牲的痛苦和成功的喜悦。

东方汉文化圈尽管近代以来不同程度地受到了拉丁语文化圈和英语文化圈的辐射、冲击和影响,但它依然具有强大和旺盛的生命活力,至今依然展示着其不可替代甚至不可逾越的功能。

这是海洋与人类文明互动关系的一个典型的范例。

第三节　海洋与人类文明未来的走向

既然海洋与人类文明的起源和发展都有着密不可分的互动关系，海洋对人类文明的未来，也必然发挥它已经具有和必然具有的影响。“人类社会的进步将越来越寄希望于海洋。换句话说，未来文明的出路在于海洋。”① 对此，我们可以从以下几个方面来加以把握。

第一，当代社会，人口爆炸、能源危机、环境恶化已经成为人类面对的三大突出难题。只有“重返海洋”，才是打开这三把大锁的钥匙。

所谓“重返海洋”，就是说，尽管人类的生命从海洋中来，尽管人类发展到今天，从总体上说来并没有脱离开海洋，但对海洋的重视和开发利用，在不同历史时期、不同民族和国家地区那里，是被不同程度地忽视过、淡化过的。尤其是在一些较早进入工业化社会的大国那里，情形更容易如此。它们开发利用陆上资源相对容易，往往不顾人所赖以生存和发展的自然资源和环境的承受能力，造成恶性开发利用的后果，并且靠这种先行的发展“进步”优势，凭借海洋所给予的便利条件，殖民海外，到别国、别民族的地盘上进行掠夺性开发，从而相对地引发了殖民地、半殖民地和一些虽非殖民地半殖民地但相对“落后”的国家和民族对本土陆上资源的自强

① 李瑞环在会见第24届世界海洋和平大会代表时的讲话，1996年11月18日，新华社发。

性竞争性开发利用,由此形成了一定程度上的恶性循环,并愈演愈烈,造成了今天的恶化局面。要解决人类今天的世界性难题,必须依靠海洋。“人类社会到了今天,在陆地上的发展已经受到很大的制约。随着科学和技术的进步,人类寄希望于占地球面积71%而且基本未被开发的最后疆土——海洋。”[①]

据有关统计资料,目前世界人口正以2%的速度增加,每年净增人口可达7 700万[②],即三四个澳大利亚的人口,或近一个德国的人口。世界人口如此增长下去,如何是好?怎么得了?吃什么,穿什么,用什么,都令关心世界未来的人们感到头疼。其中像中国、印度这样的人口大国,更引起人们的关注甚至惊恐。无怪乎有些西方人看到中国人口问题的严重性后惊呼:中国这么多人,照此发展下去,多少年以后谁来养活中国人?当然,中国人用不着别人来养活,这是可以请西方的先生们放心的,但这不仅需要自尊心、决心和勇气,还需要扎扎实实的努力。一方面,我们的限制人口膨胀速度的政策和措施还需要进一步完善、落实,另一方面,我们这么多人口的吃什么、穿什么和用什么也即资源、能源开发利用问题一定要解决好。既要解决好目前所需,又要为将来的发展制定好可持续发展战略,留下可供持续发展的资源和环境余地。土地、山林、矿藏、湖泊、河流等等,其资源和环境的状况屈指算来,进一步开发发展的余地的确让人不寒而栗:土地的沙化和占用所导致的土地减少,山林的过度砍伐和消失,矿藏的过度开采尤其是浪费性粗开采,河流湖泊的严重污染所造成的对水产捕捞与养殖、农田灌溉、人畜饮水等的严重危害和灾难性影响,已经到了怎么估计都不

① 严宏谟《海洋高技术》,中国科学技术协会主编,上海科学技术出版社,1994年。

② 班耀波《崛起的海洋经济》,黄河出版社,1999年。

过分、某种程度上是慢性自杀(岂止是慢性自杀)的地步。在这种情况下,人类再不“重返海洋”,更待何时?出路何在?已别无选择。

第二,国际社会对海洋已经表现出了前所未有的热切关注,以至于将21世纪看做是“海洋世纪”。

国际社会对海洋的关注,首先表现为世界性海洋权益观念的强化。比如各涉海国对领海权及毗连区法权、专属经济区管辖权、大陆架主权、海事法权的主张和要求,形成了被人戏称的“蓝色圈地运动”,从而促使了《联合国海洋法公约》的诞生。《联合国海洋法公约》作为国际上大多相关国家业已批准承认和依照执行的国际海洋基本大法,对大多数相关海洋国家来说,都大大强化了其在海洋上的权益,因而也就引发了国际上一系列新的海洋边界争端。日本和韩国的“独岛”(“竹岛”)之争,土耳其与希腊在爱琴海东部一系列岛屿归属问题上的对峙,东亚、东南亚一些国家在南海区域的海界分歧,都属此例。比如对本属我国、位于我国台湾岛东北部的小小的无人居住的钓鱼岛,日本何以不惜代价在岛上修建直升机场、进行巡逻监测、建筑灯塔、竖立太阳旗标牌,以图占为己有?显然日本看上的不仅仅是海中的那么几块石头和上面生长的数量不多的植物,而是一旦据为己有,根据《联合国海洋法公约》,它就可获得对周围数千平方千米的管辖海域,就可获得其“管辖海域”的海洋资源开发权和占有权。

国际社会对海洋的关注,同时表现在由于海洋经济贸易在世界经济贸易中所占比重的增长速度越来越快,世界各相关国家,不仅包括沿海国家,甚至连很多非沿海国家也不得不更为重视争夺和利用海洋经济贸易的优先权和控制权,以防在“海洋世纪”中被甩在时代的后面。就连蒙古这样的非沿海国家,也在力求建立自己的出海通道,这很说明问题。

国际社会对海洋的关注,还表现在越来越多的国家重视对海洋的军事防卫(同时也包括进攻)、资源勘探和环境监测等,投入力度越来越大。有关超级大国的海上军事竞赛,海上、海底、空间海洋勘探技术的开发,各相关国家在海洋科技诸领域的既联手又争斗的竞争,目的只有一个:为自己争得更多的海洋利益。

另外,国际社会对海洋的关注,还表现为联合国将1998年确定为"国际海洋年",并得到了大多涉海国家和地区的热烈响应,给予了充分的重视,许多国家和地区大张旗鼓地举办了一系列宣传庆祝和海洋知识普及活动,包括在葡萄牙里斯本举行盛大仪式和展览,隆重庆祝世界大航海和地理大发现时代到来500周年。

在我国,"海洋世纪"的理念也越来越广泛地得到认知,国家"海洋863计划"、《中国海洋21世纪议程》等的制定与实施,"蓝色国土"、"海上山东"、"海上辽宁"、"海上苏东"、"海上浙江"、"海上福建"、"海上广东"以至"海上中国"等口号的相继提出并逐步得以构划和建设,都说明了在国际社会的蓝色大潮中,我国海洋科学界、海洋管理部门、海洋经济界和各级政府决策部门不甘落伍,决意奋起直追,重振我国海洋大国雄风,迎接海洋新世纪到来的雄心壮志和求实精神。

第三,人类的海洋意识、海洋观念得到了前所未有的普及,从娃娃抓起,从青少年抓起,已经成为世界上大多数涉海国家和地区近些年来的普遍行动。

世界各地的海洋博物馆、海洋公园、海事馆、海洋水产馆等纷纷增建,各种普及性读物纷纷出版,新闻媒体纷纷报道,影视制作纷纷面世,改变了过去海洋意识、海洋观念在不少国家和地区那里相对淡漠的局面。这种情况在我国犹然。下面是著名海洋药物学家、中国工程院院士、青岛海洋大学校长管华诗教授主编、黄河出版社近期出版的海洋科学文化普及丛书《海洋探秘》"写在前面"中的一段话,可使我们了解一斑:

我的面前摆着《中国海洋报》的一份“六一”特刊，上面发表了许多包括内陆和沿海、城市和乡村的少年学生们关于大海的美好憧憬与向往的心声。

这是来自大西北陕西米脂县南关小学一位小朋友的《我的梦想》：

雪野茫茫，小草有一个梦，春回大地时，以两片绿叶问候春天；征途迢迢，候鸟有一个梦，去美丽的南方看看；窗前托腮的女孩，你的梦是什么？

——我的梦是能看一看波澜壮阔的大海。

我在窗前沉思着……

大海一定是五光十色，瑰丽无比。有蓝有青，有黄有绿，一块块，一条条，相互交错着，在阳光的照射下闪烁着美丽的光泽，像雨后彩虹美不胜收。……

我心中的大海是美丽的，它的奥秘无穷无尽，为了探索更多的奥秘，我立志长大做一个海洋科学家。

读着这些少年朋友的心里话，作为一名以海洋水产学科为特色的国家重点综合大学的一校之长，作为一名海洋药物学者，一名院士，我的心潮久久不能平静。

我国既是一个大陆国家，又是一个海洋国家——作为一个东方的海洋大国，我国有着悠久而灿烂的海洋文明历史，有着令世界瞩目的海洋科技和海洋文化。然而，曾几何时，我们的教科书上和诸如《三字经》之类的普及读物中依然是只讲“960万平方千米”的国土面积，依然只讲黄河、长江文明，很少提到甚至只字不提我国的海洋、我国的海洋国土和海洋文明。时代都已经走到20世纪的尾声、21世纪的门槛了，“21世纪是海洋世纪”几乎已成为国际共识了，但我们读一读内陆省份不知有多少少年朋友不知道大海是什么样子的那一个个天真的梦想——他们对大海是那样的一往情深，那样的充满着憧憬与理想，并且有不少还立志要当海洋科学家，我们怎能不感到责任重大——普及海洋科学文化知识，普及海洋国土权益和环境意识，让我们的国人从小树立起海洋国土观、海洋历史观、海洋科学观和海洋文化观，为发展我国的海洋事业及其可持续发展而献身，是时候了，不能再延误了！海洋科学家们、海洋人文学家和海洋教育家们已责无旁贷，否则就是对青少年一代的犯罪，对国人的犯罪，对科学和历史的犯罪！……

青少年朋友们，让我们了解海洋，热爱海洋，为海洋科学和海洋事业的发展而贡献力量吧！

21世纪的海洋，是你们的！

其情之切，溢于言表。可喜的是，这种情形正在有所改观。在我国，近几年，除了海洋博物馆、海洋水产馆、海洋公园等已有所增建，海洋科普读物已有所增添，新闻、影视已给予关注等外，各地还出现了不少“少年海校”等专门进行海洋教育的业余学校，不少大学也增加或强化了海洋教育方面的课程，所有这些，都无疑将对未来海洋与人类文明的进一步互动发展，从人们的素质上提供出意识、观念和知识的保障。

第四，海洋高新技术的进一步发展，将起到越来越重要的作用。

海洋高新技术，目前正在研究开发的主要有这样一些领域：1）水下探测技术，如水声技术、水下遥测遥控技术、水下通讯技术等；2）把人送入海中提供生活工作条件的技术，如潜水器、水下运载器和水下居住舱等；3）海洋资源开发技术，如海水淡化技术、化学资源开发技术、海洋能源开发技术、海洋生物开发技术、海底和深海矿物资源勘探开发技术等;4)海洋空间开发与利用,包括把海上、海中和海底的空间用做交通、生产、贮藏、军事、居住和娱乐场所等,比如人工岛和海上城市的设计和兴造,海上工厂、海上机场的建设,海底隧道的开通等等。[①] 所有这些方面,很多已经成为现实,未来必然会开发应用得更多更广,必然会极大地影响甚至改变着未来人类的生活与文明的样式,包括人类的生存空间和质量。

第五,未来的海洋经济必然会进一步发展,蓝色浪潮必然会不断涌现,海洋对人类的贡献率必然会不断加大。

随着世界性知识经济时代的到来和科技创新体系的形成,海洋经济必然出现一些新的高科技产业部门和种类;同时,传统的海洋经济部门和领域,比如海洋渔业(包括捕捞和养殖)、海洋交通运输(包括海上航运和港口码头服务系统)等,都会有越来越大的发展。一些远洋渔场的开辟,近海的大规模立体的高值养殖,越来越多的国际航运中心的建立等等,都是明显的例子。另外,海洋旅游业作为一种新兴产业,因人类对其审美的、娱乐的享受需求和消费能力越来越大,也将越来越成为海洋经济的主要支柱之一、重要组成部分。

第六,更重要的是,人与自然的和谐亲善意识、人类的海洋文化素质在未来的进一步提高,必然会使人类未来的海洋事业真正走上以人为本、合乎人类生存环境质量需求和人生审美最高目的的可持续发展道路。

---

① 参见《海洋高技术》,中国科学技术协会主编,上海科学技术出版社,1994 年。

第三章 海洋民俗生活

第一节 海洋民俗生活的基本内涵

自有人类的海洋文明以来，与海、与海洋打交道的人们，就不再仅仅是自然人，每个人自此就生活在一定的涉海的社会群体和社区之中，从而使得个人的生活变成了人类海洋社会生活的有机部分。而人类海洋社会生活的最基本的成分和最主要的内容，是人类的海洋民俗生活。人类的海洋民俗生活文化，是海洋文化的重要构成部分。

在人类与海洋的互动关系史上，人类涉海社会的每一个人都在一定的涉海民俗圈中生活，每一个人都是一定的涉海民俗的创造者、承载者和传播者：他们从祖辈们那里接受、承载下来一些民俗的约定俗成的东西，构成了其民俗生活的主要内容；同时他们又随着自身对涉海生活的新的发展和创造，对旧的民俗有所扬弃，并发展和创造出一些新的民俗生活内涵，使一些新的涉海生活内容中被普遍认可、接受的东西，变成新的民俗；与此同时，他们又一方面将自己所承载和创造的民俗传播给后代(亦即被他们的后代所承载)，另一方面还通过海上、海外交通交流包括移民迁徙等方式，传播到他们通过海船所能抵达的异域异民族那里，给予对方的民俗生活及其文化以外来的内容，并通过互动而逐渐融入其中，成为其原有民俗发生变革的催生剂和新的基因；与此相对应，也是必然地，对方的民俗生活方式及其文化内容，也会通过海路传播进来，与自己原有的民俗生活及其文化相交织、渗透并逐渐融合，从而也成为原有民俗发生变革和发展的有机因素和内容。

海洋民俗生活，包括物质生活、制度生活和精神生活三个主要的层面。

海洋民俗生活的物质生活层面，主要包括涉海民众群体和社区普遍认同的生产生活资料的获取和运用，也就是我们常说的“衣食住行”。就其“衣”而言，沿海居民尤其是渔民和从事海上运输的人们，其服饰的用料、款式及其讲究，与内陆地区从事农牧的人们相比较，在过去长久的时代里，区别十分显见。比如在热带沿海地区，其衣饰一般以“少”、“露”为特点；在北方温带或寒温带沿海地区，尽管衣饰较厚，较多，裹掩身体部位和面积较多，也以宽大松肥、易穿易脱为特点，这些都是因为他们日复一日、年复一年、祖祖辈辈与海洋打交道的缘故。就其“食”而言，他们的食物，海洋物产是其重要的来源。沿海地区与内陆地区居民的食物谱系相比，最大的不同是直接获取于海洋者很多，构成了“海鲜”特色。在交通运输条件尚未快捷、便利、长久的历史上，“海鲜”只能在沿海才能吃到，内陆只能吃到干品；而且在沿海地区，无论是鲜货还是干品，其生吃、熟吃的方式以及烹饪方法,大多只能在沿海地区才能见到;内陆地区能够见到,是最近几年才发生的事,这无疑表明了海洋物质生活文化对内陆民俗生活的辐射性影响。就其"住"而言,沿海居民尤其是渔民的住房,其用料(如海草)、结构等,都与内陆地区迥然有别。更有以船为家者,如中国东南沿海的"疍民",则更是独具特色。至于其"行","行"的工具以船为主,自然与内陆地区大有区别。船是渔民和航海人们的主要日常交通工具,他们脚踏海船,出海扬帆,可以通过海路,抵达海水抵达的地球的四面八方。

海洋民俗生活的制度生活层面,即沿海居民以及涉海群体和社区因涉海生活而产生的民俗制度,主要包括其海上作业制度、婚丧嫁娶制度、节日行事制度、行业帮会制度以及更为普遍、广泛的日常生活行事制度等。这些制度,都是自然而然形成的,大多用不着谁制定什么明文规定,大家都在潜移默化中自觉地认可和遵守,都是些"老辈子的规矩",这地地道道地体现了民俗的魅力和约束力。比如海上捕捞制度,仅谁上船谁不上船,船老大与船工的职能和作业分工,各船工之间各个角色由谁担当,例如由谁潜水、谁牵信号绳等,都有严格的讲究即"规定"。① 再比如节日行事制度,如我国北方渔民的"谷雨节"(或称"上网节"),祭海日,海神娘娘(主要是妈祖天后)庙会等,都是涉海民众所特有的,时节一到,或村村寨寨,或家家户户,或大小船只,涉海的各行各业,都在自觉自发地或有组织地(自然都是民间组织)"照老规矩办事"。即使渔家的过年(春节),也与内陆地区的大有不同。还有其行业帮会制度、经济贸易制度等等,海洋特色更为显见。例如我国沿海各地的天后宫的建筑设置,就大多是海商帮会所为。广州宋元明清时期的"十三

---

① 参见吴德永,栾才法《荣成的渔家习俗》,《中国海洋文化研究》第一卷,文化艺术出版社,1999。

行”,也是因了广州作为港口贸易城市的繁荣才有的现象。帮有帮约,行有行规,它们都是海洋制度民俗生活的典型表现。至于其更为普遍、广泛的日常生活行事,同样都是一些不成制度的民俗“制度”,如吃饭时有什么讲究,喝酒时有什么禁忌,在船上吃饭该怎样吃法(包括碗筷如何放法),就连在船上大小便也有什么讲究,等等都是。

海洋民俗生活的精神生活层面,主要包括这样一些方面:一是心理信仰,包括海洋神灵信仰和俗信与禁忌;二是文艺娱乐,包括广场表演艺术(例如酬神赛会)、音乐歌唱艺术(例如渔村锣鼓、渔歌、打蚝歌、踏潮曲)、手工造型艺术(例如面鱼、年画、剪纸艺术)等等;三是口头语言艺术,包括海洋(以及涉海)神话传说(有许多又属于心理信仰的内容)、海洋(以及涉海)故事、打油诗、巧话包括俗语和歇后语等。①

对海洋民俗生活,我们还可分为如下相互交叉联系又有所区别的几类,以便于分析把握:一是历史的和现实的;二是心意的和行为的(观念的与仪式的);三是海滨的和海上的;四是半岛的和全岛的;五是本土的和外来的;六是秘传的和流布的;七是独有的和普遍的;八是衰亡的和新兴的。

海洋民俗生活具有以下几个明显的特征。一是其神秘性。相对于内陆民俗生活而言,这种特征尤为明显。在过去时代,海洋的不可知、不可测,海洋的不可驾御,更增添了海洋民俗生活的这种神秘性。二是其开放性、国际性和兼容性。一国、一民族、一地区的海洋民俗生活,由于海上跨国、跨地区、跨民族交流的便利,实际上是世界海洋民俗文化的集散地和融合点之一。三是其尚新性。

① 参见李玲《英语谚语里的海洋文化》,《中国海洋文化研究》第一卷,文化艺术出版社,1999。

这是与其开放性、国际性和兼容性所一致的。四是其商贸性。一般而言,海洋物产较内陆物产的大品类较少,要丰富所需,就必须进行贸易交换。内陆地区的农民,可以满足于“三亩地,一头牛,老婆孩子热炕头”,满足于自产自足,而沿海地区从事海上生产生活的人们则不可,如前章所及,这就是沿海地区商业、贸易最易发达,海运业兴盛、海商众多的原因。

在下面几节中,我们将选择我国传统的海洋民俗生活中的“海洋生产习俗”(以“渔船”、“渔具”和“捕捞作业”为重点)、“渔村生活习俗”(“以衣饰习俗”、“饮食习俗”、“居住习俗”和“行旅习俗”为重点)和“涉海传说故事与歌谣”,加以简要的举述和分析,以见其基本面貌。值得注意的是,其中有许多内容,尤其是其精神生活层面的许多内容,用今天的科学眼光看来,显然是唯心的或迷信的,对此,我们应有足够的清醒的认识,并在实际工作中加以科学的解释和正确的引导。这是我们为移风易俗、建设新的海洋文明所应取的基本态度。

第二节 海洋生产习俗

一、渔船

渔船是海上渔民的最主要的生产工具,渔民对之重视有加。在许多地方,过年(春节)时,所有贴对联、放鞭炮、送灯、祭神等节事活动,凡是在家中做的,都要在船上重做一次。这充分显示出渔民对船只的依赖心理。

造船普遍被看做是一件大事,各地渔民造船都有郑重的仪式。

在广东徐闻，船的主人称为“舵公”，造船俗称为“钉船”。造船之先，用“舵公”的生辰八字请“先生”选开工吉日。新船“起舱”（安装船底龙骨），像盖房子升梁一样，将红布系在舱骨上，名为“拴红标”。在造船的过程中，闲人、孕妇、月经期的女人等不得登船。新船造成，若船主的家族中有人生孩子，还要举行“旺船”仪式，生孩子的户主要送上一只红公鸡，当场用牙咬破鸡冠，将鸡血滴在船头、船尾，以此辟邪。①

在江苏连云港一带，造船也必须择日开工，一般选在农历逢双的日子。整个工程分为铺置、上大肋、上金头等工序，每道工序都要办酒席招待全体木工。对于船主，要称“板主”，忌称“老板”，因为“老板”与“捞板”同音，船被打翻，捞取木板时才叫“捞板”，那是极不吉利的事。② 在造船中，最受重视的是“船眼睛”。在东南沿海，“船眼睛”分“龙眼”、“凤眼”、“蝌蚪眼”三大类，中国最大的渔场舟山渔场通行的是“龙眼”。一艘船造成，造船工匠要用上好木头精制一对船的眼睛，钉在船头两侧，这道工序俗称“定彩”。“定彩”仪式很隆重，事先要请阴阳先生择定吉日良辰，并按金、木、水、火、土五行，用五色丝线扎在做船眼睛的银钉上，由船主将它嵌在船头，然后用簇新的红布条或红纸把它蒙住，这道工序俗称“封眼”。当新船下水时，在鞭炮和锣鼓声中，由船主亲自把封眼的红布或红纸揭掉，这一举动叫做“启眼”。关于“船眼睛”的来历，在舟山地方，一说是当地渔民历来把渔船叫做“水龙”，龙无目即为盲龙，所以一定要给它一对龙眼，才能显示出蛟龙明目闹东海的气概。“船眼睛”的风俗，从明代起就已经流行了。在福建和浙江南部，渔船上还常装有风向旗，福建各地叫“桅尾旗”，在浙江的坎门一带则叫

---

① 刘志文主编《广东民俗大观（下）》，广东旅游出版社，1993 年 12 月。

② 刘兆元《海州民俗志》，江苏文艺出版社，1991 年 10 月。

“鸦旗”。鸦旗的大小视船的规格而定，一般为三尺左右长，前半部用樟木精雕为彩色凤凰头，后半部则为一方红布，中央用两条竹篾连接固定，用一根铁棒自下而上贯穿凤头钉在桅顶，随风旋转，指示风向。在坎门地方，有关于“鸦旗”的传说：从前坎门镇有一青年去台湾经商，遇上一位痴情女子，青年告诉她家中已有妻室，但到船将返乡时，女子藏在船上，中途被青年发现，她被推入海中，女子阴魂不散，变成一只乌鸦，在船顶盘旋，兴风作浪。后来渔民见到它就撒饭焦给它吃，它感受到人们对它的恩惠，总是将风暴来临的先兆告诉大家，渔民们因此纷纷把“鸦旗”装在桅顶。到后来因为乌鸦形象不吉，才改为凤头，但“鸦旗”的叫法却延续下来。①

渔民在海上作业，风险最多，因此乘船出海时，各种禁忌也特别多。山东长岛渔村，有语言禁忌和行为禁忌多种。语言禁忌如不准说“翻”和“扣”，遇有该说这二字时，改说“划过来”；船帆改说为“篷”；卸鱼完毕，不可说“完了”，要说“满了”；“破了”应改说“笑了”。行为的禁忌，如见鲸鱼不可指手画脚，要称它为“老人家”或“财神爷爷”；船上严禁吹口哨；不准背手；不准扣碗；不准把筷子横架在碗上；不准在船头大小便，大小便要选择方向，其口诀是：“早不朝东，夜不朝西，晌不朝南，永不朝北(因为北极星是渔民在海上识别方向的坐标)。”

二、渔具

传统的渔具在近20年间大半都已退出了现实生活。大半生使用这些渔具的人多还健在，为我们记录这些有价值的资料，提供了不少方便。今后，这些曾是实用的工具，多半都应是研究者视为

① 浙江省民间文艺家协会选编《浙江民俗大观》，当代中国出版社，1998年10月。

“文物”的东西了。

传统的海上捕捞工具，主要分网具和钓具两大类。

山东省长岛县从清末到20世纪80年代中期，渔民用过的主要网具，可记忆的有二三十种，如青鱼网、插网、张网、风网、裤裆鱼流网、鲨鱼流网、虾网、鲈鱼网、青鳞网、干贝网、鲐鱼流网、鲅鱼流网、扒扣网、坛子网、锚网、小鱼网、围网、鲳鱼网、拖网、建网等等。

钓具有十多种，如刀鱼钩、廷巴（河豚）钩、加吉（真鲷）钩、老板钩、鲙鱼钩、杂鱼钩（又称底钩）、拖刀鱼钩、干钩（又称快钩）、甩鲅鱼钩等。从实际操作上，这些鱼钩又可分为各种延绳钓、曳绳钓、手钓三类。其中带鱼延绳钓，俗称“刀鱼缆钩”，曾经是使用最为广泛的钓具。这种钓具在不同时间和不同海况下，又有“浮钓”（下漂）、“底钩”（下撒）和“定置钓”（下绷）等变化。过去使用这种钓具，一年两季作业，分别称为“伏钩”与“秋钩”。近海用一只小船作业，称为“单钓”；远海用大船带四只小船作业，称为“母子钓”。

三、捕捞作业

旧时渔民捕捞海产品，一般分为春汛与秋汛。作业海域，叫做渔场。渔场好坏直接影响收获多少。为防止因争夺渔场发生纠纷，山东省日照地方，每年汛期开始之前都划定海域，抓阄确定各户渔场，这种风俗一直延续了上百年。

各地渔民出海之前有不同的仪式。江苏连云港地方，清明前后选农历双日出海，全村人敲锣打鼓为出海的人送行。老大（船长）带领全体伙计（船员）祭船敬龙王。祭祀用全猪或猪头。装盛祭品必用木制椭圆形的“财神桶”。祭毕，老大点起用花皮（桦树皮）和芦柴扎成的“财神把子”（火把），到船上遍照网具、食物、船头、船尾、各舱，名为“照财神路”，又叫“照船”、“照网”。照完之后，必须在火把还剩下一尺多长时扔进海里，边扔边说：“所有晦气都给大老爷(鲨鱼)”。扔下的火把在海面上燃烧着漂向远方最为吉利。[①] 山东省长岛县,从前春季打风网,出海前的仪式是:将渔网捆成几个,堆放在村头广场或海滩上,事前备好一个用谷草扎制的火把,准备一个瓢,瓢内装满荞麦面,另在现场放几个捞鱼兜子;仪式开始,一人燃放爆竹,一人点燃火把,爆竹一响,即举火把围网堆奔跑,另一人持瓢追赶擎火把的人,一边跑,一边撒荞麦面,追上打火把的人以后连荞麦面带瓢一起扣在他的头上。围观的人放声大笑,齐声呐喊:“扣着了!”“满了!”火把表示驱邪,扣着打火把的人表示打着了鱼群。祭罢,号头叫(喊)上网号,众人搬网上船。装满,船在港湾内绕行,四人持捞鱼网兜向海中作捞鱼动作,同时唱捞鱼号子。然后才撑篷出海。出海获得丰收,俗称“发财”,发财而归的渔船,前后张挂“吊子”(大旗),并蒸一笼白面饽饽。岸上的人远远望见船上的吊子,有些人即游泳上前迎接,游上船的人即可大吃饽饽。发大财的船主,待船靠岸以后杀猪款待众人,俗称“杀财猪”。开宴时,不仅全村人到场,更拉过路人加入,主人认为到场吃饭的人越多,下一次出海就会有更大的丰收。[②]

居住在广西一尾、巫头、山心三岛的京族渔民,生产中往往有“海歌”相伴。满载而归时这条船与那条船,或同一条船上的人,先是独唱,发展而为对唱。从前女人不上船,海上对唱常常是一方模拟女子的口气,另一方跟着对答。“海歌”多以海上见闻为内容,如其中的《渔家四季歌》这样唱道:

九月我修船排,
十月去把竹木采伐,

① 刘兆元《海州民俗志》。
② 《长岛县水产志》,1986 年 12 月。

做好鱼箔鱼笼，
激动啊！
鱼多如番薯！
正月到二月，
鱿鱼、墨鱼又添红鲳、鲀鱼，
三月青鳞鱼，
四月黄泽鱼、乌子婆鱼、鲦子鱼，
给我满船满舱。
五月六月风雨交加，
螃蟹满箔抓回做肥料。
白帆鱼云集外海，
七月它沿着海沟游进箔来。
八月工夫闲暇，
补网修船等明春渔季。①

除了网捕与钩钓之外，各地还有许多各具特色的捕捞方法，也在世代传承。潜水捕捞的海产品有海参、鲍鱼、扇贝等海珍。最初作业时，只备一只小船，船边系一大葫芦，渔民赤身潜入海底捕捞，所以称为“碰子”、“光腚碰子”。后来有了潜水器，作业人员戴很大的铅头盔下水，因此被称为“大头”。在浙江海宁，从前有“抢潮头鱼”的习俗。每年夏秋季节，渔民在远离石塘一二里的地方，等待“一线潮”来临。捕鱼的人赤身裸体，手拿一个小鱼网兜，待潮水逼近，他们即快速向岸飞跑，身后潮水壁立向前追赶，捕捞者一边奔跑逃向岸边，一边抢拾被潮头卷上来的海鱼，在潮头即将扑上岸边的一刹那，捕鱼人也携鱼登岸跑到了安全地带。前后不到半小时，

① 徐桂兰《广西风俗》，广西民族出版社，1994 年 1 月。

人人都有可观的收获。据说抢潮头鱼的习俗由盐官一带的"弄潮"习俗衍变而来。①

第三节 渔村生活习俗

渔村的衣食住行受海洋环境和生产环境的影响，曾经各具特色，但随着20年来的改革开放，商品经济的发展使他们与外界交流增多，原有的特色已渐次淡化。

一、衣饰习俗

以前各地渔民的生活习俗不同，他们的衣着也各各相异。山东渔民有油衣、老棉袄，福建渔民爱好穿酱黄色的栲衣，江苏渔民好着对襟格子土布衫，舟山渔民则下穿笼裤，上着大襟布衫加背单。

舟山渔民的笼裤，是土布制成的单裤。它与一般的裤子不同，直筒大裤脚，裤腰宽松并左右开衩，前后叠皱成纹。在裤腰开衩处缝有四条带子，便于穿时束结，在海上捕捞操作时，穿起来十分方便。若在冬天，把棉背单往裤腰里一塞，四条裤带一结，两只裤脚缚紧，既舒服又暖和。因为裤裆宽大，双腿下蹲和上抬都无障碍。讲究的笼裤在衩口两旁作刺绣装饰，图案有"龙凤呈祥"、"八仙过海"、花鸟鱼虫等。笼裤一般为深蓝色和玄青色，少数也用栲皮栲成酱黄色。②

---

① 《浙江民俗大观》。

② 林其泉《八闽山水的民俗与旅游》，旅游教育出版社，1996年1月。

福建泉州惠安沿海妇女的服饰，向来被人视为奇装异服，其实它正是沿海劳动妇女在长期生活中创造出来的适应海洋环境和劳动需要的着装。惠安女的服装，衣身、袖管、胸围紧束，衣长仅及脐位，肚皮外露，袖长不到小臂的一半，这种上衣俗称"截衫"，后来也被人戏称为"节约衫"。裤子多为黑色，裤筒甚为宽大。头上戴的是头巾和斗笠，头巾把脸包得只露出眼、鼻、口狭小的一部分，斗笠又戴得很低。这种装束几乎四季没有变化，所以有人说她们是"封建头，解放肚，节约衣，浪费裤"。但若仔细了解，就可以知道，惠安女也是中国最能吃苦、参加体力劳动最多的妇女，她们的衣着，正是便于劳动、野外防风防晒的一种典型。①

二、饮食习俗

民谚有道："靠山吃山，靠海吃海。"沿海食俗正是"吃海"的例证。

山东省长岛县渔民，每年春季鲜鱼上市，家家都要"腥腥锅"，除熬鱼吃之外，多喜欢大如拳头的大鱼饺子、鱼包子、鱼丸子和鲜鱼面。其中的鲜鱼面可说是渔民传统饮食的典型食品。煮鱼开锅，将面条与鱼同煮，出锅之后鱼、面、汤同食，鱼刺随口角一边被纷纷吐出。这种做法与这种吃法，非渔村中人莫能为。从前海岛内缺少蔬菜，副食多用海产品，当地习惯制作干鱼、鱼米、咸鱼、鱼酱、鱼肠酱、鱼子酱、蟹子酱、虾酱等。

连云港地方渔民在船上吃饭的规矩，更具有典型的渔民饮食风俗特点。上船后第一次吃鱼，必须把生鱼先拿到船头祭龙王海神；做鱼不准去鳞，不准破肚，要整鱼下锅。最大的鱼头必须给"船老大(船长)"吃。吃饭时从锅里盛出一盘鱼放下之后，再也不许挪

---

① 林其泉《八闽山水的民俗与旅游》，旅游教育出版社，1996年1月。

动这一盘，挪动意味“鱼跑了”，对海上生产不是好兆头。向碗里盛饭要说“装饭”或“起饭”，因为盛饭的“盛”字，方音近“沉”。吃饭用的筷子要说“篙子”，因为筷子的“筷”字与船成碎块的“块”字同音。饭菜装好以后，不准先于“老大”动口吃饭。吃饭时只许蹲着，不许坐下。在同一个航次中，第一次坐在什么地方吃饭，以后再也不许换地方，否则，会被称为“离了窝”，认为对人对己都不吉利。吃饭时，只准吃靠近自己的一边，不准伸筷子夹别人眼前的鱼菜，否则即被称为“过河”；发生这种情况，“老大”要夺下他的筷子扔进大海，因为俗以随便过河为险兆，扔下他的筷子算替他躲过一次危险。吃过饭要把筷子扔在舱板上，最好使之向前滑一段，取意“顺风顺溜”。在海上几乎顿顿吃鱼，每顿吃鱼都不许吃光，必须留下一碗鱼或鱼汤，下一次做鱼投入锅内，这意味着“鱼来不断”。所有吃剩下的饭菜，一律不准倒进大海，要聚集在缸里，带回陆地后再行倾倒。

三、居住习俗

沿海民居多就地取材。北方沿海多住海带草房。从前北方海中多生细长的海带草，被海浪冲卷上岸，成堆成簇，渔民常用来披苫屋顶。每幢房用草数千斤。房顶苫得极厚，坡度很陡，卷棚式，浑圆、厚实。苫成之后，为防风揭，还常用旧渔网罩起来。这种房子，不仅外观特异，实用上也有许多特点。因为苫草很厚，隔热隔寒，确有冬暖夏凉的优点。因为海草耐腐烂，苫得好的房子可保50年不漏。精工苫成的百年不坏的老屋，也不十分罕见。

以船为屋的情形，旧时在河北、山东、江苏各地沿海都曾有过。当时的景况十分简陋，大多将一般的船只略加改造，居住其中，苦不堪言。真正集船与屋于一身，且又延续至今的，是海南三亚等的水上人家。水上人家的船虽然有大有小，但都具有功能类似的船舱，如“生活舱”、“储藏舱”等。作为居室的是生活舱，是渔民休息、活动、做饭的场所，集中在渔船的上层和中层。有的大船的生活舱面积大，还可以隔成两三个小舱。有的人家拥有两条渔船，赶赴渔场时，两船并航，到了预定地点，载有女人和孩子的船驶进附近的海港守候，只一条船出海作业，就这样，留守的船渐渐地转化成了水上住宅。

四、行旅习俗

在现代海上交通出现之前，海上交通有一个长期的木帆船时代。那时最具规模的是各地商人所建立的船帮。这些船帮各以自己的家乡地名为船帮名，如北方的牛庄帮、锦州帮、天津帮，南方的福建帮、广东帮等。所谓船帮就是一个较大的船队。这些船帮往来贩卖货物，并且常常在所到的港口城市建立会馆，作为船帮的基地。清朝末年，福建泉州地方的商人在山东烟台修建福建会馆，前后费时20多年，所有石料、砖瓦、木料，都从泉州运来，一切雕件与塑件也都在家乡做成，由船队运到北方组装。这一处建筑至今保存完好。在这里可以看到这些商帮航行的规模，也可以想像到其受风俗影响的心理。

另有一种载人离井背乡的航船，在许多人的心目中留下了终生难忘的悲惨的印象。在南方，是出国谋生的侨民所乘的船；在北方，是几代人“下关东”所乘的船。从山东半岛到辽东半岛，有一连串的岛屿散处海中。最靠近南岸的一个岛名叫庙岛，正在半程的是南隍城岛和北隍城岛。“下关东”的人由南岸乘船，到庙岛时钱财已大半耗尽，及至辗转到隍城岛，常被迫卖儿卖女，所以当年留下的谚谣说：“剥皮的庙岛，抽筋的隍城。”

从前海岛和沿海渔村居民的短途海上航行，多数是搭乘便船，俗称“随船”或“跟船”。近年始有班轮。

第四节 涉海传说与歌谣

一、传说

沿海的传说，内容是多方面的，如海洋地貌的传说、海洋生物的传说、海洋神怪的传说等等。其中覆盖面最广、流传密度最大、几乎是家喻户晓的，莫过于海神送灯的传说。护航的海神在南方称为“妈祖”，在北方称为“海神娘娘”或简称为“娘娘”，是渔民与船工普遍信仰的神灵。关于危难时娘娘送灯引航的传说，各都绘声绘色，而且大多都有“耳闻目睹”、“亲感实受”的特点。

山东烟台崆峒岛老渔民吕恺昌，就有这样的陈述：

有一次，我爹十来岁的时候跟爷爷开船出海钓鱼。没钓着鱼，又去捞海红(蛤)。低着头光顾捞了，不知什么时候把脚子(小船)划进山嘴了，天黑了也没觉出来。在海里没有挡障，水一口吞了日头，天立刻就黑。大不悄(忽然)起风了，越刮越猛，浪滚水涌，天不是天，海不是海，只见白瓦瓦的一片山峰，浪头成群地赶。小脚子上下墩，起空了，四周全是暗礁，真要豆(抖)种了(快要命了)。鬼哭狼叫，不是人动静，都跑下了，撕破嗓子喊，像捣蒜一样光磕头，一点咒也没有了(完全没有办法)。就这工夫，大桅头上，一下出来一盏灯，通亮通亮，大家高兴了，死里逃生了，这是娘娘赐的灯，人也胆大了，赶紧起身，揪起缆绳，开船就出来了，安全回家了。为感谢娘娘搭救之恩，凡在海上打鱼的人，都照真船的样做个木头的，用纸糊个小船，再买些香蜡纸锞的，去娘娘庙里上供。遇上节日更热闹，至今也没断。这几年不大讲这个了。那几年，娘娘身边挂的小船，常不常（时不时）向下滴水，那就是救难刚回来。①

二、生活故事

渔村的生活故事最能反映他们的生活经验，与他们没有共同经历的人常常不能深刻体会他们的情感。

比如，渔民出海，最关心风向。他们的故事中便有一个可笑的不知风向的女人。丈夫在屋内，她在院子里。丈夫问她是什么风，她回答说“迎面风”，丈夫又问她朝什么方向站着，她回答说：“朝前站着”。这个故事中的女人在外地人听来也是可笑的，但在渔民心中这几乎是一个不能容忍的女人。

又如，沿海的人能分别各种鱼的吃法，分别哪种鱼的哪个部位最好吃，这在他们是连孩子都明白的常识，但外人却未必知道这些知识。他们的故事中有这样一位外乡人到渔村打工，吃饭时主人敬他加吉鱼（真鲷）头，他以为人家待他不周，经过解释，他知道加吉鱼头是鱼中美味，很高兴地吃了；第二天又到另一家打工，吃饭时上的是鲨鱼菜，人家不请他吃鱼头，他又很恼火，实际上鲨鱼头是最没味道的一部分。渔村的人一讲这段故事必开怀大笑，外乡的人却往往木然。

三、歌谣

渔村的歌谣体裁皆备，但其中最为人注目的是渔民所唱的号子。江苏地方的渔民说：“船是三块板，动身就要喊。”起篷、提锚、拔弹、点水、抛锚、打桩、吊货，每一个动作都有相应的号子。50年代的调查资料显示，山东渔民号子有上百种，如溜网号、上网号、撑篷号、拉锚号、推船号、拖船号、摇橹号、捞鱼号、敛鱼号、封网号、记

---

① 烟台市《芝罘民间文学集成》第一集，1989年5月。

浮号、廷巴号、爬爬号、抢号、打扦号等等。

渔民号子不是为娱乐的歌谣，在民俗环境中，它与劳动相伴。在行船和捕鱼的过程中，集体创造代代相传的腔调，给了人们莫大的鼓舞。山东长岛县渔民中有这样的传说：百年之前，天津码头有一只渔船修船补网，需要将桅杆取下，他们几十个人20多天未曾拔下这支桅杆，有一天，山东渔船路过这里，上前帮忙，其中有一位有名的号头，带领大家边喊边干，桅杆立时拔下。[①]

这种本不是为文艺而作的号子，现在随着渔业机械化的普及已多年不唱，但热心于文学和热心于音乐的人，却认定它们件件都是精品。

① 苗晶等《山东民间歌曲论述》，山东人民出版社，1983年2月。

第四章 航海与海路文化交流

第一节 航海活动

航海是船的活动,更是人的活动。当航海者乘着代表各自民族文化的船,跨越大海大洋,劈波踏浪奔赴异国他乡时,航海就不仅仅是为了某次航行目的的技术性活动,船、航海者和大海实际上是在自觉不自觉地充当着文化传播和交流的载体。

一、船文化

船是人类发明创造的水上交通工具。古往今来,世界各民族创造出了各式各样的船。这一些船航行漂泊于江河湖泊、近海远洋,争奇斗妍,它们以及它们所代表的经济、社会、民族和文化背景，构成了人类独特的船文化。

1. **独木舟、筏和船的出现**

独木舟和筏是船的前身，是最原始的航海工具，出现在原始社会。制造舟、筏的动因是为了获得鱼、虾、贝等食物，其根据则是受到了木头漂浮现象的启发，其制作工具最初是石斧和火。独木舟普遍由大树干挖空而成，我国古书《易经》说的“刳木为舟，剡木为楫”，就是这种情形。苏格兰境内佩斯地方出土的由云杉木做成的独木舟，距今约 7 000 年。我国河姆渡村遗址中，曾发现有五支残损的木桨，由此可以推断距今约 7 000 年前中国沿海地区也已出现了独木舟。筏则是由木条、竹条等捆绑而平浮于水上的。竹筏在我国南方竹乡盛行，北方鄂伦春人则利用当地盛产的桦树制造桦树皮筏。

随着人类进入金石并用时代，人们开始在独木舟或在木筏两边装上挡浪帮板，并改造“筏”身，我国称其为三板，演化而成“舢”，这是向船迈进的重要一步。原始社会晚期，船出现了。在属于距今约 6 500～5 100 年的埃及涅伽达文化遗址中，出土有陶制的船。这艘船载着画有几何花纹的神龛。另从同一类型文化遗址的一个富人墓中的壁画上，发现带有船楼和旗帜的高大船。在另一处发现的一把装饰有象牙的梳状燧石刀上，以单线条雕刻的画面表现了一场海上战斗，估计发生在距今 6 500～5 000 年间。战斗双方用的是两种不同类型的船，一种船头较高，另一种船头较低。有专家认为，前者属于美索不达米亚人的船，后者属于埃及人的船。

原始社会后期和国家出现时，沿海居民发明、使用船只在近海航行、渔猎，是比较普遍的现象。埃及人除使用木船、蒙皮小船以外，还把纸草茎编扎起来制成纸莎船。爱琴海中距今约5 000～4 100年间的塞克雷斯人使用的木船，反映在叙洛斯岛出土的粘土锅上。其船首高翘，带有鱼形装饰，船两侧带有双叶的桨。黎巴嫩山上的杉松是造船的好材料，除被古代最著名的航海民族——腓尼基人应用外，还输出到埃及和其他地中海沿岸地区。北冰洋沿岸的爱斯基摩人还制造出了独具特色的蒙皮小船“卡押克”。这种小船以木为架，周围包上海豹或海象的皮，只在上面留一个可容一个驾船者进入的小洞。驾驶者上船后，把船的外皮和与外皮连在一起的肠衣带（海兽的肠衣）缠在腰上，这样水就不会打入船内，即使翻了，海水也不会渗入皮内和船内。

2. 形形色色的木帆船

在工业革命以前漫长的人类历史上，木帆船曾占尽风骚。地中海地区很早就出现了帆船。考古发现，公元前 2000 年的一座埃及墓内有一把壶上刻有帆的图案，这是现知人类最古老的帆的图像。当时埃及的船只使用很大的帆。约公元前 2000 年，地中海克里特文明中出现了一种桨帆并用的柏树船，船头高翘，船中间甲板上有小舱，船尾有一个冲角，两面舵橹行驶。那时的船只已因用途不同而有了不同的类型，大体上分为装货的重型船和从事海战的轻型船。约从公元前 14 世纪到公元前 6 世纪，腓尼基人的造船技术居于世界首位，他们制造的货船比较庞大沉重，主要靠张帆行驶，既适于航海，也便于载运大宗货物；其战舰也比较庞大坚固。公元前 8 世纪末，希腊人已能制造三层桨的战舰，运货大船的载重量已达约 250 吨，主要靠大帆航行，较少用桨。当时，希腊人、迦太基人、叙拉古人争先建造大型战舰，组建强大的舰队，争霸于地中海上。后来的罗马帝国在击败迦太基人的过程中，建造了大量五帆船和三帆船，并在战船前头装上了接舷吊桥，在战船外壳加上了抵挡敌舰撞击的“装甲”。

活跃在印度洋沿岸和波斯湾及红海一带的通常是三角帆船。独桅三角帆船早在公元前 2500 年左右就已在印度出现。其船身较小，头部尖而中部宽，便于转动和在逆风中侧帆受风前进。8 世纪后，阿拉伯商人广泛使用这种船到印度、马六甲、爪哇、越南甚至中国航行。波斯湾和红海上最常见的是双桅三角帆船，船长约40米，宽15米，排水量达数百吨，造船材料采用柚木和阿拉伯橡胶树，船体不是用铁钉固定，而是用棕油浸制的防腐椰棕绳绑扎。海船上一般都配有潜水员，如果船在海上发生意外，仍可进行修船工作。此外，在印度东海岸及东南亚各地还活跃着一种称为“昆仑舶”的缝合木船。这是南印度泰米尔和中南半岛一带克楞族人创造的，船身用柯树木料制造，联木用椰子皮或桄榔树果纤维编索捆缚，用橄榄糖灌塞隙缝，不用钉馔。9世纪时这种船为中国广东船工所接受。广州一带制造木船原用铁钉联接船板，这时也改用上述缝合法制造海商用船，同时又作了些改进，将茜草晒干塞于缝中，遇水胀塞，使其不再渗水、漏水。

诺曼人的长船曾在中世纪的欧洲威风一时。“诺曼人”意为“北方人”，指中世纪居住在欧洲北部日德兰半岛和斯堪的那维亚半岛上的丹麦人、挪威人和瑞典人，他们是以航海为业的民族。8世纪时他们的造船技术已达到很高的水平，能制造各种形状、尺寸的船只，其中尤以长船最为著名。适应北欧海岸线曲折、林木茂盛的特点，这种船以巨木作龙骨，形状细长，吃水浅、柔韧性强，能在许多溪流和港湾中停泊，出没于当时大部分欧洲船只不能航行的水域。1880年，在挪威奥斯陆湾发现了一条保存完好的长船，船身长23米，宽5.25米，满载时吃水也只有1米，船骨是一根17米长的巨木，它的两边各由16条硬橡木板叠接，用木栓和U形钉钉牢，船板之间的空隙用编成辫子的兽毛堵塞，船板用有韧性的植物纤维做成的绳子绑在肋材上，因此船体具有很强的适应性。桅杆立在巨大的桅座上，当它挺立而起的时候，轻而富有弹性的船体也不会受任何拉力的影响。长船由桨和帆一起推进，非常适合航海，一次可以乘载40～100多人，航速可达10海里/小时，能在任何天气情况下持续航行一个月之久。当年，诺曼人就是驾着这种船横行于欧洲各海域的。1892年，挪威人曾仿造了一条长船并用它横渡大西洋，只用了四个星期。13～17世纪，北海和波罗的海沿岸城市结成的商业同盟——“汉萨”同盟使用的商船，又与长船迥然不同，它没有明显的龙骨，底部平坦，形态宽肥，两舷较高，载重量比长船大，船上建有船头堡和船尾堡，必要时可改装成战舰。

白海和巴伦支海沿岸的俄罗斯居民波摩尔人，是中世纪在冰海中航行的能手。他们制造的船体现出冰海地带的特点。首先，船板和木梁是用柔软的树条来连接的，既不会生锈，而且当船和冰块相碰时，还会遇水膨胀，把船洞堵塞起来。其次，波摩尔人的船帆通常用鹿皮制成，因其带有油脂，即使在极其寒冷的天气中也很难结冰。其三，波摩尔人的船身往往具有卵状的外形，这种形态可保证船在受到冰块的挤压时能向上升抬，使船不致被挤压毁坏。这是对造船业的一大贡献。19世纪末，著名极地探险家南森开辟西北航路时所使用的探险船“弗兰姆”号，就采用了这种形状的船身。现代破冰船船身的轮廓，也与波摩尔人的海船相类似。

欧洲人在发现新大陆前，借鉴了原先在地中海、北欧和中东发展起来的船的一些优点，造船技术有了很大进步，载重量为150～200吨的狭长桨帆船让位于600～800吨的圆体帆船，艉舵取代了效率较低的侧向操舵装置。葡萄牙人还改制了阿拉伯人的三角帆索具，使船能够更直接地逆风航行。船上还普遍使用指南针测定方位。船舶的发展，为西方人开辟新航路提供了条件。

中国帆船独树一帜，曾长时间处于世界领先地位。木帆船在中国大约出现在公元前16世纪的殷商时期。甲骨文中的“舟”字写作[illegible]，形象地表现出那时木帆船的特征是左右对称，方头、方尾、平底，首尾略翘，前后两端有甲板。经过汉、唐、宋朝的大发展，中国帆船体现出自己的优势特点，即构造坚固，抗沉性强，体势高大,容积广阔。船壳采用多层船板铁钉钉合,桐油、石灰和麻丝捻缝。在船形上既有方首方尾平底的沙船,也有“上平如衡、下侧如刃”、头尖尾方、首尾上翘的福船,还有“首尖体长、下窄上宽、状若两翼”的广船和“头小身肥、船身长直、蓬长橹快”的鸟船。而且,中国帆船最先使用橹、舵和水密舱,对世界造船业作出了重大贡献。中国船风帆式样独特,是可以灵活转向驶风的斜桁偏挂纵帆,船帆分为正帆和侧帆,船只航行时,各方风力都能利用。中国船上往往悬挂多面风帆,宋朝时普通船上悬挂风帆的桅杆一般为 4～6 桅,多者达 12 桅,皆能自由起卧。相形之下,阿拉伯的船只直至 13 世纪还只有 1 桅或 2 桅,而且桅杆是固定在船上不能起卧的,也没有缩帆装置。明初郑和下西洋的船队之大、船舶之巨则更令时人称奇。郑和船队有大小海船 200 余艘,编队航海,场面蔚为壮观。船队中有大型宝船 62 艘,属于沙船类型,体势巍然。其中最大的宝船长 44 丈,宽 18 丈,有 9 桅 12 帆;载重量为1 500～2 500吨。每一艘船都有三层罗盘,每一层都有 24 名官兵视察航行方向,日测风云,夜观星斗。另外,船上还有巨大的铁锚,用桶口粗的棕绳吊在船头,要几百人才能举得动。而直至 1492 年西班牙哥伦布船队出航时,其 3 艘船中最大的旗舰“圣玛丽亚”号也不过载重量 250 吨,仅为郑和宝船的 1/10。

3. **轮船**

轮船是工业革命的产物,带有典型的机械化特征。世界上第一艘具有实用价值的蒸汽轮船,是 1807 年由美国发明家罗伯特·富尔顿发明的“克莱蒙特”号。19 世纪 20 年代,美、英、法等国制成了各种类型的轮船。但早期轮船的船身仍是木制的,除了容易干裂、漏水、遭虫蛀等缺点外,还经受不住机器的长时间振动。另外,烧锅炉用的火和烟囱中飞出的火星,使木船极易发生火灾。随着钢铁业的发展,人们开始试验用铁代替木材作造船材料。1820

年,第一艘适于航海的铁轮船“艾伦·曼比”号横渡英吉利海峡成功,从此开始了用铁造船的时代。19 世纪下半叶,螺旋桨和蒸汽涡轮出现,使轮船的速度和效能大大提高,轮船逐渐取代了帆船,并风行海上。从此,人类进入了轮船时代。

20 世纪,各种现代化船舰相继出现。由于全球经济一体化的加强,各国所造现代化船舰愈益相似。倒是那些仍为各地沿海居民所用的、显得落后过时的小船们,仍保留和体现着浓浓的民族文化味道和色彩。

二、探险家和航海

从远古时代起,广漠、深邃而神秘的海洋就激发起了人类极大的兴趣,出现了无数的航海家和探险家。探索海洋、探索海那边的世界成为他们生命中最重要的部分,并谱就了人类历史的许多精彩华章。

1. 近洋探险

早在城市国家出现时,欧、亚、非的沿海居民就开始探察近海和近洋,黄海、东海、南海、印度沿海、波斯湾、红海、地中海、大西洋等的海面上,都出现过探险家的身影。古迦太基的探险家希米尔康于公元前 520 年去大西洋中探险,目的是寻找产锡的岛屿。他在大西洋中航行了四个月,遇到过大雾、礁石林立的海城和一些奇异的海生动物。希米尔康多半是找到了锡岛,因为从他起,迦太基人开始从韦桑岛、康瓦尔岛取得锡。但希米尔康为了吓唬打算进入大西洋中的竞争者,故意把大西洋描述得相当可怕,称海上“永远笼罩着浓雾”,“不断作疯狂的呼啸”。古希腊的毕提阿斯是人类历史上第一次对海洋作出卓有成效的科学考察的探险家。为了寻找一条商道以便到达传说中在大西洋远方的有名的锡岛,他于公元前 325 年装备一条船,带领 25 名水手和一名用高价聘来的领航员，开始了远航探察。由于当时迦太基人封锁直布罗陀海峡，他选航的路线是由他的居住地马塞出发向东，经爱琴海向北进入黑海，上溯第聂伯河、维斯杜拉河而入波罗的海，然后向西过日德兰半岛，在北海中向西北，远达设得兰群岛、法罗群岛，然后南下经过不列颠群岛、比斯开湾，最后返回。他这次远航的主要收获有：他最远到达了法罗群岛北纬63°的地方，证明那里有人居住，还发现所到之地的白昼持续一个月；他报道不列颠群岛的总体是三角形，绕一周约长7 000千米（实长 5 000 千米），比较符合实际；他观察了大西洋的潮汐，在人类历史上第一个以月球运行规律来解释潮汐现象；他运用几何原理，计算确定了极圈的位置；他第一次描述并将比斯开湾的形状绘在地图上；他还报道了伍科西桑岛（即韦桑岛）等地的物产和风土人情。此外，毕提阿斯还计算出马塞利亚在北纬 43°上（实际应为 43°17′52″），黄道与赤道之间的余率为23°49′。这在当时都是杰出的成就。

挪威人埃里克·劳德是另一位在大西洋里勇敢探险的人。公元 982 年他横渡大西洋，发现了格陵兰岛。1003～1004 年，其子莱夫·埃里克从格陵兰出发继续向西，发现了今天纽芬兰和北美大陆的东北沿岸地区。虽说埃里克比哥伦布早 500 年就到达过美洲，但他那时还没有认识到那是另一块极大的大陆。

印度沿岸至波斯湾、红海，是古代航海探察的重要地区。公元前 515 年，波斯海军将领西拉克斯受命考察了这一地区。他沿印度河而下，顺着马克兰海岸西航，经波斯湾，环绕阿拉伯半岛沿海地带，历时 30 个月，到达了红海。此次航行的结果《西拉克斯海志》在当时影响很大。公元前 1 世纪，罗马和印度已直接通航，但还比较困难。公元 1 世纪，希腊航海家希帕罗斯发现了印度洋上的季风规律。随之，航海者们不再只沿海岸航行，而已可横越大洋了。当时出现的《厄立特里亚海的航行》一书，详细记述了从埃及红海边的霍尔斯港出发，中经印度直达马六甲的航线和港口。这条远程航线，从此成为亚欧非之间贸易交往的一条大动脉，在世界航海史上和商业史上居于重要的地位。1405～1433年郑和七下西洋的伟大航行，更是直接开辟了由中国横渡印度洋到波斯湾、阿拉伯海、红海以及东南非洲的新航路，而且在各个海域和内海又分别开辟了许多新航线，从而把亚、非广大海域上的航线联成了一体。

2. **地理大发现**

地理大发现是同许多探险家的名字联系在一起的，哥伦布、达·伽马、麦哲伦仅是其中杰出的代表。

哥伦布出生于意大利热那亚，早年参加过远航活动，确信地圆学说，坚信从欧洲海岸西航便可到达印度和中国。有趣的是，哥伦布根据马可·波罗对亚洲东西宽度的估计（一个过高的估计）和对日本距亚洲大陆距离的估计（一个极为过高的估计）以及托勒密对地球周长的估计（一个过低的估计），推断出分隔欧洲和日本的海洋并不很宽，从而认为前往亚洲的便捷之路是横渡大西洋的短期航行。这种错误认识竟成为他远航的前提，如果当时他的地理知识是正确的，新大陆的发现可能要推迟若干年甚至若干世纪。1492～1502年，哥伦布先后作了四次西航，第一个在北半球的热带和亚热带海区多次横越大西洋，发现了美洲；第一个沿中南美洲、南美洲海岸作长距离航行，发现了全部安的列斯群岛、巴哈马群岛的中部各岛以及特立尼达岛和加勒比海内一系列较大的岛屿，从此改变了人们旧的地理概念，打破了西半球的孤立状态，将东西半球联系了起来。哥伦布的航行与发现，不仅为后来航海家的环球航行和把世界联成一体作出了直接贡献，也为欧洲拓殖新大陆开辟了道路。

达·伽马是西班牙大贵族，他继迪亚士发现好望角后，于1497

年由西班牙里斯本出发，探察绕过非洲到达印度的新航线。其船队沿非洲西海岸航行到刚果河以南海区时，发现有一股向北的海流使他们的行船速度大大减慢，达·伽马放弃了紧贴海岸航行的传统，而驶入南大西洋，乘西南季风海流航行。这样，他便找到了一条从欧洲到非洲大陆南端最方便的航线。历经千难万险，1498年5月20日，他终于航抵印度西南海岸的城市——卡利库特，由此开辟出了连接大西洋和印度洋的新航路，同时也奠定了葡萄牙东方霸权的基础，从此开始了西方对亚洲的大规模殖民。

1513年，西班牙人巴尔沃亚最先发现巴拿马地峡，横穿美洲大陆到达太平洋沿岸，并把波平如镜的太平洋称为"大南海"。这一发现使当时的人们确信盛产香科等东方特产的亚洲在"大南海"对面，同时也引起人们设想通过"大南海"航抵东方。这一设想是由为西班牙服务的葡萄牙探险家麦哲伦及其同行者的环球航行实现的。

17～18世纪澳大利亚的被发现，是世界史上仅次于哥伦布发现南美新大陆的大事。在西、葡两国百余年探索的基础上，1640年荷兰探险家到达澳大利亚北部和西部、南部海岸的一些地方。1642～1644年，荷兰航海家艾贝尔·塔斯曼率领的探险队发现了塔斯马尼亚岛、新西兰岛，还得出了澳大利亚是个大岛的结论。此后，荷兰航海家又多次航抵澳大利亚西海岸，并把这一带命名为"新荷兰"。这成为澳大利亚最初的名称并延续了两个多世纪。1768～1771年，1772～1775年，英国航海家詹姆斯·库克的两次航行，探察了澳大利亚东部，最后完成了发现澳大利亚的使命。库克还使欧洲人相信，澳大利亚并非不毛之地，而是植物繁茂的沃壤。在第二次航行中，库克还绕南极圈一周，并探究了冰圈的范围，从而证实了南大洋内不存在从前所想像的新大陆。到此，南半球的轮廓已基本清楚。

3. **极地探险**

在新大陆发现后，极地探险又成为探险家们青睐的事业。首先成为热点的是北极探险。这是围绕开辟两条连接大西洋和太平洋的最短航路展开的：一条沿北美洲北岸走，为西北航路；另一条沿亚洲和欧洲北岸走，为东北航路。1594 年，荷兰探险家威廉·巴伦支到达了巴伦支海。1585 年，英国探险家约翰·戴维斯从加拿大和格陵兰之间的海峡向北航行，最后深入到北纬 72°12′。1616 年，英国的另一个探险家威廉·巴芬沿着戴维斯的航路，深入到北纬 77°45′的海域，即“巴芬湾”。18 世纪中，俄国探险家白令发现了白令海峡，为后来探险家的新探察开辟了通道。英国探险家库克为了探寻大西洋通往太平洋的西北航路，1776 年 7 月开始了他的第三次航行。他出英吉利海峡南行，绕过好望角，横渡南印度洋，到达新西兰，然后北上，发现了库克群岛、圣诞岛、夏威夷群岛，通过白令海峡后航行到北纬 70°41′时，因冰丘而转航到阿拉斯加最北端，将那里的海湾起名为库克湾。直到此时，探险家虽不断总结经验，使航行逐渐向更北地区挺进，但浮冰一直是很难克服的障碍。

工业革命的进行使人类的航海工具和航海技术有了突飞猛进的发展，北极探险也有了根本性的突破。东北航路的开辟工作由芬兰探险家诺登肖尔德完成。1878 年 7 月 21 日，他乘探险船“维加”号(排水量 360 吨)，从挪威的特罗姆瑟出发，1879 年 7 月 22 日到达阿拉斯加的克拉伦斯港，开辟了东北航路。后来俄国人专门建造了破冰船，使东北航路成为一条可以经常通航的干线。与此同时，挪威探险家南森驾驶着他设计的卵形船，沿西北航路深入到北纬 86°14′、东经 86°的地方。他对北冰洋的浮冰、水文、气温和海洋生物作了调查研究，回来后出版了《极北地区》一书。挪威著名探险家阿蒙森在认真研究了南森的报告和航海路线后，1903 年

6 月由挪威出发向西探航,经过三年多的艰苦航行,穿过白令海峡到达了太平洋北岸的诺姆城。这样,西北航线也被开辟出来了。1908 年 4 月 6 日,美国探险家皮里成功地到达了北极点。

人类对南极的大规模探察是从 19 世纪开始的。1819 年,俄国沙皇亚历山大一世命探险家别林斯高晋,率船向南极进发。其船队用两个夏季完成了环南极航行,曾 6 次越过南极圈,最南达到 69°25′,发现了彼得一世岛和亚历山大一世岛等岛屿,并进行了广泛的海洋学考察。随后,英国、美国都有船队到南极区域考察,发现了不少陆地。1840 年 8 月,英国著名极地探险家罗斯率两条船前往南极,发现了罗斯海、罗斯岛、罗斯冰障等。罗斯的探险队探测了南极大陆的中心部分,在南极探险史上具有重要意义。后来的探险家们在向南极内陆进军时,一般都把罗斯海和罗斯冰障形成的扇形地区作为自己的中继站,因为这里具有南极洲其他部分所罕见的一个特点:在南极洲短暂的夏季里,罗斯海不仅水平若镜,而且没有浮冰。

1890 年后,对南极的探险进入了一个新时期。1895 年在伦敦召开的第六次国际地理学会,号召全世界向南极进军。许多国家成立了南极考察队,许多探险家开始在南极过冬,新的发明开始用于南极探险,如气球、无线电和摩托车等。1901 年,英国探险家斯科特到达了南纬 82°17′,收集了许多标本。经过许多探险家的努力,南极洲的情况逐渐明朗。这时,挪威的阿蒙森和英国的斯科特展开了最先到达南极点的竞争。1911 年 1 月,他们两人率领的探险队同时在南极登陆,最后以阿蒙森的胜利告终。阿蒙森于 1911 年 12 月 14 日最先到达南极点,打通了人类向南极进军的道路,在南极探察史上建立了不朽的功勋。不过,斯科特做了更多的科学考察,他在从南极点返回时不幸遇难。

在各国探险家和考察队的英勇努力下,至 20 世纪 50 年代初,南极大部分地区已有人类足迹，完整的南极轮廓出现在世界地图上。1954年以来的南极考察，主要是深入大陆内地，力图了解南极大陆的结构和周边轮廓线。我国自80年代以来也加入到南极科考的队伍中来，并对研究南极和利用南极作出了贡献。

以上探险家们的这些探察，基本是在海洋水面和陆面上。现代以来，深海探察逐渐引起人们的兴趣和重视。各国科学家利用先进设施，对海底资源、海底结构等进行了大量探察，为人类打开了新的未知领域。

探险家们的作用是不言自明的。是他们开阔了人类的视野，丰富了人类的知识；是他们将封闭抛开，将世界连成了一体；是他们开辟了人类活动的新领域。另外，他们大无畏的先锋精神成为人类一笔宝贵的精神财富，激励着一代又一代的人们。

第二节　海洋考古

大海里自从有了航船，就开始有了船只的沉没。在较早时期就有人对沉船与考古发生了兴趣。但是，由于打捞工具和研究手段的落后，20世纪初以前的海洋考古材料极为稀少，仅仅到19世纪晚期才开始产生其现代形式。而海洋考古学作为一门系统而严密的科学，是在二战期间发明水肺以后才产生的。

一、海洋考古的内容

海洋考古是对人类及其海洋活动的物质遗存的科学研究。虽然海洋考古研究者直接接触到的主要是一堆沉船遗物，如船只、货物、设备、仪器等，但是，海洋考古研究的首要对象却是人，通过对沉船等的考察来了解制造或使用它们的人。因此,海洋考古有三个层次的研究。

第一层次,亦是最初一级层次的研究,是对直接研究对象——沉船的探讨,主要是对船舶沉没过程的研究。船舶沉没是一个"抽滤"过程。沉船过程中物质的漂散、打捞过程中对一些物质的打捞、一些易腐物的分解,这些都属于船舶沉没过程中的"抽滤效应"。同时,船舶从其被破坏开始解体,到最后该船在较大范围内与海底融为一体,又是一种海洋与船舶、船舶及其装载物质相互"搅拌"的过程。因而,通过对沉船的过程、打捞的过程、易腐物的分解过程、海底的运动、沉船遗存物的特性进行分析研究,就能够描述出沉船现象所具有的某些普遍的、有规律的特征。同时,还能总结出在任何遗址上估价这些特征的方法。

第二个层次的研究是对沉船材料的直接来源——原船的探讨,即从考古学中获得对原船的认识。首先,船舶是一种交通工具,因而,对于原船的建造材料和船体结构的研究就显得极为重要。而从公元前 4 世纪的凯里尼亚沉船,公元 16 世纪的"玛丽·露丝"号沉船到 17 世纪后期的"达特茅斯"号沉船,这种考古研究之所以取得了实质性的进展,就是因为海洋环境能为前工业化时代的主要造船材料——木材提供特别有利的保存条件。另外,由于船体结构主要决定于龙骨、艏柱和艉柱,在较小程度上取决于其下部的肋骨构架,而这些构架最容易被淹没并保存于海底,因而,一般说来,考古遗物所反映的是当时实际建造的船体,它们提供了比许多船舶设计资料或图样都更为直接的材料。其次,船舶是军事或经济体系中的一种因素,其基本用途是在某个军事或经济体系中发挥作用,因此,通过对海底遗存物,尤其是对该船实际运载物(虽然是不全面的)的考察,基本上能够区分出该船是战船还是商船。在遗址保存较好的条件下,即使缺乏可利用的文献资料,也能了解某一船只在当时的实际作用的许多情况。最后,船舶还是一个具有独特等级制度及风俗习惯的封闭"社会"。在沉船遗址上除了船体构件、工具及货物的遗存外,还可能存在与船只或乘客有关系的、能够反映出其所在环境及生活方式的某些遗物。因而,船舶上的等级社会制度及当时人们的社会风俗习惯,也可从有关遗物的品种、数量和质量上反映出来。

第三层次是对海洋文化的考古,即对沉船事件所证实的跨越不同时代和地区的社会发展历史的探讨。当然,这是建立在对沉船过程的考古和船舶考古的基础之上的。之所以能够如此,是因为发掘材料的来源——船舶与产生船舶的社会之间的关系已为人们了解并且可以具体辨认出来。另外,沉船遗存的内容很丰富,并且很少受到人类的干扰,这些都是海洋考古材料对研究当时社会历史发展状况所具有的优越性所在。

二、海洋考古的价值

海洋考古主要可以加深三个方面的认识。

1. 造船技术的发展

不论是前工业社会时期,还是工业社会时期,船舶制造可以说是当时社会技术发展的体现,研究历史上的船舶制造,乃是对这些社会的技术能力和组织能力水平的探讨。而这种造船技术可以从残存的沉船壳体、遗留的船舶仪器设备、船体材料中反映出来。

2. 海战与海上贸易状况

海战与海上贸易状况亦能从沉船中反映出来,因为船舶是军事或经济体系的有机成分。由于在发掘的沉船中,战船资料较少,另外,虽然各个时期海战中的沉船遗存物都可能揭示交战过程的一些情况,但考古研究却根本无法阐明战争的政治、外交和军事背景,因而对海战研究的贡献非常有限,然而,利用考古手段研究海上贸易的前景却非常乐观。其原因,一方面是所发现的货船沉没遗址较为丰富,另一方面,通过研究沉船数量的变化可定量地确定某个国家或地区的贸易量随时代发展而发生的变化。另外,通过研究其遗存货物,可以探讨某个国家或地区的某个时期的经济状况,以及和其他国家或地区的经济联系状况。因而,随着调查的沉船遗址日益增多,海上经济贸易史领域的研究将会取得突破性进展。

3. **船上的社会**

某一处沉船可以提供在该船上人们生活的一些材料,而研究某一特定时期和地区的若干遗址中累积起来的材料,同样可能描绘出当时海洋社会的全貌。如严格的等级制度和清一色的男性集团等特征,在许多地区持续过很长时间。另外一些特征,如特殊的礼仪或宗教仪式、专用的服装或用具,以及独特的等级制度等,这些特征必然反映出整个社会中的海洋活动。例如公元7世纪亚西阿达海沉船的海员们所具有的社交礼仪,反映了当时海上商业对康士坦丁堡经济的重要性。在大多数反映社会历史的著作中,也许是因为缺乏材料,航海社团常常被人们所忽略。海洋考古学在这方面的研究将会有助于改变这种局面。

三、海洋考古的成就

海洋考古的成就主要有以下十个方面:

1. **对地中海古典时期造船技术的考古**

最早为学者所研究的沉船遗址,是法国发现内米湖沉船。另外,还有几处遗址,其中最重要的是德拉蒙角遗址,还有同一时期意大利沿海的阿尔年加遗址、斯帕吉遗址、托雷斯加拉塔遗址。20世纪60年代,G.巴斯教授及其同事在土耳其亚西阿达海域发掘了两艘沉船,一艘属于公元4世纪,一艘属于公元7世纪。1967

年,在塞浦路斯凯里尼亚附近发现了一艘公元7世纪沉没的商船。几年后又对“普朗尼尔3”号沉船遗址和马德拉格德吉昂遗址作了调查。这些沉船遗址反映出了地中海古典时期造船技术的特征:①用沿木板边缘分布的榫卯来连接船壳板,构成一个坚固的自撑式船体。②有一些船体的舯剖面呈V字型。③包覆铅皮以加强船壳的强度。④开始采用一些比较廉价的造船材料,如使用铁柱钉增多,铜柱钉或木销钉日益减少。

2. 对地中海古典时期以前及古典时期贸易的考古

其考古的主要遗址有:格里多尼亚沉船遗址、墨西哥海峡的公元前6世纪沉船和凯里尼亚的公元前4世纪沉船、“普朗尼尔4”号沉船、阿奇沉船、旺德雷斯港2号沉船等的沉船遗址。

3. 对地中海早期港口的考古

地中海早期港口的考古主要是A.普瓦德巴神甫在20世纪30年代对西顿和阿尔瓦德两个著名的古代港口城市的勘察。另外,还有一些遗址,包括阿波罗尼亚遗址、阿斯利特遗址、科萨遗址、法色利斯遗址、肯切雷埃遗址和切利港遗址等的考古发掘和发现。

4. 对西北欧中世纪早期的船舶考古

其考古主要涉及到对斯堪的纳维亚维金时期(公元800~1100年)的维金船遗址的发掘和研究,包括哈里森古船、比约克古船、格雷斯特布罗古船、萨顿·胡古船、克瓦尔松古船、奥塞贝尔古船、图恩古船、戈克斯塔古船和拉德比古船等。

5. 对中世纪以后的船舶结构的考古

中世纪以后所发现的沉船遗址有:“玛丽·露丝”号、“萨瓦”号、荷兰东印度公司的“巴达维亚”号、“肯内默兰”号、“阿姆斯特丹”号、“达特茅斯”号等船沉没的遗址。

6. 对西班牙无敌舰队的考古

其考古所发现的沉船遗址有:“圣胡安·西西里”号、“特立尼达·巴伦西亚”号、“希罗娜”号、“圣玛利亚·罗莎”号、“大格里丰”号等沉船遗址。调查所取得的最引人注目的成就之一,是提供了关于无敌舰队的一些船只结构方面的材料,证实了这样的观点:即在许多情况下西班牙的舰队经受不住北大西洋的恶劣环境条件。

7. 对16~19世纪欧洲扩张的沉船遗址研究

在过去的10余年里,在欧洲、非洲南部及澳大利亚西部沿海,至少有15艘荷兰东印度公司的沉船遗址被人调查。如“斯洛特·特尔·霍格”号、“德利弗德”号等沉船遗址。其他欧洲国家如葡萄牙的“圣安东尼奥·坦纳”号,英国的“特里尔”号、“瓦伦丁”号、“哈斯维尔”号,丹麦亚洲公司的“文德拉”号,瑞典东印度公司的“休西亚”号等沉船,亦被发现和调查。

8. 欧洲国家对新世界(美洲国家)吞并过程中的沉船遗址的研究

其研究如1502~1504年间哥伦布最后一次航行的两艘沉船遗存物的发现;对1553~1554年西班牙铁甲舰队的打捞;T.塔克等人对百慕大水域沉船的打捞与调查;另外还有美国独立战争时期海战中的沉船遗址,如约克敦沉船遗址、“捍卫”号遗址等的发现与考察。

9. 对中国古船的考古

中国古船的考古如中国泉州宋代海船的发现和韩国新安海底中国沉船的发掘。

10. 对航海仪器的考古

其考古如在沉船遗址中发现的用以导航的测深锤、适用于海上作业的海图两角规、测量天体高度的星盘(15世纪晚期发明)及16世纪末出现的十字测天仪,另外还有“肯内默兰”号沉船上发现的未经改进的早期反向高度仪等。

以上是迄今为止海洋考古的主要成就。海洋考古今后的研究领域将涉及到史前的船舶、西北欧中世纪的造船、亚洲的造船以及1500年以前地中海以外地区的贸易、锚地等其他方面。

第三节 海路文化交流与文化变迁

一、海路文化交流

经由海路的文化交流是文化交流中非常重要的部分。它发生的前提条件是海上交通的发展,它发生的结果是促使各种文化相融并长,丰富并加深世界文化的内蕴。我们可以从物质技术和思想制度两个层面考察这一问题。

1. 物质技术交流

物质技术的交流和吸纳是文化交流中最直接的层面。自古以来,千帆万船竞于海上的首要目标就是贸易获利。伴随着货物的易地交易,互通有无,一种文化所创造的物质技术方面的东西就自然潜入了另一种文化之中,从而影响了双方的生活方式。

古代世界最显著的海路物质技术交流的构成部分,是沿古地中海——印度洋航线进行的东西方贸易往来。古地中海是海上贸易的繁荣地区,上古时期就在埃及人、腓尼基人、克里特人等航海民族的经营下显示出其地位的重要。当时,西班牙半岛、意大利半岛输出锡,塞浦路斯岛输出铜,克里特岛输出金银器皿,黎巴嫩输出木材,运货的船舶奔行于各港口之间。罗马帝国建立后,地中海成为罗马的内海,并随着罗马与印度的通航而开始成为古代东西方海上往来的重要通道。从那时直至中世纪,东方的商品,如香料、香水、象牙、乌木、野兽、珍珠、宝石甚至奴隶,以及中国的丝绸、瓷器、茶叶等沿孟加拉湾、波斯湾、阿拉伯海、红海,源源不断地运往地中海,再从这里沿河道、经陆路或顺欧洲大西洋沿岸运往中、北欧。欧洲出产的锡、葡萄酒、玻璃制品、毛织品等也经此运往东方,但在数量上远不及运去的东方商品多,在影响上也没有东方商品大。香料、丝绸等东方商品的输入,极大地改善了欧洲人的饮食、生活状况,从而在欧洲引起了一股持久的购买热潮,成为西方人生活中不可缺少的部分,并激起了西方人对富裕的东方的渴望。

如果说价格较贵的丝绸是富人的消费品的话,从东方输入欧洲的分量轻、颜色艳、价格低、耐洗涤的棉织品则大受平民欢迎。这些棉织品在英语或欧洲其他一些语言中的名称,反映了它们的原产地。Gingham(条格平布)来自马来语,意为“有条纹的”;Chintz(磨擦轧光印花布)来自兴都斯坦语,意为“有斑点的”,Calico(印花平布)和Muslin(细平布)则分别源于地名“卡利库特”和“摩苏尔”。

14世纪奥斯曼土耳其帝国控制东地中海和西亚后,这一海上商路与陆上商路一起受到阻碍。对东方商品的需求和对东方财富的向往成为促使欧洲人积极开辟通往东方的新航路的首要驱动力。新航路开辟后,东西方的贸易往来又增加了。1650年前后,茶叶被引进英国,一个世纪后已成为普通消费品。

新大陆发现后,规模巨大的海上洲际物质交往逐渐发展起来。美洲印第安人的植物,如白玉米、马铃薯、木薯、番茄、鳄梨、白薯、花生、蚕豆、南瓜、笋瓜、烟草、棉花、可可等,极大地丰富了世界各地人们的食品结构,许多至今仍是主要消费食品。印第安人则从外来人那里学会了使用马和枪以及铁制工具。当时,美洲种植园大量生产烟草、蔗糖、咖啡、棉花等商品以供应欧洲,这些种植园实行单一经营,需要进口其他一切物品和劳动力,于是就出现了有名的大西洋中的三角贸易：欧洲将朗姆酒、布匹、枪炮及其他金属产品运到非洲，换取黑人奴隶，然而将奴隶运到美洲；美洲的蔗糖、烟草和金银则被运到欧洲。这种贸易带给欧洲的是巨额利润和丰富的商品，为工业革命准备了条件；带给美洲的是繁荣的奴隶制种植园经济；而带给非洲的影响则是双重的。大量的奴隶贸易使非洲损失了近 4 000 万人口，而且对非洲从塞内加尔到安哥拉的整个沿海地区和方圆四五百英里的内地产生了一种腐蚀性、扰乱性影响。携带朗姆酒、枪炮和金属器具等货物的欧洲奴隶贩子的到来，引起了一个连锁反应：一些当地部落侵袭内地猎取奴隶并因此获利，随后有些组织和地区如阿散蒂联盟和达荷美王国上升到支配地位，其他组织和地区如纽鲁尼、贝宁区和刚果王国则日渐衰落。

不过，奴隶贸易中的贸易的一面倒也客观上有些“积极作用”：非洲人在把自己的同胞卖给欧洲人时，得到了酒精、火器、纺织品、工具和供当地铁匠铺、作坊等使用的原料；美洲的粮食作物也流入非洲，并迅速在部落中间传播开来。这些都带来了非洲人生产生活条件的改善。

工业革命开始后，欧洲拥有了机器和价格低廉的工业制品，并凭借近代的交通工具和通讯技术——铁路、轮船、电报等把这些工业品打入世界各地。在这一强大的冲击面前，亚非拉许多国家和地区传统的自然经济开始解体，并逐渐被纳入资本主义经济体系之中。在这一体系中，亚非拉广大殖民地半殖民地作为原料生产者处于受剥削的地位，而欧洲及后起的美国等则是工业品制成国，是最大的获利者。不过，资本主义的强入也起到了刺激作用，经过百余年的交流、挣扎和自我发展，广大亚非拉地区普遍进入了工业文明。

二战以来，经济全球化的趋势加强了，世界贸易的迅速、跨国公司的林立、国际经济技术合作项目的开展，使得人们在物质技术方面的交流达到了空前的规模。如何在这一交往中有效吸收外国先进事物,壮大本国实力,优化本民族文化,成为各国决策者不得不正视的问题。

2. **思想制度交流**

思想制度的交流是文化交流中较深层面的问题,往往较难产生结果,但一旦产生,便会强烈地改变着人们的生活方式和思维方式。在历史上,经由海路的宗教文化传播交流、近代西方思想和制度的传播,是比较重要而典型的思想制度交流。

佛教兴起于印度,随着印度人航海和移民活动的增加传播海外。公元前 263 年,阿育王就派他的儿子摩哂陀率僧团渡海去斯里兰卡传扬佛教,使斯里兰卡人接受了佛教。公元 4~5 世纪,佛教又广泛传播到东南亚、南亚。中国高僧法显为了求取佛教经典,399 年去了印度,十年后从印度到了斯里兰卡(当时叫狮子国),411 年 8 月又从斯里兰卡乘船回国,途中遇到风暴,曾漂到安达曼群岛一带,后又几经曲折,才从耶婆提(今印度尼西亚爪哇岛)乘上中国商船,于 412 年夏到达牢山(今青岛崂山)。回国后法显著有《佛国记》,大力宣讲佛教,对佛教在中国的传播起了推动作用。中国高僧法勇与其所招募的僧团 25 人,亦在这一时期访问了印度(420 年),后随船放海回到广州,他们与搭乘商船到中国的印度人一起,在把佛教传播到中国来方面作出了贡献。经由中国和日本间的海上交通,中国化的佛教又传播到了日本。新航路开辟后,印度文明开始被一些欧洲知识分子所注意,梵语、文学和哲学方面的知识被一些前来传教的耶酥会神父带回欧洲。德国哲学家叔本华就着迷于印度哲学,而英国学者威廉·琼斯甚至宣布:"无论梵语多么古旧,它有奇妙的结构;它比希腊语更完美,比拉丁语的词汇更丰富,比希腊语和拉丁语中的任何一者更优美得多。"

中国儒家思想也经历了一个海外传播的过程,其在朝鲜、日本、越南的地位，直到近代以前几乎和在中国的不相上下。17～18世纪，中国与欧洲间出现了一次文化交流的高潮，这是由地理大发现和新航路开辟后欧洲海外传教热促成的。当时，利玛窦、艾儒略、汤若望、南怀仁等基督教传教士泛海来到中国，在传播基督教的同时，也传播了西方的科技知识和历史文学艺术知识，同时，他们又把自己在中国的所见所闻向欧洲人作了详尽的报道，中国文化得以传播到欧洲，得到欧洲知识分子的青睐。实际上，当时中国文化对欧洲的影响比欧洲对中国的影响大得多，中国的悠久的历史，完美独特的艺术，儒、释、道的哲学和君君臣臣的政治等，都使得欧洲人入迷。中国文明因有儒学及其伦理体系、科举制度、对学问而不是对作战本领的尊重以及有精美的手工艺品等而开始被推举为模范文明。法国启蒙思想家伏尔泰就对中国文明推崇备至，德国哲学家莱布尼茨也对中国文化甚至对康熙皇帝赞不绝口。

近代以来，欧洲基督教各教派传教士的海外传教与欧洲的海外殖民一起，的确把基督教推向了世界，亚洲、非洲、美洲、澳洲都有了基督教徒的声音和基督教文明，基督教成为第一大世界性宗教。当各地的基督徒们手划十字祷告上帝时，他们的思想是相通的。

资本主义制度在西方建立后，以此为特征的西方文明开始渐次向东方传播，反封建求民主的思潮终于以席卷全球之势导致了一系列民族民主革命。在这次制度革命思潮及其运动中，跨越大海前往欧美的留学生们在归国后都显示出了主导作用，他们用西方文明中的先进思想改造本民族落后的文化和制度，终于促进了历史的大发展。马克思主义的诞生和传播也经历了大致相同的过程，漂洋过海，最后在世界各地落地开花。今天，我们讲求竞争、自我发展、自我价值的实现等，也同样是舶来思想中国化的体现。

二、海上丝绸之路

丝绸是中国的骄傲。“海上丝绸之路”原义指的就是中国丝绸经由海上传播到世界各国的道路。以此为纽带，中华民族同海外各国各民族进行了互利的友好往来和政治、经济、文化、技术交流。与唐时盛极一时的陆上丝绸之路相比，海上丝绸之路具有许多优点。其一，到达的国家多。陆上丝绸之路能够到达的国家，海路大多可以到达，而陆路不能到达的许多海岛和国家，海路也能到达。其二，海路不像陆路那样易受别国的钳制，可以自由通航，越过那些发生变乱或操纵陆上丝路的国家。其三，我国东部、东南沿海等是外销商品如丝、瓷、茶的生产基地，又是造船、航海最发达的地区，海上丝绸之路起点于这些商品产地，使得贸易量大增。其四，商船的运载能力比骆驼之类的运输工具要大许多倍，而且运费低廉，安全可靠。正是因为有这些优越性，使得海上丝绸之路日益发展繁盛。

1. 海上丝绸之路的历史发展

海上丝绸之路的发展过程大致可分为三个历史阶段。

从周秦到唐代以前为形成时期。早在公元前，我国就有东海（包括今黄海，以下同）和南海对外的两条起航线。公元前219～公元前210年，秦始皇派遣徐福东渡时，东海丝绸之路即已存在。公元199年，中国蚕种由秦始皇族孙自朝鲜的百济传入日本。公元238年，倭国女王俾弥呼派使者到中国赠送礼品，魏明帝回赠精美的丝织品，这是记载中国丝绸传入日本的最早文献。公元469年，中国派四名丝织和裁缝女工到日本传授技艺，日本开始出现吴服（今和服）。西汉武帝（公元前140～公元前87年）时，我国海船就携带大批丝绸、黄金，从雷州半岛起航，途经今越南、泰国、马来半岛、缅甸等国，远航到印度的黄支国（今印度 Kancipuram）去换取这些国家的特产，然后从斯里兰卡经新加坡返航。东南亚、南亚各国都派使节到中国通好，以他们的特产来换取中国的丝绸。公元 166 年，大秦(罗马)帝国国王安敦遣使从海路航行至当时中国的日南郡，与中国通好。这是西方罗马和东方中国，两个当时世界上最强大的帝国第一次通过海上航路握手，直接进行友好交往，摆脱了安息垄断丝绸贸易和对陆上丝路的操纵。三国时，东吴遣朱应、康泰浮海出使扶南(今柬埔寨)等东南亚许多国家。东晋时的高僧法显自今斯里兰卡乘船，经耶婆提(今印尼爪哇)本想回国到广州，复辗转至崂山(今青岛)登陆。隋朝与南海许多国家已有海上交通，派常骏出使赤土国(今马来半岛泰国境内)，带去丝绸 5 000段(匹)赐给赤土国王，就是一例。

唐宋两代为海上丝绸之路的发展时期。唐朝和日本、朝鲜的海上贸易较前代更加频繁。日本的遣唐使共达 19 次，每次最多时达 500 人，来使回国时都带回大量丝绸。扬州高僧鉴真 743 年东渡日本，不仅传播了佛教文化，而且还和其随从一起向日本人民传授了雕塑、碑刻、铸造、绘画、书法、建筑、医药、织锦、刺绣、缝纫、酿造、烹调、园艺等各种知识，对日本天平文化的发展影响很大。唐宋时，中日民间的丝绸贸易发展了起来，日本出现了仿制中国“唐绫”、“博多织”的纺织法。朝鲜和中国所经营的海上航运，在中国和朝鲜之间的文化交流包括丝绸文化交流中，起了重要的桥梁作用。而当时的登州(今蓬莱)、密州板桥镇(今属青岛胶州)、明州(今宁波)、泉州等都是黄海、东海航运中的重要海港。关于南海航路，唐代地理学家贾耽详细记载了中国海船从广州经南海、印度洋一直航行到波斯湾巴士拉港，再从巴士拉港绕阿拉伯半岛沿岸到东非沿岸的航线。这条航线把中国和东南亚、南亚、西亚和东非的阿拉伯地区，通过海上丝绸贸易连接在了一起。当时广州是南海航线的门户，唐太宗时，每年来广州的外国商船多达 4 000 艘，阿拉伯等国商人贩卖丝绸、草药盛况空前。其居住区称为“藩坊”，今怀兴寺就是他们兴建的。1219年，南宋政府下令禁止钱币外流，以瓷器、丝绸交换外国舶来品，促进了中国丝、瓷的大量向海外传播。东至日本，西至东非海岸循丝绸之路航线，后世都有宋代瓷器和钱币出土。

元、明两代为海上丝绸之路的极盛时期。这时，海上航路和海外贸易发展到了历史上的最高峰。特许贸易和私商贸易都很盛行。据统计，1662～1839年载运丝绸的中国商船，到日本海港的达6 200多艘。当时白丝贸易盛极一时，在整个贸易额中占70%。14世纪前期，元代航海家汪大渊曾两次从当时最大的海港泉州出发，沿南海航路远航达12年之久。他在其名著《岛夷志略》中记载，中国丝绸从泉州输往海外，数达40多个国家和地区。明代大航海家郑和1405～1433年间曾先后七次率船队远航，历经30余国，远达非洲东海岸和红海沿岸港口。每到一地，郑和船队都以中国的丝绸、瓷器等物换取当地的特产，或馈赠当地国王，并且每次出访回国时，都邀请各所到国的使节同来中国访问。这样，来我国通好的国家就越来越多，到第六次回航时，随同船队来我国的使节竟达16国之多。1423年，印度古里等国派来的使节和随从共达1 200多人，盛况空前。来使都带来各国特产为礼物，而我国赏赐和回赠的礼品主要是丝绸。所以，郑和船队到哪里，中国丝绸也就传播到哪里，规模之大，超过历史上任何时候。

不过，除郑和船队的官方贸易和“朝贡贸易”外，明朝厉行海禁，导致其后海上丝绸之路的日渐衰落。1567年海禁开放后，福建海商到吕宋经商的很多，适逢西班牙殖民者占领菲律宾，中国海商又开辟了一条由福建漳州起航至马尼拉，再由马尼拉大帆船航行到美洲、墨西哥的新海上丝绸之路。

2. 海上丝绸之路的影响和意义

沿海上丝绸之路进行的贸易和交流，在中外关系史和世界文明史上占有重要地位。它的意义体现在：①中国丝绸的外传，有助于改善当地人民的衣着。在古代东南亚、南亚，如扶南（今柬埔寨），男人在公元二三世纪之前原是裸体的，经中国使者康泰建议，才用中国丝绸缝制沙笼，改变了这些地区不穿衣的习惯，至今当地人民仍喜欢用中国丝绸缝制沙笼（筒裙）。漂亮的中国丝绸丰富和美化了那些地区人民的生活。中国蚕丝外传，有利于一些国家丝织业的发展，同时也刺激了中国丝绸业的发展和繁荣。②沿海上丝绸之路向海外传播的远远不止于丝绸，我国古代的四大发明，即火药、指南针、造纸、活字印刷，以及瓷器、茶叶、中草药等，也从此路传播到世界各地，同时，外国的特产如珍珠、宝石、象牙、犀角、香料、各种动植物和经济作物等，也传入中国。人类通过纵横交织的海路所进行的这种发明创造和生产资料、生产技术的相互交流，促进了人类历史前进和社会生产力的发展。③自唐、宋、元各代，特别是从明代开始，中国海商和破产的农民，通过海上丝绸之路大量流亡到世界各国谋生定居，并婚娶繁衍，这是造成今天海外华侨人口众多的原因之一。他们对发展当地的生产生活、传播中华文明，都作出过重大的贡献。④海上丝绸之路把世界各文明古国，如希腊、罗马、埃及、波斯、印度和中国连接在了一起，形成了一条连接亚、非、欧、美各洲的海上大动脉，使这些古代文明经过海上大动脉的相互交流而放出异彩，给世界各族人民的文化发展带来了巨大的影响。

海上丝绸之路是和平的航路，沿路进行的交流是友好和平的。这与西方殖民者开辟新航路，用暴力掠夺殖民地资源，在世界各地建立殖民统治和奴役殖民地人民，有着本质的不同。海上丝绸之路的历史证明，中国自古以来推行的就是和平友好的外交开放政策。另外，海上丝绸之路在一盛一衰中发出了历史的警示：对外的经济文化交流越多,国家就越能繁荣富强;相反,如果闭关自守,锁国禁海,自立于世界之外,国家只会日益衰弱。

三、海上移民与民族文化的变迁

移民的移入是促使一个民族文化变迁的最直接最生动的外来因素,移民迁徙的一条重要途径便是经由海上。殖民是指强国向它所征服的国家或地区移民,是移民中的特殊类型。

1. 腓尼基移民

腓尼基人是最早以殖民事业而著称的民族,该民族的殖民事业与航海、创造拼音文字齐名,此三大事业并称于世,其殖民事业又是以航海为基础的。腓尼基人居住在今黎巴嫩一带,早在公元前16世纪就已在塞浦路斯和小亚细亚南岸以及一些爱琴岛屿上建立了殖民地,此后又相继在小亚细亚北岸、马耳他岛、西西里岛、撒丁岛建立了殖民城市,在上古高卢地区(今法国)建立了马塞利亚(今马赛)贸易点,在今西班牙建立了伽迭尔(今加的斯)、塔尔特索斯(在今加的斯以北)等殖民城市。公元前814年,腓尼基人的一支——推罗人还在今突尼斯境内建立了迦太基城,此后迦太基曾发展成一个称霸于西地中海的海上强国,其母国与殖民地之间的频繁往来,促进了地中海航海事业的发展和经济的发展,还传播了拼音字母,至今地中海周围各民族在造船、文字、语言、生活习惯等许多方面,都还能找到腓尼基人影响的踪迹。

2. 中国移民

中国很早就开始了向海外的移民。近年来,关于殷人是否迁居过美洲,引起人们极大的兴趣。印第安人的相貌、祭奠文化、建筑等确实同我国殷商人民有相似之处。1977年,在美国加利福尼亚州帕拉斯维德半岛附近的浅海里发现了两只圆柱形、一只三角形的石制船锚,后来又发现了十多只石锚,美国考古学家经过分析，认为这是中国商代船只到达美洲留下的遗物。他们认为这些商民为了避开战乱，乘船通过阿留申航线（沿北太平洋海岸东航）到达了美洲。若结果如此，则中国商民对于世界文化的贡献又可大书一笔。据《史记》记载，秦始皇曾派山东方士徐福率 3 000 童男童女入海寻求神山和长生不老之药，徐福出海后的去向，自古代即传说不一，但最多的也最可靠的说法是到了日本近畿一带。今天，日本本州的熊野还有徐福墓和徐福祠，并且每年八月当地还举行纪念徐福的活动。不管怎样，关于徐福的传说至少反映了秦汉之际中国有大批移民入海东渡日本的事实，中国文化对日本的深刻影响已是人所共知。唐宋以后，沿海上丝绸之路移民海外的中国人日益增多，致使东南亚、南亚以及世界各地华人遍布。华人移民给移居地带去了传统的中国文化。在华人众多的东南亚，儒家文化得以传播开来，使得这些地区构成了汉文化圈的重要部分。

3．印度移民

自公元前后起，印度与东南亚各地就有了移民关系。这种关系分为两种，一种是印度人在一些地区建立了移民地，另一种是印度人在所到地区当上了国王，如公元 1 世纪，印度人通过海路在缅甸、马来半岛、爪哇建立了移民地，在柬埔寨（当时称扶南）建立了一个王国。其中关于扶南王国，中国史书《梁书·扶南传》就称其王“本天竺婆罗门也”。4 世纪中期，印度笈多王朝征服了印度北部和中部的广大地区，一些被占、被征服地区的王公贵族、婆罗门和其他富人逃往东南亚地区，形成了一个印度往东方移民的高潮。4 世纪，印度人在苏门答腊岛上统治了新建的三佛齐王国（首都为巨港）。印度移民使佛教和印度教传播到了东南亚。

4．诺曼人移民

9～11 世纪，北欧的诺曼人凭借着先进的造船和航海技术，进行了大规模的殖民扩张。他们的殖民扩张总是先以劫掠开始，此后过渡到永久居住和大批殖民。最先遭到诺曼人袭击的是英格兰。丹麦人夏季到英格兰进行抢劫，冬季返回日德兰半岛。9世纪后期他们由海盗劫掠转为大规模占据土地和永久定居，控制了英国东北部，并按照丹麦的法律制度进行统治，历史上称为"丹麦统治区"，大体上以伦敦向西北到曼彻斯特一线与英国统治区为界。但是，丹麦人在定居下来不久，便很快被同化了。到10世纪后半期，不列颠岛上的丹麦人逐渐与盎格鲁—撒克逊人相融合，外来文化汇入了本地文化。诺曼人还于10世纪索取了法兰西北部的大片土地，称这块地方为"诺曼底"，意即"北方人的土地"。150年以后，在法国定居的诺曼人的后裔在威廉大帝的领导下，几乎征服了整个英格兰。同时，诺曼人移民到西班牙、意大利和西西里，并建立了西西里亚国(1130～1189年)。

9世纪起，挪威人在爱尔兰、苏格兰进行殖民，一部分挪威人继续向西航行，寻求新的可以定居的土地和新的贸易机会。他们在波涛汹涌的大西洋中发现了赫布里底群岛、法罗群岛、北设德克群岛、斯匹次卑尔群岛、刊詹梅恩岛，并很快在那里定居下来，建立了自己的统治。874年他们发现了冰岛，随即在那里殖民，并在那里建立了欧洲第一个议会制共和国。

瑞典人殖民扩张的路线是越过波罗的海向东发展，9世纪中叶在第聂伯河及其支流沿岸建立了在俄罗斯的军事和贸易殖民地，并定居下来。诺夫哥罗德和基辅是他们在俄罗斯的主要殖民地，从这里他们往来于波罗的海和里海、黑海之间，与犹太人和阿拉伯商人进行贸易。不过，那些在俄国定居下来的瑞典人，也在两代之后即被完全同化而斯拉夫化了。

总而言之，9～11世纪诺曼人的海外殖民扩张，对中世纪的欧洲产生了深远的影响。一方面，他们用他们在英、法和俄罗斯建立起来的殖民地，将欧洲连成一体，促进了欧洲贸易的发展；另一方面，成千上万的欧洲人在他们的武力殖民下沦为奴隶或遭到杀戮，生产受到破坏。诺曼人移民虽然定居在了很多地方，但由于他们既没有足够的人力，又没有先进的文化，所以他们未能管理他们力图制服的那些更古老、更富裕、更文明和先进的国家，于是被同化、融化于当地社会。

5. **欧洲移民**

新航路开辟后，欧洲人开始了殖民的热潮，大量欧洲移民迁往美洲、澳大利亚、新西兰、非洲以及东南亚，导致这些地方在经济、政治和文化上的欧化和多元化并存，其中又以欧化占主导。最典型的是移民最多的美洲。拉丁美洲是西班牙和葡萄牙的殖民地，受其影响，文化的形式是西式或葡式的。在西属拉美，绝大多数人说西班牙语，信奉罗马天主教，建筑式样、服装、家庭结构也都与西班牙类似。不过由于印第安人在总人口中占很大比例，印第安人文化的影响也很普遍，这一影响至今仍能体现出来。例如，用土砖砌造房屋，用没有锯过的松树原木作桁条即椽子。拉丁美洲大部分地区普遍信奉的罗马天主教，也是基督教教义和惯例与印第安人的信仰和习惯的混合物。虽然印第安人已放弃当地诸神的名字，但他们把这些神的特性分派给圣母玛利亚和圣徒们，期望天主教万神殿中的这些偶像能像他们自己原有的神那样，治愈疾病、控制天气和使他们免受伤害。另外，在拉丁美洲的食品与菜肴方面，玉米粽子、玉米粉圆饼和各种辣菜，都是以印第安两大名产蚕豆和玉米为基本原料的。拉丁美洲文化还由于存在大量黑人奴隶而含有相当大的非洲成分。尤其是在音乐方面，黑人贡献了传统的鼓乐。北美殖民地开始是属于英、法两国的，后为英国所独占，实施代议制政体，经济上多样化，既有生产工业和加工业，又有粮食种植业，也有种植园。在北美13个殖民地基础上发展起来的美国，其文化和基础是英国式的，以英语为民族语言。不过，印第安人和外国移民后来的涌入赋予了美国文化以多元的东西，在美国50个州中，有25个州是印第安语词汇，印第安人的许多发明，包括鹿皮鞋、独木舟、平底雪橇和雪鞋，都得到普遍的利用。黑人的影响主要在民间文化方面，表现为民间故事和民间音乐。亚洲人的影响主要在饮食、建筑等方面。各国移民在不断开拓新地的过程中，形成了富于进取心和强调个人奋斗的乐观主义的民族精神。不过，在正规的文学艺术领域，直至20世纪初，美国人都显然不如同时代的欧洲人，他们在忙于征服荒原的余暇，一直认真努力地模仿欧洲文化。加拿大、澳大利亚和新西兰作为英国的殖民地，受欧洲文化的影响更大。由于历史上曾是法国殖民地，加拿大至今存在着庞大的法裔人口，占总人口的三分之一，因此加拿大使用英语和法语两种官方语言。

在各民族国家建立的今天，大规模地向未开拓地区移民已成为一种不会复返的历史现象，但海路更为方便，零散的有限制的移民仍会大量存在。尽管这些现代移民不可能像古代那样产生大规模的影响，并且极易消融于当地社会，但其潜在的点点滴滴的文化渗透力量，仍然不容忽视。

第五章　*海港与港市文化*

第一节　海港与城市的兴起

在我们这个星球上，人类的大多数都居住在沿海地区，而且大多数发达的国家和地区都地处沿海。而发达国家和地区的标志之一，就是其高速度的城市化进程。同样地，在沿海的发展中国家里，其城市化进程相对较快者，也在其沿海一线上。究其原因，无疑关键是得益于沿海的大大小小的港口。

海港的建立及港市的形成和发展，是人类海洋文明的产物，是海洋文化的重要构成部分。

随着人类生产的发展和社会的进步，许多海港逐渐发展成了功能各异的城市，我们称之为港市。由于内因外因等多种因素，历史上有些港市走向了衰落,有些则发展上升为现代化都市,成为现代文明的发源地、承载者与传播者。港市在其发展过程中形成的港市文化,成了人类文明尤其是现代文明的一种范式。

海港在最初的功能上有许多类型,如渔港、军港、商港等。它们大多都发展成为城市。海港的优越的人文地理环境,为城市的兴起和发展提供了许多有利条件,因此,在相对和平安定的环境中,一些海港逐渐发展成了大都市甚至特大都市。尤其是近现代以来,以港兴市,成为世界城市发展的一大趋势。现代海港城市大都具有多重功能,是所在国家的经济、文化中心,有很多还是政治中心。当今世界 35 个国际化大城市中,有 31 个是依托海港的优势发展起来的。① 海港与港市文化,构成了人类海洋文化发展历史的一道亮丽风景线。

一、海港为城市的兴起提供了有利的人文地理条件

许多海港的地理条件非常优越。它们作为海洋与陆地的交汇要点,一方面辐射进辽阔的大海,一方面又辐射进广袤的大地,有着双重的人文社会和经济活动腹地。加之受海洋性气候的直接影响,气候宜人,山海景色优美,吸引着历代的无数文人墨客和游士旅人到此长住或寓留;雨量充沛,海产海鲜丰富,不少港口附近地区还蕴藏着十分丰富的地下矿藏:这些都为人们的生活和居住、生存和发展提供了良好的精神和物质条件。考古证明,人类自从原始时代就是生活和居住在海滨海岸地区的,那时大港虽不必有,小港之多、之普遍,我们自然可以想见。

此外,海港还拥有得天独厚的便利交通,构成人类交往和城市发展的不可缺少的要件。历史证明,交往是推动人类进步的巨大

---

① 参见李永采主编《海洋开拓争霸简史》,海洋出版社,1990 年。

动力，而交往的前提是拥有便捷或较为便捷的交通。因此，海港凭借其交通方便，吸引了众多商人的目光。他们在此可以自由地进行对外贸易，扩大交往范围，从而促进了经济发展和文化繁荣，并使海港逐渐发展成为港市。比如，西欧许多城市的兴起，就是由一些手工业者逃亡到码头、港湾等交通便利之处重新创业而发迹兴盛导致的，这一历史事实证明了交通在港市发展中的重要作用。

随着交通交往的不断扩展，沿海港口的外来人口日益增多。人们的生活消费对于一系列服务设施、组织机构等都不断地提出要求，最终使港口具备了城市的功能，港市规模也日益扩大。16世纪尼德兰地区的安特卫普由港兴市的发展，就是这样一个典型的例子。安特卫普原是一个并不大的海港。16世纪大西洋贸易兴起之后，它的地理优势马上显示了出来，成为大西洋贸易的中转站。其经济发展的同时，城市人口也不断增加，在1526～1560年30多年的时间里，人口增长一倍，由原来的约5万人猛增到10万人，市政建设包括文化娱乐等消费设施也随之得到了扩充和完善，出现了一片繁华。①

二、所在国家、政府的重视，为港市的发展提供了政策保护

海港开始时只是人们对海陆自然条件的一种人工利用，只是海上作业的收获向陆上疏散、陆上作业的收获向海外疏散的一处集散地，但是它们所拥有的经济地理优势以及人文地理优势，最容易引起国家和地方政府的重视，政府会采取一系列优惠政策对其进行有效管理，促使其进一步发展。这样内外因素相结合，也就使港口经济文化较快地走向繁荣，港口地区较快地具备城市的架构

① 布罗代尔《15～18世纪的物质文明、经济和资本主义》第3卷，生活、读书、新知三联书店，1993年，第149页。

和规模。比如,早在西方的奴隶制时期,人们便不仅明确认识到了港口的重要作用,而且付诸于扩建工程、促使其城市化的行动。公元前42年,罗马大规模扩建位于台伯河出海口附近的奥斯提亚港。此项工程十分浩大,动用了上万名奴隶,花费了一年的时间,在港口修建了两条防波堤,防波堤的高处竖有罗马海神尼普顿的石像。此外,还修建了大型码头。经过此次修建,奥斯提亚港很快发展成了罗马全国最大的港口城市,城内商贾云集,商业繁荣,成为当时罗马的一个大型商贸中心。

另外还有一个典型事例,那就是被誉为"东方之珠"的香港由原来的一个小渔村成为世界经济贸易中心之一的发展过程。

香港位居亚太地区的航道要冲,是进入中国广大腹地的重要通道。当年英国殖民者占领我国的香港,也是出于其优越的自然地理和经济地理条件的考虑。1839年,伦敦"东印度与中国协会"上书英国外交大臣巴麦尊,曾经这样提及香港:"我们还需要占有一个海口。我们可以占据大潭湾及岛(按:指香港)。这地方作为港口,较澳汀为深,海水既深,陆地环绕,常年可用,易于防守。它是山地,陆地经开垦,在食物上可以独立。岛的西南方有一个地腰,是很好的贮货所。"当然,这时他们还只是出于一种预谋,还不能付诸实施。第一次鸦片战争结束后,中国清政府同英国政府签订了屈辱的《南京条约》,香港被割占。然而就在民族悲剧的阵痛中,香港这块原来的不毛之地,却孕育出了近代经济的萌芽。英国殖民者为了其贸易扩张的需要,决心将香港建造成为一个大型的港口城市。位于香港岛和九龙半岛之间的维多利亚港,地理上是世界上最优良的天然深水港口之一。香港具备了发展经济文化的港口条件,这才有了香港后来的快速度繁荣。

从1842年开始的20多年里,香港先后修建了马路、水库、避风塘(最初的海港);发展了市内交通网,交通工具由人力车发展到有轨电车和无轨电车；建立和发展了邮政和电讯事业。与此同时，一些为城市经济和航运贸易服务的行业也开始发展起来。城市基础建设初具规模，为香港发展转口贸易提供了支撑面，对外贸易与航运业逐渐成为当时香港的重要支柱。为了更快地发展贸易与工业生产，港英当局采取了全面开放的自由港政策和“积极不干预”的自由资本主义方针，这一切人为因素使香港固有的自然优势发挥得淋漓尽致，使香港很快成了世界转口贸易和自由经济的中心繁华城市之一。到20世纪70年代，香港实现了经济的进一步腾飞，发展成为亚洲新兴工业化国家和地区的“四小龙”之首，独领一代风骚。1997年香港回归祖国，其作为繁华的国际港口大都市对中国的作用愈显重要。

第二节　港市文化的形成及其特征

海港城市特殊的地理位置，使其具备了快速发展经济的有利条件，同时也就形成了快速发展文化的有利条件。一般说来，一个民族的文化的自身创新，往往要靠着历史的重大事件、经济技术的重大突破或外来文化的巨大冲击和刺激，而这些条件，海港城市往往都具备，尤其是相对于内陆城市和地区来说，这种优势十分明显。欧洲伟大的思想启蒙运动——文艺复兴运动，最早发生于地中海流域的意大利各港口城市，就是因为这些城市在当时的地区贸易中占据主导地位。人们看到了香料在欧洲上层社会生活中的重要地位，于是利用港口的海上交通之便开始了东西方的香料转口贸易。香料来自东方的印度和南洋诸岛，先由阿拉伯商人船运到波斯湾或红海入口，再转运到地中海东岸的阿勒颇和埃及的亚里山大里亚,然后再由意大利人运往西欧各地。香料转口贸易的发展,使地中海地区成了西欧当时的经济发达区域,也活跃了那里的人们的思想和文化,对外开放的经济格局自然而然地打破了欧洲思想文化长时期的黑暗禁锢,文艺复兴作为一场思想文化革命,也就光临了这些沿海港口城市。这样的文化的变革和发展创新,首先是由海洋文化的发展变革导致的,甚至它们本身就体现着海洋文化的许多特性。

由于港市经济发展的外向性,港市文化成为一种外来文化与本土文化相互冲撞、相互激发、相互融合的产物,具有文化发展上的先导性和多元性两大特点。

首先,在不断扩大的海上交通和贸易交往中,港口城市大开了对外的大门,把它的门口的道路——海路通向四面八方,异域、异国、异民族,凡是海路能够抵达的港口,甚至能够间接抵达的地域,都会构成异域异质文化的相互交流和互动,各自都会不无“贪婪”地相互吸取外来的文化信息,因而港市也就成为外来文化的最先着陆地和对本土文化的最先辐射场;而那些相对来说先进的文化,就会对相对来说落后的文化形成冲击力和变革力,从而导致原有文化的新生,形成新的文化。由此可见,港市文化的这种先导性特点,是十分突出显见的。即使是物质文化方面也是如此,比如,我国古代许多外来农作物、经济作物和其他一些观赏植物花草等,其种植、观赏或吸食饮用文化,就是从海路通过港口引进来的。这些农作物和经济作物、观赏植物有占城稻、烟草、甘蓝、海棠等,至今仍是中国人物质生活文化和精神艺术文化的重要组成部分。它们通过港口航运引入中国,先进入沿海地区,然后再逐步扩展到内地。如原产于美洲的番薯,在传至菲律宾之后,由在此经商的中国人陈振龙,经过千辛万苦,在明万历二十一年(公元1593年)农历五月下旬引入福建福州港,从此,福州人开始种植番薯,后来推广到全国各地,由于其高产和容易栽培,并且生长期较短,果实易于较长期保存,因而在很多时候、很多地方成了人们的主要食品之一,并由此生成了许许多多样番薯的食用文化。再从全球的视野上看也是同样,哥伦布的大航海,导致了全球性的饮食革命。"15世纪以前,欧洲人的食谱简单枯燥,一贫如洗的农民只能以黑面包充饥,在社会地位较低的工商业阶层中,除主食面包外,奶酪和甘蓝(卷心菜)便是最大众化的菜肴,即使在上层社会,蔬菜的品种也寥寥无几。1493年哥伦布远航美洲大陆,从印第安人那里带回了一堆堆的土豆、玉米、辣椒、南瓜、西红柿以及鳄梨、菠萝、香蕉等,极大地开阔了欧洲人的眼界,于是触发了一场全球性的饮食文化革命。从此,汉堡包、比萨饼以及品种繁多的各式沙拉开始成为西方传统食品而风靡世界。西方的一位历史学家毫不忌讳地说,是西班牙的舰队把印第安人的食物从遥远的亚美利加带到了我们的餐桌上。""历史学家们说:是玉米创造了中、南美洲的文明——它提供了大量的热能,滋养了生活在那里的人们,直至建立起一个人丁兴旺的复杂社会。""500年前的那次伟大航行不但给欧洲人带来了美洲的食物,同时也为美洲人带去了欧洲人的礼物——猪、牛、羊、马等牲畜。当封建保守的欧洲人还拿着餐刀对着土豆、西红柿面面相觑的时候,美洲人已经欢天喜地地品尝起烤牛肉和猪排了。"① 而这些都是通过航海并最终通过港口登陆实现的。港口对于异域异质文化的传播作用及其港口城市本身在文化上的先导作用,怎么估价也不会过分。

其次,来自各地的人们带来了各自不同的文化习俗,各种文化在港市相互混合,使港市文化不像内陆文化那样有一种比较稳固的文化传统,而是呈现出多元化、包容性、多变性、"时髦"性的特

① 李钢编译《哥伦布航海与全球饮食革命》,《海洋世界》,1992年第9期。

点。这主要表现在宗教、民俗两大方面。

让我们先从宗教文化看港口文化的多元性和包容性。

宗教的传播,依靠的是交往。人们飘摇于海路,所要抵达的着陆点或中转站是港口,人们是经由港口来最先实现经济、文化、科技交流,同时也传播着各种宗教信仰的。我国宋元时期著名的世界贸易大港城市泉州,由于航运发达,许多外国商人都来此进行商业活动,并且带来了各自国家的宗教,如佛教、伊斯兰教、基督教、印度教及犹太教等,并与当地的宗教文化、习俗融合,形成了独具特色、琳琅满目的多宗教文化,成为港市文化的一大组成部分。在泉州,至今尚保存着佛教、基督教、道教等宗教的历史遗址。宋元时期,许多阿拉伯人来到泉州,并创建了多处清真寺。现在尚存的通淮街清真寺,是中国最古老的伊斯兰建筑之一,是典型的中世纪伊斯兰建筑艺术的杰作,也是中阿文化艺术交流的珍贵文物。因航海贸易来到泉州的阿拉伯、波斯穆斯林与当地人联姻,其后代主要有金、丁、马、郭等姓,至今大都不同程度地保留着其穆斯林文化的传统。除此之外,20 世纪三四十年代,泉州还出土了许多景教碑刻,加上近年的发现,泉州古基督教碑石有 30 多方,其中属于景教的有 20 多方。这些碑刻质地优良,形式多样,是研究基督教文化海路传播入华的珍贵资料。

另外,泉州宗教文化的丰富多彩,还表现在与民间艺术密切相联的道教文化上。据统计,泉州道教音乐有曲牌 100 多种,道教舞蹈《五梅花》已有六七百年历史。这些音乐多采自民乐曲调和民族乐器,具有浓厚的民间色彩。①

综上所述,佛教、道教、伊斯兰教、基督教等多种宗教文化汇集在一个港口城市并得到发展的这种文化现象,有力地证明港口城

① 参见李玉昆主编《泉州海外交通史略》,厦门大学出版社,1995 年。

市突出的海洋文化多元性、交流性和包容性。

再让我们从信仰习俗和节日习俗看港口文化的多样化和丰富性。

生活在港市的人们，在海上航行时，对于发生的种种险象感到十分畏惧，但又无法用科学方法进行解释，于是就有了对神灵的崇拜，作为海上航行的精神支柱，以求心理慰藉和平衡。这就出现了众多的海上保护神。它们有的被统治阶级加以宣扬利用形成全国性海神，有的只是地方性保护神；有的则与各种各样的宗教结合，使宗教神灵成了航海保护神。因此，在港市就形成了与航海相关的、多元化的海神崇拜，构成了港市海洋文化的又一重要组成部分。

另外，在很多港市还形成了与航海有关的其他一些节日风俗习惯，为港市文化增添了丰富的内容。比如，公元 4 世纪时，随着印度半岛的对外航海贸易的逐渐繁盛，在印度奥里萨的克塔克城(属今奥里萨邦)形成了与航海贸易有关的八月十五日“巴厘岛旅行节”。每年八月前半期雨季过去，八月十五日左右正是开始出海的好季节，因此人们便把八月十五日定为节日。节日前人们要在海岸边树立起航标灯。灯标由一根长竹做竿，将一个特制的上部多孔的陶罐装上油，放好灯捻点燃，然后用绳扎牢，像升旗一样升到竿顶。每天傍晚将此油灯点亮升起，通宵不熄。这实际上是一种简易的灯塔。与此同时，人们在克塔克城巴尔巴底堡旁的广场上还举行“巴厘岛旅行贸易庙会”，庙会七天，以纪念、庆祝巴厘岛的海洋贸易历史。

我们还可以从港市市民的饮食与衣着服饰文化看港市文化的多变性和时髦性。

人们一说起香港、澳门，尤其是香港，都知道那里是“购物的天堂”，那里的服饰最讲究，那里人们的穿着最时髦，那里的饮食最丰富,服饰文化和饮食文化最发达。即使是我国大陆地区的服饰文化和饮食文化,也以上海、广州、青岛、大连等沿海大中港口城市最为多彩和多变,那里的人们无论在餐饮上还是在服饰上都最会、最能“赶时髦”,几乎天天都在花样翻新,且“洋味”、“洋气”流行,成为人们追求的时尚,最具有“世界性”。即使近些年来内陆不少大城市也有了这样的一些特点,也是由于沿海城市们的首先对外开放、欧风西雨的最先登陆和扑面而来所导致的结果。

第三节　港市的兴衰

在人类的港市发展史上,有这样一种十分突出的现象:这些由港口发展起来的城市,随着时间的流逝,许多至今仍风采依然,并越来越繁荣,而有些原来已经发展繁荣了的港市,后来却逐渐失去了昔日的繁华与辉煌地位,有些甚至变成了弃城。已经失去了昔日的繁华与辉煌地位的,如我国古代北方在国际上有名的登州港、琅琊港、密州港,从昔日作为港市的角度来看,已经面目全非,甚至已不知何在,代之而起的,是今日烟台港、青岛港等及其各自作为新兴港口城市的崛起;南方的泉州港、扬州港等,情况也基本相类,在古代也曾长时期地名声鹤起,后来就风光不再,尽管由于其繁荣时期的港市规模甚大,不至于像一些较小规模者那样已不知何在,依然按照一个城市的脚步在发展,甚至意欲创新振兴,但它们无论怎样发展振兴,也已经转换了其原来作为港市的功能。代之而起的,是一些新型港市如上海等的崛起和繁荣。国外许多港市的情况也同样,希腊文化向罗马文化的转化,古代埃及文明的衰落,古代印度文明的走向衰落,阿拉伯文化的后来崛起又走向衰落,以及北欧、美洲许多国家或地区的崛起等等，这其中的因素自然很多，但其各自的许多港市的兴兴衰衰，在其中都扮演了十分重要的角色。那么，这些昔日闻名世界的港市，是因何走向衰落的呢？

一、港市衰落的外部因素

在港市的兴起和发展过程中，外部因素起到了很大作用。港市的经济贸易、社会文化发展都呈现出一种外向性，因而一旦外界情况发生了大的变化，就会对相关港市的发展造成一定的影响。因此，可以说，外部因素是造成港市衰落的一个重要原因。

归纳起来，造成港市衰落的外部因素主要有以下三个方面：

1. 国家保护政策的转移或取消

为了发展本国经济，许多国家对港口城市的发展十分重视，并采取一定的优惠政策鼓励其进行海外贸易。如我国宋元时期，朝廷在泉州港实行对外开放政策，鼓励外商来华进行贸易。这种开明政策保证了泉州经济的顺利发展。但是由于国际、国内因素的影响，明清时期，对外开放和海外贸易的政策发生了改变，实行海禁和迁界，如洪武四年(1371 年)，明太祖就曾下令："仍禁濒海民不得私出海"；明中期实行了更为严厉的海禁政策；清朝廷在顺治十八年(1661 年)下令"迁界"，强迫滨海人民内迁，将近海 15 千米的地方划为界外，并规定凡在界外的村庄、田宅、船只一律烧毁，使界外变成了无人地带，人们流离失所，这对我国沿海港口及其城市的发展，自然造成严重的破坏，泉州港受损惨重，泉州的社会经济与海外交通优势顿失，港市贸易地位急剧下降。另外，从明朝开始，国家对泉州港的保护政策的改变，突出表现在泉州市舶司的转移上。泉州市舶司于宋元祐二年(1087 年)正式设置，主要职责为保护中外贸易的合法权益。在经历了近 400 年的发展后，于明成化八年(1472年)迁往福州。[①] 由此,作为一个港市的泉州,成了历史的过去,成了人们永久的追怀和不灭的记忆。

2.航路的转移,使港口城市的发展失去了外部需要

港口城市的发展,依赖其便利的交通条件。商人汇集于此,可以比较迅速地获取信息,进行货币交易。随着社会生产力的提高,科学技术的进步,尤其是对海洋海流海浪等的认识的提高以及造船与航海技术的进步,一些新的更便捷、更安全的航路被开辟出来,一些旧航路被遗弃,这些处于旧航路上的港市也就自然而然地被海运界和海商们遗弃了。比如,在地理大发现之前,世界贸易只是区域贸易。当时地中海流域的意大利港口城市凭借其有利的地理位置,从事东方转口贸易,成为西欧上层阶级获得东方奢侈品的重要通道。但是,地理大探险使新的航路被开辟出来,新的贸易——大西洋贸易也随之出现。这种新贸易也可以满足西欧人对于东方商品的需求,同时以所售商品成本小、价格低击败了传统的东方贸易。从此,大西洋沿岸的港口城市地位日趋重要,而地中海流域的港市则逐渐被人们淡忘。失去外部需要之后,意大利各港口城市的国际贸易中心地位也随之丧失。

3.遇到战乱,港市失去和平发展的环境

通过对港市经济繁盛原因的分析,可以看出,一个相对和平安定的环境对于港市的发展尤为重要。否则,在战火纷飞的情况下,港市的海外交通遭到破坏,贸易活动无法正常进行,商人为了安全纷纷转移离去,这时港市就被抽空,衰微必然成为事实。

还有其他原因,兹不一一。

---

① 参见李玉昆主编《泉州海外交通史略》,厦门大学出版社,1995年。

二、港市衰落的内部因素

港市衰落的内因主要有以下两个：

其一，由于地理变迁，港市赖于发展经济的地理优势丧失。比如，我国扬州港对外交通地位的浮沉，就是由其地理位置与长江水道的变迁所决定的。上古时期，扬州处在长江口外海滨的一侧，中古时期，扬州处在长江河口段的一侧，因而成为天然的进行海外交通的大港。但随着长江河口的东移，近代以来，扬州已处于偏离长江河口的近口段的北岸，从此扬州港再也不是一个进行海外交通的海港，取代它的位置的是上海港，扬州只是一个单一的内河港埠了。①

其二，港市不断扩展的对外贸易往往强化了其对外的依赖性，这就容易对港市经济的发展造成脆弱性影响，使其在经济结构方面出现过分外向性的内在结构缺陷，因而在外来打击下不堪一击。16世纪尼德兰港市安特卫普昙花一现的繁荣便是一个典型的事例。

16世纪安特卫普的繁荣是由外国人的海商活动促成的，因此，安特卫普拥有的是建立在外力之上的繁荣，其经济发展具有十分单一的外向性。它不仅依靠外来的原料、外来的食品，需要外地的市场，而且商业活动也主要是由居住在此的各国商人进行的。这一切使安特卫普形成了一种单一的、畸形的经济结构。在商业方面，作为一个国际商都，商业的主动权掌握在外国人手中，它只是“供过往客商歇脚的一家西班牙客店，客人带来什么，客店也就

① 朱江《扬州海外交通史略》，《海交史研究》，1982年第4期，第1页。

有什么。"[①] 在工业方面，无论工业原料还是产品市场都面向海外，缺乏经济发展所需的坚实的后方腹地。因此，这些内在缺陷，使安特卫普在繁盛之时就存在着走向衰微的隐患。

第四节 港市与现代文明

全球经济一体化，是当今世界的发展趋势。在这一趋势驱动下，人们将更多的视线投向了浩瀚的大海，对港口城市在国际经济发展中的地位，以及如何利用港口城市的优势发展经济文化，促进现代文明的传播与人类的交往等问题，愈发重视起来，甚至把新的21世纪视为"海洋世纪"。"当今世界的发达国家几乎都是沿海国家，一国之内的发达地区也几乎都是沿海地区。""人类社会的进步将越来越寄希望于海洋。"[②] 而海港和港市在这其中所起的作用和所占的地位，可想而知。它们将成为现代全球经济一体化发展的一个个枢纽，并成为现代文明和未来文明的一个个创造中心和传播中心。其主要表现在以下两个方面。

一、港市在现代和未来经济文化发展中的地理位置日益重要

现代和未来经济文化发展的要求，使港市拥有的地理优势变得尤为突出。一个国家和地区的对外开放和走向世界，成为全球

---

① 布罗代尔《15～18世纪的物质文明、经济和资本主义》第3卷，生活、读书、新知三联书店，1993年，第149页。

② 李瑞环《在会见第24届世界海洋和平大会代表时的讲话》，1996年11月18日，新华社发。

经济一体化的一员,首先依赖的就是沿海的港口港市。我国实行改革开放政策以来,最先宣布对外开放的就是14个沿海大中城市,它们几乎都是港口城市。经过短短十几年的发展,它们都实现了经济文化的腾飞。其中一些区位优势更为突出、发展速度更为快捷的大型港市,如上海、青岛、大连等,都在争建国际化的大型航运中心,进而成为国际化的大型经济文化中心。在长江以南,上海在这方面的优势和基础更为突显;在长江以北,则青岛在这方面的优势更为突显。人们对此已经进行了充分的论证。

从自然地理条件上看,青岛港具备三个优越条件:第一,港口的面积和水深符合国际航运的需要。青岛港口面积400平方千米,环胶州湾一圈都有建港条件,在中国北方是最大的天然深水港"盆",水深达30～40米,而现在最大的船只吃水深也只用到20米。在胶州湾,20米深的港湾面积达60多平方千米,具有天然的最大良港的建设条件。青岛港还具有3～5亿吨杂货及几千万吨集装箱港址的发展潜力,是典型的可持续发展的国际大港港址。第二,青岛港是北方最大的不冻港。第三,由于没有一条大河注入港口,青岛港不会因泥沙淤积而造成港口退化。

从经济地理条件来看,其优越性也十分明显。首先,青岛具有较好的区位条件。青岛港位于亚欧大陆和太平洋的海陆交汇地带,随着第二条亚欧大陆桥的开通,青岛成为亚欧大陆桥东端桥头堡之一。它既是我国黄河流域各省市最大的出海口,也是中亚、东南亚、东北亚诸国海上交通贸易的重要口岸。其次,青岛港有不断扩大的经济腹地,具有建成国际航运中心的腹地条件。我国北方的对外经济贸易日趋发达,越来越需要一个便捷的向世界输出和从世界输入的大型国际航运中心。而面向发达国家和地区的具有最佳港口位置的青岛港,目前已经与世界上大多数国家和地区的大多数港口有贸易往来,拥有连接美西、美东、欧洲、日本、韩国、地中海、波斯湾、东南亚等的多条国际集装箱航线，以及连接上海、天津、大连、香港等的国内集装箱支线，并且青岛的国际空港和铁路运输也已经十分发达便捷，因此，青岛港应是“21 世纪的希望之港”。

如此，青岛港的港市文化的发展及其前景，它的经济文化功能和对我国及世界发展格局的贡献率，也就可想而知了。

二、港市在现代海洋文明发展中的地位日益重要

一方面，一般说来，海港的形成大多最初是由渔港为基础的，港市本身就是种类繁多的海洋资源利用的集散地，以海兴市，港市在进一步发展中会越来越发挥出海洋资源利用的优势；另一方面，港市因而也吸引来众多的海洋科学技术，包括众多的海洋科学技术人才和成果，使其在海洋文明的大发展中发挥出“第一生产力”的作用，并带动着大量与海洋息息相关的产业，促进着整个港市经济文化和国民经济文化的繁荣昌盛；还有，由于港市拥有大海所赐予的优美的自然风光和人文风光，港市的国际旅游文化大多都有突出的发展，并逐渐成为港市的一大支柱产业。国际旅游文化的发展，不仅可以增加港口城市的财政收入，带动其他行业尤其是第三产业的发展，而且可以进一步扩展港市的国际影响，提高其国际知名度，从而吸引更多的海外投资和海外文化进入，促发其经济文化的进一步繁盛，使其成为世界现代文明发展的一个个重心。

第六章 海洋风情与海洋旅游

第一节 海洋自然风光及其审美效应

一、海洋自然风光的存在形态

海洋自然风光的存在形态，是一种动态的历史过程。

海洋的历史存在，是多少亿年来的事情。它不是一成不变的，它与岛屿、陆地之间，它的自身，都一直呈现为一种动态的不断演变着的历史过程。就它与岛屿、陆地之间来说，它的沧海桑田之变，不知把多少代、至少是多少处人类文明葬身海底；而同时又把不知多少代、至少是多少处人类文明拓现在这个地球上。就它的自身形态来说，我们已经很难说得清今天的海洋的面貌，在多少年、多少世纪、多少朝代、多少个“创世纪”以前具体是个什么样子了。因此，我们这里对海洋自然风光的存在形态的把握，主要是依据它的已知的过去时、现在时和可以预知的将来时。

海洋自然风光的存在形态，就空间的平面布局来看，大体有这样几种：

1）大洋风光：如在航船上观赏，你会见或波浪汹涌，或波光粼粼，海天一色，令人心旷神怡；如在高空观赏，你会见一片无际的蔚蓝，或有云海云团在空中浮动，一片蔚蓝中有云影片片。

2）海湾风光：或弯如月牙（不少海湾被命名为“月亮湾”、“月牙湾”等等），或凸如箭弦，或错如锯齿，其沿岸或是人居建筑，或是自然景物，相互点缀，让人目不暇接。

3）海岛风光：无论是大岛还是小岛，有人居住的岛还是无人居住的岛，都各有风姿和韵味。有人居住的岛大多是大岛，各大洋中及其边沿，都有这样的一些岛屿，构成了一些各有特色的岛国和地区。如太平洋中的成片、成线的数不清的群岛、列岛以及数不清的零星小岛，还有我国的台湾岛、海南岛、舟山群岛、长山列岛等等。至于无人居住的小岛，更是千姿百态，各具特色，风光无限，比如鸟岛、蛇岛等等。这些岛屿，就像是谁撒在大海大洋中的星星点点的珍珠，令人新奇、刺激不已。

4）岩礁风光：海浪的常年侵蚀琢磨，海风的常年横吹竖扫，烈日的常年照射，暴雨的常年袭击，地壳的渐变或突变，使得海中海岸矗立着无数奇形怪状、令人凭生无限遐想的岩岩礁礁。“望母石”、“石老人”、“石公石婆”、“八仙墩”等等，这些名称的由来，就是由于一些岩礁的形状酷似，从而生出一个个相应的神奇动人的传说所致。

5）海滨海岸风光：如金银沙滩，如断壁悬崖，或让人顿生柔情，或使人提心吊胆，加之或渔村或小城或都市的人文建筑，可谓风光无限。

6）口岸风光：包括江河入海口风光和海港风光。

7）南北极风光：或是千里万里的海上冰山，或是成群结队的海豹、企鹅的世界，如此等等，不一而足。

8）海中海底风光：我们只要看一看一些海洋水下摄影包括海底摄影之作，就会为海中海底世界的光怪陆离、美丽灿烂、五彩缤纷所惊讶，大开眼界，叹为观止。那红黄黑绿的各色鱼类动物类，那千姿万态的各种藻类植物类，人们都把它叫做“海中花园”、“海底花园”，其实它是花园加动物园的融汇，在很大程度上比陆上的花园、动物园都美，都壮观，都绚丽。可惜到海中海底观光受到许多条件的限制，现在有此眼福的人众还不是很多，相信今后的海中海底旅游业会发展很快，因为它太有魅力。

海洋自然风光的存在形态，就时间的立体表现来看，大体说来，有这样几种：

1）碧海蓝天，近看波光荡漾，粼粼潋滟，远望平如镜面，光点闪闪。或当风和日丽，或当月光如水，或当星光点点，或当旭日东升，或当晚霞满天，你面对这样的大海，微风拂面，会感到十分惬意。前苏联作家尼·奥斯特洛夫斯基在《钢铁是怎样炼成的》书中对这样的海面有一段精彩的描写，可作为对这样的海洋自然风光鉴赏的一例：

> 在他面前，是一片伟丽而宁静的、碧蓝无边的、像光滑的大理石一般的海。它在眼光所能及的远处，与淡蓝色的云天相连；涟波反映着熔化的太阳，现出鳞比的火焰……他的肺深深地吸着提神的新鲜的海风；他的眼睛一刻也不能离开这伟大而碧蓝的水的世界。小小的涟波在海岸的金色细沙上喃喃着，亲切地朝他的脚边缓缓地爬

了过来。①

2）惊涛骇浪，汹涌澎湃。大浪排空，在海中形成波峰浪谷，在海边拍岸击石，卷起千顷雪，声如万钧雷，气势壮观，动人心魄。

这是中国一位古代作家对海上海浪的一段描写：

> [船]行了数日，忽然间天变起来。但见：乌云蔽日，黑浪掀天。蛇龙戏舞起长空，鱼鳖惊慌潜水底。艨艟泛泛，只如栖不定的数点寒鸦；岛屿浮浮，便似没不煞的几双水鹅……总因风伯太无情，以致篙师多失色。②

再看英国作家狄更斯《大卫·科波菲尔》中对岸边海浪的一段观察和感受：

> ……那可怕的海使我惊慌失措了。当那矗立的水的墙壁滚滚而来时，当它们达到最高峰以后，跌成浪头时，似乎连它们中最小的也能吞没那个市镇。当那退却的波浪轰然一响向后扫去时，它似乎要在海滨挖成深洞，仿佛有意毁坏地面。当一些白头的巨浪轰然向前、在达到陆地以前撞成粉碎时，似乎每一碎片中含有全部愤怒的力量，赶忙汇成另一个怪物。起伏的高山变成深谷，起伏的深谷(孤零的海燕时时从中间掠过)掀成高山；大量大量的水带着轰然的声音震动和摇撼海岸；每一喧然滚来的形象，成型以后，马上改变了它的形象和地位，同时又击退了另一形象，改变了它的地位；地平线上具有高塔和建

① [前苏联]尼·奥斯特洛夫斯基《钢铁是怎样炼成的》，梅益译，人民文学出版社，1952年，第553页。

② 明·凌蒙初《初刻拍案惊奇·转运汉遇巧洞庭红，波斯胡指破鼍龙壳》。

筑物的想象中的彼岸，时起时落；乌云迅速而浓密地垂下来；我似乎看见天地在破裂，在掀起。[①]

3）潮汐涨落，自然有时。海洋的奇特的潮汐现象，古今中外，吸引了无数人的欣赏和感叹。潮涨潮落，海中的岛屿或物什时大时小，时高时低，甚至时出时没，时有时无；海岸海滩的进水线时而来得很近，时而变得很远，眼见得露出浅底，眼见得要高出地面。退潮后那赶海的人们欢欣跃雀，捕捉、敲打，收获着与其说在于小海货的多少不如说在于发现和获得的过程的喜悦。

海洋的潮差，在不同的海区各有不同。小的不足1米，大的可达10米左右。即使在同一海区，各岸段的潮差也不尽相同。比如我国的渤海沿岸，塘沽为2.48米，大口河则为2.28米，秦皇岛却为0.75米，神仙沟口为0.81米。而在江苏小洋口外的沙洲黄沙洋，潮差竟为9.28米。

世界上最为著名的潮汐奇观之一，是中国的钱塘江大潮。这是杭州湾的喇叭口地形与钱塘江入海口有一沙坎的特殊地形，与每年春分和秋分时特殊的天文因素、气象因素等共同运作的海洋潮汐现象，而以每年的农历八月十八日前后最为壮观。

钱塘江大潮，自古闻名于世，不知有多少文人墨客为之倾倒，万头攒动的远近百姓为之欢声雷动。“天排云阵千雷震，地卷银山万马腾。”“滔滔巨浪排空来，翻江倒海山为摧。”“涛山浪屋，雷击霆抨，有吞天汲日之势。”诸如此类的赞美和感叹，多得不可胜数。

每年农历八月十八前后，位于钱塘江入海口的浙江海宁盐官镇的钱塘江大堤上，人们从远远近近赶来，形成人山人海之势，以

① ［英］狄更斯《大卫·科波菲尔》，董秋斯译，人民文学出版社，1958年，第910～911页。

亲自目睹这天下奇观为快,好奇、激动之心可以想见。大潮来时,极目远方,天水一色间,似有一大片白色的鸥鸟摆成长长的横阵,振翅而来,隐约传来低沉然而雄壮的轰响;转眼渐近,"鸥鸟"们奔腾跳跃,隆隆的轰鸣逐渐大作,眨眼之间,高高的潮水像一堵长长的宽厚的高墙,陡立在滔滔的江面上,排山倒海般向人们面前推来,咆哮着,直撞到海塘大堤上,浪山迸裂,轰然炸响,气势磅礴无比,令人震撼不已,感奋万千。宋代周密在《武林旧事》中写道:"浙江之潮,天下之伟观也,自既望以至十八日为最盛。方其远出海门,仅如银钱,既而渐近,则玉城雪岭,际天而来,大声如雷霆,震撼激射,吞天汲日,势极雄豪。"

4) 海市蜃楼,变幻莫测。1957 年 3 月 19 日下午,广东潮剧院一剧团正在广东省惠来县神泉镇圣王宫演出大型古装戏《剪月容》,1 时许,神泉港港口西侧的海面上,突然由东到西浮出一座带有栏杆的石板桥,东面不远处还有一座七层古塔。这一奇特的景色由远渐近。约半个小时后,桥上出现了一个动作敏捷的小伙子,在石桥的栏杆上跳来跳去。到了 2 时左右,小伙子向桥西跑去,桥和古塔忽然消隐得无影无踪。10 分钟后,在距离港口不远的图田村南边的海面上,出现了一条宽阔的公路,同时,神泉镇东侧的海面上,出现了一座大型拱桥,桥头还有个圆形的碉堡,有一个全身戎装的人从碉堡里走出来,在桥头转了一圈,然后又返了回去;紧接着从碉堡里又走出来两个戎装者,来到桥头眺望一番之后,又回到碉堡门口站立,还举手行礼。与此同时,桥上出现了一个农妇,肩挑装满衣物的水桶,走到桥下洗衣服。3 时 30 分,这一画面逐渐消失。约半小时后,在附近海面上,又浮现出来一座古城,城墙城垛清晰可见,城门呈拱型,城下波光粼动,有两个男孩骑着牛在城下水边踱步。过了半小时,这一景象又模糊消失,渐变为一条宽敞的街道,街道两旁是众多的楼房,街道上是摩肩接踵的行人。5

时许，附近的海面上又出现了一座大工厂，上空是冒着黑烟的烟囱。这时在这一半圆形的海湾上面，同时呈现的有三个不同的画面，有人把它们比作环形宽银幕影院在同时放映着三部不同的绝妙电影。直到傍晚6时30分左右，三部“电影”渐次消失。此时天上晚霞正红。这天下午，本来观看《剪月容》的数千观众纷纷奔到海边，连演员们也来不及卸装，争相观看这难得一见的海上“好戏”——绝妙的海市蜃楼盛景。①

海市蜃楼现象，已见报道和记载的，即使仅我国沿海就有很多。比如1974年春夏之交在渤海的庙岛群岛海域，1981年4月28日在浙江的舟山群岛海域，1981年7月14日在渤海庙岛群岛海域，1984年3月30日在舟山群岛海域，1984年7月29日在庙岛群岛海域，1987年5月21日在蓬莱北部的南长山岛海域，1987年6月11日在厦门附近海域，1987年12月14日在青岛崂山以东海域，1988年6月7日在蓬莱海域，1989年5月30日在山东海阳县的土埠岛海域，1990年7月7日在蓬莱北部南长山岛海域等。② 世界上各沿海国家和地区所见，则同样举不胜数。

在我国古代，海市蜃楼见诸记载的，多在今山东半岛环岛海域，包括渤海南部海域和黄海北部海域。古时这一地区大部分属登州辖域，故多称“登州海市”。宋代沈括《梦溪笔谈》一书中就有这样的记述：“登州海中，时有云气，如宫室台观、城堞人物、车马冠盖，历历可见，谓之‘海市’。”清代徐绩在《崂山道中观海市》一文中，在记述了“……横堵忽化为城垣……西南小山幻为庐舍市肆，与林木相间……而楼南复涌一七级浮屠，瘦削干云”等景象之后，大为感叹和迷惑，云“或以为是海神灵贶”。

---

① 王常滨《神奇的海洋现象》，黄河出版社，1999年。

② 王常滨《神奇的海洋现象》，黄河出版社，1999年。

"或以为是海神灵觋",不管是真"以为"还是假"以为",在古代,在人们还弄不明白海市蜃楼的成因的情况下,至少"或以为",恐怕是普遍的事。就在宋代,就是那位大名鼎鼎的苏东坡,知登州五日,旋即调离,深以未能亲眼看到登州有名的海市奇观为憾,遂祷告神灵,据说竟然得到了神灵的允诺,使他大饱眼福,他为此写下了著名的《登州海市》诗并序:

> 予闻登州海市旧矣。父老云:"常见于春夏,今岁晚,不复出也。"予到官五日而出,以不见为恨,祷于海神广德王之庙,明日见焉。乃作是诗。

东方云海空复空,群仙出没空明中。
荡摇浮世生万象,岂有贝阙藏珠宫。
心知所见皆幻影,敢以耳目烦神工。
岁寒水冷天地闭,为我起蛰鞭鱼龙。
重楼翠阜出霜晓,异事惊倒百岁翁。
人间所得容力取,世外无物谁为雄。
率然有请不我拒,信我人厄非天穷。
潮阳太守南迁归,喜见石廪堆祝融。
自言正直动山鬼,岂知造物哀龙钟。
伸眉一笑岂易得,神之报汝亦已丰。
斜阳万里孤岛没,但见碧海磨青铜。
新诗绮语亦安用,相与变灭随东风。

古登州治所在今山东蓬莱市,这里之所以自古被传为海中神山和神仙之所在,自古传为八仙过海的地方,有其独特的海洋地理位置和海洋气象条件:地处渤海海峡南岬,山东半岛、辽东半岛和朝鲜半岛三足鼎立,长山列岛横卧其间,为海市蜃楼的出现提供了大量借以反射的客观景物；同时，因海峡两岸的水温较海峡深层海流的水温要高，在春夏之季风和日丽的天气条件下，温差更大，深层海流的涌动容易翻搅起近岸的海水，形成海面低层气流的升腾，在阳光的作用下，若空气的能见度很高，便容易（但不是每每必然）将陆地上或远或近的客观景物映射或反射在气层之中，从而形成海市蜃楼，并随着气流气层的变化，变幻着海市蜃楼的千姿万态。这是海洋大自然赐予人类审美鉴赏的精妙绝伦的光学艺术作品。

非常难得和可喜的是，1990 年 7 月 7 日正当蓬莱海市出现的时候，山东电视台的记者孙玉成正在蓬莱，他成功地将这次海市摄了像，长岛县广播电视局也来人赶拍了海市的尾声。这是人类有史以来第一次用摄像机拍到海市蜃楼盛景。山东电视台、中央电视台等相继播放，使得无缘亲睹海市蜃楼的人也大饱眼福。至今这套录像还在蓬莱阁等游览景点售票播展。

5）海雾茫茫，天海一片。海中海岸景物，朦朦胧胧，似在虚无缥缈间，而又若即若离，若隐若现，若真若幻，使人大有不知身处现实生活还是神仙世界之感，自然别有一番情趣，心灵为之憾然。

6）更有或大或小的海洋精灵们——如"鹰击长空，鱼翔浅底"，海燕盘旋，海鸥争鸣，长鲸跃跳，鱼群攒动……海中、海面，充满无限生机和活力的海洋动物世界，让人欣赏、感叹生命的丰富、多彩和无穷。

如此等等，都是神奇的海洋赋予人类审美观赏的自然风光形态。

二、海洋自然风光的美感特征

我们对海洋自然风光的美感特征的把握，可以依据美的一般特征来加以比较和识别。在外国的美学家那里，18 世纪英国的爱迪生提出"美，伟大与新、奇"这三种；在近代，布拉德雷分为"小巧、秀雅、优美、巨大、崇高”这五种；包桑葵还分出“平易的美”和“艰难的美”，后者又包括“复杂”、“紧张”和“广阔”三种类型；后来的美学家们又分得更细更多。在中国，战国时的孟子曾提出“美”与“大”的区别；后来的文论、画论等则有“阳刚之美”与“阴柔之美”之分，谓“刚”如“挟风雨雷霆之势，具神工鬼斧之奇”；“柔”则“柔可绕指，轻若兜罗，欲断欲连，似轻而重……似惊蛇之入春草，翩翩有态，俨舞燕之掠平地。天外之游丝，未足易其逸；舞窗外之飞絮，不得比其轻”。①

准此，在海洋自然风光这里，我们可以把美的形态分作优美、柔美、壮美、奇美等四种。

优美：如身披晚霞，登高望海，或海边散步，感受风平浪静，波光粼粼，轻浪喧哗者是；

柔美：如沙滩沐浴，感受雾海如纱，细浪呢喃者是；

壮美：如海天寥廓，如大石嶙峋，如惊浪拍天、涛声如雷者是；

奇美：令人惊叹、称奇的海洋现象，如海市蜃楼，如海上双日，如钱塘观潮，如海中海底海洋鱼类动物类、藻类植物类的斑斓世界等，尽是。

海洋自然之美，其美的特征还在于如上诸种形态此起彼伏，不时变幻。

海洋风光鉴赏，可以使鉴赏者陶冶性情，愉悦身心，丰富生活的情趣，感受人生的真谛，进一步加深对海洋的感情，从而也发自内心地热爱海洋，善待海洋。

三、海洋自然风光作为人类审美对象的成因

人和自然具有天然的亲和关系、依赖关系和互动关系。审美

① 清姚鼐《复鲁挈书》。

主体人总是要在他们的生存环境中找到其审美对象物的。审美，是人的本质力量的对象化的过程。在审美过程中，人的各种感觉经验受到审美对象物的感应，构成一个新的复合整体，在人的心灵和精神中运作，从而在人的意识里把这种运作的感觉——往往呈现为一种快感——投放到审美客体即对象物上面，使其仿佛成了对象物的一种属性，并且人将自身也不自觉地融于其中。海洋现象是大自然现象的重要组成部分，是人类与之相依相存、密不可分的生存环境，因而人类就必然把本来就神奇绝妙、风光无限、神秘多多的海洋大自然视为审美鉴赏的自然对象物了。

审美客体海洋的无论空间的平面布局也好，还是时间的立体表现也好；无论静态的也好，还是动态的也好，它的浩浩瀚瀚，它的变幻多姿，它的要么柔情蜜意，要么剽悍疯狂，都是人的丰富情感和心态的宣泄的对应物和对象物，仿佛这时的具体的海洋也有了人的情感，有了人的天性，成了不是人但却有人的灵性的所在。这时，海洋的自然美，也就成了人化的自然美。这时，谁是人？谁是物？哪里是我？哪里是海？这时人所进入的是有我有物而又无我无物、物我两忘的境界。比如人面对大海，要对着大海诉说、排解，有时禁不住大声呼喊；有时动情得无言表达，难着一字；有时禁不住热泪盈眶……大海对于人来说，是人的感情、观念、审美心态的对应外化，在很多时候，可以说有什么样的心情、感情、感受、心境，就会有什么样的大海。对此，我们可以举高尔基《马尔华》和雨果《海上劳工》中各自一段对海的截然不同的感受为例：

海——在笑着。

在热风的轻轻吹动下，它在抖动；一层细密的波纹，耀眼地反映着太阳的光彩，盖住了它，而几千个银光灿烂的笑涡向着蔚蓝的天微笑。在海与天之间的蔚蓝的空间，动荡着欢乐的波浪声，那些波浪一个跟着一个地跑上倾斜的沙岸。这个声音，和太阳的光彩，千波万折的反映在海里，和谐的混合在一起，形成不断的运动，充满着活泼的愉快。太阳是幸福的，因为它放射着光明；海呢——因为它反映着太阳的欢乐的光明。

风亲爱的抚摸着海的绸缎似的胸膛，太阳用自己的热烈光线温暖着它，而海，在这些爱抚的温柔力量之下睡梦似的喘息着，使得沸热的空气充满了蒸发的盐味。淡绿的波浪跑到黄沙上来，抛掷着雪白的泡沫，它就在这滚烫的沙砾上轻轻的响着消散下去，湿润着沙土。①

海洋总是把它的罪恶隐藏起来。它喜欢保持暧昧状态。这不可测度的黑暗为自己包藏一切，神秘很少泄露。它造成灾祸，它的性情是残暴的，而且暴行的程度是难预知的。海是显露的，又是隐秘的。它隐蔽它的企图，不愿暴露它的行动。它打破一只船，随即掩盖把它埋起来，好像感觉羞耻，要消灭罪证。海的另一种罪行，就是伪善。它杀、偷、隐蔽赃物，可是作出不理不睬的神气，反而微笑起来；然后它又咆哮、又翻白浪。②

同样是海，同样是人，人所面对的具体的海洋风光的形态不同，人当时的意识和心境不同，对海的审美认知和感受就不同，亦即对海洋风光的“人化”结果不同。一句话，海洋风光的自然存在，是由于人类的审美认知才变得具有审美和感受价值的；人类对海

① [前苏联]高尔基《马尔华》，《高尔基短篇小说选》，瞿秋白，巴金等译，人民文学出版社，1980年。

② [法]雨果《海上劳工》，罗玉君译，四川人民出版社，1980年，第215页。

洋风光的鉴赏，是人类灵魂的外化；外化的结果，是对人类灵魂拷问的体现。

海洋自然风光成为人的审美对象，是当着人作为审美主体在审美的时候，也就是说，在人面对着海洋或海洋人文造物，在毫无功利目的、毫无利害关系的时候，这才是审美的时候。当你面对着波光粼粼的大海，人家在那里赞叹不已，在那里陶醉于恬静释然，而你在那里心中想着怎么赚钱，怎么维持生计，或者怎么进行坑蒙拐骗，怎么逃脱法律的惩罚，这样，美，也就不翼而飞、不复存在了。这就是为什么人们对海洋风光的鉴赏兴趣，多发生在旅游闲适的时候的缘故；而随着当今时代经济的发展和社会的进步，人们的闲适的时间越来越多，鉴赏的水平越来越高，消费的能力也越来越强，海洋风光旅游业的大发展，也就必然是时候了。

第二节　海洋人文景观及其历史文化内涵

人类与海洋长久的互动发展，不仅使得海洋自然风光的存在成了人类审美鉴赏和心灵外化的感应对象，而且造就了历史悠久、丰富灿烂的海洋人文景观。海洋自然风光与海洋人文景观共同构成了占地球面积71%的海洋风情。

所谓海洋人文景观，就是人类文明的历史在海洋上的反映所构成的可供旅游观光、审美鉴赏的存在物，既包括人造存在物及其残留，如海洋艺术建筑，海洋历史名人事迹、历史事件的遗址，海洋文化活动场馆等；也包括“拟人造化”的自然存在物，亦即虽非人造物，却在人们的眼里酷似人造物，因而它（它们）在人们的信仰里或审美中被看成了人造物或神造物。

下面，我们分四种情况加以考察。

一、海洋信仰所产生的人文景观

海洋信仰所产生的人文景观，主要产生于古代，在全世界沿海国家和地区都很普遍，其中湮埋在历史尘埃和葬身海洋深底的不计其数，至今遗迹保存完好、不断得到修复和新发现、新增添者同样很多。如希腊雅典娜的神庙(雅典娜是古希腊神话中的智慧女神，曾与海神波塞冬大战)，至今仍矗立在海边；我国古代的海神信仰及其人文景观，从南到北也十分普遍，尤其是妈祖天后信仰中的宫阁庙宇，不但古代建筑遗址保存完好者很多，现在重新修复开放者也不少。妈祖信仰的故乡福建湄州岛上的妈祖祖庙，至今吸引着当地民众和海内外华人华侨的崇拜和祭祀。全国沿海各地包括港、澳、台以及东南亚各国的华人社区，妈祖庙、天后宫或古或新，作为海洋信仰的活动场所至今香火不断，与体现中国民族风格的古建筑群或仿古建筑群，还有其坐落所在的自然环境和人居环境，构成了与海洋共存互动的神秘、庄严、幽雅、优美的人文景观。

海洋信仰所产生的人文景观，还包括众多非人造的而信以为神造的海洋自然景观。它们兼具海洋自然风光与人文景观的性质和特点。它们主要是一些在海洋中露出水面的岩礁小岛或沿海、沿岸的山石等大大令人称奇的自然物，有鬼斧神工之妙，酷似和人间社会发生关联的人(神)造物，而又远非一般人力所及，因而被附会在与海洋发生过关联的某某神、某某神仙、某某神人身上，并被人们附会出了许许多多似真似幻、不管是在信仰层面上还是在审美层面上都令人宁信其有、不信其无的神奇优美的故事传说。比如我国广西防城的珍珠湾珍珠港，是我国素称“西珠不如东珠，东珠不如南珠”的“南珠”的主要产地。这里何以盛产珍珠并称名“珍珠湾”？人们总要“解释”其神奇的来历，见湾中有一石墩，一个神奇美丽、优美动人的传说便得以产生：很久很久以前，南海龙王的儿子小白龙受命到防城海域巡海，偶遇一白衣少女，二人一见钟情，遂私定终身，但好景不长，白衣少女被王母娘娘劫往天宫收审，小白龙请得南海龙王的一颗“命珠”护祐，要上天寻找白衣女，情急之下，抖落了身上的鳞片，鳞片撒遍了整个海湾，变成了数不尽数的珍珠，那颗“命珠”也掉到了海里，变成了珍珠墩。小白龙上天不成，变成了白龙半岛，珍珠港所产珍珠，也被称为“白龙珍珠”。再比如，山东半岛最东端的荣成天尽头，峭壁下的海中有几块巨石，颇似几个残存的大桥墩，因而便被附会出来这样的传说：当年秦始皇东巡求仙，得神力相助修好了通向海中瀛洲——神仙所在的大桥，眼见桥成，秦始皇踏上桥，直奔仙山走去，然而他命该无福通神成仙，不慎破了禁忌，面前的大桥节节塌落海中，秦始皇侥幸跑上岸来，悻悻打道回京，由此这里留下了至今仍在的“秦桥遗址”。再比如青岛的“石老人”，本是近岸的一块蚀石，因高高独立于海水之中，酷似一老翁形象，于是人们“究”其来历，便敷衍出了各种不同的神奇传说；青岛及崂山一带，其他如小青岛、小鱼山、鲍岛、燕儿岛、浮山、麦岛、栲栳岛、崂山等等，也都因这些岛屿、这些海滨山头的形状神似某某，便有了各自相应的传说故事，并有了各自与传说故事凝汇为一体的名字；或是先有了一个名字，后又附会出了各自相应的传说故事①，带有着民俗信仰和民俗审美艺术创造合二为一的性质。

传统的宗教信仰，与海洋自然景观和人文景观有着密切的因缘。比如在我国的古老宗教中，历史最长的要数本土宗教道教和外来宗教佛教，这两种宗教往往离不开山林和沿海，这就使得海洋自然景观被宗教信仰所附着，并产生出了与之相应的海洋人文景

① 张崇纲《崂山奇观》，青岛海洋大学出版社，1995年。

观。对于海洋自然景观来说,宗教信仰的附着,主要表现在一些海滨海岸和海中的山石岛屿上,这些山石岛屿坐落于宗教信仰活动圈中,其各自的形状又酷似宗教信仰内容或仪式活动中的某些器物或人物,因而它们便由单纯的自然景观转换成了人文化了的自然景观。比如在滨海的宗教圣地,若恰巧近岸有一块酷似乌龟的巨石露出海面,那么这块巨石就往往被称名为“卧龟听经”等等;若岸上有一座耸立的山峰,那么就很可能被称之为“飞来石”、“飞来峰”等。就海洋人文景观来说,宗教文化的内容主要表现为一些道观佛寺建筑、碑林石刻、文人墨宝、人神绘塑等,它们往往与内地山林之中的宗教文化不尽相同,海味甚浓。如崂山道教历史上全真教领袖邱处机留在崂山太清宫的诗作,就有很多吟咏崂山山海的佳作佳句让人品赏不已。如:“三围大海一平田,下镇金鳌上接天。”“海雪茫茫不见涯,潮头只见浪翻花;高峰万叠连云秀,一簇围屏是道家。”“群峰峭拔下临渊,绝顶孤高上倚天;沧海古今吞日月,碧山朝夕起云烟。”“鳌山三面海浮空,日出扶桑照海红;浩渺碧波千万里,尽成金色满山东。”崂山东部仰口湾畔的太平宫,影壁上镌有“海上宫殿”四个大字,据说是宋代建宫时的墨迹。宫内原主奉玉皇大帝,后被海神娘娘所取代。崂山因为靠了海,并由此成了道教圣地,崂山本身才有了“海上名山第一”的誉称,“海上名山第一”、“山海奇观”、“莲池海会”、“东海崂山”、“海波参天”、“天风海涛”、“浴日观海”等刻石留字多得不可胜数,足以可见其海洋自然景观与人文景观融汇的特色及其历史文化内涵。

二、海洋历史名人和事件所造就的人文景观

海洋历史名人和事件,在中外海洋文化历史中枚不胜举,他(它)们在海洋文化的历史进程中所发挥的作用、所产生的影响举足轻重,因而他(它)们自身所留下的历史遗迹,以及后人因对他

(它)们敬仰、缅怀而对他(它)们的当年遗迹所进行的修复或建造的纪念物和祭祀物,就成了驰名的人文景观。比如中国沿海的秦始皇东来巡海、求仙所留下的历史遗迹,以及后人依据相关(或看似相关)的自然景物或人造景物所附会出来的故事传说;比如和徐福东渡有关(或据传有关)的历史遗迹(包括传说中的历史遗迹);比如伟大航海家郑和七下西洋所留下的历史遗迹以及后人的附会;比如著名抗倭将领戚继光在中国沿海各海防要地所留下的水师水城及其相关建筑;比如中日甲午海战威海刘公岛纪念馆的相关建筑与陈设等等。在世界上,其他海洋国家尤其是西方海洋国家的航海家、探险家们在世界各地包括他们的前殖民地所留下的历史遗迹以及后人建造的纪念物等,也都属于这一类。这类人文景观的特点和重要性在于,各自的历史遗迹大都是一个景观群的核,围绕着某个或几个核所构成的景观群,集建筑艺术、历史真实、诗词歌赋、书法雕刻、戏曲扮演、民俗信仰、山海园林等等于一体,名声远大,历史悠久,富有更多的历史文化蕴含和陶冶性情、观瞻审美的多重价值。

三、海洋艺术建筑与雕塑、书法与绘画

这一类海洋人文景观,主要是指那些海滨海岸、岛屿岩礁、港口码头上的艺术建筑和雕塑、书法和绘画,是建筑艺术家、雕塑艺术家等立体艺术家以及平面艺术家结合立体艺术形态的艺术创造。这些艺术创造大多与海洋自然风光和海洋人文历史有关,或者与海滨海岸、岛屿岩礁、港口码头等的自然风景相协调,相搭配,甚至浑然一体。它们与其他海洋人文景观的不同在于,它们主要的功能在于审美鉴赏,或者是在造型上直接取材于海洋本身的艺术展示,或者是在内容上体现人对海洋的关注和移情。就海洋艺术建筑和雕塑而言,比如丹麦哥本哈根的街心的美人鱼雕塑;比如

我国沿海和东南亚妈祖信仰圈中在城镇码头的街心经常可见的妈祖塑像(澳门近年新塑的一尊大型妈祖雕像,据说是全世界最大的),因其塑立于街心,其作为信仰的偶像的功能已经让位于艺术鉴赏的功能;比如青岛市前海的栈桥,原来作为码头栈桥的功能已经让位于青岛作为海洋城的一道风景,成为青岛的城市象征;再比如澳大利亚悉尼市的贝型歌剧院,建筑于海边,庞大凸显,远远望去,好像是从大海中跃上岸边的一簇庞大海贝,已经成为澳大利亚的象征,其作为歌剧院的场所功能与作为纯粹艺术品的设计造型浑然为一,极富诗意和现代美感,可谓现代海洋艺术建筑的代表作品。至于世界各国各地区沿海城市的一些海岸带艺术雕塑,也都海味甚浓,不管是取材于海洋自然风光或海洋人文历史,还是虽然内容上似与海洋无关,但其色彩、格调、环境装扮作用及其审美特征,都与海滨海岸的自然风光和人文环境文化浑然一体,都是广义的海洋艺术建筑、雕塑作品,都给人以海洋艺术审美的魅力。就书法艺术而言,作为海洋人文景观,那就是在沿海和海岛旅游胜地常见的那些海中或沿岸的山石上、岩礁上、古老建筑或现代建筑上随处可见的或古或今的名人墨迹,犹以古代名人墨迹为主。它们被刻写、涂绘在山石岩礁之上,或景点建筑的门、壁、廊、柱上,书法内容多为"海天一色"、"观海听涛"、"天涯海角"、"海山第一"等等,还有不少诗词楹联,笔迹或苍劲挺拔,或飞舞潇洒,或刚劲持重,或秀美隽永,都同海与山、海与石、海与岛、海与礁等自然风光浑然一体。就绘画艺术而言,作为海洋人文景观,内容多为或传统或现代的体现海洋信仰或审美心态的故事、意象,比如海洋神话传说,海上航行,海上日出,渔家丰收等等。人们置身于这种海洋人文环境氛围之中,身心感受着海洋人文历史或海洋生活的艺术画面,自然会得艺术享受良多。

四、海岛海滨的民俗风情

海岛海滨民俗风情的体现主体是人与海洋相关的民俗生活，这也构成了海洋人文风情的主体内容。一谈起某地的海洋风情，自然离不开那里的人及其民俗风情，尤其是其极富特色的民俗风情。主要包括：一是其日常生活的民俗风情，一是其民俗节日风情。它们是各地海洋文化最为集中的展现，也是吸引外地游客发展海洋旅游文化的最为主要的资源。

第三节　海洋旅游文化的现状与未来

一、海洋旅游文化及其作为一种产业的崛起

海洋旅游文化出现很早。自从人类进行涉海活动尤其是航海活动，欣赏海洋绮丽风光的活动就再也没有停止过。而且，进入工业化时代之后，它的重要性与日俱增。其原因在于，工业化既带来了人口城市化，也带来了陆地自然风光的破坏，环境的污染。城市化及其生活的快节奏，使人们开始(或者说愈发)向往大山大河大海，“返璞归真、回归自然”既是旅游界的宣传口号，也符合现代社会人们的天性要求，加之人们对海洋的认识不断深化，涌动的旅游人流便纷纷奔向壮阔、美丽的海洋，奔向滨海和海岛旅游区，回到“人类的第一故乡”。到 20 世纪 60 年代，海洋旅游业已经成为海洋经济的一个独立的产业。

海洋自然资源完全是大自然赐予的无价之宝。滨海地带的美丽风光和人文胜景，主要得益于大海，大海与大陆——地球上这两

个最基本的地理单位交织在一起,风景独具一格。比如雄伟的山峦直逼大海,众峰群踞在碧波万顷的海面上,海阔山高,气象非凡;比如许多山地、丘陵海岸以花岗岩、火山岩等构成,历经年深日久的风化和溶蚀,塑造出许多栩栩如生的形象,蔚为奇观;比如平原河口地带,落潮时一眼望不到边的海底平原,涨潮时一眼望不到边的碧波涟漪;尤其在滨海的人文景观中,名人的石刻、题记、诗词和古建筑以及其他历史遗迹等,构成了与海洋自然风光交相辉映的一道道滨海历史文物、名胜古迹风景线,使人流连忘返,感受和获益万千;还有美丽富饶或奇异独特的海岛,风光无限、汽笛声鸣、船来舶往的港口,也都是滨海旅游的重要资源,其地理位置、自然风貌、气候条件、风俗习惯、建筑风格等各具特色,往往成为众人旅游的理想去处;至于海上旅游,则随着人们对海洋的认识把握和科技水平的进一步提高,随着人们的消费能力的进一步增强,海上旅游设施和项目不断增多,真可谓五光十色,花样翻新。当今时代,除了海洋自然风光尤其是滨海自然风光和人文风情的观赏之外,海洋旅游的发展还出现了如下一些热点:

1)“出售”阳光、沙滩、海水。海滨地带成为旅游热点的原因之一,就是海水、沙滩、阳光可以“廉价”地“出售”。海水、沙滩、阳光的英文单词分别为 Sea、Sand、Sun,人们简称为“3S”,它们与海洋的其他自然风光和人文景观构成综合景观,适宜消暑度假、休息疗养和游览观赏。海景中最壮观的海潮,也对旅游者有很大的吸引力,人们从喧闹嘈杂的都市、闭塞的乡野山村涌到美丽的海滨,洗海澡,享受沙滩日光浴,观赏潮汐变化,凭海临风,饱览大海风光,无疑会给身心带来莫大的享受。

2)海洋疗法。海滨气候温和湿润,阳光充沛,空气清新,是人们劳累之后修身养性、陶冶情操的好去处。人们用海洋疗法恢复体力,提高健康水平,同时审美愉悦也在其中。海洋疗法是在海洋气候条件下，使用海水、海藻和海泥进行治病健身的一种方法，包括洗温海水澡、用海水海沙按摩身体、身裹海藻晒太阳、用含海水和海藻成分的香皂洗浴等。现代化的海洋疗法以法国最盛行。目前法国在沿海各地建立了许多海洋疗法中心，有一家公司在布列塔尼半岛建了35套海洋疗法设施，利用海洋疗法设施的人数每年多达2 000万。

3）游钓。在海上、岸礁、海岛进行游钓，既可欣赏海洋自然风光，又可增强娱乐性和参与性。人们从拥挤、喧嚣、空气污浊的城市涌向海滨，走向沙滩，不但可以投身大海的怀抱，尽情观赏海景的壮美，体会海湾的宁静，领略海浪的舒畅，感受海滩和阳光的浪漫，而且还可以享受大海垂钓的无穷乐趣。国外滨海旅游业中，游钓业发展十分迅猛。近年美国从事钓业的游船达200多万艘，全国每年从事娱乐性游钓者达1亿人次，社会每年从游钓消费中获取500亿美元的产值。

4）乘坐旅游潜艇海底观光。乘坐旅游潜艇游览奇异的海洋内部世界，观赏海洋动植物，新奇、刺激，受到越来越多人的欢迎。20世纪90年代初，世界各地的旅游潜艇已达18艘，运载了近75万观光者游览海中海底风光。日本、瑞典、加拿大和美国是发展潜艇旅游的主要国家。

海洋旅游项目远不止上面提到的这些。如赛艇、潜水、冲浪、帆板、水橇、海上游艇观光、沙滩体育（球类）、海滨高空跳伞、海滨购物、海洋探险、海洋科学考察、海洋水下博物馆观光等，不一而足。随着现代科技手段和水平的不断提高，海洋旅游项目越来越多，越来越新奇。如乘快速游船进行环球海上旅行、到南极大陆观光等这些以前不可想象的旅游活动，在现代社会都可以实现。①

① 班耀波《崛起的海洋经济》，黄河出版社，1999年。

尤其需要特别指出的是,海洋民俗风情旅游,现在越来越受到异域、异文化圈游客的青睐,呈越来越热之势。在海岛国家、海滨地区,民俗风情极富特色。比如位于太平洋西南部的岛国斐济,由大小332个岛屿组成,面积不到2万平方千米,人口不到80万,分布在100多个岛屿上,有两个显著的特点让人称奇:一是无论男女老少都喜欢打赤脚;二是男人穿裙子。在街上一看,男人们大多上身穿红衬衣,下身穿白色或花花绿绿的裙子,就连总统府门前的值班士兵也不例外。这无疑来历于其热带海洋性气候和以海为生的民俗生活传统。① 至于有"海人"、"疍民"之称的以海为业并以海为家的人们,其海洋民俗风情更有个性。尤其是大洋洲各岛屿上的土著,其"一潜、二裸、三贝"的海洋民俗犹为多姿多彩。那里的海人们,不管是"海男"、"海女"还是"海娃",最大的特征是"一潜、二裸、三贝"。"潜",就是潜海空手抓鱼。海男海女们赤身裸体,潜入海底,搜鱼,追鱼,抓鱼,其独特的技巧堪称一绝。尤其是新西兰毛利族海女最擅长潜海,赤手抓鱼的本领往往胜过海男。在海人的世界里,自孩子一出生,他们就视其为海人的一员,男女老少一见谁家生了孩子,就到处模仿海豚的叫声"啾啾""啾啾"乱喊,用意是让这孩子长大后会像海豚那样能够遨游海中。所罗门群岛拉乌族人常常用海水给婴儿洗澡;马绍尔群岛、新几内亚以北的马努斯岛等的海人们,当孩子两三岁时就教他们在海水中游泳,这样即使孩子从他们所住的水上架屋中摔进海里,父母们也不用担心孩子会淹着。有趣的是,有的海人,如特鲁克岛的海男们,为了练就一身潜海的本领,还往往肩背石头或腰捆重物下海,潜入海底后再扔掉石头或重物,开始抓鱼。"裸",就是那里的海人们无论男女老少,几乎全裸其身,即使是妙龄少女们,至今也还保留着全裸或半

① 胡成龙《大洋岛国猎奇》,《海洋世界》,1997年第2期。

裸的习俗。这自然和热带海洋气候、他们成年累月日复一日与海打交道有关。"贝",就是在海人的眼中,贝是一宝,他们用贝制成贝刀、贝锅、贝钩、贝号、贝饰、贝币——比如用翻车贝壳制成钓鲨鱼的钩,用鹑螺贝壳制成削刀和勺子,用大型唐冠卷贝制成煮饭锅,用笋螺贝制成手斧,用法螺贝壳制成螺号等等。尤其是,他们更喜欢把精美的贝壳串成串珠、贝链戴在头上、脖子上作为饰品,酋长们则不仅满身佩戴贝壳饰品,而且还插上极乐鸟的羽毛。尤其是他们的宗教仪式,祭司们会全身戴满贝制饰品,脖子上挂满贝制项链,而且胸前有胸饰,连额头上也饰有额饰,额饰用砗磲贝制成,圆盘样式,上刻龟甲。贝是海人除了海鱼之外的主食,他们用为食粮的有砗磲贝、夜行贝、冠螺贝、珍珠贝、法螺贝、水字贝等多种。据调查,在波利尼西亚群岛土阿莫土岛,居民食用贝后丢弃贝壳,所堆起的贝丘有100多个。至于他们使用的贝币,也是五花八门:巴布亚新几内亚全国流通的是纹贝贝币;密克罗尼亚雅浦岛上使用的是有孔绳串贝币;所罗门群岛上则用红白两种贝壳制成串珠贝币;蒂科比亚岛上则以马足螺贝制成的手镯为贝币或礼品……总之,贝,几乎渗透到了海人们的生活和生产的方方面面。①

至于民俗节日风情,兹举几例世界各国的海洋节会。

例一,巴西的海神节,时在2月2日。巴西人尊崇的海神为伊曼雅,原是非洲西部人崇拜的海神偶像。16世纪初,大批非洲人被当做奴隶卖到巴西,他们也就把崇拜海神伊曼雅的习俗带到了巴西。巴西人说:海神伊曼雅是大海,是人类和一切生灵的母亲。于是每年2月2日海神伊曼雅的"诞辰日",人们向伊曼雅祈祷崇拜。

例二,瑞典的小龙虾节,时在8月7日晚至8日晨。每年8月

① 吴继星编译《神秘的海人世界》,《海洋世界》,1992年第12期。

7日傍晚,男人们带着自家的小男孩下海,用灯笼诱捕小龙虾,归来后举行小龙虾晚会,按照传统的方式,人们使用五彩缤纷的彩纸,围上特制的围裙,点燃龙虾形状的蜡烛,吃龙虾,喝酒,唱歌跳舞,直到次日晨结束。

例三,西班牙埃雷拉人的螃蟹节,时在8月的第二个星期天。这天一大早,人们就争捕或争买螃蟹,中午家家户户大煮螃蟹,蟹香四溢,孩子们匆匆拉拉挨家挨户品尝,还品头论足,进行评比。

例四,荷兰人的鲱鱼节,时在5月的最后一个星期六。节日期间,渔民们身着节日盛装,大大小小的船只成群结队,张灯结彩,歌舞一片,全国大小街道,餐厅酒馆,到处贴有鲱鱼节的赞美之词,一派节日气氛。

例五,丹麦渔民的捕海豚节,时在每年的6月初。渔民们事先把海湾布置好,一大早,海湾沿岸人头窜动,赤裸的男性壮年渔民驾艇下海,追捕海豚,入夜大燃篝火,大啖海豚肉,大喝美酒,载歌载舞,热闹不息。

例六,墨西哥一些岛屿上的圣船节,时在6月25日。这一天是天主教的圣彼得和圣保罗日,清晨时分,人们从教堂中抬出圣彼得和圣保罗像,送到各自的“圣船”上,紧接着是“圣母”的大船和乐队的大船,后面还有成百艘小船,当大主教祈祷完毕,开始划船比赛,乐队和拉拉队呐喊助威。因在渔民信仰中圣保罗是渔民的守护神,所以总是以圣保罗的圣船获胜方可结束。

例七,意大利威尼斯的赛船节,时在每年的6~9月。每年这一季节,威尼斯全城赛船活动大兴,见诸记载者已有六、七百年的历史,以9月的第一个星期日最为隆重,并作为赛船节的闭幕式。

例八,中国北方沿海的渔民节,时在每年的谷雨节。渔民过谷雨节已有2 000多年的历史,清道光年间(1821年)易名为渔民节。谷雨时节,鱼汛来临,渔民们开始出海,因而选择这一时节举行隆重的祭海活动，祈求海神娘娘保佑出海平安、鱼虾丰收，祭海仪式结束后，大小船只，竞相扬帆。①

例九，中国东南沿海祭祀妈祖的活动，时多在妈祖诞日等。妈祖天后阁庙宫祠遍布中国南北沿海各地以及东南亚华人社区，祭祀妈祖、祁风祭海的信仰在在多有，影响普遍。

如此等等，举不胜举，均构成了重要的、丰富的海洋旅游资源。

在世界范围内，海洋旅游业作为海洋经济的一个独立的产业，是从 20 世纪 60 年代后期兴起的。最早出现于拉丁美洲的加勒比海地区，后来又逐渐扩大到欧洲和亚太地区。海洋奇异壮美的风光，加上人们对海洋的天然依恋、工业文明之后人类对回归大自然的向往、更多的收入、更多的闲暇等，促使人们越来越多地涌向海滨，涌向海洋，形成了世界范围的海洋旅游热。地中海沿岸，加勒比海地区，波罗的海及大西洋沿岸，夏威夷的海滨、海滩、海岛等，都成了广负盛名的世界级海洋旅游度假胜地。海洋旅游作为一门产业，虽然兴起较晚，但发展很快。据统计，滨海旅游的游客占全部游客的比重，在法国为 50%，在英格兰为 70%，在比利时达到 80%。英国《泰晤士报》曾报道，自 1990 年以来，预定海上游轮船票的人数每年增加 10%，客轮舱位售出率达 90%左右。在美国，每年约有4 500万人乘船出国度假观光。美国目前仅从事滨海游钓业的游船就达 200 多万艘，每年从事娱乐性游钓者达 1 亿人次。亚太地区的海洋旅游业发展也较快。权威人士预测，亚太地区的东南亚一带，以其优美的自然环境、旅游设施以及方便的交通运输等条件，在将来会成为远东的“加勒比海”，跻身世界级海洋旅游胜地之列。

欧洲、北美洲、加勒比海等地区，海洋旅游业各有千秋，各领风

① 佳音《五花八门的海洋节》，《海洋世界》，1992 年第 1 期。

骚,其中以西班牙、意大利、法国、英国、美国、俄罗斯等较为卓著。地中海沿岸的西班牙,以“空气、阳光、海水浴”为资本,向世界出售阳光和海滩,它的四大旅游区都位于海滨,并同其他风景区组成了纵横全国的旅游网络,成了旅游超级大国,旅游外汇收入达100亿美元以上。意大利也很注重海滨旅游开发,在8 000千米的海岸线上开辟了6 000多个海水浴场,150多个旅游港口和500多个海滨旅游中心。美国充分利用濒临太平洋和大西洋的优势,大力发展海洋旅游业。自20世纪80年代后期,每年就约有2 500万人到海滨垂钓、游泳、划游艇。美国全国有各类游艇830万艘,加上旅游潜艇,每年国内旅游业收入1 000多亿美元,其中海洋旅游收入占大部分。法国开发的“海洋疗法”旅游项目已如前述,深受游客欢迎。

据统计,全世界已有上千个海洋娱乐和旅游中心,其中200多个是海洋公园,比较著名的有香港海洋公园、日本东京海底公园等。日本正在开辟1 500千米海岸线作为海洋娱乐区域。它还计划在不久的将来推出环太平洋游、绕世界一周(一圈)游的海洋旅游项目。中国台湾已决定请日本协助建造带有水下游廊、水下餐厅、水族馆、波浪发生装置的大型海洋公园。法国将在巴哈马群岛附近的加勒比海海底建设旅游综合体,它包括水下俱乐部、海底旅馆、海底饭店等生活娱乐设施,设施之间用海底公共汽车联系。目前已设计出了一种用透明塑料作车厢的海底公共汽车,它能在水下30米深处运行。澳大利亚计划兴建南极度假村。各国已建、在建和将建的海洋旅游设施,多得实在难以举数。尤其是世界涉海各国为迎接21世纪这个“海洋世纪”,都以战略的眼光制定了宏伟的海洋开发计划,其中都把海洋娱乐和海洋旅游作为重要内容。

海洋旅游业作为一种新兴的、综合性的海洋产业,对国民经济和社会的发展具有如下重要的作用:

1）海洋旅游可以增加外汇收入，为发展和扩大对外经济贸易合作提供更多的外汇来源。它与贸易换汇相比，具有换汇率高、不受商品输入国关税壁垒影响（限制）的优点，因此，在一些海洋旅游比较发达的国家和地区，海洋旅游的外汇收入构成了外汇总收入的重要组成部分。

2）海洋旅游可以大量回笼货币，分流社会货币开支渠道，对物价稳定有益。海洋旅游是一种消费水平比较高的综合性消费，所以能比日常消费更快地回笼货币。据有关调查，美国国内旅游开支超过了美国人用于衣着或购买小汽车的费用，其中海洋旅游开支占有很大的比重。

3）海洋旅游业可以带动和促进滨海地区相关产业的发展。这是因为海洋旅游业是一种具有较大产业关联度的产业，海洋旅游消费包括“食、行、住、游、购、娱”六大要素，这六个方面的需求对食品工业、建筑工业、船舶工业、交通运输业、轻纺及手工业、商业、邮电通讯业、金融业和其他服务行业提供了市场，会促进和带动这些产业部门的发展。据日本人测算，在发展中国家，旅游消费支出每增加一个单位，由它所带动的相关工业产值可扩大 3.7 倍。

4）海洋旅游业的发展可以为社会提供更多的就业机会。海洋旅游业是个劳动密集型行业，其本身的发展能提供较多的就业岗位，而且通过促进和带动如上相关产业的发展，还能间接地扩增更多的就业岗位。

5）海洋旅游业的发展，可以为滨海地区的产业结构优化提供良好的环境和机会。世界发达国家产业结构的演进历史表明，国民经济发展的趋势是第三产业的比重不断上升，并越来越占据首位，其次才是第二、第一产业，这是产业结构高级化的最终结果。海洋旅游业是第三产业的重要组成部分，它的高度发展必然有利于滨海地区甚至整个国民经济产业结构的优化调整。

6) 尤其重要的是，海洋旅游是人类审美娱乐的一种生活内容，对于陶冶人的性情，启迪人的审美感受力和想象力，从而提高人的审美创造力，促进人类社会的文明、美好和进步，具有不可替代的意义，因此，海洋旅游作为一种产业，具有永久的生命力。

我国海洋旅游资源十分丰富，不仅有着众多的滨海水光山色、阳光海滩、生物资源等海洋自然风景旅游资源，而且还有悠久而丰富的海洋历史古迹、民俗风情、宗教文化等富有中国特色的海洋人文景观旅游资源。如浙江的普陀山“海上佛国”，青岛的“海上第一山”崂山，荣成的“天尽头”及其“秦桥遗址”，大连的黑石礁等，奇异景观加上神话传说，更添迷人的魅力。山东蓬莱阁雄踞丹山巅，下临大海，登阁远眺，列岛缥缈，波涛万顷，海疆茫茫，时有海市蜃楼出现；殿台楼阁凌空，人称“仙境”。山海关依山傍海，雄关虎踞，万里长城在此直抵大海，似苍龙欲归龙宫。北戴河历史悠久，素以疗养胜地著称。山东半岛东端的威海，其名源于明代戚继光抗倭，即威镇海上倭寇之意，市区背山面海，港湾两岸山势起伏蜿蜒，刘公岛似一颗明珠镶在海湾中央，岛中央有当年北洋水师提督衙门，现辟为甲午海战博物馆，具有重要的海洋文化历史价值。镶嵌在渤海之滨的翡翠岛，位于河北省昌黎县海岸旅游区南端，三面环海，海滨沙滩平缓开阔，一座座金色沙丘临海而立，连绵起伏，郁郁葱葱的槐林宛如碧玉点缀在漫漫黄沙上，翡翠岛因此而得名；岛的西侧环抱着中国沿海著名的泻湖——七里海，红嘴鸥等 404 种珍稀水禽栖息于此；翡翠岛海域的文昌鱼密度为全国之冠，300 平方千米的昌黎黄金海岸，被国务院列为首批五个国家级海岸带自然保护区之一。如此等等，不一而足，滨海胜景美不胜收。据统计，目前全国开放了近 400 个滨海旅游景点，其中，有国务院公布的 16 个国家级历史文化名城，25 处国家重点风景名胜区，130 处全国重点文物保护单位以及 5 处国家海岸带自然保护区。《中国海洋报》

1998年1月2日报道，中国海洋旅游资源不仅丰富，而且汇集了"滩、岸、景、物、稀、古、科学"等特色，目前已有1 500多个滨海旅游景点。

中国海洋旅游业的蓬勃崛起，是在20世纪80年代后期。北起丹东，南至防城，在18 000千米的黄金海岸及星罗棋布的大小岛屿上，涌起旅游春潮。游客中，从未到过海边或海上的，为大海的壮美所倾倒，欣喜不已；曾经到过海边或海上的，甚至多次到过的，也流连忘返，毫无稍感平淡之意。一批往昔长期被冷落的静海荒滩，如今旧貌换颜，犹如湮没已久的珠玑宝藏，突然被世人所发现，立即身价日增，大受旅游者青睐。每到夏季，著名海滨，如北方的大连、青岛、北戴河，南方的鼓浪屿、普陀山、三亚等固然游人如织，而原来默默无闻的"天涯海角"如山东的长岛、浙江的嵊泗、福建的东山、广东的南澳等地，也成了游人纷至沓来的旅游热点。旅游项目也日益丰富多彩：不但观海景、戏海水、尝海鲜、买海货等传统项目，对海洋旅游业刚起步不久的国人尤其是内陆的人们来说仍具新鲜趣味，魅力无穷，而且冲浪、帆板、水橇、游钓、海上快艇、沙滩体育、高空跳伞、伞翼滑翔等一批富有特色、新奇刺激、参与性强的现代海洋娱乐项目，更增添了海洋旅游业的无限发展空间，展示出广阔的未来前景。

在滨海地区，海洋旅游业逐渐成为促进地区经济文化繁荣的主导产业之一，它在国民经济中的地位和重要性日益为人们所认识。随着中国经济以世人瞩目的高速度向前发展，华夏儿女会更富裕因而更悠闲，到海滨和海上去享受海洋美景、休闲、娱乐，必将更加成为时尚，因而也就更会促进滨海旅游业的发展。目前，我国沿海和海岛的各地政府及商界，已经认识到了海洋旅游业的巨大潜力和经济价值，纷纷投资海洋旅游业。国务院先后批准的11个国家级旅游度假区中，有大连金石滩、青岛石老人、上海横沙岛、福建湄州岛、北海银滩、三亚亚龙湾等6个海洋、海滨风景区,目前都已投入运营。外国商人也看好了开放的中国巨大的海洋旅游市场,海南省琼海万泉河旅游区、秦皇岛海洋花园及海底世界、大连金石滩海洋娱乐中心、珠海海上温泉旅游乐园、粤西金海湾旅游城、上海亚洲最大的海洋水族馆等一大批投资数亿元、几十亿元的项目,多是与外商合资、独资开发兴建的。青岛市的大型海洋游乐城、海豚表演馆已于几年前建成开放,投资近亿元的青岛水族馆扩建工程——水下世界已经开工,设计投资6.6亿元、占地152公顷(陆域52顷、海域100公顷)的世界一流海洋公园正在筹建,青岛市并于1999年开始年年举办大型“海洋节”。中国目前惟一以热带海洋旅游文化为主体的集观光、娱乐、休闲、度假于一体的大型综合性旅游项目——海南“华夏海洋世界”已于1997年动工兴建,这一浩大旅游设施包括热带生态植物园、中心广场与世界广场、热带海洋公园、海上人工岛、儿童乐园、水上世界、海洋科学城和沙滩浴场八大区域,设计总投资8亿元。滨海和海上旅游设施的大规模兴建,既是目前海洋旅游市场发展的需要,也反映出旅游界对未来富强的中国的海洋旅游市场充满了信心。21世纪中国的海洋旅游业,必将成为中国海洋经济的支柱产业。[①]

二、海洋旅游文化的发展走向

海洋旅游文化的未来走向如何?海洋旅游作为一种产业应该怎样发展?这应该是海洋旅游产业、企业及其管理部门,与海洋文化学术界共同关注的问题。不消说,企业界、管理者的关注,与海洋文化理论界的研究是不同的,不能互相替代;只有两方面关注的互补,才能不仅使海洋旅游产业、同时也使海洋旅游文化的发展走

---

① 班耀波《崛起的海洋经济》,黄河出版社,1999年。

上健康的轨道。海洋文化理论界的关注和研究,不仅可以给企业界、管理部门的关注和研究提供宏观的理论借鉴和微观的实证参考,而且可以并应当从文化理念和指导思想上,提供出一套可供海洋旅游事业可持续发展的人文理想模式。

1. 关于"旅游经济"与"旅游文化"

"发展是硬道理",这是我们似乎谁都明白的道理;但不庸讳言,这里的"发展",这些年来由于我们对经济发展的强调,其应有的社会发展、文化发展的内涵,被掩而不彰了。我们一提"发展",往往就理解为经济的发展,实际上,离开了社会、文化的综合发展,经济的片面发展往往会带来很多问题,甚至是很危险的问题。人类生存环境的恶化,就是人类片面追求科技发明、经济发展给环境造成破坏而导致的。可持续发展的概念的提出和受到国际社会越来越普遍的关切,就是基于这一前提的。我们关注海洋旅游经济及其文化的发展问题,同样不能对此稍有忽视。

现在,谈发展旅游的人很多,但很多人脑子里面只有"旅游经济","旅游文化"的意识和观念相当淡薄。考虑到连我国高等教育的专业设置中,也只是(至少曾经是)把"旅游经济"作为一个专业,而不把"旅游"作为一个专业(似乎更不会把"旅游文化"作为一个专业),其中的价值导向和观念因素,是可以说明问题的。

其实,"旅游经济"和"旅游文化",是"旅游"的不同属性:旅游经济是"旅游"的外延属性,而"旅游文化"则是"旅游"的内在属性,我们不可顾此失彼,尤其不可逐本求末,不可只见经济不见文化,为一时的经济效益而丧失、断送其人文之本。"旅游经济"目前往往是政府立场、视角、眼光,企业立场、视角、眼光,考虑的往往是经济效益。但太看重了经济效益,往往难以避免短视;只有看重文化价值的开发和挖掘,才会有长久的可持续发展的经济效益和社会效益。我们看一看许许多多的海洋旅游景点,重复建设,大同小异，甚至千篇一律，环境污染，景观破坏，假、乱、脏、俗，宰客没商量，这样的情况相当普遍。难道我们的海洋旅游应该这样？难道这样的海洋旅游经济可以长久、可以持续发展？游客的“旅游”目的何在？是为了让政府得到经济效益、让企业赚钱——甚至是黑钱？旅游就是旅游，它首先是“旅游”的主体——“人”的一种生活文化现象，消闲、审美现象，它的消费、它的服务需要——包括场所、设施的建设和服务行为本身等，体现出来的经济价值和经济效益，只能服从于人的消闲娱乐、游赏审美的需要。没有了文化，没有了审美，就不成其为“旅游”。

鉴于此，不仅为了海洋旅游文化的长久的可持续发展，而且为了海洋旅游业的长久的可持续发展，为了使海洋旅游的“旅游文化”属性不致被扭曲、变形，海洋旅游经济的考虑必须建立在对海洋旅游主体—人—的考虑的基础上，建立在对海洋旅游文化的考虑的基础上，而不能本末倒置。尽管对于海洋旅游企业来说，效益优先原则、追求效益第一为“天经地义”，但海洋旅游经济、海洋旅游产业是一种特殊的经济、特殊的产业，且不说它属第三产业，即使它在第三产业中也有其特殊性，它的特殊性就在于它是一种文化产业，是通过对“旅游人”的旅游文化需求的服务体现出经济价值和经济效益的产业。一切不以人为中心，不以人为出发点，不以人的审美需求和人文理念为前提，“只要赚钱就行”，走上的必然是邪路、死路，甚至祸患无穷。我们常常听到或见到，关于旅游的官司打了不知有多少，让游人——亦即旅游的“上帝”们兴冲冲满怀向往而来、怒冲冲满怀失望而去的旅游景点、旅游企业们不知有多少，那些不知积淀了多少年多少代历史文化遗产的旅游景观、那些不知花费了国家多少投资拨款新建起来的旅游景点和设施，有很多就被这样用来坑人、宰人、伤害人、倒人胃口、坏人兴致、留下恶名。钱不是万能的，物质不是万能的，经济不是万能的，既然它们都是人的文化造物，就应该是提供给人享受的，我们只有让我们的文化造物充分发挥出它的供人享受、令人愉悦和审美的功能，我们的文明的发展才算没有走上邪路；我们对“海洋旅游”只有这样认识和操作，才会使海洋旅游以其无可替代的“这一个”的文化的、审美的特性而吸引人，吸纳人，从而带来长久的、可持续发展的经济效益和社会效益。

2. 关于海洋历史文化遗迹作为旅游景点、景区的开发

世界上的滨海区域，无论滨海城市还是海岛、渔村，滨海的山区还是平原，由于海洋文化历史悠久、丰富灿烂，加之内陆文化的辐射和影响，留下了数不尽数的海洋历史文化遗迹，并被历代名人文士和民间传说所附会和增值。这就为海洋旅游事业的发展提供了丰富、深厚和大面积的历史文化资源，以及进一步挖掘、开发的空间。

诚然，所有的海洋历史文化遗迹都是人们旅游鉴赏的好去处，但并不是所有的海洋历史文化遗迹都可以从旅游经济的层面上开发为旅游区域化景点、景区。这是因为：

其一，这样没有可能。要开发，就得有经费投入。在目前和今后相当长一段时期，尤其是在发展中国家和地区，要使政府把旅游景点和设施的建设当做一项公共福利事业，是远远不现实的，即使发展中国家和地区的沿海地带，经济的发展要比内陆快一些，甚至快得多，那里的经济发展也还远远没有富裕到能够使得政府把滨海和海上旅游文化景点、景区的建设纳入公共福利事业来进行的程度。

其二，也没有必要。有两个方面的原因。一方面，就目前我国这样的国家的海洋旅游业现状来说，其旅游景点、景区开发数量的多寡、开发程度的高低和利用率的大小，是受国民旅游消费占国民经济总收入水平的可能性比例、受人们的旅游支出占其个人实际收入的可能性比例所制约的,超越了这种可能性比例制约的旅游景点、景区的开发,既然非经济目的无论就目前的政府热点来说,还是就企业来说都是尚不现实的,那就只能造成以经济为目的的开发的闲置和浪费;另一方面,作为海洋历史文化遗迹来说,既然是“历史文化遗迹”,就要有其“历史文化遗迹”的真面,而现在的“开发”,往往由于开发者受文化层次、修养层次的局限,受急功近利的商业眼光和暴利目的的驱使,受可投入资金的限制,甚至对景观定性、定位不准而“误入歧途”,为了吸引游客(实际上往往事与愿违)而或重复建设,或一哄而起,或粗制滥造,往往会使得原有的历史文化遗迹的“真面”面目全非,甚至不堪入目,从而破坏了其应有的远非单纯可以用来旅游的历史文化价值。与其如此“开发”,反而不如不“开发”的好。须知旅游人文景点、景区,尤其是海洋历史文化景点景区,在其本来面目上不是“开发”出来的,一经“开发”,往往失却本然,失却自然,而成为伪造,成为假货,从而大失其趣,甚至让人大呼上当,大有蒙受耻辱之感,而要恢复原貌,又谈何容易。因此,对于许多海洋历史文化遗迹来说,若无能力开发建设得好,注意做好保护工作,也是“无为而治”的功德无量。

其三,海洋历史文化遗迹作为人文旅游景点、景区的开发,一定要注重“特”字。没有特点,没有特色,大同小异,甚至千篇一律,使游人大失其趣,即使开发出来,即使投入再大,也得不偿失,有的甚至只能是大浪费,大犯罪。若没有特殊的吸引力,人家何必千里迢迢跑来你这里实施“旅游消费”? 所以,海洋历史文化遗迹作为旅游景点景区的开发建设,需要真正地挖掘出它的独特的历史文化内涵及其价值来,若“米不够,水来凑”,“戏不够,锣鼓来凑”,历史文化遗迹的价值稀松寥寥,大唱“空城计”,在宣传力度和规划设计、项目建设上喧宾夺主,使得独特的历史文化遗迹掩而不彰,人家那里有海水、阳光、沙滩,你这里也是海水、阳光、沙滩,于是也大建旅馆饭店、索道游艇等消费游乐项目，这种盲目的大投入的实际效果，也就可想而知了。

其四，海洋历史文化遗迹作为人文旅游景点、景区的开发，应该成为一种大众文化建设工程。也就是说，应该面向大众。海洋历史文化的创造者是人民大众，海洋历史文化遗迹作为人民大众的历史遗产，不应该只为少数人所有，作为人文旅游景点、景区，不能只成为少数人的专利。也就是说，我们的普通大众，他们同样向往海洋，同样向往到本来属于他们自己的海洋历史文化景点、景区去走一走、看一看，玩一玩，获得一些求知欲、审美欲的满足，但他们还没有富裕到和如今的大款"大哥大""大姐大"们一样消费(的确是很有一些人在挥金如土、鱼肉酒色、比石崇斗富都有过之而无不及)的程度，他们对那些动辄几十元、上百元甚至更多的门票费、导游费，对那些要么脏乱差、要么高得离奇(即使如此也不见得卫生)的饭费、房费，还有其他名目繁多的宰人费等等，大多望而生畏，哪里还能当得起"上帝"，哪里还能旅游得起？只有"望洋兴叹"的份儿。如此，我们的海洋旅游文化会变成谁的文化？这种倾向——哪怕只是苗头，也不能不引起我们的高度警觉和密切关注。我们的政府，我们的海洋旅游事业管理部门，我们的海洋旅游企事业单位，我们的海洋文化理论界，尤其是海洋旅游文化理论界，对此绝不应该熟视无睹。

3. 关于海洋旅游文化与相关学术研究

海洋旅游文化的建设开发，是一项综合性事业；即使某一具体的海洋历史文化遗迹、人文景观的开发建设的上马，也是一项综合性的系统工程。无论这一项目的先期论证、设计开工，还是其管理运作，与其说是一项政府工程，企业工程，不如说是一项学术工程。它不是拍脑袋工程，并且也不是单靠"旅游文化学"这一个分支学科甚至"海洋文化学"这一个新兴学科可以解决得了的问题，它需要各相关学科的综合立体化研究开发,需要历史学、美学、民俗学、文艺学、人类学与社会学,以及海洋学、水产学、海洋生命学和地理、地质、规划、工程、园林以及企业管理、文化管理等诸多学科的共同研究,共同营运,非此,远远不能适应海洋旅游文化建设及其开发的需要。就目前来看,如上所举各学科的研究,其中关注海洋旅游文化者毕竟太少了,我们应该广泛吸纳。海洋旅游文化研究毕竟是我国和国际社会刚刚兴起的理论热点和学术应用热点,它作为学术事业,同它的研究对象——海洋旅游事业一样,都是方兴未艾。我们有理由相信,我们的学术研究能够对海洋旅游事业健康地、可持续地、合于人类人文理想地发展,起到它理应起到的作用。

第七章 海洋信仰

第一节 海神的信仰与崇拜

海神是涉海民众想象出来掌管海事的神灵。数千年来,世界各地涉海民众所信仰崇拜的海神数量众多,角色纷杂。最早的海神信仰与动物图腾崇拜有着密不可分的关系,其形象大体上是沿着人兽同体—人神同形—人鬼化神的轨迹演进的。在这种演进过程中,并非后者完全取代前者,而是相互交叉递进,有着历史的传承关系。

一、动物图腾崇拜与早期的海神

图腾崇拜是古代由大自然信仰包括动植物信仰发展起来的具

有氏族标志性的信仰形式。图腾一词，源于印第安语 totem，最早始于北美印第安人奥季布佤族的方言 ototeman，是“它的亲属”或“标记”的意思。原始信仰认为，某一氏族的人都源于某一特定的物种，一般说来，与某种动物具有密不可分的亲缘关系。由于多种原因，今天我们已经很难原原本本地了解远古涉海先民所崇拜的水族图腾及其所信奉的海神了，但我们从存世的文献(包括口承传说)中可略知其大概，并可以从至今仍在民间传承的水族动物崇拜中看到远古时海神信仰的一些影子。

辽东半岛滨海民众自古以来崇拜海龟，将它视为保护自己的海神，尊称其为“元神”。农历五月十三日为祭祀元神的日子。至今，中国东部沿海的渔民还崇拜鲸和海龟。胶东渔民习惯称鲸为“老人家”，每当见到鲸在海中经过，便尊称为“过龙兵”，赶忙焚香烧纸祭拜。

在澳洲的海达人眼中，海神是杀人鲸和大章鱼，认为杀人鲸和大章鱼保佑他们获得渔业丰收。烈特岛的土人和托列斯海峡的土人将鲨鱼视为海神。俄罗斯的奥罗奇人是一个渔猎民族，他们认为逆戟鲸是大海的主宰，尊为“蒂本”(海神)。奥罗奇人对逆戟鲸非常崇拜，每年都要向它祭祀数次，他们还有为已死的逆戟鲸搭盖灵棚祭祀的习俗。

《史记·秦始皇本纪》载：始皇帝于公元前 210 年出游，“上会稽，祭大禹，望(望祭海神)于南海”，然后北上琅琊。方士徐福假说受海中大鲛鱼所阻，无法前去蓬莱求得仙药，随后，秦始皇梦与海神战，醒后占梦，博士告诉他：“水神(海神)不可见，以大鱼蛟龙为候。今上(秦始皇)祷祠备谨，而有此恶神，当除去。”于是，秦始皇便派军士用连弩射海神。在这里，海神是以大鱼形象出现的。

以上都是进入文明社会后，经代代人的改造而记录或传承下来的资料。这与远古时的真实情况当有很大的距离，但是我们仍然可以发现其中保存下来的一些原始痕迹:早期的海神多由海洋中体大凶猛(如鲸、鲨等)的水族动物或具有某种神力(如龟等)的水族动物来充任。先民们在避免触犯它们的基础上讨好崇拜它们,并以自己的方式祭祀它们,使之为先民们所利用,如使鲸、鲨驱赶鱼群,便于先民们捕获。

二、人兽同体的海神

人兽同体的海神仍属于动物图腾范畴内的海神信仰崇拜。人兽同体的海神的"神容",实际上是人形与动物图腾的组合体。《山海经》中北海海神禺彊(也叫禺京)的神容是"人面鸟身,珥两青蛇,践两青蛇";东海海神禺虢是"人面鸟身,珥两黄蛇,践两黄蛇";南海海神不廷胡余神容稍异,是人面、"珥两青蛇,践两赤蛇"。《山海经》是战国以前的远古神话传说集。战国以前,人们的地理知识南不超过今湖南、江西一带,当时江苏沿海一带已被人们视之为南海了。《山海经》所记的北海、东海和南海,实际上等于今天辽东—山东—江苏一带的海域。这在春秋战国以前是东夷人的集居区。东夷人崇拜的图腾是鸟类。人面鸟身代表东夷人及其鸟图腾的组合;人面鸟身践两蛇的海神,实际上是战国以前滨海地区的东夷人心目中的海神,表明了东夷人希望其图腾征服和管理大海的愿望。

人兽同体的海神形象,不仅只存在于古代中国人的信仰中,在古希腊、古罗马以及北欧的涉海国家中,也应该曾经存在过。只不过由于希腊神话以及受其影响的罗马神话、北欧神话,在其神话系统化的过程中成熟得比较早,人兽同体的海神早已被当做异类排除在系统化以后的众神谱系之外了。

三、人神同形的海神

人神同形的海神具有人的外形,人的意志、欲望和性格,拥有超人的能力和达到自己目标的非凡手段。对这类海神的崇拜，一般远远超过动物图腾海神和人兽同体海神历史阶段的崇拜程度。人神同形类海神的信仰崇拜，已是成熟期神话意象的产物。希腊神话、罗马神话和北欧神话中的海神，基本上属于人神同形类海神。

希腊神话中的海神波塞冬是典型的人神同形类海神，其神格位置在“奥林匹斯神系”中也极为清楚。波塞冬是主神宙斯的兄弟，其形象是手执三叉戟，驾驶着金鬃蹄马拉的车子在海上巡行的男性。他主管的水域主要是爱琴海。他能呼风唤雨引起地震，曾与雅典娜兵刃相向，争夺雅典城邦主神的地位。他需要向他许愿的人们履行诺言。希腊神话中的克里特岛国王伊多墨纽斯，在参加特洛伊战争后回国的途中，在海上遇到暴风雨，便向海神波塞冬许愿：如果得救，他一定把回到克里特岛后遇到的第一个生物作为祭品来奉献。不料，他回岛后最先遇到的竟是自己的儿子。誓言使这位克里特岛的国王杀死了自己的儿子来祭祀海神波塞冬。

希腊神话中的海神除了波塞冬外，还有安菲特里达、西提斯、尼勒绮德等女性海神。安菲特里达是海神西提斯之女，波塞冬之妻，其职责是管理海中的怪物。尼勒绮德是海上的美丽女神，她们姊妹五十个，常常救援海难中的水手。这些女海神美丽善良，与时常恶作剧的男性海神波塞冬形成了鲜明的对比。

印度神话中的海神婆楼那和罗马海神尼普顿一样都是男性。婆楼那好色，他被月神苏摩的女儿——三界中最美丽的女子婆德罗的美貌所吸引，趁她在河中洗澡时，把她抢到了自己海底的宫殿里。婆德罗的丈夫乌塔提耶闻讯后大为恼火，运用法术使大海干涸。婆楼那只好把抢来的美女乖乖送还，换回了原有的海水——海神的领域。

佛教自东汉传入中国，逐渐与中国传统文化融合，佛教中统领水域并掌管兴云布雨的龙王开始成为中国人信仰中新的海神，并发展到凡是有水的地方（如江、河、湖、井）龙王皆可管辖的局面，禺彊、禺猇、不廷胡余等人兽同体的海神慢慢被新的海神所取代。

海龙王的神容在中国神话传说中多描写为龙头人身，但也可变成人形，其形象似乎在人兽同体和人神同形两者之间。这是与希腊—罗马神话中的海神的不同之处。在其后的历史时期里，海龙王成为中国海域（包括其他水域）里的主要神灵。值得注意的是，古老的海洋水族动物类海神（如大鱼、龟等）已经成为海龙王麾下的从属。如山东沿海渔民称鲸鱼为“龙兵”，《西游记》中写有虾兵蟹将等。相对而言，禺彊、禺猇等图腾崇拜痕迹明显的人兽同体海神，随着图腾崇拜的消亡，已基本上销声匿迹了。

在海龙王信仰中，龙王的家族和人世间相类似，有龙王太子、龙女等，它们有喜怒哀乐，有七情六欲，如《柳毅传书》中龙女与陆上凡人柳毅相爱等等。这些方面与希腊海神的特点又极其相似。

四、由人鬼转化成的海神

人鬼转化成的海神，即人（多为历史名人或为百姓做好事的人）死后被滨海一带的民众所信奉成的海神。这类海神往往是后世海神的主体，其中影响最大的是妈祖。

1 000 多年前，当海龙王在中国滨海地区以及许多内陆地区香火正盛之时，福建莆田湄州岛出了一位对后世影响深远的女子，姓林名默，这就是后来广为信仰的海上守护女神妈祖。林默生于宋建隆元年（960 年），卒于宋雍熙四年（987 年）。据《闽书》记载，相传林默生时即能踩席渡海，人呼为“龙女”。她的水性极好，常常救助海上遇难的渔民、客商等。她 20 多岁时还不想出嫁，一心救助海上遇难的渔民舟子，有一次救人时不幸身亡。传说林默死后，屡屡出现在波涛汹涌的大海上，抢险救难，镇海护航。为此，她受到人们的供奉膜拜，被敬称为妈祖，逐渐成了人们心目中的海洋女神。

妈祖是一个由人鬼而演变成的海神。她的神容不同于珥两蛇、践两蛇、人面鸟身的禺彊、禺虢等；不同于令人惊怖的海龙王；也不同于喜欢恶作剧的希腊海神波塞冬和好色的印度海神婆楼那。她是一位慈眉善目的女性形象，即使在显灵救海时，其神容也是如此。清赵翼在《陔余丛考》中说："(泛海者)倘遇风，危急之时则呼妈祖，神即披发而来，其效立应。若呼天妃(元代所封尊号)，神即披冠而至，恐稽时刻。云妈祖，盖闽人在母家之称。"中国涉海者有这样一位有求必应的女海神，必然冲淡了海龙王在其心目中的影响。从文献和民间传说的关于妈祖显灵的神迹中，可知除了庇护海上遇险的渔船、商船外，还有常常为朝廷的使臣和水师等航海者护航的传说，所以其影响也越来越大。据统计，从宋宣和五年(1123 年)至清道光十九年(1839 年)的 700 余年间，宋元明清的 14 个皇帝赐给妈祖的封号多达 28 个，从"夫人"、"天妃"、"天后"直至"天上圣母"。① 妈祖庙、天妃宫、天后宫等也由莆田一带扩建到闽、粤、台以及东南沿海各地和东南亚许多国家，中国北方沿海也十分普遍，日本、朝鲜半岛也在在多有。随着妈祖信仰崇拜日盛，其海神的职能也不断扩展，已经成为人们心目中无所不管(管渔业、男女婚配、生儿育女、祛病消灾等等)的神祇，其影响远远胜过其他海神。

五、其他海神的信仰与淫祀

古往今来，享用我国某一方渔民舟子祭祀香火牺牲的海神还有很多。下面再择要介绍一二。《台湾县志·外编》说："水仙庙祀

---

① 陈国强《东南文化中的妈祖信仰》，《东南文化》，1990 年第 3 期。

大禹王，配祀以伍员（伍子胥）、屈平（屈原）、王勃、李白。旧志云：四夷之治，汨罗之沉，忠魂千古。王勃亲省交趾，溺于南海，没，为神。表李白墓于谢山，虽经前人订采石之讹，第骑鲸仙去，其说习传久矣。”水仙信仰在福建也有不小的影响，《厦门志·水仙宫》说：“闽俗称水神。”《台湾县志·外编》就其信仰形式之一“划水仙法”介绍说：“今海船或危于狂飚遭不保之时，有划水仙之法，其灵感不可思议。其法为在船上诸人，各披发蹲于舷间，执食箸（即筷子），作拨棹之势，口假者若鼓之声，如午日竞渡之状，虽樯倾舵折，亦必破浪穿风，疾飞倚岩，屡屡应验。”据《裨海纪游》载：“康熙三十六年四月，某按边船遭难之际，舟人告之，唯划水仙，方以登岸免死。划水仙者，众口齐作钲鼓之声，人各挟一匕箸，假作棹船状，如午日竞渡之状。凡洋中危急若得近岸，则为之。”我们从水仙庙所供奉的五位水仙以及如端午节竞渡之状的划水仙法可知，此类型的海神信仰之内涵是很丰富的，我们从中既可看到古老的龙蛇崇拜的影子和历史杰出人物崇拜的影子，又不乏道教、民间迷信的痕迹以及神秘的巫术色彩。

另外还有“大王神”即“金龙大王”、“黄大王”之类的河神，因治河有功，身亡后由人鬼封为河神。清赵翼在《陔余丛考》中说：“江淮一带至潞河，无处不有金龙大王之庙，永乐中，凿开通渠，舟楫过河，祷无不应。”河海相通，许多沿海地区的渔民舟子也奉之为海神。据《澎湖厅志》所载：“祀大王神，各有其姓，《纪略》以为金龙大王之类，亦为土神（指当地的海神），今各澳多有大王庙，西屿外堑之大王神灵异尤著。凡商舶出入必备牲礼，投海中遥祀之。”《台湾县志·外编》还记载了受当地渔民舟子敬祀的海神倪姓圣公：“圣公庙，神姓倪，轶其名，生长于海滨，熟识港道，为海舶总管，殁为神，舟人咸敬祀之。”

羊山神也属地方海神之类，据清代《伪郑纪事》载：郑成功起兵北伐，于“顺治十三年至江南之羊山。山有神，独嗜畜羊，海船过者必置一生羊(即活羊)去，久之蕃息遍山至不可计数。郑氏战舰泊之山下，因将士竞相取羊为食，神怒，大风骤至，巨舰自相撞击立碎，人船损十之七八，大失其利而返。”文中关于郑成功伐清，因羊山神怒而失利之事，显然不可信，但是从中可见渔民舟子对此神秘莫测的海神奉献活羊以求海事平安之俗。

“老赵”即鲸鱼，山东沿海又称之为“老人家”、“赶鱼郎”等，是以海中动物为海神的例子。“老赵”极可能是“赵公元帅”的简称。“老人家”则是对“老赵”亲近的称呼。至于“赶鱼郎”，则是由于鲸鱼在海中追食鱼群，有助渔民捕鱼而得的名字。渔民们对“老赵”的信仰形式表现在许多方面。如渔民在岸上见鲸鱼游行海中，称之为“过龙兵”，视为吉兆，要烧香焚纸遥望祭拜；如在海中遇鲸鱼，要先往水中撒米，再由船老大率全体船员烧香焚纸，口称“老人家”，并向之跪拜祷祝。平日在人们眼中似乎与海事无缘的狐仙之类，在有的沿海渔村也竟被奉为海神。彭文新在《屺姆岛村民俗文化调查》一文[①] 中介绍说：“(山东龙口屺姆岛村)渔民普遍信狐仙太爷……视狐仙太爷为海上保护神。海上遇风浪，向狐仙太爷祈祷许愿，祈蒙保佑，安全回航后要到庙里还愿，放鞭炮。庙中狐仙太爷塑像为一白胡子老头，红光满面。据岛上渔民称，每年附近的桑岛、长山岛出海都死不少人，屺姆岛却很少，他们认为这全仗狐仙太爷的保佑。”值得注意的是，“据《黄县志》载，屺姆岛早先信仰龙神……后来狐仙太爷信仰进一步加强，取龙王而代之。”狐仙取代海龙王而成为这一带渔民心目中的海神，此现象看似奇怪，但细加探讨，自有其文化积淀的原因。奉狐仙为海神的原因与胶东地区民间的狐仙信仰有着密切的内在联系。考狐仙的前身应为神话

① 彭文新《屺姆岛村民俗文化调查》，《民间文学论坛》，1989 年第 5 期。

传说的九尾狐。《山海经·南山经》说:“青丘之山……有兽焉,其状如狐而九尾,其音如婴儿,能食人。”在我国神话传说中,九尾狐又是治水大禹(如前所及,也被信仰为海神之一)的妻子①,她(它)在后世被演化为一方海域的海神,也是自然而然的事。

传至今日的民间传说中,也不乏掌管一方水域的海神。如希稼搜集整理的《烧海香》② 中讲道:浙江海盐东海原先有一座敕海庙,庙里供奉的海神是个男孩。传说当东海龙王发水淹该县望海镇时,这个男孩经神仙点化后预先知道了消息,便奔走全镇催人们逃离。而他自己却因走得晚而被海水卷走了。于是,这个男孩就成了当地人心目中掌管海盐一带海域的海神,人们用烧海香的方式供奉他。

另外,在中国海神信仰中,也有道教佛教的明显影响。宋代道书《云笈七签》中的海神,是由修道成仙的南溟夫人担任的。她能命令“千虬万龙互相缴结而为桥”,以送元彻、柳实二人返回岸上;她能下令斩杀为水害的巨兽等等。其神力是靠她的乘彩云白鹿来相会的道兄所持“尊师以丹篆一卷相投”而获得的。关于佛教对中国海神的影响,海龙王信仰的如此普遍,就是一例。

海神信仰是一种复杂的文化现象。不同时代的海神虽明显具有原始宗教、宗教以及民间迷信的浓厚色彩,但也折射着不同时代的涉海者们渴望开发利用海洋、征服海洋的殷殷期盼。人们创造了形形色色的海神加以顶礼膜拜,并不是为了远离大海,而是希冀借助所信奉的海神的超自然神力来亲近大海,来驾驭利用大海。

---

① 《吴越春秋·越王无余外传》:“禹三十未娶,恐时之暮,失其制度,乃辞云:‘吾娶也,必有应矣。’乃有九尾白狐,造于禹。禹曰:‘白者吾之服也,其九尾者,王者之证也。’涂山之歌曰:‘绥绥白狐,九尾庞庞。我家喜夷,来宾为王。成家成室,我造彼昌……’禹因娶涂山,谓之女娇。”

② 王洁,周华斌编《中国海洋民间故事》,海洋出版社,1987年。

这是海神信仰文化中应该肯定的东西。

第二节　涉海的信仰传说与蓬莱仙话

涉海的信仰传说,包括关于海体海水的传说,关于海岛岩礁由来的传说,关于渔船渔具的传说,关于海洋水族动物的传说,关于海中精灵(包括美人鱼、海妖等)的传说,关于著名涉海人物的传说以及关于海上仙山灵物的传说等等。在这众多的传说中,关于船眼的传说广泛产生和流行在世界上许多国家的涉海民众中,富有代表性。另外,关于美人鱼的传说和蓬莱仙话的传说,也在众多的涉海信仰传说中具有较大的影响。

在世界许多国家的古老船舶上,几乎都画有一双奇特的大眼睛。这双大眼睛被称之为船眼。关于船眼的传说极为丰富多彩,反映了不同国家和民族的文化特点,但有一点是共同的,即都将船眼赋予了灵性。所罗门群岛的渔夫在其渔船上画有征服之神的尊容,这位神有一双翻白的大眼睛,据说能看穿海底,使海里的怪异之物心惊胆战,不敢兴风作浪;印度海船上的船眼相传代表引航之神,能使海船平安返回;葡萄牙捕沙丁鱼的船上则画有一双善良的眼睛,它的寓意是感化海中的凶神,从而让渔民安然无恙;马耳他渔船上的船眼别具一格,它是一双眉毛眯细的眼睛,传说可以使得渔民出海无风无灾;中国从北到南沿海渔船的船眼形形色色,有的两眼朝天,表明在看天气,有的两眼向下,意思是可以看到海里的鱼群,还有似斗鸡眼的,则是象征船能乘风破浪。每年船只出海前或新船下水前,都有一些与信仰传说相关的活动,其中少不了赋予船眼有灵性的做法。如黄海渔民有每年春汛前给船眼“开光”的仪式，据说船眼只有开光后才具有灵性。古往今来，各国各民族的涉海者都对自己所乘、所用船只的船眼倍加呵护，比如不将不洁物覆盖或涂抹在船眼部位，以免使船眼失去灵性；在出海时如果遇浮尸或争斗厮杀场面，要在上岸后重新漆画船眼（有的则采用开光的方式），使船眼重新恢复原有的灵性。

船眼的信仰传说作为涉海传说中十分普遍的文化现象，反映了人类在征服海洋过程中的畏怯、迷惘、徘徊和喜悦，同时也反映了人类对海洋的敬畏和崇拜。

美人鱼的传说是在公元前就开始产生并逐渐丰富、传播久远的古老涉海传说。有的说美人鱼心地善良；有的则说她们秉性凶残；有的说她们长着金质的头发；有的说她们青面獠牙，绿发散肩……在众多美人鱼的传说中，有一点是基本相同的——她们以腰部为界，上半身是女性的特征，下半身则是长满鳞片的鱼身鱼尾。传说美人鱼的声音通常像她们的外貌一样，是具有欺骗性的。她们的歌声能诱惑过往的船员，从而使航船触礁沉没。据说许多船员为了战胜美人鱼歌声的诱惑，要用蜂蜡堵住自己的耳朵，不顾一切地划着船从她们出没的海域里冲出去，这才能够幸免于难。传说美人鱼原本没有灵魂，像海水一样无情，只有当她们同世俗凡人结合，才能获得灵魂。因此，西方民间传说中有很多描述这类婚姻或者美人鱼单相思的故事。

关于美人鱼传说的起始，在巴比伦王国时期的女性人鱼神传说中已见端倪。人鱼神叫阿塔佳提斯，是叙利亚人、腓尼基人崇拜的偶像。公元 2 世纪的希腊作家卢西恩曾描述过一幅腓尼基人图画上的阿塔佳提斯的形象：上半身为妇人，腰部以下为鱼尾。她身上兼有诱惑、虚荣、美丽和绝望的爱情等多种特性。在其后近两千年的流传过程中，不论如何变化，她始终保留着善于歌唱、具有一副能使骁勇的水手们上当的金嗓子等显著特征。伴随着早期的海上捕捞、海上探险而来的，是许多航海家和水手声称亲眼看到了美人鱼。古往今来，众多的涉海者并非一定会相信美人鱼的现实存在，但由于这种神奇的传说能够提供给人们某些精神的情感需要，人们宁信其有，不信其无。正因如此，至今美人鱼的传说仍以其无穷的魅力吸引着人们。

在中国，蓬莱仙话的信仰和传说几乎家喻户晓。

蓬莱仙话是和神仙之说相伴而产生的。中国古人对大海本身的认识，在惊讶其“浮天无岸”、“吐云霓，含龙鱼，隐鲲鳞”① 的同时，也恍惚觉得“其中有象”、“其中有物”，认为这是群仙出入上下的“灵居”。于是有关海中仙人仙物的传说如仙人衣、仙人花、仙人杖、仙人杏、仙人洞、仙人药等日渐多起来。后来人们硬是凭借想象营造了一个神仙世界，并作为“凡间”这个现实世界的对应面，这就是东方瀛海中的蓬莱、瀛洲、方丈。关于它们的传说故事，我们统称之为“蓬莱仙话”。蓬莱仙话尤盛于战国秦汉之际，从其产生时代起，就贯注了浓浓的生命意识，构成了中国本土宗教信仰的重要内容。

仙论起于周末。而人们在此岸中飞升的意识却由来已久。在河南濮阳西水坡发掘的新石器时代的遗址中，就有一惊人的发现：在墓主人的尸体骨架两侧，用白色的蚌壳精心摆塑而成龙、虎形状。② 这组蚌塑表现的人、龙、虎形象，实际上是神兽负载墓主人升天。③ 根据《抱朴子》中关于龙、虎、鹿三蹻（坐骑、脚力）的记载和古代道教以动物为蹻的神仙法术，有学者认为：“濮阳 45 号墓的墓主是个仰韶文化社会中的原始道人或巫师，而用蚌壳摆塑的龙

① 晋·木华《海赋》，见《文选》。

② 《河南濮阳西水坡遗址发掘简报》，《文物》，1988 年第 3 期。

③ 刘志雄，杨静荣《龙与中国文化》，第 30 页。

虎鹿乃是他能召唤使用的三蹻的艺术形象，是助他上天入地的三蹻的艺术形象。”[①] 但何以以“蚌”作为通神的灵物呢？这应该是出于这样的一种原始理解——《礼记·月令》中记孟冬之月：“雉入大水为蜃。”郑注曰：“大水，淮也。大蛤曰蜃。”《国语·晋语九》记赵简子说：“雀入于海为蛤，雉入于淮为蜃。鼋鼍鱼鳖，莫不能化，唯人不能。哀夫。”

早期仙论的产生实际上来源于海上夏季偶然出现的海市蜃楼景观。就中国古代文化史籍记载而论，最早发现这一“气象”的自然是生活于海边的燕齐方士。《史记·封禅书》中说：“自齐威、宣、燕昭使人入海求蓬莱、方丈、瀛洲。此三神山者，其传在渤海中，去人不远，患且至，则船风引而去。盖尝有至者，诸仙人及不死之药皆在焉。其物禽兽尽白，而黄金银为宫阙。未至，望之如云；及到，三神山反居水下。临之，风辄引去，终莫能至云。世主莫不甘心焉。”对海市的描述如《汉书·天文志》记载：“海旁蜃气象楼台，广野气成宫阙然。云气各象其山川人民所聚积。”宋王谠《唐语林》卷八说：“海上居人，时见飞楼，有结构之状甚壮丽者；太原以北，晨行则烟霭之中，睹城阙状如女墙雉堞者，皆《天官书》所谓蜃也。”最初古人普遍相信海市是“蜃”所吐之气，如唐代王维《送秘书晁监还日本国序》云：“黄雀之风动地，黑蜃之气成云。”《本草纲目·鳞部·蛟龙》谓“蛟之属有蜃，其状似蛇而大，有角如龙状，红鬣，腰以下鳞尽逆。食燕子，能吁气成楼台城郭状，将雨即见，名蜃楼，一曰海市。”《西游记》第五十回：“你知道龙生九种，内有一种名蜃，蜃气方出，就如楼阁浅池。”反映了古人们一脉相承的海市蜃楼观。

山东省蓬莱市（古登州府）海域是海市频繁出现的地方，宋沈括《梦溪笔谈》卷二十一记曰：“登州海中，时有云气如宫室、台观、

① 张光直《濮阳三蹻与中国古代美术上的人兽母题》，《文物》，1988 年第 11 期。

城堞、人物、车马、冠盖,历历可见,谓之海市。”《登州府志·山川》:“登州三面距海,其中浮岛不可殚述。每春夏之交,海气幻怪,现种种相,千变万化,眩人耳目,谓之海市。”据后人研究,所见“海市”实际上是渤海庙岛群岛或相隔不太远的山川城镇景观的折射影像。但这一奇特的自然景象无论如何超越于古时人们的知识水平之上,于是在战国、秦汉直至魏晋之际,人们纷纷把这一幻象作为超越于人间世俗世界之上的另一世界——神仙的世界,认为人间的所有难题如疾病、死亡之类在神仙世界里根本不存在。在苦闷的人类精神生活中,这一海中神仙世界的存在不啻是一剂良药。同时这一虚幻的图景经过神仙家们的大力渲染,强烈地刺激了古人原本就非常发达的想像力,这一对蓬莱幻景的追求成了他们排解人间世俗生活种种烦恼的心理动因。如晋代王嘉的《拾遗名山记》中所描述的那样:

> 蓬莱山一名防丘,一名云来。高二万里,广七万里。水浅,有碎石如金玉。得之不加陶冶,自然光净,仙者服之。东有郁口国,时有金雾诸仙……西有含明之国,缀鸟毛以为衣,承露而饮。……

下述大螺大虾大鸟诸怪异之事。记“方丈山”曰:“方丈之山,一名蛮雉,东方龙场。”记“瀛洲”曰:“一名魂洲,亦曰环洲。”或为仙人所避风雨之地,或为仙人所常游,所产珠饰为仙人所佩带。而在蓬莱之仙人中,比较有名的要属“安期生”了。据托名刘向所著的《列仙传》说:“安期先生者,琅琊阜乡人也。卖药于东海边,时人皆言千岁翁。秦始皇东游,请见与语三日三夜,赐金璧度数千万。出于阜乡亭,皆置去。留书与赤玉鞋一双为报。曰:‘后数年求我于蓬莱山。’始皇即遣使者徐市、卢生等数百人入海。未至蓬莱山,辄遇风波而还。”在《史记·封禅书》中记李少君之语说:“臣尝游海上,见安期生，安期生食巨枣，大如瓜。安期生仙者，通蓬莱中，合则见人，不合则隐。”这些，都极大地调动起了秦皇汉武的好奇心，于是派遣方士入海求之，其结果自然可想而知了。

晋葛洪是贵族阶级神仙道教的创始人，在他的著作中记载了许多神仙家的思想。其《神仙传》卷一记“彭祖”论仙人之说云：“仙人者，或竦身入云，无翅而飞。或驾龙乘云，上造太阶。或化为鸟兽，浮游青云。或潜行江海，翱翔名山。或食元气，或茹芝草。或出入人间则不可识，或隐其身草野之间。面生异骨，体有奇毛。恋好深僻，不交流俗。然有此等，虽有不亡之寿，皆去人情，离荣乐，有若雀之化蛤，雉之为蜃，失其本真。”魏文帝曹丕《典论》中说：“夫生之必死，成之必败。然而惑者望乘风云，冀与螭龙共驾，适不死之国，国即丹溪，其人浮游列缺，翱翔倒景。然死者相袭，丘垄相望，逝者莫反，潜者莫形，足以觉也。”① 这反映了秦皇汉武之后上层社会对包括蓬莱仙山之说在内的神仙信仰的看法。

蓬莱仙话对人的启示首先体现为这样一种意识，即在人间之外有一个不朽的神仙世界，里面有“不死之药”。这种意识根源于早期巫术。在《山海经》中就有许多关于不死之山、不死之国、不死树、不死民、不死之药的记载，于是诱使帝王们泛海求仙，冀遇其真，以求长生不死。其次，从人的生命意识的角度来说，既然人之生是如此的短暂，那么从生命体验的另一层面上看，富贵利达就显得毫无意义。现实世界往往给人带来更多的痛苦，人们因此也更加幻想有一个神仙世界。如魏武帝曹操的《驾六龙》（又名《气出倡》）写自己欲驾六龙，乘风而行，行四海外，到泰山、蓬莱、到海天相接之处，“愿得神之人，乘驾云车，骖驾白鹿，上到天之门，来赐神之药。”另外，就人性的角度来说，人总是希望在世俗生活之外存在

① 李善注，郭璞《游仙诗》“六龙安可顿”引文，《文选》卷二十一。

着一个心灵净土,来滋润、培养超然的诗意感觉,这就容易使人保持着心理信仰与现实世界的一定距离,于是"远游"、成仙成了人们的一种理想。郭璞《游仙诗》其一说:

京华游侠窟,山林隐遁栖。朱门何足荣,未若托蓬莱。

他写自己的求仙幻想如"吞舟涌海底,高浪驾蓬莱。神仙排云出,但见金银台。"这与古代小说中对蓬莱的描述如出一辙,反映出一种普遍的民间信仰。

"海市蜃楼"的出现实际上是由于大气变化而造成的视觉上的幻景。海市实际上是现实世界投射在空中的"影子"。但在科学逻辑尚未建立的古代,这一现象几乎很自然地与对"域外世界"的悬想联系在一起。古人习惯上称自己所处的位置为"天下"、"海内",四周包围着海和流沙。由于交通工具的限制,海外世界是不可想象的。所以海市蜃楼这一现象的出现,激活了古人地理探索的想像力和好奇心,海外九州的存在因此也被战国阴阳家邹衍请上了稷下学宫的讲坛。

据《史记·孟子荀卿列传》记载,齐人邹衍"深观阴阳消息而作怪迂之变,《终始》、《大圣》之篇十余万言。其语宏大不经,必先验小物,推而大之,至于无垠。……先列中国名山大川,通谷禽兽,水土所殖,物类所珍,因而推之,及海外人所不能睹。称引天地剖判以来,五德转移,治各有宜,而符应若兹。以为儒者所谓中国者,于天下乃八十一分居其一分耳。中国名曰赤县神州。赤县神州内自有九州,禹之序九州是也,不得为州数。中国外如赤县神州者九,乃所谓九州也。于是有裨海(《索隐》:小海也。)环之,人民禽兽莫能相通者,如一区中者,乃为一州,如此者九,乃有大瀛海环其外,天地之际焉。"

作为海市蜃楼的直接影响,恐怕要属徐福(又名市)东渡了。

《史记·秦始皇本纪》载:“燕人徐市等上书,言海中有三神山,名曰蓬莱、方丈、瀛洲,仙人居之。请得斋戒,与童男女求之。于是遣徐市发童男女数千人,入海求仙人。”东渡遗址据考在今青岛地区琅琊台。但这一大规模行动在历史上恰如“黄鹤一去不复返”,再也没有下文,所以也谈不上地理发现的意义。但古代仙家恰好利用这一事件的“无下文”大作关于海外仙山的神话,因为“史”无对证,所以也刺激了神仙家们敢于大言的胃口。如托名东方朔的《十洲记》说,“八方巨海之中”,有祖洲、瀛洲,玄洲、炎洲等十洲,为人迹稀绝之处,上有不死之草、不死之药、不死之仙人之类。其中“瀛洲”条说:“瀛洲,在东海中,地方四千里……上生神芝仙草,又有玉石,高且千丈。出泉如酒,味甘,名之为玉醴,饮之数升辄醉,令人长生。洲上多仙家。”“祖洲”条说“祖洲,在东海之中。地方五百里,去西岸七万里。……上有养神芝,始皇乃使使者徐福发童男女五百人,率楼船等入海寻祖洲,遂不返。福,道士也,字君房,后亦得道也。”近年来,人们又猜测徐福们到了南美洲,其后代聚族而居,过着那种完全自然的无历史的生活。这些传闻见诸于喜欢猎奇的报刊,依然是蓬莱仙山之说的余絮,可姑妄听之而已。

综上所述,蓬莱仙话传说最早应来自古齐地的滨海一带。齐地依山傍海,海洋的浩渺无际,海市蜃楼的奇幻无比,是触发齐人富于幻想的自然条件。另外,齐地多方士,方士们正是从海市蜃楼的空灵斑斓中受到启发,创立了蓬莱瀛洲的仙话体系的。齐威王、齐宣王和燕昭王是最早相信蓬莱瀛洲仙话并派人入海求长生不死药的帝王,再后来秦始皇,汉武帝等紧步其后尘。随着道教的产生,蓬莱瀛洲仙话更以其特有的魅力吸引着帝王将相和平民前往追求长生不死的“仙药”。李白在《梦游天姥吟留别》诗中就感慨地吟道:“海客谈瀛洲,烟涛微茫信难求。”是。唐代以后,众多的涉海传说,不断丰富发展着海中神山和蓬莱仙话体系,如八仙的传说就是其中的佼佼者。

八仙过海的传说故事,较为完整的,最早见记于元明之际的杂剧《争玉板八仙过海》。说的是三月十五日蓬莱仙岛牡丹盛开之时,白云仙长邀请众仙前往赏花赴宴,八仙宴后返回时,欲到海中神山观赏,各自拿出灵物显神通渡海。东海龙王之子抢走蓝采和的玉板,激怒了八仙,于是大闹龙宫,终获全胜。

蓬莱仙话及包括八仙过海的传说,以其特有的想像力和浪漫色彩丰富了海洋信仰文化。

第三节 海祭行事

海祭,是涉海民族基于传统的海洋信仰而对海神、海中水族及精灵、海中自然现象、涉海者的亡灵以及神话传说中的涉海神祇等进行的祭祀活动,是海洋信仰文化中的主要行事之一。

中国古代最早的祭海活动,见于记载的是望祭。《春秋公羊传》说,望祭的对象主要是泰山、黄河和大海。望祭是古代帝王之祭,一般臣民不能涉足望祭。望祭有规格和等级的规定,帝王举行望祭时,要燃燎烟、奏乐、供献牺牲,仪式庄严隆重。秦始皇曾望祭南海海神。汉武帝曾望祭海中瀛洲三神山。希腊神话中克里特岛国王伊多墨纽斯曾以自己的儿子作牺牲品,献给海神波塞冬。马尔代夫群岛旧时的居民要每月一次将一名未婚少女献给海中精灵。丽莉·弗雷泽在《金叶》中说:"那精灵是从海上过来的。来时像一艘灯火通明的船只。人们远远看见它来了,便赶快把一位年轻的姑娘穿戴打扮起来,领到岸边一座未开化人的殿堂里。那殿堂有一个窗口朝向大海。他们便把少女一人留在殿内过夜。第二天早上去看时，少女早已身亡。大家每月拈阄，拈到的人就得把自己的闺女送给海中精灵。”这些作为祭品的活生生的少女，实际上是因极端恐怖惊骇而死的，但当地人却认为是海中精灵接受了这特殊祭品的灵魂，只是剩下了少女的躯体。于是第二天岛上的人们要来到殿堂里，按照传统的献祭习俗抬走已死去的少女，火化她的尸体，至此，一月一次地给海中精灵献祭的仪式便告一段落。

西伯利亚东北部沿海的科里亚克人，有一种向死鲸谢罪的祭祀活动。这种奇特的祭祀活动在 19 世纪还存在。科里亚克人每杀死一只鲸鱼后，都要举行一次社区性的带有喜庆色彩的祭祀活动。他们认为，被杀的鲸鱼是来这儿访问的，用鲸鱼自身的肉作为味美的祭品，供在被肢解后的鲸鱼头前，是对被杀鲸鱼的隆重礼遇。科里亚克人开怀大啖鲸鱼肉后，通过念咒语和占卜，确认被猎杀的鲸鱼的灵魂已经愉快地接受了祭品，便把鲸鱼头及其灵魂遣送回大海，让它回去后告诉其同类，它在这里受到了人们友好的款待和隆重的礼遇，因而动员和邀请其同类一块前来，将它们肥美的肉体不断供给科里亚克人充作食物。与科里亚克人向死鲸谢罪的祭祀相类的方法，在非洲的毛里人那里也可见到。毛里人总是把捉到的头一条鱼放回海里，在放它之前要进行一番虔诚庄重的祭祀活动。毛里人认为这第一条被捉的鱼是鱼群的侦察者，只有庄重地祭祀它，并送它返回大海，才能起到让它动员鱼群前来的作用，使毛里人获得渔业丰收。

克里亚克人、毛里人以及许多较原始的涉海民族祭祀海中水族的活动仪式，带有明显的原始巫术色彩。它为我们了解具有古老文明历史的涉海民族几千年前的早期祭祀仪式提供了佐证。这类在今天看来似乎极其幼稚可笑的祭祀活动，在早期涉海民族的心目中，却是很正常很实用的有效措施。

随着社会的发展，海神角色的更替以及原始巫术的衰落，新的祭海活动以不同的方式和规模在各涉海民族中兴起,并不断发生着演变。不过值得注意的是,后世的祭海者的虔诚程度是越来越趋于减弱的,祭海活动的娱乐成分越来越趋于增大,并逐渐由娱神娱灵为主向娱人为主转化。

在我国沿海地区、东亚和东南亚华人华裔社区,除祭祀海龙王、妈祖较为普遍之外,还有不少地区祭祀盐神和一些著名的涉海人物如大禹、秦始皇等。祭祀海龙王的时间主要集中在每年春季出海之前和海龙王的生日。青岛沿海一带的渔民在每年春季出海前要祭祀海龙王和其他几位神灵。祭海无固定日期,多采取查皇历的方式,结合潮汐情况,选择谷雨前后的一个吉日举行。祭海时,整修一新的渔船呈"一"字形阵式横排在海湾前,海湾沙滩上摆满供着三牲、面馍、糖果等祭品的供桌。祭海时辰一到,成百上千串鞭炮争相燃放。随之,各船家开始大把抛撒糖果和硬币,妇女儿童争相抢捡。此时,渔民们在船老大带领下,开始焚香烧纸祭祀海龙王和其他陪祭的神灵,并祈祷海事平安,渔业丰收。祭海期间,海滩或龙王庙前搭起戏台,连唱三天大戏,以娱神乐人。海龙王的生日农历六月十三日,也是涉海民众祭祀海龙王的日子,每到这一天,渔民舟子来到龙王庙烧香焚纸,摆供祭祀。除此之外,山东文登、荣成一带的涉海民众,还在农历六月初八李龙爷(俗称秃尾巴老李)的生日举行祭祀活动。

祭祀海神妈祖,最集中的日子是农历三月二十三日妈祖生日这一天。宋元以降,历代王朝大多曾规定过祭祀天后(妈祖)的规格和使用的祭器,场面相当隆重。同时,沿海民众自发的祭祀活动也相当盛大。这一天,人们从四面八方涌向妈祖庙、天后宫,妇女献上精心绣制的花鞋、幔帐,男人们则焚香烧纸、顶礼膜拜,船家或渔行也以此许愿还愿,唱戏酬神,从而形成了一年一度的妈祖庙会。

除在陆地上面朝大海祭祀这些海神外，涉海者还往往在船上专设神龛供奉妈祖或龙王。渔民或海员在海上突遇风暴时，大多焚香祈祷海神娘娘搭救。人们在海上遇到鲸鱼时，除了避让，还焚香烧纸进行祭祀。如前所及，渤海、黄海的渔民称之为“过龙兵”。

在许多沿海地区，涉海民众还有祭祀各自的地方性涉海神灵的活动。如我国广西北海京族人有祭祀六位灵官和四位婆婆的活动，山东龙口屺姆岛渔民有祭祀地方性海上保护神灵狐仙太爷的活动，大多沿海盐民还有祭祀盐神(盐宗) 宿沙氏的习俗。在我国沿海一带，每到农历七月十五，放海灯祭祀死于海难者的亡灵的习俗也相当普遍。这一祭祀习俗在日本沿海民众中也有传承。

除以上祭祀外，各国各地区的涉海民众还有祭船、祭渔网、祭船桨等活动。这些名目繁多的祭祀活动，折射出了古老的神灵观的传承与延续，构成了海洋信仰文化的一道奇特的风景线。当然，随着社会的进步和科学的发展，这道奇特的风景线的信仰内涵将会越来越淡化、模糊，并越来越为审美娱乐的内涵所取代，存在下去的将越来越是换了新“酒”的旧“瓶”。

第四节　航海的禁忌与丧葬

禁忌在国际人类学、民族学、民俗学界通常被称为“塔布”(taboo)。这一学术名称来自南太平洋波里尼西亚汤加岛人的土语，是由英国航海家柯克船长带到欧洲后传播开来的。汉语中与其意义相对应的词是“禁忌”。禁忌包含多方面的意义：一是对受尊敬的神物不许随便使用，因为这种神物具有神圣或圣洁的性质，随便使用便是一种亵渎行为；二是对受鄙视的贱物、不洁物和危险物,不许随便接触,若违犯了禁忌会招致不幸,而遵循禁忌就会平安幸福;三是在语言上,认为语言有某种神力,若说了不吉利的话语,就会应验,会导致相应的不吉利的事情发生,因而实行语言禁忌(对相应语言的禁忌)。另外还有一些与生活有关的禁忌。禁忌常常被人们视为约束自己言语行为的准则,或被称之为准宗教现象。

船在波涛汹涌的大海中航行,要经过许多比在陆地上多得多、大得多的风险。船员和渔民为了航海的安全顺利,常常要遵循许多禁忌。这些禁忌有些是直接为航海服务的安全保障措施;有些是经验教训的总结;有些则与古老的巫术和神话传说有着密切的关系。

在我国沿海渔村,至今还盛行一些常见的禁忌习俗。如渔民们忌说"住"字,因为船在海中航行最怕停住,于是凡与"住"字音同的字都不准说。渔民们和其他航海者还忌说"翻"、"停"、"破"、"漏"等一类字眼。遇到必须说这类字词时,便改用其他字词来替代。如称"翻过来"为"掉过来";称"船帆"为"船篷"等等。山东胶东一带称沙丁鱼为"犁别子"(因其形状似犁上的别子),凡是涉及婚姻之事都忌讳用沙丁鱼,以防"离别"之苦发生。渔民们吃鱼时,不能吃完半边再翻过来吃另外半边,即使要吃,也不能说"翻过来",要说"划过来"或"正过来",因为"翻"是渔家的大忌。吃饭时,筷子不能搁在碗口上,因为"搁"意为"搁浅",属于不祥之兆,要避免这类事发生。

渔民和船员在海上航行,必须遵守航海的一些禁忌。山东沿海一带渔民有登船不准饮酒的禁忌。豪饮虽是渔民的特点,但只要船老大通知何时上船出海,便没有一个渔民再喝酒,因为酒后出海脚步不稳,容易招致事故发生。"父子不同船",是为了防止遇到海难时全家男子都死去。"登船不光头",是指出海时禁忌船上的渔民不戴帽子。因为若戴着帽子,万一掉进海里,浮在水面的帽子可成为落水者的标志,便于打捞救起。再如出海后禁忌坐船帮,禁忌把脚伸在海水中等等,都是航海者为了安全,祖祖辈辈从教训中总结出来形成的禁忌。

航海的禁忌还有一类与信仰直接相关。如夜晚在海边走路,若有人从背后叫你的名字,禁忌回应,因为怕淹死鬼捉寻替身;忌妇女横跨渔船和渔网,认为“女人跨船船会翻,女人跨网网要破”;在海上作业禁忌捕捞龟和怪鱼,若误捕后要马上放回大海,渔民们多认为龟和怪鱼是海龙王的属从,捕捉它们会激怒海龙王而遭到报复;胶东一带渔民和航海者禁忌七男一女在同一条海船上,据说因为八仙的性别是七男一女,他们曾为过海而大闹龙宫,因而海龙王对一条船上有七男一女特别恨,发现此类情况会给予报复。另外有些禁忌则属生活中的避讳,如胶东渔村,家里的男人出海后,其他男子有事到他们家时,禁忌不拍大门环就推门进去,原因是避讳担当偷偷摸摸辱人妻女的坏名声。为此,凡是要到出海的人家里去,要使劲叩门、吆喝、办完事后要及时出门。

海葬,是涉海民众中特有的丧葬习俗。万物有灵信仰在海葬仪式中留下了明显的痕迹。海葬体现了涉海民众祭奠同伴(相识者或不相识者)的心理内涵及与之相一致的行为仪式。它一方面包括一些国家和民族的航海者有将死去的同伴遗体捆扎在木板上(或采取其他一些处理方式)投入海中的葬俗,另一方面包括航海者处理海中遇难者的遗体及安慰其灵魂的仪式。

我国沿海渔民中历来讲究人死后入土为安,即使不幸在海中遇难死亡,一同出海的渔民也要尽量想办法把其尸体带回岸上进行土葬。从前,如果找不到海上遇难者的尸体,黄海渔民的家人要为之举行“招魂”仪式:死者的妻子、儿女等家人带着斗、抄网和秤来到海边进行祭祀祷告,然后一边叫着死者的名字,一边用小抄网在海水里打捞,捞到小鱼小虾后,装入斗里带回家,放进棺木中安葬。因为浮在海上的尸体,常伴有觅食的鱼虾,渔民便认为这些活的生灵就是死者灵魂的附着物。秤有称心如意的含义,亲人的尸体无法找回来,能把死者灵魂的附着物(或认为是象征物)——小鱼小虾入棺安葬,也算是让死者"称心如意"了。这是一种无奈的慰藉。

我国东南沿海的渔民称海上浮尸为"元宝",有拾"元宝"的丧葬习俗。渔民在海中遇到浮尸时,要用席子裹好,再用绳子捆起来,绑在船尾,拖到岸上埋葬。渔民们为海中遇难者举办这一入土为安的丧葬活动,是因为相信死者的灵魂会保佑人们出海平安、渔业丰收。但是在拾"元宝"时,要用干净的布遮盖船眼,以免"有灵气"的船眼看到不吉利的丧葬之事。与此相类似的是,南海渔民当得知以前死去的同伴已被拾"元宝"者葬在异乡土地上时,便会告诉其家里人,前去将死者的尸骨起出来,用红布包好盛在瓮里,迁回家乡举行埋葬仪式,这被称为"封金葬"。"金"与"元宝"的称呼被用在丧葬海中的死者身上,反映了涉海者对其后事处理的重视程度和海洋信仰的特点。随着社会的进步与发展,今天在沿海一带已很难见到类似招魂丧葬和拾"元宝"的民俗事象了。

近些年来,我国涉海居民(主要是沿海城市居民)中开始兴起一种乘船到海中撒亲人骨灰的民俗仪式,也称之为"海葬"。这种海葬是二次葬的类型,是火葬后再海葬。这是对传统葬俗的一种变革,受到了政府部门的鼓励与支持。

第五节 海洋信仰的特征

海洋信仰是一种历史文化现象,它有自身发生、流传和演变的发展过程。在涉海地区的人们不断与大海进行不屈不挠斗争的过程中,作为意识形态领域的海洋信仰也处在不断变化之中。一方面,早期的海洋信仰仍然留下了其影响的痕迹;另一方面,新的宗教信仰兴起或由域外传入后,也不断地冲击和改造着不同时期不同地域的海洋信仰;同时,近现代科学技术的发展,又不断打破人们的海洋信仰中迷信的成分。但尽管如此,我们仍可找出海洋信仰较明显的特征。

第一,民众性。首先,海洋信仰是在沿海地区民众中自发产生的。俗话说:"行船讨海三分性命"。由于泛舟海上远比在陆地上生产生活危险得多,人们为了寻求帮助与保护,便企图借助超自然的力量来与大海抗争,于是诸多海神形象以及与之相连的海洋信仰得以产生。同时,一般说来,海洋信仰不同于严格意义的宗教(如佛教、天主教等),它没有严格的宗教教义、教规,也没有专职的传教人员及其有关的组织形式等。海洋信仰的传承传播是靠民众自愿地口耳相传得以实现的。我们从妈祖信仰的发生及其传播的过程中,可以清楚地看到这一特征。

第二,功利性。所谓功利性,是指任何形式的海洋信仰都是在实用、功利目的这一基础上发生和发展的。例如,屺姆岛人视狐仙太爷为海上保护神,信奉它的目的就是为了保佑出海的安全。东海龙王和妈祖信仰也是如此。许多沿海地区的渔民,如福建惠安,"在外捕鱼用的钓槽、灯捕船上,供有妈祖神像及其牌位。在外海捕鱼时,每天都由'总铺'(炊事员)负责烧香供奉。每位出海的渔民身上也都戴着从天妃宫妈祖面前求来的护身符,以保证妈祖时时均在身边保佑他们。当渔船丰收归航后,到天妃宫向妈祖还愿是获得好收成的渔船必需的仪式。而那些在这一海季中所获不丰的渔船,则认为他们对妈祖的膜拜不够虔诚,因而收成不佳,所以就更加虔诚地敬奉妈祖,并请妈祖上船供奉,举行仪式以消去他们船上的灾星,以便在下一个海季中能有好收成。"更为明显的是,"有的渔船在海上不顺利,也会利用身边带对讲机每天联络的便利,要船老大的家属带领船员家属去妈祖面前拜拜,以便该船渡过难关。"① 有的天妃宫神龛上有一对联:"力奠洪波慈航普济,礼隆特祀俎豆长馨。"明白无误地道出了信奉妈祖的功利目的。总之,海洋信仰的实用与功利目的是直接的,即一是航海安全,二是渔业丰收。

第三,散杂性。一是海洋神灵角色"杂",只要能达到功利目的,就信仰供奉。这种现象体现的正是民间信仰的主要特征之一。在我国东南沿海的许多妈祖庙、天后宫里,除了主要供奉妈祖外,往往还配祀大王神、观世音、善财童子、龙女、千里眼高明、顺风耳高觉、二郎真君、哪吒、雷震子等等。二是同一时代同一地域的人们,所信仰的海洋神灵往往不一致,呈现"散"的状态。例如胶东沿海,同一时代的渔民舟子既有信仰妈祖(当地称海神娘娘)、海龙王的,又有独自信仰其他地方海神(例如屺姆岛的狐仙太爷)的。总之,见神就拜,认为反正只要对出海有利,多供奉几位似乎只有好处,没有坏处,"礼多神不怪"。

第四,神秘性。海洋信仰的神秘性特征,既表现在它形成期积淀于其中的原始巫术行为,又反映在它传播、实施过程中不断添加

① 石奕龙《福建惠安的妈祖信仰调查》,《东南文化》,1990 年第 3 期。

进的神秘心理因素。尤其是在古代,海洋信仰常伴随着不可捉摸的神秘气氛以及光怪陆离的巫术行为。例如划水仙就是一种顺势巫术行为,其神秘气氛极浓。难怪《台湾县志·外编》说:"其灵感不可思议。"黄海、渤海一带渔民中流传的"渔船上不可载七男一女"之说,虽与八仙过海同海龙王争斗的传说有关,但此禁忌是如何形成的以及其实效如何就神秘莫测了。人们只是口口相传,并不深究。其实就是深究也无法搞得清楚。还有,黄海渔民每年春汛首次出海前的祭海神仪式也极其神秘:船老大向海龙王、关老爷(关羽)焚香参拜后,便用"法刀"朝自己左臂上砍去。若是刀口处的血是一点一点起泡,意味渔业丰收;若血流痕迹不长,意味着鱼货不多;如血痕岔开,则是出海不吉利的预兆。① 可见,这不可思议的巫术行为充满了神秘性。神秘性正是导致海洋信仰中充满迷信色彩的原因之所在。

① 陈有清《黄海渔民习俗成因初探》,《民俗研究》,1998 年第 2 期。

第八章　海洋文学艺术

第一节　海洋艺术的基本概涵

中外海洋艺术，包括的范围很广，内容十分丰富。广义地说，在人类的海洋文化史上，人类一切具有审美价值的涉海创造，都属于海洋艺术的范畴；狭义地说，海洋艺术是指那些主旨在于通过审美形象塑造来表现海洋、表现人类涉海生活的艺术作品。因塑造和表现的手段、方式及其作品的时间、空间呈现形态不同，海洋艺术可分为文学、舞蹈、音乐、绘画、雕塑、戏剧、电影等等。

需要指出的是，狭义的海洋艺术，是广义的海洋艺术的组成部分，只是比起广义的海洋艺术来，相对地"纯"艺术化了。但这些相对"纯"艺术化了的创作，同样是基础于和脱胎于本身就有无限审美价值的自然海洋和人类基于海洋的文化生活的，因而具体到某一件作品来说，是属于广义的海洋艺术，还是属于“纯”的海洋艺术作品，有时很难分清。比如曾经由苏晓明唱红的《军港之夜》，是海洋军事题材的一首“纯”艺术的歌曲，但一首海上渔家号子、拉网小调，算是艺术类的音乐歌曲，还是渔家生活的广义的生活—艺术创造，就可能是模棱两可的；再比如在舞台上表现渔家生活的舞蹈，是“纯”的艺术作品，但在祭祀妈祖的酬神仪式上表演的舞蹈，同样让人说不清楚。另一方面，各种艺术门类之间也不是截然分开的，相互交叉的情况很多。比如一首海洋歌曲，从其歌词来看是语言的艺术，是诗的艺术；而从其音律音声来看，它又是音乐艺术；如果它同时伴舞，那么它就又有舞蹈艺术的一面。在我们的先人那里自古就是诗、歌、舞三位一体，后世虽然大体上分了家，但很多时候难舍难离。至于反映或表现同一题材和内容的艺术，各艺术门类之间的重叠现象就更多了。哥伦布大航海的传奇以及哥伦布本人的传记，就既有文字，又有绘画，又有雕塑，还有影视；我国明朝的郑和下西洋，作为我国海洋文化史上的一大壮举，当朝就既有小说又有戏曲。所以我们对海洋艺术的门类的划分也只是相对的，划分的目的在于方便对其各门类的突显特征的把握。

海洋艺术作为人类海洋文化创造的心灵审美化形态，是人类海洋文明发展史上重要的精神财富。只要我们稍加留意就会发现，海洋艺术的确充斥着我们的生活，我们听到的，看到的，感受到的，表现海洋或涉及海洋的音乐，歌曲，舞蹈，绘画，雕塑，摄影，故事，电影，电视……相当普遍，可以这样说，哪里有人类的海洋生活，哪里就会产生海洋艺术。古往今来，海洋艺术作品之多浩如烟海，灿若群星，不但在涉海国家和民族中大量存在并不断产生，而且由于它们是艺术作品，最易于传播和传承，因而即使在非涉海国家和民族那里，也会受到欢迎、欣赏和引起共鸣。我们这里着重对其中具有文本可资“拿来”引录、分析鉴赏的海洋文学这一门类，按照其中外不同的历史发展线索，分别作一简要的考察。

海洋文学艺术，是人类所创造的丰富灿烂的海洋文化的华彩乐章。它们是人类对海洋的理解、对海洋的感情、与海洋的生活对话的审美把握和体现，作为人类的海洋生活史、情感史和审美史的形象展示和艺术记录，在人类文明发展史上具有着无可替代的价值。

第二节 中国海洋文学

中国海洋文学，是悠久灿烂的中国文学的重要组成部分，也同中国文学几千年的整体发展一样，经历了从神话传说时代到今天的丰富多姿、异彩纷呈的既有传承又有创新的过程。让我们按照时代发展的顺序漫步其间，来领略和品味它的风采和魅力。

一、先秦的海洋文学

先秦的海洋文学，作为先秦文学的重要内容和方面，同样是由先民的神话传说和“杭育杭育派”(鲁迅语)歌谣开始的。其后一发而不可收，与反映其他生活内容的文学之水一起，共同汇成了中国文学发展的滚滚波涛，并且一浪高过一浪。

1. 先秦的海洋神话传说

先民们最早的海洋神话传说，在无文字记载之前，我们已经无从知晓了；作为文字记载的“文本”，比较集中的，最早的要数成书于战国时代的《山海经》。《山海经》是“志怪之鼻祖”，为我们保存下来众多的“天方夜谭”，里面有许多有关海洋的神话传说，其中最多的是一些可称之为“海上奇闻录”或“海外奇闻录”的记载。

其一是四海海神的传说：

> 东海之渚中，有神，人面鸟身，珥两黄蛇，践两黄蛇，名曰禺虢。黄帝生禺虢，禺虢生禺京。禺京处北海，禺虢处东海，是为海神。①
>
> 西海渚中，有神，人面鸟身，珥两青蛇，践两赤蛇，名曰弇兹。②
>
> 南海渚中，有神，人面，珥两青蛇，践两赤蛇，名不廷胡余。③

在上古人的观念里，四海之中都有各自的海神统领，它们多人面鸟身，样子似乎并无多少威风神力，然以怪异成神。

其二是海的神话及海中奇异之事的传说。比如说大海是日出之处，为“汤谷”：“汤谷上有扶桑，十日所浴，在黑齿北，居水中。有大木，九日居下枝，一日居上枝。”④ 再比如说海外有“大人之国”、“大人之市”：“东海之外……有波谷山者，有大人之国。有大人之市，名曰大人之堂。”⑤ “大人之市在海中”⑥，“大人国在其北，为人大，坐而削船。”⑦ 等等。

其三是海外远国异民的传说。《山海经》记载了海内外一百多

---

① 《山海经·大荒东经》。郭璞注：“禺京，即禺强也。”又《山海经·海外北经》：“北方禺强，人面鸟身，珥两青蛇，践两青蛇。”

② 《山海经·大荒西经》。

③ 《山海经·大荒南经》。

④ 《山海经·海外东经》。

⑤ 《山海经·大荒东经》。

⑥ 《山海经·海外东经》。

⑦ 《山海经·海内北经》。

处国家和居民,其中大多是对海外远国异民的玄想。如:“羽民国在其东南,其为人长头,身生羽。”[①] 之类,多以形体怪异为特征。如结胸、交胫、歧舌、一目、三首、长臂、白民、毛民等等,有些可能是对见过或听说过、越传越神奇怪异的远国异民的描述,有些可能是缘于那些远国异民的图腾面具或文身化装等,还有的可能是纯粹的凭空想象。

其四是一些有关人类与海洋相互作用的传说。最著名的是“精卫填海”的故事:精卫“是炎帝之少女,名曰女娃。女娃游于东海,溺而不返,故为精卫,常衔西山之木石,以堙于东海。”[②] 还有“羲和生日”、“后羿射日”:“东海之外,甘水之间,有羲和之国,有女子名曰羲和,方浴日于甘渊。羲和者,帝俊之妻,生十日。”[③] “羿射九日,落为沃焦。”[④] 还有羿与凿齿之战的记载:“大荒之中,有山名曰融天,海水南入焉。有人曰凿齿,羿杀之。”[⑤] 据人类学研究,凿齿之民,即具有拔牙凿齿成年礼俗的南方古代少数民族及东南亚一些民族地区。至如世界各国各民族大多都有过的与海洋相关的洪水神话(较为完备的结构是洪水兄妹婚神话,或曰洪水与人类再生神话),在《山海经》中以鲧禹治水的内容得到了反映。“黄帝生骆明,骆明生白马,白马是为鲧。”“洪水滔天,鲧窃帝之息壤以堙洪水,不待帝命。帝令祝融杀鲧于羽郊。鲧复(腹)生禹。帝乃命禹卒布土以定九州。”[⑥] 正是由于大禹治水与海洋的关系,至近代还有不少沿海地区,仍将大禹奉祀为海神。

① 《山海经·海外南经》。
② 《山海经·北次三经》。
③ 《山海经·大荒南经》。
④ 《庄子·秋水》,成玄英疏引《山海经》(今本无)。
⑤ 《山海经·大荒南经》。
⑥ 《山海经·海内经》。

《山海经》中所有的涉海神话与传说记载，当然不只以上这些，内容十分丰富，是后世海洋神话传说的博大渊薮，在中国海洋文学史上具有重要的地位。

除了《山海经》之外，《庄子》、《左传》、《黄帝说》、《禹贡》等史书、子集，也有很多涉海的神话传说或史实记载。尤其是《庄子》，反映出浓厚的海洋文化意识，如《山木篇》记市南子对鲁侯说"南越有邑焉，名为建德之邦，其民愚而朴，少私而寡欲"，那里的大海"望之而不见其涯，愈往愈不知其所穷"，劝他"涉于江而浮于海"一游；《逍遥游》称海外有神人；另如庄子寓言"望洋兴叹"①、"坎井之蛙"②等等，体现了他哲学家的思想光辉和文学家的智慧光彩。尤其是他的《秋水篇》中所展现的"鲲鹏展翅九万里"的形象，在思想内容上成为后世形容胸怀博大、壮志凌云的常用借喻，在艺术创造上成为后世浪漫主义常用的形象：

> 北冥有鱼，其名为鲲。鲲之大，不知其几千里也；化而为鸟，其名为鹏。鹏之背，不知其几千里也。怒而飞，其翼若垂天之云。是鸟也，海运则将徙于南冥。南冥者，天池也……鹏之徙于南冥也，水击三千里，抟扶摇而上者

---

① 《庄子》"秋水时至，百川灌河……于是焉河伯欣然自喜，以天下之美为尽在已，顺流而东行，至于北海，东面而视，不见水端，于是焉河伯始旋其耳目，望洋向若而叹曰：'野语有之曰闻道百以为莫已若者，我之谓也。且夫我曾闻少仲尼之闻，而轻伯夷之义者，始吾不信，今我睹子之难穷也。吾非至于子之间，则殆矣。吾长见笑于大方之家。'"

② 《庄子》"坎井之蛙谓东海之鳖曰：'吾乐与！出跳梁乎井干之上……夫子奚不时来入观乎？'东海之鳖左足未入，而右膝已絷矣。于是梭巡而却，告之海曰：'夫千里之远，不足以举其大；千仞之高，不足以极其深。禹之时，十年九潦，而水弗为加益；汤之时，八年七旱，而崖不为加损。夫不为顷久推移，不以多少进退者，此亦东海之大乐也。'于是坎井之蛙闻之，适适然惊，规规然自失也。"

九万里，去以六月息者也。

《释文》云："鲲，音昆，大鱼名也。崔撰云，鲲当为鲸；简文同。""鹏即古凤字。"今人袁珂云："鲲字古当为鲸字，乃北海海神禺彊之神状。""凤又即古风字，大鹏即大风，是北海海神作为风神之神状。鲲化为鹏，乃海神禺彊在一定季节又兼其风神之职司。"可参考。

先秦时代，由于沿海地区的鱼盐之利、舟楫之便，以及各沿海王国如齐国的"官山海"政策，使得海洋鱼盐经济和海上交通、与海外的交往大有发展，这又反过来越发刺激了王公贵族们的海洋意识，像齐景公那样"欲观于转附、朝作，遵海而南，放于琅琊"①，"游于海上而乐之，六月不归"② 者，必然不少，从而孕育和造就了春秋战国时期方士们"海上仙山"之说的土壤，为后世的海洋文学开辟了浪漫主义的天地。

2. **先秦的诗歌咏唱**

《诗经》、《楚辞》，作为先秦先民们诗歌咏唱的最早结集，为我们保留下了不少涉海作品。《诗经》中的《商颂·长发》的"相土烈烈，海外有载"，歌咏了先民们的海上活动；《小雅·鱼丽》、《小雅·南有嘉鱼》、《齐风·敝笱》等，则是江河湖海渔民们生活的写照。至于《小雅·沔水》以"沔河流水，朝宗于海"起兴，则标示出古人对以地理时空观反映人生人世哲理的普遍认同。而大诗人屈原的楚辞《天问》，则通过其简短的对海洋自然现象和神话传说的一个个发问，如"伯强何处(海神伯强住在何处)?""东流不溢，孰知何故?""应龙何画(应龙是如何划出流泻洪水的沟渠的)? 河海何历(江河是如何流入海洋的)?"等等，为我们展示出了一幅幅海洋风情与传

① 《孟子·梁惠王下》。

② 《说苑·正谏》。

说的图画,引人联想和向往。

二、秦汉魏晋南北朝的海洋文学

秦汉之后,中国的海洋文学获得了长足的发展。究其原因,主要有三:

一是秦代统一文字以后,文学的文本化变得容易起来,许多海洋文学作品同其他内容和题材的文学作品一样,产生以后容易得以记录保存,从而易于流传和为后人所借鉴。

二是滥觞于燕齐等国及其他沿海文化发达地区的"鱼盐之利"、"舟楫之便"以及海外交通、海上移民等海上生产生活进一步得以发展,加之秦汉国土疆域得以统一和扩大,东南沿海地区也纳入了统一的版图,中国的海洋文化从总体上愈发丰富多彩和发展繁荣起来,人们对海洋的认识更多了,对海洋的感情更多了,生产力的提高和物质生活的发展使得人们的艺术创造力和审美愉悦需求也进一步发达起来,因而海洋文学的进一步发展,成为中国文学史发展的必然。

其三,由于秦汉时代国家版图大统一后沿海地区所占国土面积比例扩大,涉海人口所占比例增长,海洋产品及其他因海而获的物质财富所占比例增多,这些对于上层统治者来说都变得愈发举足轻重,因而他们也十分看重海洋,秦始皇、汉武帝的多次巡海,就是明显的例证,尽管他们东来巡海的动机有海上神仙的信仰在其中,以求亲眼见到海上神仙们的生活面貌,并求得授以长生不老的方药,但确实又有进一步巩固沿海疆土及其统治、并以图进一步扩大其势力范围的用意。他们浩浩荡荡,声势大举,刻碑立石、筑台迁户、祭海祷神,既颂其德,又宣其威,且张扬鬼神,更壮其势,因而更加强化了人们的海洋意识,文人雅士们也就愈发地把海洋作为其创作的题材,这就愈发促进了海洋文学创作的或大或小的繁荣。

其四，汉魏晋南北朝时期，由于神仙方术家推崇老、庄之学为宗，道教产生，并发展传播迅猛，神仙、长生之说及其信仰更为昌炽，关于海的意识、海的观念即使仅在民众信仰这一层面上也变得愈发普遍起来；同时，印度佛教不仅从北路陆路传来，而且从南路海路传来，一方面佛教经典经义中多涉及海洋，一方面佛教在海路入华过程中又使许多佛经佛义佛僧的形象海洋化了，如后世的“南海观世音”等等也成了海神，“海天佛国”信者如云，钟鼓之音不绝，就是最好的说明。这些都刺激和丰富了中国海洋文学的创作发展。

秦汉魏晋南北朝时期的海洋文学，成就主要表现在以下几个方面。

1. 史家大书其事

《史记》、《汉书》等史家之书，大多长于文采，后世也多视为文学典范，其中犹以《史记》最被人推重。我们仅以《史记》为例来看史书中对于涉海之人之事的记述，有很多完全可以看做如同今日的报告文学或传记文学。比如关于三皇五帝及其后世世系的追根求源，其中有很多涉海的神话传说；对周边尤其是沿海民族区域及其海外诸国民人特性与生活方式的描述；对齐、燕诸王的经营海洋；对秦始皇及二世、汉武帝等的东巡视海等等，都记述、刻画得形象生动，有声有色。如：

> 秦始皇既并天下而帝……即帝位三年，东巡郡县……于是始皇遂东巡海上，行礼祠名山大川及八神，求仙人羡门之属。八神将自古而有之，或曰太公以来作之。齐所以为齐，以天齐也。其祀绝，莫知起时。八神：一曰天主，祠天齐。天齐渊水，居临淄南郊山下者。二曰地主，祠泰山梁父。……三曰兵主，祠蚩尤。蚩尤在东平陆

监乡，齐之西境也。四曰阴主，祠叁山。五曰阳主，祠之罘。六曰月主，祠之莱山。皆在齐北，并渤海。七曰日主，祠成山。成山斗入海，最居齐东北隅，以迎日出云。八曰四时主，祠琅琊。琅琊在齐东方，盖岁之所始。皆各用一牢具祠，而巫祝所损益，圭币杂异焉。

自齐威、宣之时，驺子之徒论著终始五德之运，及秦帝而齐人奏之，故始皇采用之。而宋毋忌、正伯侨、充尚、羡门高，最后皆燕人，为方仙道，形解销化，依于鬼神之事。驺衍以阴阳主运显于诸侯，而燕齐海上之方士传其术不能通，然则怪迂阿谀苟合之徒自此兴，不可胜数也。

自威、宣、燕昭使人入海求蓬莱、方丈、瀛洲。此三神山者，其传在渤海中，去人不远，患且至则船风引而去。盖尝有至者，诸仙人及不死之药皆在焉。其物禽兽尽白，而黄金银为宫阙。未至，望之如云；及到，三神山反居水下。临之，风辄引去，终莫能至云。世主莫不甘心焉。及至秦始皇并天下，至海上，则方士言之不可胜数。始皇自以为至海上而恐不及矣，使人乃赍童男女入海求之。船交海中，皆以风为解，曰未能至，望见之焉。其明年，始皇复游海上，至琅琊，过恒山，从上党归。后三年，游碣石，考入海方士，从上郡归。后五年，始皇南至湘山，遂登会稽，并海上，冀遇海中三神山之奇药。不得，还至沙丘崩。

二世元年，东巡碣石，并海南，历泰山，至会稽，皆礼祠之，而刻勒始皇所立石书旁，以章始皇之功德。……①

这样的绘声绘色的记载，自然还有很多，如记汉武帝也多次东

① 《史记》卷二十八《封禅书》。

巡海上，祠海求仙，其中一次“东巡海上，行礼祠八神。齐人之上疏言神怪奇方者以万数，然无验者，乃益发船，令言海中神仙者数千人求蓬莱神人。公孙卿持节常先行候名山，至东莱，言夜见大人，长数丈，就之则不见，见其迹甚大，类禽兽云。群臣有言见一老父牵狗，言‘吾欲见巨公’，已忽不见。上即见大迹，未信，及群臣有言老父，则大以为仙人也。宿留海上，予方士传车及间使求仙人以千数。”[①] 云云，都写得极为摹真传神，形象生动。

其他如汉班固的《汉书》，三国朱应的《扶南异物志》、康泰的《外国传》，吴国丹阳太守的《临海风土志》，还有法显的《佛国记》等史传、方志、游记，其中的许多内容，都可以算得上是海洋纪实文学。另外如《淮南子》、《列子》等托古子集，也多有涉海的描述。

2. 神仙家、博物家、小说家、道家佛家以及道教佛教大张其说

神仙家、博物家、小说家者流、道家佛家及其宗教宣传著述，后世多视为志怪小说。他们承继先秦诸子和《山海经》及方士谶纬之绪，更张而皇之，其作品中对海洋的面貌、玄想和信仰等，描述、铺排更为广博系统、具体细微、形象生动，艺术手段的运用更为娴熟多样，熠熠生辉。其中如《神异经》、《洞冥记》、《十洲记》、《列仙传》、《神仙传》、《列异传》、《博物志》、《拾遗记》等等，涉海故事甚夥，不胜枚举。我们这里举《十洲记》中数例，以见一斑端的。

《十洲记》，又称《海内十洲记》、《十洲仙记》、《十洲三岛记》、《海内十洲三岛记》等，托名东方朔撰，史家考证谓不可信，多认六朝人作，史书有录为地理类者、道书者，也有人径称其为“道家之小说”[②]。是书宋张君房《云笈七签》卷二六录全文，分序、十洲、三岛

① 《史记》卷二十八《封禅书》。

② 晚清陆绍明，见《月月小说发刊词》，《晚清文学丛抄。小说戏曲研究卷》。转引自李剑国《唐前志怪小说史》，南开大学出版社，1984 年，第 171 页。

凡三部分。内容说汉武帝听王母讲八方巨海中有十洲，遂向东方朔问讯，东方朔为之细说端详。这十洲是：祖洲、瀛洲、玄洲、炎洲、长洲、元洲、流洲、生洲、凤麟洲、聚窟洲；还有沧海岛、方丈洲、蓬莱山、昆仑山之大丘灵阜、真仙神宫、仙草灵药、甘液玉英、奇禽异兽等等，上面紫宫金阙琼阁，众仙林立纷纭，岂现实世界可能比之？张皇得令人向往而又实不可及——那毕竟是古人思想信仰中和艺术中的海洋，而非世界上真实的海洋。八方巨海中自然多有岛屿、国家，风景风情和人文建筑等自然与内陆不同，但无论如何那也是现实世界，且不说大多人未能亲抵实见，即使亲眼抵达察访，哪里会有什么太玄都、太帝宫、太上真人、鬼谷先生、天帝君、西王母、金芝玉草、长生不老之人？但既然是小说家言，毕竟有其信仰的和艺术的双重感染作用力：

> 祖洲，近在东海之中，地方五百里，去西岸七万里。上有不死之草，草形如菰，苗长三四尺。人已死三日者，以草覆之，皆当时活也。服之令人长生。昔秦始皇大苑中多枉死者横道，有鸟如乌状，衔此草覆死人面，当时起坐而自活也。有司闻奏，始皇遣使者赍草，以问北郭鬼谷先生。鬼谷先生云："此草是东海祖洲上，有不死之草，生琼田中，或名为养神芝。其叶似菰，苗丛生，以株可活一人。"始皇于是慨然言曰："可采得否？"乃使使者徐福，发童男童女五百人，率摄楼船等，入海寻祖洲。遂不返。福，道士也，字君房，后亦得道也。①

> 沧海岛，在北海中，地方三千里，去岸二十一万里。

① 转引自李剑国《唐前志怪小说史》，第170页。

海四面绕岛，各广五千里，水皆苍色，仙人谓之沧海也。岛上俱是大山，积石至多……(长生仙草)百余种，皆生于岛石，服之神仙长生。岛中有紫石宫室，九老仙都所治，仙宫数万人焉。①

其铺张扬励可见。此书值得重视之处还在于，它把先秦即已张扬得沸沸扬扬的海中三神山之说、西汉即有的“十洲三岛”并称② 之说等，敷衍成了一个系统的海上神仙世界，必然对后世的海上传说起到了信仰上和艺术上的推波助澜作用。

晋张华的《博物志》中“八月槎”的神话传说，很具有民间意味，趣味也十足，并和民间关于海洋、关于天河、关于牛郎织女的神话传说交织为一体，艺术上十分美妙，内容上也很值得重视：

旧说云天河与海通。近世有人居海渚者，年年八月有浮槎去来。不失期。人有奇志，立飞阁于查上，多赍粮，乘槎而去。十余日中犹观星月日辰，自后茫茫忽忽，亦不觉昼夜。去十余日，奄至一处，有城郭状，屋舍甚严。遥望宫中多织妇，见一丈夫牵牛，渚次饮之。牵牛人乃惊问曰：“何由至此？”此人俱说来意，并问此是何处。答曰：“君还至蜀都，访严君平则知之。”竟不上岸，因还如期。后至蜀，问君平，曰：“某年月日有客犯牵牛宿。”计(当作“计”)年月，正是此人到天河时也。③

① 转引自《中国历代小说》第一卷，云南人民出版社，1986 年，第 11，135～137 页。

② 汉东方朔《与友人书》云：“游十洲三岛，相期拾瑶草。”《东坡先生诗集注》卷一九《次韵僧潜见赠》注引。转引自李剑国《唐前志怪小说史》，第 171 页；《中国历代小说》第一卷也引。

③ 转引自李剑国《唐前志怪小说史》，第 266～331 页。

关于浮槎，晋王子年《拾遗记》也有一段很妙的传说的记载，充满魅力：

> 尧登位三十年，有巨查浮于西海。查上有光，夜明昼灭。海人望其光，乍大乍小，若星月之出入矣。查常浮绕四海，十二年一周天，周而复始，名曰贯月查，亦谓挂星查。羽人栖息其上，群仙含露，以漱日月之光，则如暝矣。虞、夏之季，不复记其出没。游海之人，犹传其神仙也。①

今人对此，或以为即因外星人造访而生成的传说，其巨查犹如今人所说的“宇宙飞碟”。不管其实若何，这样的传说反映出古人对于海洋、对于星球及其对于人类和宇宙之间的互动、互印的关系的向往、理解和艺术表现，则是我们今人不可忽视的。

王子年的《拾遗记》还记名山，包括海中蓬莱、方丈、瀛洲等，多与《十洲》不同。另外还记有三十多个异国外邦的风俗物产，其中对海中之国、沿海之邦的涉海之奇事奇物，记载和描述都很新奇可喜。如宛渠国、含涂国：

> 始皇好神仙之事，有宛渠之民，乘螺舟而至。舟形似螺，沉行海底，而水不浸入，一名沦波舟。其国人长十丈，编鸟兽之毛以蔽形。始皇与之语，及天地初开之时，了如亲睹……②

> 含涂国贡其珍怪，其使云：“去王都七万里。鸟兽皆能言语。鸡犬死者，埋之不朽。经历数世，其家人游于山

① 转引自李剑国《唐前志怪小说史》，第266～331页。

② 转引自李剑国《唐前志怪小说史》，第266～331页。

阿海滨，地中闻鸡犬鸣吠。主乃掘取还家养之。毛羽虽脱落，更生，久乃悦泽。①

其他如晋郭璞的《玄中记》，也多有涉海之作，如云"东方之东海，有大鱼焉。行海者一日逢鱼头，七日逢鱼尾。其产则三百里为血。""瞎话"扒得越来越玄乎。值得重视的还有梁任昉的《述异记》。是书记述传说故事的最大特点是追溯本源，"真实性"更浓，且故事内容翻新出奇，让人在感受其故事魅力的同时，接受了很多今人可谓之"人类学"、"民族学"的东西。书中有关海洋传说的记述很多，如关于"开天辟地"的盘古，记"昔盘古氏之死也，头为四岳，目为日月，脂膏为江海，毛发为草木。……今南海有盘古氏墓，亘三百余里，俗云后人追葬盘古之魂也。桂林有盘古氏庙，今人祝祀。南海中盘古国，今人皆以盘古为姓。"如"昔炎帝女溺死东海中，化为精卫，其名自呼。每衔西山木石填东海。偶海燕而生子，生雌状如精卫，生雄状如海燕。……""儋耳郡明山，有二石如人形，云昔有兄弟二人，向海捕鱼，因化为石，因号兄弟石。"② 等等，为我们保存了很多十分珍贵的涉海民间传说资料。

这一时期的志人佚事小说，涉及海洋人物、海洋生活的不多，但刘义庆的《世说新语》中有一段石崇王恺斗富的故事，历来被文学史家引为名篇，我们从海洋文学的角度来看，它反映出了那时已很盛行的将海洋珍稀产品视为黄金珠宝一样昂贵，用作装饰和鉴赏物品，并体现主人财富和身份的一种社会风尚，只是石崇和王恺二人的斗富，非同一般罢了：

① 转引自李剑国《唐前志怪小说史》，第266～331页。

② 转引自《中国历代小说》第一卷，云南人民出版社，1986年，第11，135～137页。

石崇与王恺争豪，并穷绮丽以饰舆服。武帝，恺之甥也。每助恺。尝以一珊瑚树高二尺许赐恺，枝柯扶疏，世罕其比。恺以示崇，崇视讫，以铁如意击之，应手而碎。恺既惋惜，又以为疾己之宝，声色甚厉。崇曰："不足恨，今还卿。"乃命左右悉取珊瑚树，有三尺、四尺，条干绝世，光彩溢目者六七枚，如恺许比甚众。恺茫然自失。①

3. 辞赋、诗歌之作叠出

先说汉魏晋南北朝的赋家之作，篇什甚夥。其中以汉赋的文学成就最为文学史家所看重。我们就仅举汉赋中写海的作品的几例，以示其面目。如司马相如著名的《子虚赋》，对楚国和齐国的丰饶和富足，极尽铺排之能事，其中写到齐国的内容，"且齐东渚巨海，南有琅琊；观乎成山，射乎之罘；浮渤澥，游孟诸；邪与肃慎为邻，右以汤谷为界；秋田乎青丘，彷徨乎海外"② 云云，实际上就是一篇张扬"海王之国"的赋作。鲁迅称其"广博闳丽，卓绝汉代"③，其对后世的影响可知。班彪（或题班固）的《览海赋》则完全是写海、写对海的游思与畅想的：

余有事于淮浦，览沧海之茫茫。悟仲尼之乘桴，聊从容而遂行。驰鸿濑以缥骛，翼飞风而回翔。顾百川之分流，焕烂漫以成章。风波薄其徜徜，邈浩浩以汤汤。指日月以为表，索方瀛与壶梁。曜金璆以为阙，次玉石而为堂。蓂芝列于阶路，涌醴渐于中唐。朱紫采烂，明珠夜

① 录自朱东润主编《中国历代文学作品选》上编第二册，上海古籍出版社，1979年，第504页。

② 录自费振刚等辑校《全汉赋》，北京大学出版社，1993年。

③ 鲁迅《汉文学史纲要》。

光。松乔坐于东序，王母处于西厢。命韩众与歧伯，讲神篇校灵章。愿结旅而自托，因离世而高游。骋飞龙之骖驾，历八极而回周。遂竦节而响应，勿轻举以神浮。遵霓雾之掩荡，登云涂以凌厉。乘虚风而体景，超太清以增逝。麾天阍以启路，辟阊阖而望余。通王谒于紫宫，拜太一而受符。①

那是多么神妙诱人的海上仙境！无怪乎齐威、齐宣、燕昭、秦皇、汉武等那么神往！再看王粲的《游海赋》(残篇)：

含精纯之至道，将轻举而高厉。游余心以广观兮，且彷徉乎西裔。乘菌桂之方舟，浮大江而遥逝。翼惊风而长驱，集会稽而一睨。登阴隅以东望，览沧海之体势。吐星出日，天与水际。其深不测，其广无皋。寻之冥地，不见涯泄。章亥所不极，卢敖所不届。怀珍藏宝，神隐怪匿。或无气能行，或含血而不食。或有叶而无根，或能飞而无翼。鸟则爰居孔鹄，翡翠鹔鹴，缤纷往来，沉浮翱翔。鱼则横尾曲头，方目偃额，大者若山陵，小者重钧石。乃有贲蛟大贝，明月夜光，蠵龟玳瑁，金质黑章，若夫长洲别岛，旗布星峙，高或万寻，近或千里。桂林丛乎其上，珊瑚周乎其趾。群犀代角，巨象解齿，黄金碧玉，名不可纪。洪洪洋洋，诚不可度也。处隅夷之正位兮，同色号于穹苍。苞纳污之弘量，正宗庙之纪纲。总众流而臣下，为百谷之君王。

洪涛奋荡，大浪踊跃。山隆谷窳，宛亶相搏。②

---

① 录自费振刚等辑校《全汉赋》，北京大学出版社，1993年。

② 录自费振刚等辑校《全汉赋》，北京大学出版社，1993年。

若非对海洋有较多的认识了解，断然写不出；若非对海洋有丰富且美妙的玄想和信仰，断然写不出；若非有对海洋的热爱并有艺术大家的磅礴气度和文学表现力，更断然写不出。

其后魏晋南北朝时期以海为赋者同样在在多有，如木华的《海赋》，被史家评论“文甚隽丽”①。兹不赘。

再看诗人们的咏海之作，可谓名篇叠出。最为人称颂的，莫过于曹操的《观沧海》：

> 东临碣石，以观沧海。水何澹澹，山岛竦峙。树木丛生，百草丰茂。秋风萧瑟，洪波涌起。日月之行，若出其中。星汉灿烂，若出其里。幸甚至哉，歌以咏志。②

这位杰出的政治家、军事家和诗人，面对大海的壮阔与苍茫，歌以咏志，其叱咤风云的博大胸怀、凌云壮志和苍凉、悲壮的情感交集为一，胸中的大海意象丰满而又诗笔简约，激情奔涌而又用语朴实，这样就更能带给人以充足的品味流连、感慨唏嘘的空间，获得无尽的审美艺术享受。

其他如北齐人祖莛的《望海》，曹植的《远游》，陶渊明的《读山海经》等等，自然举述不尽。有意思的是，陶渊明虽写了《读山海经十三首》中的涉海诗，却因其只从《山海经图》上看到了海，而无福亲睹，竟惹得后世诗人与之相比，以自己有缘亲睹了海洋而倍感自豪起来。比如唐代的李德裕，在其《海鱼骨》诗中就掩饰不住自己因得以见到海鱼骨的得意：“陶潜虽好事，观海只按图。”

下面我们就来看看唐宋文人的海洋文学创作。

---

① 语见谭正璧《中国文学家大辞典》。

② 时下多种中国古代文学选本或诗歌选本都有选录。

三、唐宋时代的海洋文学

唐宋时代的海洋文学，与唐宋时代的整体文学面貌一样，是一个发展繁荣的高峰期。这主要体现在唐诗、宋词以及宋诗上。史书中关于海洋人物、海洋事件、海洋生活以及海外交通、海外远国异民等的记载，自然比前代都多，都丰富和精彩，但这一时期的史书记载都更重在于史实，较少了传闻的色彩，因而在笔法的运用上也就淡化了其文学效果上的追求；同时，由于诗词歌赋、传奇小说等文学样式在这一时期得到了突出的繁荣发展，文史的分野无论在事实上还是在观念上都已经普遍为人们所认同，后世更是如此，所以无论是当时还是后世，史书史籍的记载已不再被纳入考察文学作品时考虑的范围。至于文学史家所常常给予重视的唐宋传奇，涉海的作品固然不少，但一方面比起唐诗宋词中的涉海之作来，其成就还显得不够突出；另一方面作为叙事性海洋文学作品，比起元明清时期的戏曲、小说来，自然还只是处于发轫滥觞阶段。这一时期的志异志怪性笔记创作也十分丰富，涉海作品很多，比如唐段成式的《酉阳杂俎》中所记海外异国远民之事，像《长须国》条说士人某随新罗使被风吹至一处，见此处人皆长须，连女人也是，士人某与该国公主成婚，但每见公主有须，辄不悦，只得作诗以自我解嘲，后在龙王那里得知，此长须国原是虾精所聚之地云云，这类作品每有可观者，且也多妙趣横生，但这里我们限于篇幅，主要来看一看唐宋诗词。

唐宋诗词，就涉海方面来看，呈现出了这样一些特点。一是诗词大家名人写海的很多，唐宋诗坛、词坛上那些有名的人物，几乎都有很好的写海或涉海的作品问世；二是写海或涉海的作品数量极为可观：以吟咏海洋、海事为主题的诗词作品数不胜数，诗词中涉及海洋的，更如浩瀚的海洋。三是海洋意象入诗入词，蕴涵十分丰富多彩,我们从中感受到的对人生哲理的领悟、对社会现实的把握,对审美感知与愉悦的追求,可谓处处惹人叹然。这些唐宋诗人词人们,他们的诗笔都曾那样地饱蘸过海洋,诗心倾注过海洋。他们中有很多人还不只一次地游览观赏过大海,即使从未见过大海的,也因了人生哲学上的、海洋意识上的缘故,对海洋有着难以排解、挥之不去的感情和思绪。可以这样说,几乎他们所有的人,都倾心于海洋和因海而生的那些意象,即使只是心中的意象。

先说唐诗。一个十分突出的特点是,唐诗中涉及海洋的意象,大多和诗人们陆上的尘世生活感受形成了鲜明的对照,他们以海洋、海上入诗,大多是为了或抒发壮志豪情、或排解积郁不快、或表达老庄思想(以及孔子思想,即使不但谆谆教导世人入世、自己也一世以身作则的孔子,也有时欲"浮海而乐"的思想,可见"浮海而乐"的思想和观念是多么普遍,多么深入人心;于此,诗人就自然更为突出了)。我们这里仅举述几个诗人们常用的海洋、海上意象,以见一斑。

"海上鸥"。陈子昂有"不然扶衣去,归从海上鸥"(《答洛阳主人》),"不及触鸣雁,徒思海上鸥"(《宿襄河驿浦》);杜甫有"赖有杯中物,还同海上鸥"(《巴西驿亭观江涨呈窦使君二首》);羊士谔有"忘怀不使海鸥疑,水映桃花酒满卮"(《野望二首》);贾岛有"举翮笼中鸟,知心海上鸥"(《岐下送友人归襄阳》)……或表现儒、释、道杂糅参半时欲"浮海而乐"之意,或自述闲逸自适之心,时或归隐遁逸、海天仙游之思。

"海槎犯斗"(出典故已见前文引述张华《博物志》),在唐人诗中用得更为普遍。如温庭筠有"殷勤为报同袍友,我亦无心拟海槎"(《送陈嘏之侯官兼简李常侍》);韩偓有"岂知卜肆严夫子,潜指星机认海槎"(《南安寓止》),"坐久忽疑槎犯斗,归来兼恐海生桑"(《六月十七日召对自辰及申方归本院》),"稳想海槎朝犯斗,健思胡马夜翻营”(《喜凉》);徐夤有“扫雪自怜窗纸照,上天宁愧海槎流”(《长安即事》);杜甫有“不知沧海使,天遣几时回”(《送翰林张司马南海勒碑》)……不一而足;若举暗用者,更是不计其数。

用“沧海桑田”典者,同样在在多有:李世民有“洪涛经变野,翠鸟屡成桑”(《春日望海》);王绩有“井田惟有草,海水变为桑”(《过汉故城》);卢照邻有“节物风光不相待,桑田碧海须臾改”(《长安古意》)、“桑海年应积,桃源路不穷“(《和辅先入昊天观星瞻》);王勃有“浮云今可驾,沧海自成尘”(《出境游山二首》);李贺有“少年安得长少年,海波尚变为桑田”(《嘲少年》);白居易有“深谷变为岸,桑田成海水”(《读史五首》其三);鲍溶有“青鸟更不来,麻姑断书信;乃知东海水,清浅谁能回”(《怀仙二首》)……

“蓬莱”、“海上山”者,如许棠“已住城中寺,难归海上山”(《赠栖白上人》;杜甫有“蓬莱织女回云车,指点虚无是征路”(《送孔巢父谢病归游江东兼呈李白》),“蓬莱如可到,衰白问群仙”(《游子》);孤独及有“超遥蓬莱峰,不死世世有”(《观海》);李端有“蓬莱有梯不可疑,向海回头泪盈睫”(《杂歌呈郑锡司空文明》);鲍溶有“为问蓬莱近消息,海波平静好东游”(《得储道士书》);李涉有“金乌欲上海如血,翠色一点蓬莱光;安期先生不可见,蓬莱目极沧海长”(《寄河阳从事杨潜》);杜牧有“蓬莱顶上瀚海水,水尽到底看海空”(《池州送孟迟先辈》),“今来海上升高望,不到蓬莱不是仙”(《偶题》)……有的写虚,有的写实,可谓琳琅满目,诗意隽永,令人一品三叹。

至于写“海客”者,李白有此嗜好。比如“安知天汉上,白日悬高名;海客去已久,谁人测沉溟”(《古风》其十三);“海客谈瀛洲,烟波微茫信难求”(《梦游天姥吟留别》)等等。

诸如此类的海洋意象或涉海意象,在唐诗中多得简直数不胜数。至于具体的诗作,我们可以举如下几首,以作其例:

李贺的《梦天》:“老兔寒蟾泣天色,云楼半开壁斜白。玉轮轧露湿团光,鸾珮相逢桂香陌。黄尘清水三山下,更变千年如走马。遥望齐州九点烟,一泓海水杯中泻。”天海一体,由天观海,好大的气魄,好妙的想象!是梦?是真?自然是梦,然而有人生排解、世事慨叹的真情。

张若虚,这位扬州才子,一首《春江花月夜》,成为千古绝唱。此一古风写春、写江、写花、写月、写夜,但诗中所写的这春、江、花、月、夜,都是因海而生、因海而有的独特景观,这是一般诗评家所忽视了的:“春江潮水连海平,海上明月共潮生。”

王维的《送秘书晁监还日本国》:“积水不可极,安知沧海东。九州何处远,万里若乘空。向国惟看日,归帆但信风。鳌身映天黑,鱼眼射波红。乡树扶桑外,主人孤岛中。别离方异域,音信若为通。”把个海中的日本国,把个中日的海上交通,把个历史悠久的海外、海上传说和送人远去海外国度的情感,都写得字字真情,句句断肠,而又抒发有度,欲泪还止。

与此相类的,还有韦庄的《送日本国僧敬龙归》:“扶桑已在渺茫中,家在扶桑东更东。此去与师谁共到?一船明月一帆风。”浅白,情深,意象、用字出新出神,妙极。

更有张籍写江河入海口渔家生活的《夜到渔家》,较少有人接触这一题材,清新可喜:“渔家在江口,潮水入柴扉。行客欲投宿,主人犹未归。竹深村路远,月出钓船稀。遥见寻沙岸,春风动草衣。”清人田雯评价张籍的诗“名言妙句,侧见横生,浅淡精洁之至。”①

如果说唐诗中全诗写海的作品尚不普遍的话,那么相对而言,

---

① 清田雯《古欢堂集》。引见《唐诗鉴赏辞典》,上海辞书出版社,1983 年,第 762 页。

宋代诗词,尤其是宋词中,写海的可观之作就相当多了。我们仅从宋词词牌中填写不少的一些调名如"望海潮"、"醉蓬莱"、"渔家傲"、"渔父乐"、"渔父家风"、"水龙吟"等,也可以想见它们在产生和形成上,其中必然有不少与吟咏海洋有密切的关联,由此可知人们对海洋现象或海洋与江口相互作用的现象以及海上生活,有着浓厚的兴趣和普遍的认知。象朱敦儒的《好事近·渔父词》:"拨转钓鱼船,江海尽为吾宅。恰向洞庭沽酒,却钱塘横笛。醉颜禁冷更添红,潮落下前碛。经过子陵滩畔,得梅花消息。"所写于江于海沽酒醉钓的"渔父",一句"江海尽为吾宅",好语惊人,意境高远。女词人李清照,一首《渔家傲》,以海入词,海事、海心,尽收其中:"天结云涛连晓雾,星河欲转千帆舞。仿佛梦魂归帝所,闻天语,殷勤问我归何处。我报路长嗟日暮,学诗谩有惊人句。九万里风鹏正举,风休住,蓬舟吹取三山去。"哪是海,哪是天,哪是人间,哪是仙界,在词人心中,在词人笔下,竟是这般使人着迷。韩驹的《念奴娇·月》也写得欲人欲仙:"海天向晚,渐霞收余绮,波澄微绿。……"再如张元干的《念奴娇·题徐明叔海月吟笛图》:"秋风万里,湛银潢清影,冰轮寒色。八月灵槎乘兴去,织女机边为客。山拥鸡林,江澄鸭绿,四顾沧溟窄。醉来横吹,数声悲愤谁测。飘荡贝阙珠宫,群龙惊睡起,冯夷波激。云气苍茫吟啸处,鼍吼鲸奔天黑。回首当时,蓬莱万丈,好个归消息。而今图画,谩教千古传得。"新奇引人。至如辛弃疾的《摸鱼儿·观潮,上叶丞相》:"望飞来、半空鸥鹭。须臾动地鼙鼓。截江组练驱山去,鏖战未收貔虎。朝又暮。诮惯得、吴儿不怕蛟龙怒。风波平步。看红旆惊飞,跳鱼直上,蹙踏浪花舞。凭谁问,万里长鲸吞吐。人间儿戏千弩。滔天力卷知何事,白马素车东去。堪恨处。人道是、子胥冤愤终千古。功名自误。漫教得陶朱,五湖西子,一舸弄烟雨。"写钱塘江潮,气魄好生了得,自有特色。其《木兰花慢·中秋饮酒……》也写海写月,"谓洋海底问无由，恍惚使人愁。怕万里长鲸，纵横触破，玉殿琼楼。”且“因用天问体赋”，满篇发问，豪气勃发，海阔天空。

宋代诗词中写观潮者甚夥；还有写海市的，如苏轼的《登州海市》，亦真亦幻，气度、意象非凡，令人入胜；柳永的《煮海歌》，吟咏煮海盐工的生活的；再如陆游的《航海》、杨万里的《海岸七里沙》、文天祥的《二月六日海上大战……》等等，不一而足。

文学来源于生活。唐宋诗词中的海洋文学作品出现了如此繁荣发展的局面，除了文学自身的积累式发展及其繁荣的规律外，唐宋时代海洋事业和海洋文化的整体发展，唐宋时期人们的海内外海洋生活的丰富多彩，是其社会基础和根源。

四、元明清时代的海洋文学

元明清时代的海洋文学，最突出的现象是叙事性作品如小说、戏剧的发展繁荣。相比之下，诗词作品的地位，就只好让贤了。

元代是我国戏曲艺术大发展、大繁荣的时代，所谓“唐诗、宋词、元曲、明清小说”，一个时代有一个时代的文学，其中海洋文学的发展状况，也是如此。

在元曲中的涉海戏曲里，我们不能不提到著名的海洋神话剧《张生煮海》。而且很有意思的是，元杂剧的著名剧作家尚仲贤和李好古，两人居然都写过《张生煮海》，可见张生煮海的故事具有多么大的吸引力。今存本《张生煮海》是题为李好古作者。

《张生煮海》剧的全题是《沙门岛张生煮海》。沙门岛，自然在海中；作为神话剧，自然在仙山蓬莱附近：实际上也恰恰是这样。古登州蓬莱附近的海中，的确有个沙门岛，而且自古有名：《宋史·刑法志》记载，宋初的“犯死获贷者，多配隶登州沙门岛及通州海岛”；《水浒传》里奸相蔡京也对其下属嚷嚷，你们若给我捕获不到劫取生辰纲的人，就罚你们“去沙门岛走一遭”。宋代诗词文大家苏轼曾经在密州、登州做过官，对海滨海岛多有游历，其《北海十二石记》所写，就包括了对沙门岛的描述："登州下临大海，目力所及，沙门岛、鼍矶、车牛、大竹、小竹凡五岛，唯沙门最近，兀然焦枯，其余紫翠巉绝，出没涛中，真神仙所宅也。"① "兀然焦枯"，是否就是人们想象出"煮海"的"依据"？这自然难以考得确切，我们暂不管它，反正人们对它充满了兴趣。有意思的是，我们注意到《元诗选》里有宋无的一首《沙门岛》诗，《元诗纪事》里还有宋无的《鲸背吟·沙门岛》一词，看来这位苏州人氏宋无对沙门岛情有独钟。而值得指出的是，作为戏剧，宋代已经有《张生煮海》院本了，只可惜剧本无存，我们无从具体得知其面貌。

元杂剧《张生煮海》的大体情节略为：青年书生张羽自幼习读诗书，无奈功名不遂，一天，他带着家僮到东海边游玩，来到一座古寺，名石佛寺，喜爱其幽雅环境，便向长老借居一室，以温习经史。天色渐晚，便让家童拿出一张琴抚奏起来。这时，恰巧东海龙王的三女儿琼莲也到海边散心，闻琴心动，便和侍女循着琴声来到石佛寺，见张生道貌仙丰，顿生爱恋之意；张生也发现了琼莲的到来，二人一见钟情，遂私定终身，并约定八月十五日中秋节成亲。二人道别后，张生等不到中秋，一直想及早再见到琼莲，便来到海边寻找，遇到仙姑毛女，知琼莲乃东海龙王的女儿，那东海龙王生性暴戾，怎肯嫁女给他一介书生？不禁伤悲起来。仙姑见状，心生同情，愿成全张生与龙女的好事，便授予张生三件法宝：一只银锅，一文金钱，一把铁勺；并授其方法：用铁勺将海水舀进银锅，将金钱放进水内，然后将锅内海水煮煎，锅内海水煎去一分，海中水深便减去十丈，煎去二分，海中水深便会减去二十丈。如此煎煮下去，东海龙王肯定会无法生存，因而肯定会向张生求救，张生以其允诺嫁女为

① 《苏轼文集》卷十二。

条件，它肯定答应。于是张生沙门岛架锅煮海，锅内海水滚沸，浩瀚的海水随之翻滚沸腾，眼见渐少，东海龙王大惊失色，忙请长老调停求情，张生未得龙王允诺嫁女，哪肯罢休？最后龙王只得答应嫁女给张生，张生这才罢煮，由长老引路，来到东海龙宫，洞房花烛，成了东海龙王的东床快婿。这时东华上仙来到龙宫，告知张生、龙女原是天上瑶池边的金童玉女，因互相爱慕而一个被贬脱胎于凡间，一个被贬脱胎于水界，现宿怨已偿，应还瑶池天上。于是这对新婚冤家便被带回了上天。

一是张生莺莺式的一见钟情，一是为婚姻自由向封建势力的争斗，一是大获全胜后证以仙缘，这其中的喜剧、悲剧意义全有，适应了中国人对传统艺术的审美鉴赏习惯。而将大海作为展示这种浪漫审美理想的舞台，天地便更加广阔了许多。人间—海底—天上，人—龙—神仙。

顺便在此提及的是，写凡人与龙女恋爱的，还有出于唐传奇《柳毅转》的元杂剧《柳毅传书》，只是《柳毅传书》中柳毅为之传书的不是海龙王之女，而是洞庭湖龙王之女罢了。其实考究起来，为龙女传书的故事，也有说是为海龙女的，唐《广异记》里的三卫（警卫官名）故事，就是给海龙王之女传书。[①] 这两出元杂剧都很有影响。十分有意思的是，到了清初大戏剧家李渔那里，他便将这两出杂剧故事给“有机”地合二为一了，名《蜃中楼》：洞庭龙王前往东海为其兄东海龙王祝寿，其女舜华与父亲同往，在东海龙宫里见到了堂妹、东海龙王之女琼华，姐妹二人感于龙宫的寂寞，欲往东海边游玩，东海龙王便想了一个既不让她们接触凡间、又可遂了二龙女心愿的“万全之策”，即命虾兵蟹将嘘气吐涎，在海上结成一座海市蜃楼，供二姐妹上去游玩便是。结果，因张生、柳毅、舜华、琼华原

① 见《太平广记》卷三百引。

都是仙人，二姐妹到了蜃楼之后，大罗仙子巧为安排，将手杖化作一座仙桥，并经几番周折，遂使得张生与琼华、柳毅与舜华两对有情人终成了眷属。这故事到了明代，仍有小说铺衍，如《西湖二集》中的《救金鲤海龙王报德》即是。

元杂剧里还有一出涉海戏很值得一提，那就是《争玉板八仙过沧海》。八仙的故事自然早有，但八仙们过沧海、大闹龙宫的故事却是在元杂剧里得以系统完备的。我们至今普遍地说"八仙过海，各显神通"，大概就来自于此，至少是因受其影响才这么普及的。

在明清的小说戏曲里，涉海的文学作品很多。小说类作品中，《三宝太监下西洋记》是一大部头的百回长篇小说，值得重视。该小说艺术上价值并不高，但毕竟反映的是当朝时事，影响自然很大，且从郑和随从马欢的《瀛涯胜览》、费信的《星槎胜览》这两部重要的下西洋航海笔记里采用了许多材料和较早版本的文字，并容纳和保存了许多相关的传说，因而具有多方面的价值。作者罗懋登是明万历间人，字登之，号二南里人，里居不详。[①]《三宝太监下西洋记》虽"文词不工"，倒也通俗浅白，现有三秦出版社"明清通俗小说系列"等多家出版社的新版本，考察中国的海洋文学，不可不读。

明清小说中，中篇小说的代表性作品，要数冯梦龙的《三言》和凌蒙初的《二拍》作品集。这些作品有些是据宋元话本改编而来，有些是拟作话本，其形式上的一大特色，就是保存了民间说话艺人的"说话"(说书)套路；其内容上的一大特色，就是讲说平民百姓的社会生活。由于宋元以降中国航海事业和中外海上交通有了更突出的发展，海外贸易在很长时期内更为繁荣，间有倭寇犯乱，海上多事，沿海民人也有往来其中者，所以中国涉海商人以及海外商人

① 参见赵景深《中国小说丛考》，齐鲁书社，1980年，第264～295页。

的生活形象，便更多地出现在了话本、拟话本所讲述的故事之中。翻翻《三言》《二拍》，有很多篇什涉及到这样的内容。如冯梦龙《喻世明言》(《古今小说》)卷十八《杨八老越国奇逢》，依其《古今谭概》卷三十六"一日得二贵子"大加铺衍，叙杨八老原在福建漳浦做生意，于倭寇患乱中被掳掠而去，居十九年，从倭习，后与亲人相认团聚，故事生动，颇为感慨。另如凌蒙初《初刻拍案惊奇》卷一的《转运汉遇巧洞庭红，波斯胡指破鼍龙壳》，叙"国朝成化年间"苏州有一姓文名若虚者，通过航海贸易致富，很值得一读。这文若虚本为一介书生，下海做生意本不在行，每每赔本，人称"倒运汉"。谁知他时来运转，就因他跟海洋打上了交道的缘故。"一日，有几个走海泛货的邻近……合了伙将行。他晓得了，自家思忖道：'一身落魄，生计皆无。便附了他们航海，看看海外风光，也不枉人生一世。……'"于是跟他们说了，他们"在海船里头不耐烦寂寞"，满口应允，这文若虚便拼凑得一两银子，买了一竹篓不值钱的"洞庭红"橘子装上海船，意在"有枣无枣打一竿"，即使赚不了钱也赔不了什么。于是开船，"出了海口"，"三五日间，随风飘去，也不觉过了多少路程。忽至一个地方，舟中望去，人烟凑聚，城郭巍峨，晓得是到了什么国都了。"泊了船，上了岸，知是"吉零国"(想必是"机灵国"的谐音了)，"原来这边中国货物拿到那边，一倍就有三倍价；换了那边货物，带到中国也是如此。一往一回，却不便有八九倍利息，所以人都拼死走这条路。"这文若虚因"那国里银子这样不值钱"，没想到一竹篓橘子也换了好多银子，于是他和众人一齐上船，"烧了神福，吃了酒，开洋。"海路上遇见一个空旷荒芜的无人小岛，在岛上避风时，偶然发现了"床大的一个败龟壳"，便图个稀罕："我自到海外一番，不曾置得一件海外物事，今我带了此物去，也是一件稀罕的东西，与人看看，省得空口说着，道是苏州人会调谎。……"于是拖拉到船边，众人一边笑话他捡了一个不值得带上船的破龟壳子,大而无用,一边帮他将龟壳搬上了船。“当夜无词。次日风息了,开船一走,不数日,又到了一个去处,却是福建地方了。才住定了船,就有一伙惯伺候接海客的小经纪牙人,攒将拢来……众人到了一个波斯胡人店中坐定。”这波斯胡人叫玛哈宝,“专一与海客兑换珍宝货物,不知有多少万数本钱。”众人皆以为文若虚无货可换,文若虚也没想到有谁会买那只败龟壳,他只是想拿回家给人开开眼,算作他的确出过海、到过海外的“物证”,谁知那波斯胡却偏偏视其为巨宝,要出五万两银子买下,还怕他翻悔,竟然立了合同字据,最后索性把自己的绸缎店也让给了他。你道那波斯胡是天底下头号傻瓜?非也。事后波斯胡才告诉他原委:这只大龟壳中有一颗巨大的夜明珠,“光彩夺目”,价值连城。他文若虚也自此成了福建的巨富。因泛海而得转运发迹,这便成了形象的教材。

《二刻》卷三十七还有一篇《叠居奇程客得助,三救厄海神显灵》,也是写泛海经商者的故事,只是这故事不是写其如何泛海发财,而是写他如何与女海神艳遇,从而得宠得福的情事,颇为出奇。

至如《西游记》等长篇小说,虽非主以写海与海事,然穿插其中的一些涉海故事,也很值得把玩体味。如《西游记》中的孙悟空大闹龙宫,哪吒闹海;《四游记》中的《东游记》写八仙闹海等等。

明清的笔记小说,也有很多铺写海事和涉海者,蒲松龄的《聊斋志异》中就有多篇。比如《罗刹海市》、《夜叉国》、《海公子》等都是。还有屈大钧的《广东新语》,书中的很多内容,简直可以说就是人与海洋的世界。

明清时代的诗词歌赋,写海和涉海者甚众,不表。

五、现当代海洋文学

以“五四”运动为标志开始的中国现代文学,由于近代以来的欧风西雨,整个社会思潮与整个世界的国际交流化走向相向,留学日本、留学欧美的知识分子日多，返回的也多，于是中国的作家诗人们无论在国外还是在国内，都创作了大量的涉海作品；受他们的影响，或受整个社会的机制转变和整个社会思潮的感染，更受我国涉外涉内海事渐多的生活现实的影响，很多作家诗人也把视野投向了海洋，投向了涉及海洋的生活题材和要展示的内容，从而使得中国的海洋文学出现了崭新的面貌。其中郁达夫、郭沫若、巴金、谢冰心、钱钟书等的作品，或写海上生活，或把海置放为展示形象的舞台，或所表现的是涉海生活，都在文学史上占有着重要地位。其中冰心与海所结下的不解情缘，往往为人称道；巴金的《海的梦》，令人流连魂牵……

现当代作家们的涉海散文，以及滨海游记，构成了现当代海洋文学的灿烂篇章。比如冰心的《往事》中的篇什、《说几句爱海的孩气的话》，郑振铎的《海燕》，鲁彦的《听潮》，巴金的《海上的日出》，峻青的《沧海日出》[①]、杨朔的《雪浪花》等，还有众多作家们海滨城市、海岛、渔村等的写生、游记作品，都写得充满着激情与浪漫、温馨与新奇，让人不忍掩卷。

1949 年之后的海洋文学创作，诗词歌赋以咏海感事的为多。[②]小说、戏剧、电影创作在 80 年代之前，则大多取材于海战、海防以及渔村里的阶级斗争等等，如长中篇小说《海岛女民兵》、《海螺号》、《西沙之战》等，电影《甲午海战》、《南海长城》、《海霞》等，京剧《海港》、《磐石湾》等，尽管有些上纲、拔高、失真之弊，但毕竟基本上是那个时代生活的反映，也为众多的读者提供了百读不烦、百看

---

① 参见吴主助编《海洋文学名作选读》，人民交通出版社，1992。

② 其中尤以毛泽东主席写于 1954 年夏的《浪淘沙·北戴河》最具有时代特色，气势磅礴，贯通古今，波澜壮阔："大雨落幽燕，白浪滔天，秦皇岛外打鱼船。一片汪洋都不见，知向谁边？往事越千年，魏武挥鞭，东临碣石有遗篇。萧瑟秋风今又是，换了人间。"

不厌的艺术之作。

80年代以来的海洋文学创作,出现了大繁荣的可喜局面。80年代寻根文学中出现的邓刚的《迷人的海》等“海碰子”系列,曾经引起过不小的反响;意识流文学中王蒙的《海的梦》,以及他的《听海》、《海鸥》等,也为海洋文学增添了新的色彩和旋律;还有王润滋的《卖蟹》等,也引起过人们的重视,只不过当时人们没有从海洋文学的视角来加以审视,而且作家们自身也没有从此处着眼,有很多作品内在的海洋文学价值还有待于进一步发掘。90年代出现的王家斌的长篇小说力作《百年海狼》,反映当代船上生活,不但由出版社出版,而且在有些报纸上选载或连载,京津文学评论界还专门召开过座谈讨论会,影响不小。其他海洋文学创作浩如烟海,数量喜人,遗憾的是上乘力作不多。一如整个文学创作界的整体面貌:精品太少。近些年人们开始更多地关注海洋了,新的世界的蓝色浪潮正在冲击着我们,中国海洋文学的这种局面,或可很快得以改观的罢——当然,再快也需要时间。

第三节 西方海洋文学

在西方文学中,一般来说,与海洋有关的文学作品可以分为三个层次:第一个层次是以海或海的精神为描写或歌咏对象的文学作品,题材可能是海本身,如普希金的《致大海》(1824),也可能是其生活与海联系在一起的人或物,如拜伦的《海盗》(1901)和高尔基的《海燕》(1901),也可能是二者兼而有之,如海明威的《老人与海》(1952),它们的共同特征是,它们不仅以海为题材,还有海洋精神作为其深层结构;第二个层次的作品是主人公以海为生,其活动的环境和舞台是海上或海岸，但作者没有明确的海洋意识，作品所蕴含的海洋精神不明确，如日本作家叶山嘉树的《生活在海上的人们》(1926)；第三个层次的作品，其文本提到海，但海在文本中可有可无，是一个模糊的意象，或是一个可被置换的背景，如前苏联柯涅楚克的《舰队的毁灭》(1933)，日本作家水上勉的侦探小说《海的牙齿》(1960)。如果要把西方的海洋文学作为一种独特的文学类型来认识，无疑上述第一层次的作品才真的具有海洋文学的特质；而第三层次的作品最不具备海洋文学的特质，海洋只是其非本质的表层结构，它们可以归入任何别的类型，算不上严格意义上的海洋文学；第二个层次介乎第一个和第三个层次之间。我们对西方海洋文学的关注，是以第一层次的作品为主要对象范围的。

西方主要国家大多为海洋民族，他们的民族兴衰，时代更替，都与海洋有着千丝万缕的联系，海洋锻造着海洋民族的精神品格，海洋精神深深地植根于西方的历史文化之中。在西方文学史上，古往今来一大批作家与诗人有着挥之不去的海洋情结，他们留下的海洋文学作品，成为我们研究人类海洋文化、研究海洋人文精神的宝贵遗产。有西方文学时就有西方海洋文学。研究西方海洋文学中人的精神变迁，可以让我们从一个独特的角度了解人类精神发展的轨迹。

海，在西方文学史上，不同时代呈现出了不同的形象，人类对它怀有不同的情感，给它注入了不同的理念，对它持有不同的态度。

一、古代西方海洋文学

产生于公元前 12 世纪以前的古希腊罗马文学是最早的西方文学，它是西方文学的两大源头之一。西方的古代海洋文学理所当然地要上溯到古希腊罗马文学。

古希腊民族和古罗马民族都是典型的海洋民族,他们的文明也是典型的海洋文明。爱琴海是这一文明的摇篮,在它的周围,有许多岛屿和天然良港,各岛之间往来便利,航海和商业都比较发达。海洋赐予古希腊罗马人以财富和幻想,古希腊罗马文化的各种形态,都浸透了海洋精神。在古希腊罗马文学中,海洋不仅是不可替代的背景,而且是重要的角色,作品渗透着浓郁的海洋意识。

1. 古希腊罗马神话和传说

在古希腊神话里,海神波塞冬是奥林匹斯神统的 12 主神之一,伊阿宋渡海远征夺取金羊毛的传说也海味浓重;《荷马史诗》的一多半故事都发生在海上,古罗马诗人维吉尔(公元前 70～公元前 9)的史诗《埃涅阿斯纪》,大部分故事也以海洋为背景……人类在童年时代还没有能力认识和征服海洋,所以,在古代希腊人的观念里,海是神秘的、令人敬畏的,它蕴含着极大的破坏力。

海神波塞冬是天神宙斯的兄弟,住在爱琴海海底的王宫中,手持一柄巨大的三叉戟,驾着金鬃铜蹄马拉的车子在海上巡行,他一发怒,大海就会掀起滔天巨浪。他的权力仅次于宙斯,野心勃勃,盛气凌人。他曾由于不满足分给他的权力,阴谋推翻宙斯,没有成功,反被宙斯罚到人间,为特洛亚的国王修建特洛亚城墙并为他放牧,一年的苦役满后,特洛亚国王拒不给他报酬,于是他派了手下的一个怪物去蹂躏特洛亚,在后来的特洛亚战争中,他始终帮助希腊人。宙斯因为人类相互之间的仇恨和不义,决定毁灭人类。波塞冬曾帮助宙斯兴起一场大洪水,以图毁灭人类。

……他(波塞冬)把河川都召集来说道:"泛滥你们的洪流! 吞没房舍和冲破堤坝吧!"他们都听从他的命令。同时他也用他的三尖神叉撞击大地,摇动地层,为洪水开路。……顷刻间，水陆莫辨，一切都是大海，无边无际。①

波塞冬的形象，象征着海的巨大力量，此外，他还有暴躁易怒，心胸狭小，爱报复的性格特征。这些描绘形象地反映了古代海洋民族对海的敬畏，反映了他们的生之艰难，以及对海的怨怼。在稍后的古希腊文学中，大海仍是一种有着变幻无常的风暴和巨大破坏力的形象。

2.**《荷马史诗》**

《荷马史诗·奥德赛》中，10 年海上漂泊使俄底修斯失去了所有的战士，饱受磨难。那些迷惑人心的、变人为猪的、吃人的妖魔，实际上就是诡谲多变、凶险四伏的大海的形象化身。比如俄底修斯曾到过以迷人的歌声诱杀过路水手的女妖塞壬们所居住的荒岛，此前女神基尔凯这样警告他：

> 你会首先遇到女仙塞壬，他们迷惑
> 所有行船过路的凡人；谁要是
> 不加防范，接近他们，聆听塞壬的
> 歌声，便不会有回家的机会，给
> 站等的妻儿送去欢爱。
> 塞壬的歌声，优美的旋律，会把他引入迷津。
> 他们坐栖草地，四周堆满白骨，
> 死烂的人们，挂着皱缩的皮肤。
> 你必须驱船一驶而过，烘暖甜蜜的蜂蜡，
> 塞住伙伴们的耳朵，使他们听不见歌唱；
> 但是，倘若你自己心想聆听，那就

① 斯威布《希腊的神话和传说》(上)，楚图南译，人民文学出版社，1958 年，第 24 页。

让他们捆住你的手脚……
使你能欣赏塞壬的歌声——然而，
当你恳求伙伴，央求为你松绑，
他们要拿出更多的绳条，把你捆得更严。①

俄底修斯的船队在经过一处凶险海域时，《奥德赛》这样描写道：

一边是神怪斯库拉，另一边是闪光的卡鲁伯底丝，
吞陷着咸涩的海水，像一口大锅，驾着一蓬熊熊燃烧的柴火，
整个海面沸腾翻卷，颠涌骚乱，激散出
飞溅的水沫，从两边岩壁的峰顶冲滴。
但是，当她转而吞咽大海的咸水，
混沌中揭显出海里的一切，岩石发出
深沉可怕的叹息，对这裸露的海底，
黑沙一片；切骨的恐惧揪住了伙伴们的心灵。
……
却不料斯库拉抢走六个伙伴，从我们
深旷的海船，伙群中最强健的壮汉。
我转过脸，察视快船和船上的伙伴，
只见六个人的手脚已高高悬起，悬离
我的头顶，哭叫着对我呼喊，
……
就像这样，伙伴们颠扑挣扎，被神怪抓上峰岩，
吞食在门庭外面，他们嘶声尖叫，

① 荷马《奥德赛》，陈中梅译，花城出版社，1994年，第219～220页。

对我伸出双手，挣博在丧命的瞬间。[1]

对大海的这种认知一直伴随着人类走进现代文明。然而，也正是从古希腊开始，人类就试图认识大海，驾驭大海，并对此充满信心。俄底修斯凭着过人的智慧和意志力量挣脱羁绊，冲破险阻，回到了故乡。这表现了人类在大海面前的自信。在公元前500多年，诗人阿尔凯奥斯写道：

前浪过去了，后浪又涌来，
我们必须拼命地挣扎。
快把船墙堵严，
驶进一个安全港。

我们千万不要张皇失措，
前面还有一场大的斗争在等着。
前面吃过的苦头不要忘，
这回咱们一定要把好汉当。[2]

古希腊罗马文学中蕴含着海洋文化的基本特质：冒险性、流动性、开放性和交流性。赫剌克勒斯勇建十二件大功，伊阿宋取金羊毛，俄底修斯和埃涅阿斯的海上漂泊等等，无不昭示出古希腊罗马人的冒险精神。古希腊罗马文学的繁荣，主要是依赖古希腊罗马人的开放与拿来主义精神；古希腊罗马文学本身，就是由爱琴海诸岛、希腊半岛及其北部地区各民族、古埃及、古代西亚各民族的文学熔铸而成的。它是“开放——交流——繁荣”公式的一个典型范

① 荷马《奥德赛》，陈中梅译，花城出版社，1994年，第226～227页。
② 《古希腊抒情诗选》，水建馥译，人民文学出版社，1988年，第93～94页。

例。

二、近代西方海洋文学

欧洲的中世纪是日耳曼人的世纪，而日耳曼民族应该是个农耕民族。古希腊罗马的海洋文明被那个"蛮族"(古希腊罗马人对北方日耳曼人的蔑称)摧残殆尽，西方世界成了基督教的一统天下，而基督教源于半农耕半游牧的民族——古代犹太人。

经过漫长的中世纪到了近代，西方文明的重心重新回到了海洋。文艺复兴也可以说是古希腊罗马海洋文化和海洋文化精神的复兴，15 世纪的航海大发现开启了这样一个时代：谁拥有海洋，谁拥有海上霸权，谁就拥有整个世界的霸主地位。西方近现代文明如果没有对海洋的回归这样一个前提，是不可想象的。

英国是一个近代开始崛起的典型的海洋国家，本来也是日耳曼的盎格鲁—撒克逊人，经过与土著凯尔特人的融合，以及海洋环境、海洋生活的磨砺，逐渐成为一个新兴的海洋民族。正如英国海洋文学作家康拉德在《青春》中所说，"在这个国家里，可以说，人跟海洋打成一片——海洋跟许多人结下了缘"。在近代英国文学中，海洋已成为一个重要的主题。出于海洋民族对海洋本能的向往和模糊的认识，最初英国人都倾向于将海洋作为他们的理想王国的背景，表现出一种慕海情结。托马斯·摩尔(1478～1535)的"乌托邦"就是建在海上；莎士比亚的传奇剧《暴风雨》(1611)中普洛斯彼罗流亡的荒岛，也是一个惩恶扬善的理想世界。查理·金斯莱(1819～1875)的著名童话《水孩子》中的大海，与冷漠的陆上世界相对，是个有着仙女和仙人岛的温馨世界。

18 世纪的英国文学中出现了《鲁滨逊漂流记》(1719)和《格列佛游记》(1726)这样的海洋文学名著。斯威夫特(1667～1745)的《格列佛游记》描写格列佛医生漂流到几个幻想的岛国的经历，一方面以奇幻取胜，一方面讽喻当时的英国现实。在柯勒律治的《古舟子咏》(1798)中，诗人以优美的诗句演绎了一个善恶有报的寓言故事：人在大自然中(大海之上)是如此渺小无助，惟有神佑才可使他逢凶化吉。

笛福(1610～1731)的《鲁滨逊漂流记》写不安分的鲁滨逊多次瞒着父亲出海，虽然屡遭不幸，包括被土耳其海盗俘虏，但还是渴望航海冒险。在他第四次出航时，船触礁破裂，水手及乘客全部淹死，只有鲁滨逊幸存，海浪把他卷到了一个荒岛的岸边。他做了一个木筏，把沉船上的食物和日用品全部运到岛上，将山洞开辟为自己的住所，猎取岛上的小动物作为食物，在一条小山溪里取水，然后又开始种植玉米、大麦、水稻，驯养山羊。他时常到高处眺望，希望有船来搭救他。他这样一个人生活了二十三年，直到有一天他从一群吃人的野人手里解救出了黑人“星期五”。“星期五”成了他忠实的仆人和朋友。又有一群野人带着一些俘虏来到岛上，鲁滨逊解救了其中的一个白人和“星期五”的父亲，并派他们去邻岛解救其他的白人。在等待他们回来时，一条英国船在荒岛附近抛锚，鲁滨逊帮助船长制服了哗变的水手，带着“星期五”搭乘这条船回到了英国。后来他又一次航海经商途经荒岛，得知岛上已人丁兴旺，他十分欣慰。

鲁滨逊在沉船落水后，凭着他冒险家的胆略，实干家的生存技能，更凭着他的坚韧意志，他的海洋知识和勤劳的双手，在荒无人烟的孤岛上顽强地生活了二十八年，并建立了自己的家园。鲁滨逊的形象体现了人类改造环境的信心。作品对海洋以及人类如何面对海洋的描写都是写实的，详细而精确。下面一段描述的是鲁滨逊把沉船上残存的物品搬运上岸时的情景：

我一面把这些东西包在一块帆布里，一面开始盘算着再做一个木排。可是，我正在做着的时候，就看见天色阴暗下来，风也刮起来了，不到一刻钟的功夫，变成了一股狂风从岸上刮来。我马上想到，风从岸上刮来，做木排是没有用的。还不如乘着潮水还没有涨，赶快走，否则也许根本上不了岸了。于是我立刻下了水，游过那船和沙滩之间那片细长的海峡。就这样，我也费了很大的劲，一半是由于我身上带的东西很重，一半是由于这时风起得实在快，潮水还没有完全涨起便已经变成了暴风。①

这部作品的描写已经具备了19世纪中后期西方资产阶级冷静务实的特征。《鲁滨逊漂流记》是第一部写实风格的海洋文学作品，虽然它仍是一部带有传奇性的作品。也许，形成传奇性与写实性之间的张力，正是这部小说成功的关键。在19世纪以前，海洋文学中对海洋的描写多是浪漫主义的，写意的，甚至是神秘、幻妙的。《鲁滨逊漂流记》开启了海洋文学的新篇章。

如前所述，近代海洋文学中虽然已出现了慕海主题，这一主题将会在19世纪的海洋童话中继续下去；但海洋是因其神秘、未知而被充当了寄托理想的场所的，这和莎士比亚作品中经常出现的另一理想王国“亚登森林”属于同一性质。人类尚未在了解海洋之后因海洋本身而爱海洋。鲁滨逊海上生活的动因是求生的本能，一有可能，他还会回到陆上。在他那里，海仍是一种异己物。

三、19世纪前期的西方海洋文学

在19世纪这个风起云涌的世纪，这个自由思想撞击新时代大门的世纪，这个母腹阵痛，新世界呼之欲出的世纪，海洋本身受到

① 笛福《鲁宾逊漂流记》，方原译，人民文学出版社，1959年。

了前所未有的关注，海洋作为一种审美形象进入文学作品，海洋精神得到空前的张扬，海洋文学达到了繁荣的峰巅。如果说，在此前的海洋文学中，海是作为人物的环境或作者营造想象的场所而存在的话，那么，在19世纪，海本身成了作品的主角；如果说在此前的海洋文学中，海是一种异己力量，那么，在19世纪，人类则与海产生了强烈的精神共鸣。

1. 咏海诗

英国诗人拜伦，日本传记作家鹤见佑辅称他为自由思想的化身，称19世纪中叶的民族民主运动，几乎可以说是从拜伦所鼓吹所刺激的热情里喷涌出来的。普希金在《致大海》(1824)中，也有这样的诗句赞美拜伦：

……
喧腾吧，为险恶的天时而汹涌，
啊，大海！他曾经为你歌唱。
他是由你的精气塑成的，
海啊，他是你的形象的反映；
他像你似的深沉、有力、阴郁，
他也倔强得和你一样。①

拜伦在《恰尔德·哈洛尔德游记》第四章中写道："我一直爱你，大海！在少年时期，我爱好的游戏就是投进你的怀抱……"在他的笔下，大海威严、有力、粗犷，那是"波浪滔天的地方"，有着"剧烈的风暴"。这样的大海，部分是"拜伦式的英雄"们的精神投射，他们的孤傲、勇敢，他们对专制暴政的愤怒、反叛，都与海洋精神溶为一体。《海盗》(1814)中的康拉德就是这样一位英雄的典型。在拜伦

① 《普希金抒情诗选》(下)，查良铮译，江苏人民出版社，1982年，第31页。

笔下，大海的纯净、优美、自由，也与所谓的文明社会相对立，成为“拜伦式的英雄”们的精神家园：

在暗蓝色的海上，海水在欢快地泼溅，
我们的心是自由的，我们的思想不受限，
……
我们过着粗犷的生涯，在风暴动荡里，
从劳作到休息，什么样的日子都有乐趣。①

俄罗斯诗人普希金在稍后写下的咏海名作《致大海》中，进一步塑造了大海的自由品格，他称大海为“自由的原素”，用“反复无常的激情”、“任性”、“汹涌起来无法控制”、“倔强”等词句来描绘它；在诗中，大海也是壮美、有力、深沉的：它“滚动着蔚蓝色的波涛，闪耀着骄傲的美色”，它发出“悲哀的喧响”，诗人爱听它“阴沉的音调，悠远无尽的声响”、“黄金时分的轰响”。

拜伦、普希金对大海所作的仍是一种浪漫主义的把握，人格化的描写。这种审美态度在19世纪的另一个海洋文学大类——海洋童话中得以继续。

2. 海洋童话

丹麦作家安徒生(1805～1875)以其童话名作《海的女儿》丰富了大海另一个侧面的美。海之魂幻化成了一位美丽、善良、热情而沉静的少女，她为爱情而毁了自己的自然形体，终日忍受痛苦，而交流的障碍却注定了她的爱情悲剧的结局。这是一种哀婉的美。

在英国作家查理·金斯莱(1819～1875)的童话《水孩子》中，小主人公汤姆在大海的水下世界里完成了他的人性塑造。汤姆是个

① 拜伦《海盗》，引自《拜伦诗选》，查良铮译，上海译文出版社，1982年，第159页。

扫烟囱的孩子,有一次他和他的师傅在给约翰爵爷家扫烟囱时,误入房主家的卧室,见到了睡在雪白的床单下的美丽的小姑娘爱丽,此后他浑身滚烫,渴望到水里去并潜入河水,变成了一个水孩子。他顺着水流来到了大海,在海里经过了种种奇遇,见到了惩罚恶行的罚恶仙人、以爱心护佑和感化他的福善仙人、以及后来也成为水孩子的爱丽,他经历了一系列的考验,包括去那些他不喜欢去的地方,帮助那些他不喜欢的人,并由此终于找到了他朝思暮想的爱丽。

意大利作家卡洛·科罗狄(1826～1890)的《木偶奇遇记》也是一篇有关儿童品格培养的童话,它叙述的是通过仁爱和亲情感化、以及惩罚与启悟,主人公皮诺曹由随心所欲、易受诱惑而学会自律。老人盖比都将一块会哭会笑的木头雕刻成了一个木偶,给他取名叫皮诺曹,木偶有了生命,成了一个活泼、单纯、毫无自控能力的孩子,他屡屡经不住诱惑,饱受磨难,他中过狐狸和猫设下的圈套,到过愚人国,进过监狱,当过看鸡窝的狗,还被变成一头驴。但他很有爱心,他为了救父亲(就是老人盖比都)而漫游大海,并被鲨鱼吞进肚子。他在仙女的爱心的感化、激励、启发下,开始努力学习,还用自己的劳动来帮助父母,最后,他变成了一个真正的人。不过,大海在《木偶奇遇记》中,仍然仅仅是个冒险的场所。

20世纪初英国作家詹姆斯·巴里的《彼得·潘》(1904),海洋在童话中仅仅作为背景的地位有所改变,海洋再也不仅仅用以满足儿童的好奇心。作品的人物、主旨与海有了密不可分的关系。彼得·潘是个不愿长大的孩子,出生第一天就从家里逃了出来,逃到海上一个叫永无乡(又译虚无岛)的地方,成了一帮被大人不小心丢失的孩子的首领。他乘着夜色飞到伦敦,诱使小女孩温迪和她的两个弟弟跟他一起飞到了永无乡。温迪当了孩子们的小母亲。他们居住在岛上大树底下的窑洞里,在环礁湖里玩美人鱼的水泡球游戏，和印第安人进行游戏战争，搭救美丽而高傲的印第安公主虎莲，与阴险残暴的海盗头子胡克较量……温迪过着只有在童话和梦里才有的生活，但终因思念母亲，由彼得将她送回伦敦，多年后，彼得又把温迪的小女儿带去了永无乡。永无乡的小母亲更换了一代又一代，但彼得却永远是个长不大的小男孩。[①] 彼得·潘是一个海的精灵，他禀有海的精神，任性、活泼、聪明、敢做敢为。作者的创作宗旨与《水孩子》相反，并非劝诫，只是为了逗乐，或者说它有与众不同的劝诫意义：让儿童保有他们的天性，尽可能多地享受童年的快乐。

海洋神秘、奇妙、瑰丽，是驰骋想象的理想之地，对儿童甚至成人都有着无穷的魅力，这是童话作家钟情海洋的原因。

四、19 世纪后期的西方海洋文学

在 19 世纪初期的海洋文学中，海洋的审美特征表现为自由、优美、瑰丽；后半叶的海洋文学作品中，海洋的审美特性却迥然不同。无论世俗小说，还是严肃小说，都是如此。

1. 通俗文学

19 世纪后期的海洋文学，有严肃与通俗之分。

海洋通俗文学的主题和情节一般有历险、寻找（包括寻宝、寻人）、漂泊等模式，它们是西方文学史上的传奇（罗曼司）与流浪汉小说的海洋版。

《鲁滨逊漂流记》开历险文学的风气之先，法国作家凡尔纳（1828～1905）的《神秘岛》（1874）使鲁滨逊式的故事又多了几分神秘和悬念，历险者由个体变成了群体：美国工程师史密斯等五人乘坐的一只氢气球在风暴中出了故障，飘落到了太平洋上的一个荒

---

① 詹姆斯·巴里《彼得·潘》，杨静远译，三联书店，1991 年。

岛，他们利用岛上丰富的资源，决心把小岛开发成一个文明的小美国，岛上不时出现神秘事件，他们曾经遭到一艘海盗船的袭击，但在危急时刻总有一个神秘人物暗中帮助他们化险为夷，原来那位神秘人物就是凡尔纳的另一个小说《海底两万里》中的尼摩船长，尼摩船长还告诉他们岛上将爆发火山，并请求格兰特船长的儿子驾驶邓肯号将他们救出险境。

凡尔纳的《格兰特船长的儿女》(1868)表现了寻父的主题。英国贵族格里那凡爵士驾驶他的游船邓肯号，带着格兰特船长未成年的儿子和女儿等人，前往大西洋彼岸的阿根廷南部寻找两年前遇难失踪的格兰特船长。格里那凡爵士是根据他意外得到的一份文件上残存的字句获知格兰特船长的线索的。他们根据对那份文件的理解来到南美西海岸南纬 37°线(文件上写明的失事地点的纬度线)附近，上岸深入美洲大陆，沿南纬 37°线寻找。在南美大陆他们经历了种种惊险奇异的考验，几经生死。在旅途中他们意识到原来对文件的理解有误，于是回到邓肯号上，经好望角沿南纬37°线向澳大利亚前进，到了澳大利亚的百奴衣角，仍一无所获。他们由当地一位农工，声称做过格兰特船长的舵手并推断船长一定在澳洲大陆上的艾尔通当向导，横穿澳洲大陆。不料此人是个骗子，他劫走了格里那凡写给邓肯号的指示信件，赶往墨尔本劫持邓肯号。失去了船也失去了救人的希望，他们决定搭船回国。由于风暴中货船触礁，他们成了新西兰毛利人的俘虏，死里逃生后来到新西兰东海岸，与邓肯号不期而遇。邓肯号上关押着流犯艾尔通。应艾尔通的请求，邓肯号将他流放到达抱岛上，人们在岛上无意中找到了格兰特船长，这里正是他遇难上岸之处，人们大喜过望。一波三折的海上历险情节和奇异的海岛异域风情是这部作品的成功之处。

英国作家史蒂文生的《宝岛》(1883)，又译《金银岛》，主题是寻宝。写少年吉姆意外地得到一张海盗的藏宝图后,和同伴驾船去藏宝的小岛寻宝的经历。他们与海盗展开了激烈的搏斗,经过种种变故,终于满载而归。

凡尔纳的《海底两万里》(1870)属于海洋通俗小说中的科幻门类,书中的尼摩船长是个海上堂·吉诃德式的人物,他为了民族的仇恨而漂泊海底。1866 年,人们在海上发现了一个被认为是独角鲸的大怪物,追捕队却发现它是一艘构造奇妙的潜艇——诺第留斯号。潜艇船长尼摩是个不明国籍的、自称“跟整个人类断绝了关系”的神秘人物。追捕队的年轻科学家阿龙纳斯等人乘坐诺第留斯号开始了一次环球海底探险旅行。他们从太平洋出发,经印度洋、到红海、地中海,穿过直布罗陀海峡,到大西洋、南极海域,最后到达挪威沿岸海域。他们玩过海底森林打猎,曾经与巨鲸和章鱼搏斗,参与过惨烈的海战;他们见识过海底奇异的动植物和海底火山等自然景观,遇到了昔日海战遗留下来的整船的金银珠宝(尼摩船长将他们打捞起来捐助穷人和反抗压迫的正义事业)……这部作品的情节结构与流浪汉小说一脉相承。这是第一部闻名世界的海洋科幻小说。这部小说的重要性还在于它对海洋和海上生活方式所作的科学探索与假设。它的发表,标志着海洋文学中探海主题的成熟,它所设想的潜艇和人类海底行走,今天都已经成了现实。

海洋文学中探海主题的出现,揭示了人类征服海洋的决心和能力。海洋通俗小说中的海洋形象,突出的是其神奇与险恶的特征,这种特征加上海上生活的惊险,使海洋成为通俗文学展示其艺术理想的舞台环境。

2. 严肃文学

在 19 世纪后期的海洋严肃小说中,大海往往呈现出一副狰狞的面目。

在英国作家约瑟夫·康拉德(1857～1924)的《水仙花号上的黑鬼》(1898)中,大海喜怒无常、暴虐、冷漠、对人类充满敌意。然而康拉德却钟情海洋,他在青年时代为海洋所吸引,从遥远的波兰来到马赛,开始他八年的航海生涯,后来成为一名船长,因健康原因放弃航海生涯后,他创作了一系列航海小说。在康拉德那里,大海是个特殊的、与世隔绝的社会,一座心理学与人性的实验室,它除去了一切不必要的芜杂,只剩下暴虐与美德和意志进行较量,人类的道德信念和品质在此面临无情的考验,安全平稳的陆地和文明社会的虚伪、造作都要在生与死的考验面前被剥去。这与海明威之钟情于狩猎猛兽、深海垂钓、钟情于拳击台、斗牛场有着同样的奥妙。

《水仙花号上的黑鬼》写的是一次从孟买到伦敦的远洋航行。航行中,黑人水手韦特快要死了,船员们大都尽心尽力地伺候他,而他给大家的报答却是利用别人的恐惧和怜悯,横挑鼻子竖挑眼;只有邋遢鬼唐金和饱经风霜的老舵手辛格尔顿不买他的账。唐金骂韦特装病,却博得韦特的好感。船过好望角时遇到飓风,船身严重倾斜,船长临危不惧,指挥若定,辛格尔顿坚守岗位,与风浪搏斗了 30 多个小时,终于安然脱险。这时,韦特所代表的死亡的阴影重新笼罩全船,船员们在唐金的蛊惑下几乎爆发了一场哗变。当陆地的影子最终在海平线上出现时,韦特死去,应了水手中流传的一句话:"垂死的病人要等到陆地出现才肯咽气。"韦特死后,水仙花号一路顺风,不久就停靠在伦敦码头,水手们各奔东西。在这部作品中,疾病、飓风、死亡的威胁等,使水手们的忠诚、团结、患难与共等道德信念受到严重的挑战。他们既面临严酷的大自然的考验,也面临着隐藏在人们心底的邪恶力量的考验。船长和老舵手代表战胜自然险恶和人心邪恶的力量,他们忠于职守,临危不惧,体现了人们要组成一个共同生活团体所必需的忠诚观念。

康拉德的另一部长篇小说《吉姆爷》(1900),以狂暴的大海和凶险四伏的海滨部落为背景,表现吉姆的心灵的历程。吉姆在一次海难中随其他水手弃船逃命后,一直试图追寻自我,证明自我,最后在巴多森部落因错误地估计盗贼的诚信而主动饮弹谢罪。面对狰狞的大海,康拉德和他的人物都经受了考验,证实了自己的存在,认识了自己的力量。

在稍后发表的中篇小说《青春》(1902)中,康拉德写出了一群年轻水手与大海搏斗时的豪迈,写出了他们青春的活力和坚韧不拔的意志。他们与作者一样热爱海洋,因为它可以"给你一个机会好认识到自己的力量"。①

康拉德海洋小说的精神基调,与前文述及的19世纪其他海洋文学作品一样,仍然是乐观主义的。在这一点上,美国作家麦尔维尔(1819~1891)的《白鲸》(1851)差不多是个例外。

裴圭特号捕鲸船的船长亚哈已有40年的捕鲸生涯。他被一只白色抹香鲸咬掉了一条腿。据说那是一条硕大无朋又诡谲异常的巨鲸。亚哈发誓走遍天涯海角也要捕杀它,报仇雪耻。他命令所有船员发誓跟他一起追赶白鲸,然后追寻白鲸的踪迹,从美国东海岸一直向东,绕过地球大半圈进入太平洋。亚哈对其他受害者的好心劝告以及袄教徒的可怕预言都置之不理,他甚至破坏了仅存的导航设备,破釜沉舟,将捕杀白鲸作为裴圭特号惟一的目标。他们终于发现了白鲸,与它展开了三天三夜的殊死搏斗,白鲸身中数叉,撞沉了大船,裴圭特号船毁人亡。②

在《白鲸》中,那只庞大的抹香鲸是一股与人类为敌又难以征服的、邪恶的力量,而孕育白鲸的大海(据学者们分析,它象征整个

---

① 康拉德《青春》,见吴主助编《海洋文学名作选读》,人民交通出版社,1992年。
② 赫尔曼·麦尔维尔《白鲸》,曹庸译,上海译文出版社,1982年。

大自然），也是杀机四伏，蕴藏着巨大的破坏力。船长亚哈试图反抗和征服白鲸，也就是征服大海，却宿命式地一步步接近厄运，终至毁灭。这部小说的悲剧色彩使它成为19世纪海洋文学中少见的一曲悲歌。尽管如此，在亚哈船长的身上，仍透着一股悲壮的豪气，他代表着人类征服环境的不屈的意志。在这一点上，麦尔维尔又与康拉德有着相通之处。悲剧中的崇高仍给人以感奋力量。

表现极端悲观主义观念的海洋文学作品当属爱尔兰象征主义剧作家约翰·沁（1871～1909）的《骑马下海的人》（1903），这部剧作具有典型的世纪末情绪。在剧中，大海有着吞噬一切的无比威力，它夺去了耄里亚一家三代男人的生命，人类在它的面前是如此的无能、无助。明知海上凶险四伏，明知自己兄弟的尸体尚未打捞上来，但为了生存，巴特里“没有时间多耽搁”，又立刻赶路上船，结果也被淹死在海里。[①] 剧本在平淡的风格中蕴藏着巨大的震撼力。

19世纪的西方海洋文学经历了由赞海—爱海到斗海—乐海的主题发展。赞海—爱海表明人本质上对自由的热爱，也表明人摆脱惧海情结后发现了自身的力量，只有力量足够强大的人，才会赞美强者，羡慕强者，弱者对强者更多的是敬畏；斗海—乐海，是因为人和海一样桀骜不驯，就像一对相通又相仇的兄弟。正如波德莱尔（1821～1867）在他的一首题为《人与海》（1852）的诗中所写的那样：

自由的人，你会常常将大海怀恋！
海是你的镜子：你向波涛滚滚、
辽阔无垠中注视你的灵魂。

① 约翰·沁《骑马下海的人》，郭沫若译，见袁可嘉等编《外国现代派作品选》第一册（上），上海文艺出版社，1980年，第383页。

你的精神同样是痛苦的深渊。

……不知有多少世纪，
你们无情无悔，互相斗狠争强，
你们竟如此喜爱残杀和死亡，
喔，永远的斗士，仇深的兄弟！①

五、20 世纪的西方海洋文学

海洋文学的发展似乎也与国力的兴衰有一定的关系。20 世纪美国一跃而为世界头号海上强国，20 世纪的海洋文学名作也大都诞生在美国。

进入 20 世纪之前，詹姆斯·库柏(1789～1851)开美国海洋文学的风气之先，他的航海小说《水手》写美国独立战争时期琼斯船长袭击英国海岸，试图绑架英国贵族作人质并搭救被劫往英国的美国妇女的故事。此书把琼斯船长描绘成一个具有神秘色彩的英雄人物，突出了爱国主义的主题。

杰克·伦敦(1876～1916)是位血性男子，创作中也追求阳刚之气。他曾在访问一所美国小学时，讥讽教科书上的文学作品毫无男子气概。进入 20 世纪之初，他就在长篇小说《海狼》(1904)中，塑造了赖生这样一个信奉"强权就是真理，懦弱就是错误"的"海上超人"形象，给软绵绵的感伤主义文学(当时很流行)一声棒喝：我(作家亨甫莱)乘坐的船失事后，我被捕猎海豹的"魔鬼号"帆船救起，船主是身躯高大魁伟的"海狼赖生"，他强令我做了船上的茶

① 波德莱尔《人与海》，见《恶之花》，钱春绮译，人民文学出版社，1986 年，第 40 页。

房，我在船上累得精疲力竭，还常受到水手们的拳打脚踢，他们之间也经常斗殴，打得头破血流。海狼力气最大，也最残忍，几分钟就把身强力壮的水手约翰生打得奄奄一息。一次我发现海狼的卧室里竟有一架子书，他常找我去谈文学、科学和人生哲理。他说生活中人与人的关系就像两个酵母，不是你吞噬我就是我吞噬你。水手李区多次想杀死海狼，都没有成功，海狼并非不知，但却没有马上杀死他，他说“留着他可以增加生命的惊险”。“魔鬼号”在一次风暴中救起一个难民马丽小姐，我与他坠入爱河。可是一天深夜，我发现海狼要强暴她，我与他搏斗，海狼头疼病发作，我们乘机逃离“魔鬼号”。后来，海狼因为脑瘤死在魔鬼号上。[①] 海狼赖生粗野、残暴、刚强、率直，显然，他是杰克·伦敦所理解的海洋精神的化身。在杰克·伦敦看来，海洋一如丛林，是达尔文式的世界，在那里没有“普通人的法律”，只有强者才能生存下去。但将弱肉强食的法则用于人类社会，就会让善良的人们难以接受。所以杰克·伦敦在稍后发表的《白牙》(1906)里，塑造了一个有野性又有人性的强者形象；在《马丁·伊登》(1909)中，他让水手马丁·伊登去接受文明社会的教养。

《马丁·伊登》写马丁因搭救过富家子弟阿瑟而被邀往阿瑟家做客，初次走进上层社会的客厅，他掩饰不住自己的粗鲁和笨拙，但却爱上了阿瑟的姐姐罗丝。马丁觉得她纯洁高雅有教养，简直就是文明的象征。罗丝也被马丁身上粗犷的男性美吸引住了，尤其喜欢听他讲他的海上冒险经历。为了填平自己与罗丝之间的鸿沟，马丁开始努力自学文化知识，罗丝也给他以鼓励。他有丰富的生活经历和想像力，爱好文学，决心当一名作家。他一边打工维持生计，一边勤奋写作。罗丝觉得他写作没有成功的把握，希望他去

① 杰克·伦敦《海浪》，裘柱常译，上海译文出版社，1984年。

找个体面的工作。他寄出去的稿子一一被退回。罗丝的母亲想方设法让女儿摆脱马丁，让她接触那些前途似锦的上层社会青年。就在这时，马丁的作品开始一篇篇发表，引起轰动，一家重要的出版社还要为他出书。过去回避他和指责他的人都来讨好他，但他知道，这些并不是因为他本人或他的作品，而是因为他的名声。罗丝在母亲的怂恿下又来拜访他，哭泣着要求与他重修旧好。马丁断然拒绝，他说他已看透一切，厌倦一切。马丁乘船前往塔希提，打算去那里过平静的生活，途中，终于为一种空虚和沮丧的情绪所压倒，跳进大海结束了自己的一生。

杰克·伦敦在《马丁·伊登》中的焦点，是表现马丁在劳动阶级社会和中产阶级上层社会之间的徘徊、追求和幻灭。也许，他在原来的生活中能自得其乐，但由于他的追求意识，由于他接触到了另一个不属于他的世界，他开始觉得原来的生活是那么狭隘，那么贫贱，整天像畜生一样只知道做工、睡觉和纵酒；他越是追求，就越觉得自己与过去的生活环境格格不入。可是他在那个优雅、浪漫、有教养的上层社会的背后，发现的却是世故、庸俗和狭隘，他开始怀念劳动阶级生活的纯朴和真诚，然而他已无法回到原来的世界，他失去了归宿。作品中劳动阶层的生活不能等同于与陆上生活相对的海上生活，但他与海上生活有直接的关系，水手生涯构成了马丁早期的经历，也塑造了他的性格。所以，《马丁·伊登》中的两个世界，也可看成海上生活与陆上生活的两个世界。

可以看出，在杰克·伦敦的精神世界中，他有意无意地将海上与陆上两个世界对立起来，他在它们之间徘徊，结果，既失去了前者，又不能融于后者，于是，他也与马丁一样自杀。后来的奥尼尔和海明威就超越了这种徘徊。

奥尼尔(1888~1953)像康拉德一样钟情大海。他青年时代受杰克·伦敦和康拉德的影响，在海上漂泊了6年。奥尼尔在创作初期曾构思了一组自传性的系列剧，并给它们加了一个总的标题：《大海母亲的儿子》。“大海母亲的儿子”，正是奥尼尔的精神写照。在剧本《天边外》(1920)中，他借罗伯特这个人物表达自己童年时代对大海的向往：

> ……那时，在我想来，那个遥远的海，无奇不有……它当时叫唤我，正像它现在叫唤我一样。①

罗伯特因对露丝的爱情而放弃远航，此后一直向往着天边外的大海，郁郁而终。

奥尼尔创作了一大批海洋戏剧作品：著名的有《东航卡迪夫》(1916)、《归途迢迢》(1917)、《加勒比人的月亮》(1918)、《安娜·克里斯蒂》(1921)等。在《进入黑夜的漫长旅程》(1956)中，他借埃德蒙之口抒发了自己对大海的陶醉：

> ……天上正满月当空，贸易风迎面吹来……脚下海水翻滚着泡沫四下飞溅，头上桅杆高高地扬着风帆，在月光下一片洁白。我陶醉在眼前美景和帆船悦耳的节奏中，一时竟悠悠然魂驰神外。……我感到无比的自由！我的整个身心都溶进海水里，和白帆、飞溅的浪花、眼前的美景、悦耳的节奏，和帆船、星空融为一体！②

在奥尼尔那里，大海已不再像在康拉德那里一样是用以认识自己力量的场所，而是他精神的家园、灵魂的归属、理想的寄托。大海也不再仅仅是浪漫主义诗歌中一种象征性的审美形象，一道

---

① 尤金·奥尼尔《天边外》，荒芜译，见《天边外》，漓江出版社，第12页。

② 尤金·奥尼尔《进入黑夜的漫长旅程》，汪义群译，见《天边外》，漓江出版社，第548～549页。

风景，奥尼尔在作为一种生活方式、生存环境的大海中发现了诗意，发现了生命的意义。美国评论家弗吉尼亚·弗洛伊德写道："在他(奥尼尔)看来，大海呈现出神话般的浩淼，正是在大海里，他为自己漫无目标的生活找到了归属，并看清了他在剧作中体现的那种神秘的生命背后的动力。他沉湎于大海之中，而大海在他脑海中留下了不可磨灭的印象。"①

英国诗人梅斯菲尔德也有过海上漂泊的经历，他在诗集《盐水谣》(1902)中，也抒发了对大海和海上生活的热爱与怀念：

> 我一定得再到海上去，去往那孤独的大海、寂寞的天；
>
> ……
>
> 我一定得再到海上去，因为那奔潮的呼唤……②

有人认为人类生命起源于海洋，也将回归海洋，以奥尼尔为代表的20世纪海洋文学作家完成了心灵的回归。回归海洋，成了20世纪海洋文学的主调。英国作家毛姆在他的那部以画家高庚为原型的小说《月亮与六便士》(1919)中，也将远离文明的太平洋小岛塔希提作为主人公斯特里克兰德的精神家园。岛上的一切原始而纯朴，优美而热烈，与庸俗琐碎、按部就班、无所事事的文明世界形成了对比，它们不断地激发他的艺术灵感。但与奥尼尔和海明威不同的是，毛姆这部作品的主题是逃避，而奥尼尔、海明威和他们的主人公则是在大海中寻求积极的生命体验。

在特殊的历史时期，逃避是一种奢望。与毛姆同时代的苏联

---

① 弗吉尼亚·弗洛伊德《尤金·奥尼尔的剧本——一种新的评价》，陈良廷等译，1993年，第1页。

② 梅斯菲尔德《恋海热》，陈维杭译，见《译文丛刊·诗歌特辑·在大海边》，上海译文出版社，1983年，第111页。

作家鲍里斯·拉夫列尼约夫创作过一部在本国引起极大争议的中篇小说《第四十一个》(1926)。在这部作品中,作者无意识地将大海表现为一个与政治化的陆上世界相对照的自然世界,在它激情的风暴与动人的蔚蓝中,两个来自不同阶级阵营(红军与白军)的青年男女身上的政治外壳和阶级意识隐去了,袒露出烂漫的人性。大海萌发和容纳了他们叛逆的爱情,但来自陆地的召唤使这一海之浪漫曲立时弦断音绝,不可避免地走向悲剧的结局。当白军中尉见到自己一方的船并拼命奔跑过去时,马柳特卡举枪射击,中尉成了被她打死的第四十一个敌人。

20世纪出现了第一部获诺贝尔奖的海洋文学作品,这就是海明威(1899～1961)的中篇小说《老人与海》(1952)。

《老人与海》写古巴老渔夫桑提亚哥一连84天没有捕到鱼了,这一天,他到离开海岸很远的地方放下钓丝,一条巨大的马林鱼上钩了,将他和小船一起拖向深海,桑提亚哥忍着饥饿、伤痛和劳累,与大鱼苦斗了三天,终于将它征服。老人将鱼绑在船边(鱼比他的船还长两英尺),驾船返航。不料鲨鱼循着血腥成群结队地赶来抢食马林鱼,老人用他能找到的所有武器与鲨群展开了一场殊死搏斗,渔叉被拖走,就用绑在长竿上的刀子,刀子折断,就用桨把,桨把掉了,就用船舵……凌晨小船驶进渔港,老人因几天几夜的搏斗已累得筋疲力尽,而那条美丽的鱼,只剩下一具白色的骨骼。回到家里后,老人安然入睡,他梦见了狮子。①

海明威把他的“硬汉形象”置于大海之上,塑造了一个“打不败的英雄”——老人桑地亚哥的形象。老人桑提亚哥是整个人类的代表,他的搏斗与失败,象征着人类在与外界势力和厄运的斗争中,逃避不了失败的命运。这是海明威在他的许多作品中反复表

① 海明威《老人与海》,吴劳译,上海译文出版社。

现的主题。但在《老人与海》中，他强调了人要勇敢地面对失败这一主题："人可以被消灭，但不能被打败。"小说集中地表现了老人意志的坚韧和在失败面前保持尊严的"硬汉"性格。值得注意的是，在小说中，老人桑地亚哥与大海是一种息息相通的朋友关系：

> 老人总是把海当做一个女性，当做一个给人或者不愿给人以恩惠的女人，要是她干出什么鲁莽或顽皮的事儿，那是因为她由不得自己。月亮对她有影响，如同对一个女人那样。①

老人在海上捕鱼，不是什么敌对行为，也不是要夺取什么，而是一种友好关系的表现。那条他追捕了一天一夜的大马林鱼，他敬佩它，喜欢它，为它的死而悲叹。他和它都有自己生命的理由和意义。

奥尼尔和海明威等人的作品表现了20世纪海洋文学的新主题——亲海。亲海与赞海、慕海都有区别。赞海主题作品中的海洋，更多的是作者或主人公的精神投射，是在海洋之外对海洋进行赞美，慕海主题作品是对海洋作一种浪漫主义的把握；而在亲海主题的作品中，人物置身大海，了解大海，因为海本身而爱海以及海上生活。亲海，这种人与海的关系，将成为人类新世纪的海洋精神，也将成为新世纪海洋文学的主旋律。海洋不可避免地要成为人类新的生存空间，"亲和"是我们对待自己生存环境的惟一选择。

由19世纪的斗海到20世纪的亲海，人类在精神上完成了一次巨大的飞跃。

一部海洋文学史，在某种意义上，也是一部人类的精神发展史。在西方海洋文学中，人类精神经历了由惧海到赞海—慕海、又

① 海明威《老人与海》，吴劳译，上海译文出版社。

到斗海—乐海和探海,最后到亲海的变迁。这种变迁由三个因素决定:时代的发展、人类精神的成长和科学技术的提高。在这些变化中,蕴藏着,或者说,揭示了一些不变的东西,这些不变的东西就是民族文化的积淀。

大海的熏染和海上生活的磨砺,易于形成一个民族对力量和技术的崇拜,海上的冒险生活(包括生产、商贸和海战)需要的是人的膂力与智慧,而不像周期相对较长的农耕生活那样靠勤劳与忍耐(等待)就能有所收获;海上生活的流动性和相对独立性使海上民族酷爱自由,并得以充分发展其独立不羁的个性,而不像相对稳定的农耕生活那样需要顾及他人的眼色,可以靠"关系网络"生活,经常需要以群体的力量抵御自然灾害或外族的入侵。[①] 海洋民族的这些特性,都在西方海洋文学中得到了体现。

① 谢选骏《神话与民族精神》,山东文艺出版社,1986年。

第九章 *海洋科学探索*

第一节　世界早期的海洋科学探索

自人类有史以来，探索地球这颗"水行星"中海洋的奥秘，揭开海洋之谜的历史，是一段波澜壮阔的历史，是一部可歌可泣的史诗，是人类文明史和海洋文化史的多彩篇章。

由于航海活动，人们所知的海域在延伸，海洋知识在扩充。远在距今 4 000～5 000 年前，居住在美索不达米亚、埃及和希腊克里特岛的居民，已具有一些关于海陆分布的知识。公元前 2000～公元前 1000 年左右，腓尼基人就开辟了大西洋航线，绕过英国近海，在太阳落山的西方发现了所谓的幸福之岛——加那里群岛。公元前 6 世纪，埃及法老尼科二世派遣的一支由腓尼基人组成的探险队绕非洲航行一周。公元8～11世纪,北欧的挪威人已越过大西洋,发现了格陵兰和纽芬兰。

最早的航海图在公元前820年前后希腊荷马时代已经出现,可以说它是人类对海陆分布认识最早的地图。之后,约公元前500年前后,一位名叫赫卡蒂乌斯(Hecateus,公元前550～公元前476年)的学者作出了一份更详细的航海图,该图是以腓尼基、小亚西亚、克里特岛、希腊和利比亚(非洲)为中心的地中海、黑海一带的地图。

古希腊最伟大的天文观测家、数学家喜帕恰斯(Hipparchos,公元前162～公元前127后)在数学和地理学方面作出了重要贡献,他发明了球面三角形的方法,第一次把球面三角形的原理用于确定地球上任一点的位置,即确定其经纬度;他明确了地图投影的概念后,在地图上绘制了航线。他最先提出地球上的气候可分为五个带的概念。他还根据自己所绘制的航线,利用季风越过印度洋,亲自前往印度航行,往返6个月。他的天文学和地理学研究,包括他观测的数据和数学方法,对托勒密及中世纪欧洲科学产生了重大影响。

大致在公元前150年左右,古希腊天文学家、地理学家、数学家托勒密(Ptolemy)作出了一幅有名的地图,相当接近真实情况,反映了古代人们对海洋地理认识的水平。

随着古代航海者对航线的不断开拓与延伸,人们对海洋现象的认识也不断深化。各国学者都有独到的认识,最突出的是对潮汐现象与成因的认识。

公元前5世纪,古希腊希罗多德记述了红海的潮汐现象。公元前4世纪,古希腊学者、古代海洋学之父亚里士多德(Aristotle,公元前384～公元前322)在《论天》一书中,对潮汐就有精僻的论述。公元前4～公元前3世纪的古希腊航海家、天文和地理学家皮西亚斯(Pytheas,公元前360～公元前290)曾在大西洋沿岸进行过潮汐测量,记录了大潮与小潮,阐明了潮汐现象与月球运动有关。波西多尼斯(Posidonius,公元前135～公元前50)在加的斯观测潮汐,指出圆月时为大潮,这时涨潮、落潮的潮值最大,半月(上弦或下弦)时为小潮,这时涨潮、落潮与圆月时相反,潮值最小。他同时还发现,春分、秋分时节是最大的大潮,而夏至、冬至时节则是小潮中的小潮。百年之后,罗马的普林尼(Pliny, the Elder,公元23～公元79)在其名著《自然史》(Histonia Naturalis)中,指出日潮、月潮的循环主要根据月亮盈亏的日数而发生变化,并根据观测记录阐明了月相与潮汐之间的关系。公元7世纪,一位冰岛的主教比德(Bede,公元673～公元735),已经注意到气象对潮汐的影响,明确指出,潮高和潮时因强风的影响而发生变化。公元2世纪,巴比伦的赛留卡斯(Seleucus)在波斯湾进行潮汐观测,并与地中海(几乎无潮汐)进行比较,发现了波斯湾的日潮不等现象。在中国,公元1世纪的王充、公元8世纪的窦叔蒙,对潮汐也均有重要论述。

在海洋研究史上,被称为古代海洋学之父的亚里士多德是最出色的代表人物。他著述良多,是众多学术领域上的创始人。他几乎对古代所有自然科学都有过重要贡献,对西方科学思想的发展产生了巨大的影响。他著有《气象学》宏论4卷,第1卷阐述气象学在自然科学中的地位及其研究对象与范围,云、雹和霾的形成,高层大气现象,以及气候变化等,也部分地论述了海洋(如沧海桑田等);第2卷论述了海洋的形成、海水的咸味及原因、海水的流动、潮汐现象、陆海水的循环等;第3卷论及了飓风、晕和虹等大气光学现象;第4卷主要研究化学问题,阐述物质的有关属性,提出冰、雪、雹都是水的各种凝聚的形态。

关于沧海桑田、海陆变迁,亚里士多德在《气象学》第1卷中指出:"陆地和海洋也发生变化,并非一些始终是陆地另一些始终是海洋,过去曾为陆地的地方现在成为海,现在是海的地方又重新变为陆地。"在探究其原因时,他指出,这是"由于地球内部有它的成长与衰老过程所致"。关于这种变化的特点,他说:"由于地球活动的整个自然过程发生得缓慢,与人的生命长度相比,这种时间跨度几乎觉察不出来,变化是微小的、缓慢的和长期的。"

在提到海侵、河床与洪水关系时,他指出:"海洋通过河流推进而侵蚀陆地,当潮水退却时,必然使干燥的陆地出现,特别是当干燥的陆地被河流和淤泥塞满时,就会出现洪水泛滥"。

上述都是海陆变迁的形式。迄今仍然可以发现,在许多地方的山地岩层中,显露出螺蚌壳等海生动物化石;而在沿海地带,由于河流泥沙在出海口大量堆积,以及由于风暴潮、巨浪、沿岸流等,致使海岸地貌侵蚀,在缓慢发生变化。

亚里士多德还是一位天文学家,著有经典著作《论天》。他对于包括地球在内的天体运动有着深入的了解,对潮汐与海湾宽窄的地形关系也有深入的认识。他指出:"如果开阔的海从陆地宽处涌入到狭窄的通道,那么由于海水的流动,在海湾狭窄的地方就经常会发生涨落波动;而在宽阔的大洋中,潮汐涨落就不明显;但在陆地变狭和海底变浅的地方,大海的潮汐波动就显得十分明显。"这一论断不仅适用于潮汐,同样也适用于海啸。对于海啸这一巨大的海洋灾害,亚里士多德的这一论断具有重要的现实意义。

亚里士多德从气象与海洋两方面认识到地球上的水是海陆循环的,并指出了水循环各种形态的关系。他在《气象学》第 1 卷中写道,地球周围表面很多潮湿的地方(江、河、湖、海等——编者注)的水,被阳光和来自上面其他形式的热所蒸发,形成蒸汽并向上移动,有的上升到很远,遇冷而冷却,冷却了的蒸汽可以再度聚合,由蒸汽再变成水,重新降落到地面上。源于水的蒸汽可以在天空中成云。他还指出，这种冷却在白天与夜晚是不一样的，“在夜间冷却时则称为露和霜”；在水循环中水的三种形态是水、雪和冰雹；总之，由于太阳的热，从潮湿的江、河、湖、海蒸发出大量的蒸汽，因冷却凝结而降水，从而形成河川水、地下水，再流入海洋，如此循环往复不已。至于这种水分循环的平衡，他的结论是：“在地球上水重新下落的量与它先前被蒸发时的量是相等的。”

对于水分的海陆循环，在东方华夏大地，不少学者也曾作过探索。战国时庄周就曾问：为什么不管十年九潦，降水何其多，也不管八年七旱，降水何其少，海洋的水位几乎没有变动？诗人屈原在《天问》中也说：“东流不溢，孰知其故？”总之都在提问，百川归海而不溢，这是为什么？正是基于这样一系列的追问，我国古代学者也提出了水分海陆循环的概念。十分有趣的是，在我国明末清初出现了一本《诸葛武侯白猿经风雨占图说》，这是一份说明地球上水分循环的图，其所绘的水分循环机制完全适用于海陆大循环机制。该图当然比亚里士多德的循环模式更详细，但其基本思想何其相似。

关于海水何以味咸，亚里士多德从水分海陆循环的角度出发，在《气象学》第 2 卷中有趣地指出：“既然水重新落下的量与它先前被蒸发时的量是相等的，那么，海水要么在开初就是咸的，要么开初不咸，后来也就不会变咸。”显然，他的这一推论既符合逻辑，也十分正确。接着他就回答了自己提出的疑难而复杂的问题：“如果海水在一开始就是咸的，那么应当回答其原因”，“海水的咸味是由于土的某种东西与水的混合，如果给土加上不同程度的热，它就会呈现出各种不同的味道，因为它是由明矾、灰烬和其他诸如此类的东西组成的”。“当清甜之水从它们中渗出时，有的则变成酸性，有的则又咸又酸，有的则是苦味，其差别显然是由于不同味道的土混合的结果”。这里所说的“土”，我们可以把它理解为海水中包括营养盐在内的各种盐分，从广义上说，这里说的“土”包括了海水中的许多主要成分和各种微量金属在内。在亚里士多德时代,能对海水何以致咸作出这样的解释确实不简单,即使以今天的学术水平来解释此问题也并非容易,特别在解释这些土的来源及其循环时也还有不少困惑,因为这涉及到海洋地球化学、海洋沉积地球化学、海洋生物化学等诸多领域。现在业已揭明,这些土来源于如下的物质:主要是大陆径流带来的岩石风化物质、有机物腐解的产物及排入河川中的废弃物,此外还包括海洋生物的腐解、海中风化、极区冰川作用、火山及海底热源,甚至还包括从大气中降落到海洋中的尘埃等等。总之,这是一个十分复杂的循环过程。

亚里士多德显然已经有了海水比重的概念。他指出,河水与海水浓度差别是如此之大,以致于装载相同重量的货物在河中几乎要沉没,而在海中则可以安全航行。他还诙谐地举例说,如果有人把一个人或一头野兽扔进湖里而不沉的话,那么这个湖一定特别苦和咸,这是由于湖里盐分太多的缘故,其中没有任何鱼类,如果有人洗衣物,只需摇动几下就干净了。

此外,亚里士多德对某些海湾中海水运动的方向,以及对海洋的深度等,也都有过具体的阐述。

亚里士多德还是海洋生物学的开创者,更确切一点说,他是世界上公认的生物学创始人,有过一系列重要著作,如《动物志》、《动物的结构》(包括《动物的运动》和《动物的行进》两篇)、《动物的繁殖》和《论灵魂》等。在《动物志》中,他记述了爱琴海中的 170 多种海洋生物。如按现代的分类方法,其中有海绵动物、腔肠动物、蠕虫、软体动物、节肢动物、棘皮动物、原索动物、鱼类、爬行类、海鸟、海兽等 10 多个主要的动物类群。其中对海洋鱼类记载尤详,有 110 多种。另外,他还注重在生物学上以解剖为依据,首次指出鲸是胎生的,像哺乳动物一样,而不像是卵生的鱼类。关于鲨鱼,明确指出是卵生的,现在看来,有些种类应是卵胎生或胎生。

除此之外,亚里士多德在动物学分类研究上也很有贡献。他既根据有血与无血、有毛与无毛进行分类,又十分注重动物的外部形态、内部器官、栖居地、生活习性、生活方式等许多特征与差异来归纳分群。他把有血动物分为6类,其中有关海洋生物的是鲸类、鱼类以及卵生四足类中大多数爬行类和栖类;把无血动物分成4类,其中有关海洋生物的是软体类、甲壳类和有壳类。

令人惊奇的是,亚里士多德正确地描述了哺乳类的特点,区分哺乳类的真胎生与哺乳类以外的卵胎生,提出"长毛的四足动物为胎生,有鳞的四足动物为卵生"。他对动物分类的描述是如此细微,以至于现代的生物学家们指出,在亚里士多德所描述的540多种动物中,他本人至少亲自解剖过50多种不同种类的动物,否则不可能对动物的生理结构了解得如此详细。迄今,虽然我们还不能断定亚里士多德是否已经有了生物进化的意识,然而他确实已注意到了有些动物的构造之间存在着某些联系。

在古代,还有些古希腊、罗马的学者对海洋生物做了不少研究,其中,公元23~公元79年古罗马的普林尼(Pliny, the Elder)在《自然史》(又称《博物志》)37卷中,就记录了170多种海洋生物。值得特别指出的是,公元前6世纪左右的古希腊哲学家阿那克西曼德(Anaximandros,约公元前610~公元前546),就提出过生物是从太阳蒸发的湿的元素中产生的,而人类是从水里的鱼变化而来的。这是最早的进化论思想,显然不只是一种猜测和想象,须知,他是古希腊第一部哲学著作《论自然》的作者,西方第一个绘制地图的人和日晷的发明人。

在古代,西方世界对海洋地理认识的特点是,古希腊罗马地理学家继承了古埃及地理学者运用数学包括几何学、天文学和测地学的知识来探讨海洋现象的传统,成为西方海洋学的渊源。除亚里士多德外,早期的奠基人还有古希腊的希罗多德、埃拉托色尼和罗马时代的斯特拉波、托勒密等。

古希腊的柏拉图(Platon,公元前427～公元前347)从唯心论出发,认为圆是最完美的对称形,从而演绎出圆的地球位于宇宙中心,这是地球球形说的最早概念。

被西方尊称为“地理学之父”的埃拉托色尼,用两地竿影算出弧度,从而计算出地球的圆周长是252 000希腊里(约折合为39 690千米),这十分接近于现代的测值。他致力于研究有人居住的世界,把这个世界从北极圈附近的图勒(世界的尽头)向南延伸到印度洋中的塔普鲁班(今斯里兰卡),从大西洋延伸到孟加拉湾。他根据经纬网绘制了世界地图。可惜埃拉托色尼的著作都已佚失,仅在斯特拉波等人著作中的引文中保存了一部分。

古罗马学者斯特拉波(Strabo,约公元前64/63～公元23),探讨了以天文学和几何学为基础的数理地理,研究了地表的大气圈的自然地理,描述了海洋、大陆和气候带等,对已知世界进行了区划和分类,其中,把海岸分成了岩岸、沙岸和泻湖等类型。

可以说,从古代直至公元1世纪左右,学者们,尤其是古希腊和古罗马时代的学者们对海洋科学积累了丰富的知识,由于在研究上具有逻辑思维、数学基础、天文观测技术、科学的方法,因而取得了重要的成果。这不仅反映在学术研究上,而且反映在航海方面的应用上:公元前1世纪前后,希腊人在地中海已有大批的船只利用季风出海航行,从而也使自阿拉伯海到孟加拉湾之间的航海贸易兴盛起来,东方的物产通过海洋运输到欧洲。继希腊人之后,罗马人以地中海为中心,建立了空前的大帝国。只可惜,不久之后,罗马走向衰落。在漫长的中世纪,人们放弃了海洋,背向海洋,对海洋的科学探索出现了古怪的停滞,甚至是对科学的反动,航海活动也走入低潮。直到文艺复兴时期,西方人的这种面向海洋,探索海洋和利用海洋的科学精神与传统,才又得到复兴和发展起来。

第二节　中国古代的海洋科学认知

中国古代在海洋认识和研究上的成就，主要反映在海洋地貌、海洋水文气象、海洋潮汐和海产生物四个方面。此外，在海岸带和滩涂利用与防护，围垦工程，以及在防御海洋自然灾害方面，也都取得了一系列成就。

一、对海洋地貌的认识

在漫长的认识、开发、利用和征服海洋的历史进程中，中国古代不乏胆识非凡、智慧过人的航海家，他们的业绩绝不逊于西方。公元前2世纪就有远航日本的徐福；公元3世纪有遍航南洋的朱应和康泰；公元4世纪有从印度只身航海归来的法显；公元5世纪有远航美洲的慧深；公元7～8世纪有远航南洋与西亚的达奚通、杜环和义净等人；公元11世纪有出使高丽的徐兢；公元14世纪有两次遍航亚非的汪大渊；尤为著名的是于15世纪率庞大船队七下西洋遍访亚非的郑和等等。通过他们以及大量渔民、水手的活动，大大地丰富了对国内、国外海洋地貌的认识。自宋代徐兢《宣和奉使高丽图经》开始，我国文献里有关海洋地貌的记载逐渐丰富。之后，随着元初大规模漕运的兴起，以及明初郑和七下西洋和明代中后期加强国防的需要，我国在海洋地貌的认知方面取得了重要的成就。一些重要的文献有：

其一，成书于16世纪的《两种海道针经》，该书由《顺风相送》和《指南正法》两部分组成。第一部分主要内容有三：一是关于天文、气象等的观测方法；二是关于地文、水文方面的航路指南；三是关于航行操纵与仪器使用。在第二部分中，记载了国内外各州府港口的山形、水势、水深、泥沙、礁石，还有中国沿海及其与东、西洋之间的往返针路，并详注了罗盘航向、航道测深数据、潮汐消长时辰、水中危险物和抛锚避泊条件等。据查考，在《顺风相送》中所记国内地貌达19处、国外74处。

其二，成书于1730年由陈伦炯所撰的《海国见闻录》，分上下两卷，上卷"记"八篇，叙述中外海洋地理风貌，范围广及中国沿海、东亚、东南亚、中亚、西亚及欧洲与非洲；下卷"图"6幅，包括东半球、中国沿海、台湾东西岸、澎湖与海南岛等地区的地图。其中在《天下沿海形势录》中，系统论述了我国北起渤海湾、南至北部湾，包括台湾岛与海南岛在内海岸线的海岸地貌、水文、航运和海防态势，特别是在描述我国南海诸岛的地貌形势时，具体细致，极为精彩。

除上述论著外，明代胡宗宪《筹海图编》中的《沿海山沙图》、《沿海郡县图》、《登莱辽海图》，茅元仪《武备志》中的《海防图》和《郑和航海图》等，均详细记载了海洋地貌，其中尤以《郑和航海图》为详，该书较正确地绘有中外岛屿846个，并分出岛、屿、沙、石塘、港、礁、硖、门、洲等11种地貌类型。

另外，关于海塘和河口海岸地貌的论述，在清代已有专门著作，如方观承的《敕修两浙海塘通志》和翟均廉的《海塘泉》等。在这类海塘图中，可以看出海塘建筑依海岸地貌而定，明显地反映出河口地貌和海岸地貌的形态，并采用立体画法，不用图例，相当逼真。

二、对海洋水文气象的认知

中国古人对海洋水文气象的认知几乎与海洋活动一样久远。

古代水手、渔民是最早的探索者，嗣后形成“仰观、俯察之道”[①]。占候活动，自古有之，而海洋占候在宋代已相当发达，至迟在明代已形成一个独立部门。

中国古代论述气象的文献不少，且很早已提出预报方法。在公元前14～公元前11世纪，已有甲骨上刻录卜问未来(可长达10天)的天气资料。[②] 大致在公元前544年编定的《诗经》中，已提到多种天气预报方法：有以星月位置预测风雨的，如“月离于结，俾滂沱矣”；有以观察虹或云层色彩预报风雨的，如“朝于西，崇朝其雨”：有以蚂蚁和鹤鸟行为预报阴雨的，如“零星其蒙，鹤鸣于垤”；等等。在成书于公元前7世纪～前4世纪的《夏小征》中，已介绍到各月物候，即对自然界包括气候、生物等现象四时流转的韵律变化，已有统计性认识。尤应指出的是，在《汉书·艺文志》中录有西汉时海中占验书136卷，其中有关海洋气象的《海中日月慧虹杂占》18卷，已将气象预报应用于海洋预报之中。

北宋时期对海洋气象的一项重要研究成果，是对舶趠风(东南季风)的预报，宋元时期在泉州出现的九日山祈风石刻即为证明。由此也可得知，当时已广泛利用夏、冬两次的季风航海。关于“舶趠风”与台风，不仅航海人关心，一些诗人、文豪也都精于此道。著名的苏东坡父子两代文豪，都曾以诗的形式来表达其研究。苏东坡作有《舶趠风》诗[③]，苏过写有《飓风赋》[④]。

利用季风航行最成功事例是郑和七下西洋。多次航行的成功，说明他们已充分认识和掌握了亚洲南部、北印度洋上海洋水文

① 清《舟师绳墨》跋。

② 王鹏飞，中国大百科全书《大气科学·海洋科学·水文科学》“大气科学大事表”，中国大百科全书出版社，北京：1987，第857～859页。

③ 清代王文浩辑注《苏轼诗集》，第3册，中华书局，1982。

④ 《斜川集》卷4。

气象变化的规律。

在集录民间海洋占候谚语方面,元代朱思本的工作相当出色,其辑录的《广舆图》,将谚语分成占天、占云、占风、占日、占虹、占雾、占电、占海技术八大门类,对渔民、水手很实用,也是郑和七下西洋平安远航所使用的一种传统海洋占候技术。公元14世纪中叶,由无名氏撰的《海道经》,载有海上天气经验的韵语,分占天门、占云门、占日月门、占虹门、占雾门、占电门等。这一类的海洋占候谚语著作,还有宋吴自牧《梦梁录》中的"江海船舰",明娄元礼《田家五行》、周履靖《风角书》、张燮《东西洋考》等,而明末张尔岐《风角书》卷8"海运风"篇所收集的谚语,对海洋气象的长期预报具有相当重要的价值。

中国古代对风有较多的认识。在周初已有关于风暴的具体描述,并在后来很长的历史时期中把台风称之谓"飓风"。晋沈怀远《南越志》曰:"飓者,其上方之风也,一曰惧风,言怖惧也,常以六七月兴";在《唐国史补》中有记:"南海人言,海风四面而至,名曰飓风";明娄元礼《田家五行·论风》曰:"夏秋之交,大风先,有海沙云起,欲呼谓之风潮,古人名之曰飓风"。至清代,已改称台风,而飓风一词的词义也有了变化,系指寒潮大风或非台风性大风。

关于龙卷风,最早的描述见《庄子》一书,以"扶摇羊角而上",指出了龙卷风的宏观外形。唐李淳风《观象玩占》卷44"风名状"中称"回风":"回风者,旋风也。回风卒起而环转扶摇,有如羊角向上转"。元代扬禹在《山居新话》中记载了五条龙卷风同时出现的奇异现象,还在该书中最早记载了龙卷风的吸水现象。明代郎瑛在《七修类稿》卷44"见龙"中,不仅记载了龙卷风的状况,而且记载了龙卷风与雷、电、风、雨等相伴随的天气条件。尤须指出的是,在清《台湾采访册》中,还详细描述了龙卷风的发展形成过程:晴天"忽黑云四起,从远岫起,人见之,有尾在云际蜿蜒,不知何物,咸称之曰鼠尾。尝上此路，至湾里溪，渡中流，见一物，在云脚间，或伸，或缩，初见如线，如鼠尾，再见则如绳，如牛尾矣。少顷间，小者大者数十条，更有广至数围，渐渐逼近，风遂暴起，舟子惊曰：'鼠尾起矣！不速至岸，必被淹没。'"

关于风的等级，唐朝李淳风在《己已占》中，根据风对树木的影响，订出了八个风力等级，与1805年由英国的蒲福(F.Beaufort，1774～1857)建立的蒲氏风级原理相似，且可比较。李淳风风级比蒲氏风级至少早1 200年。

为预报海洋风暴，古人提出了风期概念，即指一年中海上常有风暴的日期。对于海洋风暴的规律性，明代已有研究，《顺风相送》有"逐月恶风法"，张燮《东西洋考》中"逐月定日恶风"条的论述，均提出暴风季节的规律和暴日在不同月份的频率，用以确定海上活动的危险期与安全期。

关于台风的预报方法，中国古代曾提出4种以上：

其一是据断虹、断霓或赤云(晚霞)来预报。这一点在唐代《岭南表录异》卷上中已提出："南海秋夏间，或云物惨然，则其晕如虹，长六七尺。比候，则飓风必发，故为飓母。急见震雷，则飓风不能作矣。舟人常以为候，预为备之"。此外，在李肇《唐国史补》卷下、苏过《飓风赋》中，均描述了这种台风的先兆现象。宋代之后，用断虹预报台风的方法和记述普遍起来，诸如在明娄元礼《田家五行·天文类·论星》、明陈继儒《珍珠船》卷2、明《东西洋考》卷9"占验"、明《海道经》、清徐怀祖《台湾随笔》等著作中，都记载颇多。

其二，据风向变化预报台风。清代郁永河《采硫日记》卷上载："占台风者，每视风向反常为戒，如夏月应南而反北，秋冬与春应北而反南，旋必成台"。《测海录》将此预报方法论述得更详细："占台者每视风反常则知之。清明以后，地气自南而北，以南风为常，应南风而反北；霜降之后，地气自北而南，以北风为常，应北而反南，则台将作。六七月北风，则必为台矣。六月初六前后七日，尤宜谨防之，俗云六月防初，七月防半。”

其三，用雷预兆台风。此法在中国东南沿海广为流行。《采硫日记》卷上云：台风，“海上人甚畏之，惟得雷声即止”。《舟师绳墨·舵工事宜》载：“六月雷响止九台，七月雷响九台来”。此外，在《台海使槎录》、《测海泉》、《台湾外记》等著作中，也均指出了响雷与台风的关系。

其四，观察海洋动物异常来预报台风或大风。明李时珍《本草纲目》卷44“鳞部”载：“文鳐鱼……有翅与尾齐，群飞海上，海人候之，当有大风”。明戚继光《风涛歌》曰：“海猪乱起，风不可也”，“虾笼得鲊，必主风水”，“海燕成群，风雨便临”。此外，在《东西洋考》、《海道经》中均有“蝼蛄放洋，大飓难当”，“乌鱼弄波，大飓难当”，“白虾弄波，风起便知”的记载。《采硫日记》卷上曰：“海中鳞介诸物，游翔水面，亦风兆也”。此预报方法的机理，无疑是正确的，清《测海录》中已论述得很清楚：“飓风将起，海水忽变为腥秽气，或浮泡沫，或水族嬉于波面，是为海沸，行舟宜慎，泊舟尤宜防”。

在对风暴潮的认识上，我国古代有不少称呼，更多的情况是称“风潮”，明清记载中其它的称谓还有：海沸、海涨、海变、海立、海决、海翻、漫天等。

关于风暴灾情的记载，我国从西汉初年(公元前48年)至今，约有2 000年的历史，资料内容十分丰富。灾情有溺人、毁房、决海塘、沉船、没盐场、淹农田，以及大疫等次生灾害。至于其原因，尽管没有确切的论述，但对风与潮的关系，则提法多比较明确，如“大风，海溢”、“大风，海涌”、“风灾，海啸”等。明代杨慎在《升庵全集》卷74中说得很明确：“飓音具，凡海潮溢，皆此风为之”。

关于风暴潮的预报，古代学者曾作过占验海啸的记载。较详细的是清代丁廙在《甲寅海溢记》中提出的“长期”甚至是“超长期”

预报方法。例如书中提出:“潮之消长,随月之阴虚,故洪潮之灾多在秋月之生明与生魄后数日。”显然,每年夏秋时节是台风季节,南方海域和东南沿海的风暴潮也容易发生。书中还记载:“闻父老言,洪潮之灾若六十年一大劫,三十年一小劫。”这就提到了60年周期的问题。

在海市蜃楼现象上,我国古代不仅记载了这种景观,而且多以诗歌形式来描述。有的还对这种自然景观在中国海域的地理分布,发生的时间与条件,形成过程及其成因作出了较正确的解释,即使今天来分析,其解释依然是相当合理的。对“海市蜃楼”,中国古代有过多种称呼,如“海市”、“蜃气”、“蜃市”等。中国古籍中最早的记载,通常认为是《史记·天官书》:“海市蜃气象楼台,广野气成宫阙然”。在《汉书·天文志》、《梦溪笔谈》卷21中也均有记载。著名诗歌有宋苏东坡的《登州海市》、明陶性的《观海市》、明王世贞的《和呈峻伯蓬莱六绝》等。

至于海市蜃楼发生在中国海域的时空分布,清王士祯《香祖笔记》卷8中指出:“广州之虎门合兰海,每岁正月初三四五日观海市,城阙、楼台、车骑、人物,倏忽万状。康熙丙辰见戈甲之形,粤有兵变。黄太冲亦言宁波有海市,盖东海、南海皆有,不惟登州,但登州见以四五月,广见以正月初旬三日,是小异耳,鄞之见不言定期。”关于登州(今蓬莱)海市的出现,康熙《登州府志》中明确指出,海市发生于春夏之交。另外,1530年朗瑛在《七修类稿》中还介绍了陕西、淞江、广西象州等地出现的海市蜃楼。

苏东坡、沈括、郎瑛、陈达、张瑶星、方以智等人,对海市蜃楼成因都有解释,而尤以清初揭暄、游艺的阐述较完善。揭暄在《物理小识》卷2“海市山市”中指出:“气映而物见。雾气自涌,即水气上升者,水能照物。故其气清明上升者,亦能照物。……地上人物,空中无时不有,特气聚则湿耳,故不论山海都地悉得见之。”

另外，揭暄、游艺在《天经或问后集》中，还画了个“山城海市楼台图”。而图中的小注，是近乎现代的科学解释：“水在涯矣，倒影人物如镜，水气上升，悬焰人物亦如镜。或以为山市海市蜃气，而不知湿气遥映也。山东有学师任新城者问及此。余曰：‘所映者，乃近界城土，非真有人物也。’曰：‘信然’。昔曾见海市中城楼外植一竿，乃本府东关所植者。因语以湿气为阳蒸出水上，竖则对映，横则反映；气盛则明，气微则隐；气移则物形渐改耳。在山为山城，在海为海市。言蜃气，非也！”

关于水分循环，以及水与雨、露、雾、霜、雪间的关系，在《诗经·小雅·白华》中有“英英白云，露彼菅茅”，《诗经·国风·兼葭》中有“兼葭苍苍，白露为霜”，可见那时的人们已认识到露、霜均来自天空。《黄帝内经·素问》卷2“阴阳应象大论”中载有“地气上为云，天气下为雨，雨出地气，云出天气。”表述了古人对水循环概念的认识，此处所说的“地气”显然指的是水。

关于对海流的认识，主要的途径是通过航海。例如元代黄海的海运中，就曾三次更改航线，从海流利用的角度来看，显然是一次比一次合理。《元海运志》、明《海道经》中详细记载了元代第一条海运航线，该航线实际上几乎全程在黄海沿岸流中逆水行舟，离岸也近，也易搁浅。1292年开辟了第二条海运航线，在《元海运志》中有记载，此航线部分地避开了近海浅滩暗沙，也部分地避开了黄海沿岸流，并部分地利用了黄海暖流，在夏季还利用了南季风，航行时间大为缩短。在总结经验的基础上，一年后，1293年，元殷明略开辟了第三条航线。《元海运志》记曰：“殷明略又开新道，从刘家港入海，至崇明三沙放洋，向东行，入黑水洋，取成山，转西，至刘家岛，又至登州沙门岛，于莱界大洋入界河。”该航线几乎完全摆脱了黄海沿岸流向，并充分地利用了黄海暖流和夏季偏南风。通过这三条航线的比较，可以看出中国古代航海家已经认识到如何避开或利用海流以便于航行。

三、对海洋潮汐的认识

在中国古代，最早科学地解释潮汐现象的，是公元1世纪东汉时代的王充，他在《论衡·书虚篇》中明确指出了潮汐运动对月球的依赖关系："涛之起也，随月盛衰"，抓住了最本质的关系。嗣后很多学者都支持和发展了这一学说，主要的学者有：西晋杨泉，唐朝窦叔蒙和封演，宋代张君房、燕肃、余靖、沈括，元末明初的史伯璿等。在解释潮汐成因方面，东晋葛洪和唐代卢肇引进了太阳在潮汐中的作用，为完善王充的学说作出了贡献。葛洪以一年中太阳位置的不同，结合阴、阳两气的消长来论述潮汐的四季变化，从而引进太阳对潮汐的作用。他在《抱朴子·外佚文》中谈到："夏时日居南宿，阴消阳盛，而天高一万五千里，故夏潮大也。冬时日居北宿，而天卑一万五千里，故冬潮小也。春日居东宿，天高一万五千里，故春潮再起也。秋日居西宿，天卑一万五千里，故秋潮渐减也"。而卢肇在《海潮赋》中，则从浑天说解释潮汐成因，引入太阳的引潮作用。

唐代窦叔蒙是较系统研究的学者，其重要论著是《海涛志》。其贡献分两个方面：其一，解释潮汐成因及盛衰规律，指出"潮汐作涛，必符于月"，"月与海相推，海与月相期"。其二，计算潮候和制订理论潮汐表。①直接用天文历算法精确地计算了潮时，制定了"窦叔蒙涛时推算图"。②论述了一回归年内，阴历二月、八月出现的大潮问题。③论述了分点潮。④分析了正规半日潮的变化，发现潮汐是由不同周期的分潮合成的。共有三种周期：日周期，一日内有两次高潮，两次低潮（一晦一明，再潮再汐）；月周期，一朔望月内，有两次大潮，两次小潮（一朔一望，载盈载虚）；年周期，一回归年内，有两次大潮，两次小潮（"一春一秋，再涨再缩"）。

宋代对潮汐推算有较大贡献的学者是张君房与燕肃。张君房著《潮说》上、中、下三篇，其贡献是：其一，绘制了《张君房潮时图》，这是对《窦叔蒙涛时图》的发展。其二，首先确定了潮汐逐日推迟数为3.363刻，相当于现代计时学位的48分25秒，即0.8小时，它为我国后来沿用的八分算潮法提供了最早的理论依据。宋燕肃曾作《海潮图》和《海潮论》两篇，图已佚，论仅存一篇。在《海潮论》中，他精确详细地阐述了一朔望月中潮时的变化规律，其计算之精确，即使是用今天的眼光来看，也是令人惊叹的。

北宋沈括在《梦溪笔谈·补笔谈》中给"平均高潮间隙"下了最早的定义："予常考其行节，此以海上候之，得潮生之时去少远，即须据地理增添时刻"①。这大大有助于以后实用潮汐表的制定与发展。

在推动实用潮汐表的发展中，宋代学者赞宁、燕肃、余靖、吕昌明等都作出了贡献。其中尤为重要的是北宋至和三年(1056)吕昌明编的《浙江四时潮候图》，其主要特点是：①划分四季之不同，分别列表；②时间划分精确；③对潮高有定性指标的描述，诸如"起水"、"渐大"、"大"、"大岸"、"渐小"、"小""交泽"等。此潮候图比欧洲最早的潮汐表《伦敦挤涨潮时间表》② 早两个多世纪。

至于中国古代潮汐论著，流传至今的不下数十种，其中，清代俞思谦编辑的《海潮辑说》和翟均廉的《海塘录》可谓集大成者。

四、对海洋生物的认识

中国古代对海洋生物的认识和研究，在16世纪以前，主要散

① 沈括《梦溪笔谈·补笔谈》卷2，"象数"。引见宋正海《中国古代海洋学史》，海洋出版社，1989年，第231页。

② 李约瑟《中国科学技术史》第4卷，第21章，北京：科学出版社。

见于医书和沿海地方志。16世纪末，才出现海洋生物的专著，内容涉及广泛，有海洋哺乳动物、海洋鸟类、海洋爬行动物、海洋鱼类、海洋棘皮动物、海洋节肢动物、海洋软体动物、海洋腔肠动物、以及海洋藻类等，主要探讨它们的形态、生态、地理分布与利用诸方面。

早在远古时期，中国的沿海居民已将海洋生物作为资源，既作食用，又作装饰品。关于海洋生物的丰富性和多样性，我国古代认识很早，在《黄帝内经》中已提到乌贼和鲍。中国现存最早的中药经典著作《神农本草经》，还记载了马尾藻、羊栖菜和牡蛎等，对"海藻"的药用也有明确记载："海藻味苦寒，主瘿瘤气颈，下核破撒，结气痈肿，症瘕坚气，腹中上下鸣，下十二水肿。"唐陈藏器的《本草拾遗》记载：鲳鱼，"无硬骨，作炙食至美"。一些海珍品，如海贻贝、海蚶，在唐代被列入贡品，某些种类的螃蟹在隋朝列入贡品，而产于南海的珊瑚则在秦朝即被纳入贡品，被誉为"烽火树"和"女珊瑚"。南北朝陶弘景在《神农本草经注》和《名医别录》中记载了鱼类、软体动物、爬行类、节肢动物和藻类等的应用，唐朝增加了海洋兽类和海洋鸟类。明代李时珍则集历代海洋生物研究之大成，写入著名的《本草纲目》。宋代寇宗爽编辑的《本草衍义》，也收入了可作药用的海洋生物如海狗、海哈、玳瑁、牡蛎、乌贼等10余种。

中国古籍有不少关于海洋生物生态习性的记载。三国时康泰在《扶南传》中记载南海珊瑚生在海底和盘石上；三国沈莹在《临海异物志》中阐述说招潮(一种小蟹)的活动与潮汐周期同步；明代杨慎著《异鱼图赞》、胡世安著《异鱼图赞补》，后者是前者的补充，征引文献很多，所赞动物230余种，多为海产，除鱼类外，还有海兽、软体动物、节肢动物及棘皮动物等，并着重描述其形态与习性的奇异性。而且，这时已有对某些海洋生物的生态习性探讨相当深刻的著作。例如对鲸，三国时《临海水土异物志》、《魏武四时食制》、晋裴渊《广州记》等，都具体记载了成年鲸的个体大小。西晋时已经获知鲸产仔的时间："常以五六月就岸边生子，至七八月导从其子还大海"①。关于鲸的胎生，估计这时已认识到了，最迟至明代已有确切记载。明顾介在《海槎余录》中有鲸产育及其相关海洋环境的记载："梧川山界有海湾，上下五百里，横截海面，且极其深。当二月之交，海鳅（鲸）来此生育，隐隐青云覆其上，人咸知其有在也。俟风日晴暖，则有小海鳅浮水面，眼未启，身赤色，随波荡漾而来。"关于鲸在岸边搁浅和所谓的"集体自杀"，中国古籍也有记载。三国《魏武四时食制》记东海"鲸鲵""时死岸上"。《南齐书·五行志》记浙江沿海有12条"大鱼"进入上虞江，"皆搁浅岸滩"。在《宋史·五行志》、乾隆《诸城县志》中，也有鲸搁浅的记载。

关于区域海洋生物学专著，主要有1596年屠本俊的《闽中海错疏》，重点记述了福建沿海海产生物。在他的影响下，后来又出现了一批专著，如清代郭柏苍的《海错百一录》，也记述了福建海洋生物；清代郝懿行的《记海错》和李调元的《然犀志》，前者记述了山东沿海的海洋动物，后者记录了广东沿海的海洋生物，基本上都是区域性海洋生物志。

在人工养殖海洋生物方面，我国也有不少记载，这显然来自我国古人对海洋生物的生态习性有了较多的了解、掌握以后出现的养殖实践。如在北宋时已有饲养海豹供人观赏的记载，还对有牡蛎插竹养殖法的描述（见梅尧臣《食蚝》诗）；南宋有养殖江珧的记载（见周必大《答周愚卿江珧诗》）；明李时珍在《本草纲目》中记载了闽、粤地区的蛏类养殖；关于海洋鱼类的养殖，明黄省曾已有专著《兽经》和《养鱼经》，内容包括鱼种（种苗）、养殖方法及江海鱼类三部分，对鱼池规格、养殖鱼种的选择、饲料、预防他鱼及水兽为害

① 清道光《广东通志》卷98。

等作了总结，对多种海鱼还进行了描述和评价。养鱼的专著还有明胡世安的《异鱼图赞补》、明杨慎的《异鱼图赞》等，对海洋鱼类养殖的认识已相当深入。

五、防潮灾工程

中国沿海特别是东南沿海，风暴潮灾十分频繁。如何防止潮灾，迄今仍是世界性的难题，即使应用现代技术，也只能尽量减轻这种灾害。我国古代在这方面曾有过重要的贡献。

1. 建筑海塘

海塘工程是我国古代防潮灾的一项伟大工程，有上千年的历史，在抵御潮灾，保卫沿海人民生命财产，发展农业生产中发挥了巨大作用。在海塘工程中，最具规模的是江浙海塘，有“海上长城之称”。

在建筑海塘的过程中，其辅助工程技术也在不断发展。南宋时，已在大塘内再筑道土塘，以捍咸潮。清代已注重建造“护沙栏”（现称“担水”）和“挑水盘头”（“丁字坝”），从消极防塌到改变水流形势，充分发挥了海塘的作用。

2. 修造潮闸

在出海河口处，中国古人为了既防咸潮，又截留淡水，早已开始在此修筑潮闸。如北宋时修建的蒲田木兰坡，就是建有潮闸的大型水利工程的一例，至今仍发挥着明显的水利效益。

第三节 中国近现代的海洋科学成就

一、20 世纪上半叶的中国近代海洋科学成就

中国近代海洋科学研究始于 20 世纪，研究的基础性工作是海洋观测与调查。稍具规模的一些调查活动，大多以海洋生物学为主，调查海洋生物、水产；在相关的海洋水文气象、地质环境的观测与调查方面，也取得了不少成就。观测与调查的重点，主要是山东半岛沿岸、渤海湾和胶州湾。

成立于 19 世纪末的青岛观象台，1911 年即把海洋潮汐观测列入主要业务之一，1928 年该台设海洋科，开始编纂青岛港潮汐表。这是中国近代潮汐观测与潮汐表编纂的开始。

在海洋调查方面，1922 年中国海军成立海道测量局，开始进行近海水道的海洋调查，至 1935 年，该局共绘图 30 余幅，编有《水道图志》一册。以海洋生物为主的海洋考察活动有：1927 年费鸿年、陈兼善组织中山大学生物系师生共 7 人进行海南岛沿海生物考察；1934 年中华海产生物学会组织海南生物科学采集团，由唐世凤率领沿海南岛各港采集生物，历时一年。从 30 年代开始，国立北平研究院动物研究所组织了我国第一次渤海和山东半岛沿海（北黄海）海洋学与海洋生物学调查，内容包括海洋物理、海洋生物和水产，调查报告于 1937 年 2 月出版。与此同时，1935 年 5 月至 1936 年 10 月，海洋动物学家张玺组织胶州湾海产动物采集团，对胶州湾及其附近海域进行了海洋物理、海洋化学和海洋生物调查。调查分四期进行，设调查站 460 个，获取标本 4 000 余号，报告论

文20余篇,出版报告4期3卷。

抗日战争期间,中国海洋科学研究几乎处于停顿状态。其惟一一次海洋考察,是1941年4～10月由马迁英、唐世凤等组织的福建东山海洋考察。除在东山岛考察外,唐世凤急盐民之所急,为纳取高盐度海水提高盐产,指导盐民生产,还在东山建立了验潮站。

青岛观象台自1928年设海洋科后,即开始对青岛沿岸海洋化学进行测定,主要是海水盐度,1935年还分析了胶州湾和山东北部沿海的海水盐度、PH和硅酸盐。

在海洋气象方面,竺可桢作出了重要贡献。他1916年发表《中国之雨量及风暴说》,论述海洋气候对大陆气候的影响,以及台风在中国登陆的途径;1925年发表《台风源地与转向》;1934年发表《东南季风与中国之雨量》,指出夏季风带来的水汽是中国大陆雨泽的主要来源,并论述了沿海天气现象与海洋环境因素变化的关系。

在海洋水文方面,蒋丙然编著的《中国海及日本海海水温度分配图》,给出了年平均等温线图、周年变差等温线图和各月等温线图12幅,并对海水温度变动的原因作了说明。

在海洋地质、地理方面,1911年白月恒发表《渤海的过去与未来》,这是中国学者首次对该海域的海洋地质开展研究。同年俞肇康发表《渤海地域之研究》,这是国内最早运用地壳变动观点的论文。此外,还有1930年叶良辅的《山东海岸变化之初步观察及青岛火成岩之研究》、1935年李庆远的《中国岸线升降问题》等。

在海洋地质学方面,马廷英作出了重要贡献。这一时期,他主要研究珊瑚化石的生长节律和古气候,1936年发表了《造珊瑚礁与中国沿海珊瑚礁的成长率》,1937年发表了《造珊瑚礁的成长率与海水温度的关系》,抗日战争期间发表了《亚洲最近时期气候的变迁与第四纪后期冰川的原因及海底地形问题》等一系列文章。

山东半岛近海海洋生物学研究，在多次海洋调查（主要在1935～1936年间进行）的基础上，主要在海洋生物分类、分布与形态研究方面取得了一些成就。在研究的内容上，以海洋鱼类、海洋甲壳动物和软体动物为主。这些调查报告，对于研究我国海域的海洋生物区系、水产资源以及海洋环保方面，都是重要的历史文献。

在促进中国近代海洋科学的发展中，中国的生物学家包括海洋生物学家们的贡献相当重要。著名学者有秉志、伍献文、童第周、王家楫、朱元鼎、陈兼善、陈子英、张玺、曾呈奎、郑重、朱树屏等。

在开创、推动近代海洋科学研究的学术团体中，主要有中国地学会、中国科学社、中华海产生物学会和太平洋科学协会海洋学组中国分会。此外，还有中国动物学会和中国地理学会。这些科学社团除通过学者从各自的学科角度从事海洋地理、海洋地质、海洋生物和海洋气象研究外，另一个重要贡献是推动海洋科学知识的普及，发表科普文章，举办讲习班培育人才。如中华海产生物学会于1931年在厦门大学成立后，每年暑期都在厦门举办海产生物讲习班或学术活动，取得了较好的效果。

值得一提的是，在不少学者的热心支持下，中国第一个海洋水族馆——具有相当规模的青岛水族馆于20世纪30年代建成，归青岛观象台海洋科管理，对海洋科学的发展，特别是对促进海洋生物研究和科学普及，都发挥了和至今发挥着重要的作用。

二、20世纪后半叶的中国现代海洋科学成就

中国的现代海洋学体系大致是在20世纪50年代初期确立的，重要的标志是，1952年全国高校院系调整，厦门大学海洋系与

青岛的山东大学海洋研究所合并成为山东大学海洋系，建系之初，第一任海洋系主任赫崇本教授便卓有远见地设置出海流学、潮汐学、海浪学三门专门的课程，迄今它们依然是物理海洋学的主要分支学科。到了50年代末，文圣常开创的海浪理论已趋完备，至60年代初，其《海浪原理》专著问世(1962年)。嗣后不久，景振华的《海流原理》专著出版。80年代初，一批批具有中国特色的物理海洋学专著大量问世，其中有陈宗镛的《潮汐学》(1980)，冯士筰的《风暴潮导论》(1982)，王彬华的《海雾》(1983)，文圣常、余宙文的《海浪理论与计算原理》(1984)，方国洪的《潮汐和潮流的分析与预报》(1986)等。

关于中国近海水文特征的研究。这是中国学者开展的最早的一个研究领域，主要学者是赫崇本、中科院院士毛汉礼等。早期的研究多限于时空分布，和在特定的天气过程之间找寻其发生、发展及其变化规律，并对海区的水团、水系进行划分。

赫崇本对海洋学基本问题之一的“水团”，特别是对黄海冷水团进行了充分的研究，对冷水团的形成、性质、季节变化以及它所能达到的范围作了系统论述。由赫崇本主编的《中国近海水系》，就是中国学者首次全面地论述中国水系、水团结构及其季节变化的重要文献，为中国随后开展的中国海域水系和水团研究奠定了基础。

毛汉礼在中国近海局部海域上作了更深入的研究，主要反映在对黄、东海水文状况和水团，对中国海温、盐、密度跃层等的专题研究上。毛汉礼与合作者首次提出了中国海跃层的研究方法。

70年代后期，对中国海水文的研究，已开始从海气相互作用和气候学的角度对全海区海洋水文特征进行系统研究，并出版了渤海、黄海、东海海洋图集。图集收集了1979～1986年温盐调查资料，中国沿岸及岛屿附近水位观测资料、海流和海浪资料，太平洋西部温、盐、密的时空变化及其与海流的关系资料，并把各种船只实测的海流资料汇编进来，遂成为中国近海水文特征调查研究的一整套经典性图集。

关于潮汐与潮流、海平面研究。20 世纪 50 年代初，根据当时国防和海上交通运输的需要，潮汐、潮流预报研究显得十分重要。1956 年海军航海保证部编印出了第一代潮汐表。随后，利用全国海洋普查资料，60 年代中期采用电子计算机作潮汐分析与预报，陆续编制出了渤海、黄海、舟山群岛附近和北部湾等 6 个海区的永久潮流表和半日潮流图，填补了中国海区潮流图的空白。这就是中国的第二代潮汐表。至 70 年代之后，中国的潮汐分析和预报的精度愈加提高，预报的范围已陆续扩大到太平洋及邻近海域，并包括全球各重要港口、重要航道、海峡的潮流等，具有当代国际水平。

海洋面的变化直接影响着我国的沿海地区开发、海岸带建设、海洋经济活动，甚至影响人类的生存。因而这一研究一直为海洋学家关注。

海平面变化是一种全球性的环境变化，它的变化是一个与物理、化学、气候、地质、海洋诸因素密切相关的问题。几十年来，学者们进行了大量基础性的工作，主要研究两方面的内容：一是海平面变化的自身规律，二是海洋面变化对沿海建设的影响。

中国沿岸海面总趋势是上升的，40 年来相对海平面变化速率平均约为 1 毫米/年，近 10 年来，特别是近 3 年来的平均海面呈更快上升趋势。学者们指出，海洋面上升后，受影响最大的区域是黄河三角洲、长江三角洲和珠江三角洲。近来的研究集中反映在以下几个方面：海平面上升预测模型、长期预测方法，以及致使海平面变化的因素等。

关于风暴潮的研究。中国是一个风暴潮危害严重的国家，但研究的起步较迟，始于 20 世纪 70 年代初期。其发展历程是，早期中国学者应用经验方法、数理统计、动力数值计算方法对风暴潮的发生、发展和风暴潮水位进行预报与研究，嗣后，组织全国风暴潮研究协作网，研究风暴潮的成因、机制，并与现场观测、验证、试报工作结合起来。在深入理论研究的同时，针对中国各海域的特点，更精确地提出了数值预报的各种模式，并付之应用。其中，中科院院士冯士筰与其合作者秦曾灏、孙文心等建立的一整套风暴潮系统理论和预报方法，特别超浅海风暴潮的理论和数值预报模型，独具特色，且行之有效，为中国独创，并处于国际领先地位。冯士筰于 1982 年出版的《风暴潮导论》，是国内外第一部系统论述风暴潮理论及预报方法的专著。另外，厦门大学等单位也提出了适合中国东南浅海情况的台风增水过程预报方法；国家海洋局第一海洋研究所的学者模拟北方寒潮天气形势下的各种风场，对黄海单纯风暴潮增水现象进行了数值计算，并考察到天文潮和风暴潮相互耦合的影响；国家海洋环境预报中心的学者在风暴潮准业务和业务预报上也做出了卓有成效的贡献。

在海流理论研究方面，冯士筰于 80 年代中期，在建立和发展浅海动力学上作出了重要贡献，取得了国际先进水平的研究成果。苏纪兰长期致力于河口港湾和陆架动力海洋学研究。他揭示了泥沙输运、污染物迁移、水体更新三者的关系，为中国海岸带开发提供了量化的科学选择。

在海浪研究方面，中科院院士文圣常作了奠基性工作。他从 20 世纪 50 年代起主要从事海浪谱的研究，60 年代中期提出的海浪预报计算方法，作为中国近岸工程设计和管理标准之一，已列入中华人民共和国交通部的《港口工程技术规范》。80 年代末，文圣常及其合作者的研究使风浪谱理论更臻完善。1989 年，文圣常又提出一种混合型的海浪数值预报模式，这是同时代中更精确、更简便的海浪数值预报模式。

黑潮研究。黑潮是中国海陆架毗邻的最大流系，无论热量还是水量，对中国陆架海都有重要影响，中国物理海洋学家对黑潮甚为关注。由于黑潮对太平洋东岸的海洋水文、气候、航运和渔业等都具有重要影响，因而沿岸各国和地区的海洋研究机构和学者对黑潮研究都具有浓厚兴趣。自 20 世纪 60 年代后，黑潮研究大多以国际合作的形式进行。80 年代中期至 90 年代初，中国国家海洋局与日本科学技术厅履行了为期 7 年(1986～1992)的“黑潮合作调查研究项目实施协议”，中日双方共出动调查船 11 艘，对东海黑潮、台湾暖流、对马暖流、黄海暖流、吐噶喇海峡以东海域及日本以南海域进行了大规模的海洋调查。两国学者出版了中日合作《黑潮调查研究论文选》5 册，两国的海洋资料中心共同出版了《中日黑潮合作调查研究海洋水文图集》7 册，还出版了《中日黑潮研讨会论文集》2 册等文献。

关于海冰研究。就中国海域来说，海冰现象出现在渤海和黄海北部，也是该海域上的一种灾害，直接影响海上交通运输、渔业捕捞和海上生产，因而，海冰研究主要是海冰预报研究，研究的学者主要集中在国家海洋局所属的各研究机构。自 1984～1985 年中国科学调查船首次进行南极和南大洋考察，并在南极洲乔治王岛建立“长城站”之后，中国开始关注南极海冰，并进行监测和预报，于 1989 年建立了南极研究与预报组，1992 年起正式发布“南极海冰年展望”。

关于海洋预报。自 20 世纪 70 年代中期以来，中国国家海洋环境预报中心等单位相继建立了若干数理统计海洋预报模式。由于数理统计预报方法比动力数值预报方法计算容易，因而在较长时间内是海洋业务预报中主要的，也是行之有效的方法。

国家海洋局海洋预报中心的巢纪平领导并建立了我国第一个海洋环境数值预报业务系统，承担了中国及其邻近海区的温度预报、海流预报、海浪预报、风暴潮预报、海冰预报、海洋上混合层预报,取得很大成绩,不仅在基础研究领域,而且在预报未来海洋变化过程的研究上也取得了长足的进步。

中国的河口海岸研究是一个比较年轻的领域。20 世纪 50 年代初以来,围绕河口的开发和治理,主要集中在对长江、黄河、珠江等大河的河口进行系统的观测、调查和研究;解决了河口治理中的一些实际问题。在理论上,早期主要是研究河口的拦门沙、冲刷槽、分汊潮波变形和环流。之后,随着研究的深入,又扩展到河口化学、河口生物、工程与河口生态环境、海岸带生物、海平面变化、海岸水文动力(包括海浪与风暴潮、流场、海水入侵)、海岸泥沙、海岸带沉积、海岸冲淤演变、海岸带地质、潮滩等内容。华东师范大学河口海岸研究所、青岛海洋大学河口海岸研究所等,是中国河口海岸研究的重要机构。

关于黄河口的研究,在黄河三角洲变迁,黄河流域的演变、黄河泥沙运移、黄河口水域水文物理特征诸方面均有较好的研究成果。其中,任美锷从沉积动力学的观点详细研究了黄河三角洲沿岸的泥沙运动规律,从而为胜利油田选定了港址。80 年代中期以降,黄河三角洲的研究十分活跃。中国与美国、欧洲开展了多项联合研究,有中美、中法等联合调查。目前已出版了一批专著。

关于珠江口研究,研究成果主要反映在珠江现代沉积环境、构造特征及地质地貌方面。90 年代以来,在解决洪、涝、咸、旱及淤积问题上也开展了多方面的专题研究。

关于海洋气象学研究。海洋气象学是研究海上大气的物理信息(尤其是天气、气候现象)和海洋与大气相互作用的学科。80 年代以前,中国海洋气象学主要的研究方向是不同海区的气候特征和预报方法。在我国,台风和台风预报的研究开展得比较早,采用的是天气图法和统计法。70 年代开始台风数值预报方法的研究,国家气象局等部门编辑出版了《台风路径及其一些统计》、《台风年鉴》等资料。

海雾研究从50年代即开始。60年代以来，对渤海海峡、黄海北部、东南沿岸的海雾分布及消长规律和中长期预报方法进行了研究。王彬华以中、英文两种文字发表的《海雾》专著(1983)对中国海雾成因、变化规律作了系统论述。

海气相互作用的研究，是随着中国海洋水文和气象研究的发展而日益活跃起来的学术领域，60年代开始研究东南沿岸海域热量平衡和西太平洋海面热平衡。70年代以后，研究重点是海面水温变化与我国陆域中、长期天气过程(如旱、涝、降水等)预报的关系，通过建立遥相关性，寻求预报陆域中、长期天气指标，并寻求南方涛动对东南亚环流和长江中、下游入梅迟早的影响。

海洋地质学，是一门理论性与应用性都很强的学科。由于国民经济发展的需要，自20世纪50年代开始，科学家们组织进行了广泛的河口、海岸、岛屿、陆架、陆坡以及深海大洋的地质和地球物理综合勘探调查。进入80年代之后，在海平面变动、河口海岸及三角洲的演化、海底地形、地貌、海底构造、沉积作用模式，古海洋学、海洋地球化学、海洋工程、海洋地质遥感、灾害地质等方面，均有重要的研究成果。80年代以来，中国实施改革开放政策，海洋油气业的掘起与开发，使中国海洋地质学、地球物理勘探获得了巨大的发展机遇。学者们从理论上深入探讨中国近海盆地的形成、演化和海底构造等问题，研究的成果对我国海洋油气业的发展起了十分重要的作用。

在海岸和海底地形、地貌研究中，半个世纪以来，科学家们坚持理论联系实际，为生产建设服务的方针，编绘了一批海岸和海底地形、地貌基本图件，并针对一些实际问题，如天津新港泥沙回淤问题，提出了综合治理方案。华东师范大学从研究河口的历史过程和现代演变规律入手，提出河口发育模式，为河口整治和规划提供了科学依据。特别是通过“六·五”期间的海岸带和海涂调查，“八·五”期间的海岛调查，获得了海岸带区域系统的多学科资料。

在海洋地质构造和海洋地球物理勘探方面，我国学者先后发现了渤海、南黄海、东海陆架、珠江口、北部湾和莺歌海、珠江口和东海陆架等盆地的工业油气流，为中国近海大陆架的油气勘探和开发开辟了广阔的前景。

在海洋生物学研究方面，中国的学者们在80年代以前主要从事基础研究，包括海洋生物分类、区系研究、海洋生态学研究和海洋实验生态研究。80年代中期后，由于中国开展了深海、远洋、特别是南极和南大洋调查，海洋生物学研究内容丰富多采。随着中国海洋开发的崛起，形成规模的海洋产业之后所出现的问题，使海洋生物学的研究又更具应用性，新的学科不断涌现。如海洋微生物学，研究内容有大洋和南极微生物、海洋油污染的微生物降解、海洋微生物和其他生物相互作用等；再如海洋污损生物学，研究内容有电站冷却污损生物研究、海洋油田开发区污损生物、人工鱼礁和网箱污损生物、污损生物腐蚀机理等。在海洋生物遗传学上也有很大进展，其中，海藻遗传研究已从80年代前以海带、裙带类的单倍体遗传育种，拓展到了褐藻、绿藻和红藻的遗传研究。在海产动物遗传研究方面，主要是开展了利用生物工程技术对海产动物的遗传进行改良的探索。90年代以来，中国海洋生物学研究进入了新的时期。1991年，中国得到联合国全球环境基金和世界银行的资助，制定了中国生物多样性行动计划，相应地，也制定了“中国海洋生物多样性保护行动计划”。随着中国政府于1992年在《联合国生物多样性公约》的签字，该行动计划迅速展开，并已取得显著成果。随着中国在大亚湾等港湾建立核电站，相应地，一门新兴的港湾生态学正在形成，国家已建立了中国科学院大亚湾海洋生物综合实验站。该实验站于90年代初经科学院批准正式向国内外开放。

中国海洋生物学的奠基人、学科开创者和著名学者主要有：曾呈奎（中国海洋科学先驱者之一、中国海藻学奠基人）、刘瑞玉（甲壳动物学家、底栖生态学奠基人）、刘建康（鱼类学家、淡水生态学先驱者）、伍献文（中国海洋科学考察的先创者、鱼类学与水生生物学先驱）、赵法箴（水产养殖学家）、张福绥（贝类养殖学、海洋生态学家）、唐启升（海洋生态学家、水产养殖学家）、方宗熙（海洋生物学家）、朱树屏（海洋浮游生物学家）、郑重（海洋浮游生物学家）、朱元鼎（鱼类学家）、张玺（海洋生物学家）、费鸿年（鱼类学家）、吴宝铃（海洋生物学家）等。他们所开创的研究主要反映在以下几个方面。

1. 海洋生物学分类与区系

在海洋植物学方面。中国的海藻研究，尤其是经济海藻类研究成绩斐然。中国海藻学奠基人曾呈奎及其合作者基本上搞清了中国海域底栖藻类的种类、分布及区系特点，提出了藻类系统发育的新论点和新的分类系统，编著有《中国经济海藻志》、《中国常见海藻》等，组织了海带、紫菜的人工栽培研究，协助生产部门建立了中国褐藻胶工业。

在海洋鱼类研究中，学者们系统地研究了中国海区的鱼类，已发现中国海区的鱼类有1200多种；基本上了解了软体动物的种类、形态、特征和地理分布等；在黄海和东海已发现桡足类超过200种；在中国近海已发现虾类超过300种，蟹类超过600种；在棘皮动物分类研究中，鉴定出海参纲40余种、海胆纲20余种、蛇尾纲约40种、海星纲约20种。在毛颚动物研究方面，在中国各海区已发现29种型，占世界种型的五分之二。对环节动物多毛类的研究，在渤海发现多毛类100多种，西沙和中沙群岛海域发现60

多种。

鱼类分类研究工作开展得较早,同时还开展了海洋鱼类地理学的研究,这方面的专著有《中国软骨鱼类志》、《黄渤海鱼类调查报告》、《东海鱼类志》、《南海鱼类志》、《南海诸岛海域鱼类志》等。

海洋生命物种的多样性研究成绩斐然。内地和港台40个单位、132名科学家对70年来中外学者在中国海域记录的物种进行了全面、系统研究和审定,从细菌至兽类,共确认20278个物种,每种含中拉学名、同种名、分布、根据文献和隶属的分类系统。《中国海洋生物种类与分布》一书已于1994年出版。

2. 海洋生态学

自20世纪50年代开始,中国学者对港湾生物群落进行系统研究,到了60年代,学者们已基本掌握了我国各海区浮游生物和底栖生物的分布与数量变动规律、群落区系特点及其与海区水系的关系。在个体生态学研究方面,对主要捕捞对象进行了系统的调查研究,对其生活习性、生殖习性以及洄游规律有了比较深入的了解。

3. 海洋生物工程和实验生物学研究

到80年代中期,主要经济海产动植物的实验生态学研究有了显著的进展,其中海带、紫菜和对虾、贻贝、扇贝、合浦珠母贝、大珠母贝,以及梭鱼等几十种鱼的实验生态学研究较有成效,成功地解决了育苗培育、育珠技术和人工养殖技术,获得了经济效益。海洋生物学家已经对海洋生物种类的组成、生活习性、季节变化中的分布和移动与海洋环境的关系等进行了系统深入研究。1987年中国科学院海洋研究所实验海洋生物开放实验室建成并对外开放;1995年联合国教科文组织中国海洋生物工程中心在青岛海洋大学海洋生命学院成立;国家海洋局海洋生物工程重点实验室历时6年筹建,于1997年建成后对外开放。这些机构的建立与开放,将会加速该领域的研究进程。

在海洋物理学研究方面，海洋遥感的研究与应用异导突起。70年代起，我国已经开始进行海洋遥感的应用研究，如在胶州湾，用遥感方法测量入海泥沙和污染物。80年代的中国海洋遥感研究主要是两个方面：海洋遥感的基础研究和海岸带遥感技术应用。基础研究包括遥感图像处理，海水光谱特性和微波散射特性、海洋遥感物理机制研究等。海岸带遥感研究主要是海岸线测量、滩涂面积计算、海岸带演化、悬移质运移、油膜扩散、海冰等与卫星资料的相关性研究。80年代末，1988年9月中国发射第一颗极轨气象卫星风云一号(FY-1)，卫星上设置了两个海洋水色通道，能反映丰富的海洋信息。与此同时，风云一号气象卫星海洋应用站、气象卫星数据处理微机系统、地理信息系统与遥感图象数据处理相结合的微机系统等相继建成，从而使中国海洋遥感的研究与应用进入新阶段。在此前后，新型遥感技术、多种形式的机载遥感仪器相继得以开发；海洋环境遥感监测与预报、海岸带与海岛环境遥感调查等都已开展。近10余年来，中国卫星海洋事业有了明显进展。如中国海卫星SST变化的调和分析，卫星海表温度数据网格化和同化方法研究等；在应用方面的研究更为普遍，主要集中在大河口(黄河、长江、珠江等)的淡水运移、泥沙扩散，近岸水域叶绿素分布，重大溢油事故中的油膜扩散、赤潮、中尺度海洋现象研究，南大洋风场研究等重要方面。

海洋水文化学和河口化学研究方面。20世纪50年代初开始，中国学者结合局部海区的渔场调查，进行了营养盐分析。随着我国几次全国性海洋调查的展开(如1958年9月至1960年12月进行的全国海洋综合调查，1980～1985年进行的全国海岸带及海涂资源综合调查)，全面开展了近海水域各种化学要素含量分布变化以及它们与海洋生物、水文、地质环境的关系的研究，并总结了各海区水文化学的特点。

由于河口三角洲是我国开发的重点，自80年代中期后，河口化学研究十分活跃。河口作为陆－海界面物质交换的重要场所，人类活动最频繁和生态结构相对脆弱的海区，一直受到重视。

另外，海洋环境化学也方兴未艾。它是从放射性污染调查开始起步的。70年代海洋环境化学的研究逐步深入，研究了中国近海各种污染物的含量、分布和迁移规律，污水排海的环境效应等。通过实验，研究各种海洋污染物以不同形式从大气和陆地进入海水、埋入海底沉积层、进入海洋生物体再返回大气、陆地的过程和运动规律；污染物随陆地河流入海后在港湾、河口发生的物理化学作用等。特别是在石油和有机污染研究，石油污染生化监理技术、排海污染物和海洋倾废的环境污染研究方面，都取得了较好的成果。

进入90年代以后，中国海洋环境化学的一些研究项目已纳入国际合作研究项目，一些项目已取得良好效果。其中有1992年全面开展的"全球变化中的中国近海环境变化"项目。

为支持与响应国际环境与发展研究，中国强化了陆源污染物对近海环境影响的研究。其中，特别强化了对城市生活污水海洋处置(排海工程)、固体废渣海洋倾斜(海洋倾废)和海洋富营养化以及合成有机物等的研究。

关于海洋药物学研究与开发。现代概念的海洋药物系指来自海洋生物资源和矿产资源的药物。但就当代的研究与开发来说，主要还是侧重于海洋生物资源。当前海洋药物研究的内容包括：海洋现代药、海洋中药及中成药、海洋卫生材料、海洋保健食品及海洋药用添加剂等方面。

中国对海洋药物的现代研究始于60年代前后，但发展相当迅速。1980年在中国药学会中成立了"海洋药物学术组"；1981年创刊了在中国乃至于世界上也是惟一的海洋药物专业性杂志，现名为《中国海洋药物》；一些专业研究机构在沿海各大城市，甚至是内地城市相继建立；学术活动也十分活跃。相关的学会机构如"中国海洋湖沼学会药物学分会"、"中国航海医学会海洋生物工程专业委员会"、"中国生物工程学会海洋生物工程专业委员会"等先后建立。一些海洋制药企业陆续建立或扩大规模，除青岛是中国海洋药物较早的研究与生产基地外，在山东的烟台、莱州，以及广东、广西、江苏、浙江、辽宁、福建、海南、上海、北京、河北，甚至在四川、湖北、黑龙江等，都有一批从事海洋药物生产的企业。许多些高校组建了相关的专业、系、所、中心等研究机构，如青岛海洋大学，中国药科大学，中山大学，南京中医药大学、清华大学等。在海洋药物的研究与开发中，青岛海洋大学是一个重要的中心。中国工程院院士、青岛海洋大学校长、华海药业集团董事长管华诗研制开发出了"PSS"（藻酸双脂纳）等系列新药，早期创立了"海洋药物与食品研究所"，1995 年组建成"国家海洋药物工程研究院"，1996 年经国家科委批准，又创建了"国家海洋药物工程技术研究中心"，并培养了一批又一批这一领域的博士人才。

第十章 *海洋经济活动*

第一节　中国的海洋经济历史与当代战略

一、中国海洋经济的历史回顾

早在原始社会时期，生活在我国沿海地区的居民就已开始利用海洋资源了。文物古迹证明，早在4000多年前，沿海地区的居民就大规模采拾贝类作为食物，并开始“煮海为盐”。至夏、商、周时代，我国沿海渔民已创造了很多种渔具和捕鱼方法，从事渔业生产。秦汉以后，海洋渔业、海水制盐和航海事业有了长足进步，沿海居民“靠海吃海”，内部分工已比较明确。隋唐以至宋、元、明、清各代，海洋经济主要是在制盐、捕鱼、造船、航海这些传统产业内进行量上的扩张，海洋经济组织结构至明清时才出现资本主义生产关系的萌芽，但由于过于强大的封建制度的束缚，未成什么气候。明代大航海家郑和受命组织了当时世界上最为壮观、先进的庞大船队，进行了最长距离的远洋航行，探索了通往印度洋沿岸各国的新航线。但这种非经济目的的航行及新航路的发现，并未能刺激起我国的航海贸易，使之成为激活国民经济的重要因素。郑和航海很大程度上是封建王朝显示国威、炫耀国力的一种形式。至近代，我国因在海洋上衰弱了，在列强的大船大炮下拉开了丧权辱国的近代史序幕，但毕竟国人由此受到了强烈的刺激，悟出了“师夷长技以制夷”的道理，有识之士开始自强求存，“实业救国”。我国海洋经济就是在这样的大背景下得以发展的。从这时起，我国开始制造机动船舶，用来运货、载客，航行于沿海以至东南亚；开始用机动船舶进行近海捕捞；盐化工业的发展推动了海盐制取业的发展。《渔业法》(1929)、《公海渔业奖励条例》等海洋渔业法规出台，无疑是一个进步，尽管尚未得到真正的实施。1936 年，我国海产品产量约达 100 万吨，创下近代记录。但由于西方列强挟不平等条约及“海外法权”的护身符，加上其经济实力雄厚，管理技术先进，国际贸易、沿海和远洋运输等海洋经济项目，几乎都被它们垄断，加上我国连年抗日战争和国内战争对整个经济的影响，至 1949 年新中国成立时，大陆轮船只有 23 艘，总吨位 3.4 万吨；全国海产品约 40 万吨，比抗战前的最高年份减少 60%；全国绝大部分港口破烂不堪，港池航道淤塞，海洋经济一片残败之相。

1949 年后，新中国政府对海洋产业进行了全面的恢复工作，并使之逐渐发展壮大。至 1978 年时，已形成了包括传统产业和新兴产业的门类比较齐全的海洋经济体系，海洋经济在整个国民经济和社会发展中的地位日益重要。但由于西方资本主义国家的封锁扼杀，我国的远洋运输业、对外贸易十分微弱，海洋石油工业尚未进入工业化商业化生产,海洋旅游业十分薄弱,海洋药业几乎谈不上,海洋经济依然处在较低水平上。

我国作为一个海洋大国,拥有绵长的海岸线和丰富的海洋资源,处在太平洋经济圈的重要位置上,但我国自明清以降,原来作为一个海洋强国的地位开始下降,成了一个海洋弱国,在世界海洋强国的竞争中被远远甩在了后面。今天,我国被国际海洋"万国竞渡"的又一轮高潮所惊醒,这个世界上最大的人口群体正在抖擞精神,重返海洋强国之林。

1978年以来,我国实行了改革开放政策,沿海开放战略得以制定和实施,海洋经济发展进入了快车道。一个以沿海地带为先导的全方位、多层次的对外开放格局逐渐形成。到今天,极具发展潜力的沿海地区,以占全国13%的土地面积和占全国40%的人口,创造了60%的国民生产总值。这其中,海洋经济的飞速发展起了重要的作用。

我国沿海海域面积和大陆架面积约合41亿亩,是我国陆上可耕地面积约20亿亩的2倍。这其中海洋渔场面积有22亿亩,大约相当于全国现有耕地的总面积。而且在有些海域,单位面积产值是高于陆地田园的,比如一亩"海洋田园"养殖对虾的产值,约是一亩陆地田园粮食作物产值的8倍。海洋田园还可以立体利用——即可以在海水的中下层进行藻类、鱼虾、贝类、海参、鲍鱼等的立体养殖,经济效益很高。海洋有巨大的动植物生产能力,巨大的水体简直就是一个浩淼庞大的立体海洋生物工厂。人们既可以捕鱼捞虾采藻,又可以采用改善水质、人工放流鱼虾蟹苗等办法,提高海洋生产力,还可以在划定海域、岸边进行大规模工厂化产业化养殖,以获得高产优质的海洋水产品。

另外,我国海洋同样是一座大规模的矿产、能源宝库,其中的油气资源被世界海洋油气专家预测为海洋油气丰富的地区。综合各方预测估计,我国海域石油资源储量约451亿吨,现已探明储量16亿吨,天然气资源量约14.1万亿立方米,已探明储量3 086亿立方米。我国滨海砂矿的种类达60种以上,具有工业开采价值的矿种主要有钛铁矿、锆矿、金红石、独居石、磷钇矿、铌(钽)铁矿和石英砂等。滨海砂矿探明储量约15.25亿吨,其中,金属矿产为0.25亿吨,非金属矿产为15亿吨;在南海海底还发现有3 200平方千米的锰结核富集区;据估计,在黄海、东海和南海还可能有含金、银、铜、铝、锌等贵金属的海底热液矿床。目前我国已开采的海滨矿床有30多处,年产量达50多万砘,已开采矿床只占全部探明储量的5%,因此资源潜力很大。我国海洋的可再生能源即海洋动力能源,在实践上已解决或理论上有开发利用价值的,有潮汐能、波浪能、海流能、温差能等。我国海洋的潮汐能量为1.1亿千瓦,年发电量可达2 750亿度;波浪能理论功率约为0.23亿千瓦;海流能可开发的装机容量为0.18亿千瓦,年发电量270亿度。黑潮动力资源也很可观。我国的海水化学资源数量巨大,价值可观。一是海水制盐和以盐为原料发展盐化工业。我国有丰富的含盐量高的海水资源和盐浓度高于海水3~6倍的地下卤水资源,其中仅莱州湾地区的卤水总净储量就达74亿立方米。我国海盐产量一直位居世界第一。二是海水溶存的有用矿物元素的提取,如海水提溴、碘、钾、铀、锂、氢、镁等,均是不久的将来大有前途的海洋开发领域。另外,广阔的自然造陆地区——空间资源,也是海洋赋予我国的重要资源。

我国人口稠密,空间资源十分宝贵,开发利用海洋空间,可大大缓解陆地拥挤的状况。我国海岸潮间带的滩涂约2万多平方千米,可供养殖的15米水深线以内(以浅)的浅海面积约12.4万平方千米,目前已利用20%左右。我国海岸带还是一片广阔的自然造陆地区。由于入海江河多,挟带泥沙量大,河口滩涂平均每年淤长约23平方千米。这种河流入海的现代沉积,为我国增加了新的土地资源。另外,修建海上机场、架设跨海大桥、修建海上人工岛及海底建筑、修建海底隧道、发展海上运输、铺设海底电缆、兴建海上城市等,均是人类开发利用海洋空间资源的好方式,在我国也有美好前景。同时,我国所拥有的魅力无穷的海洋旅游资源,也非常可观。18 000千米美丽的海岸线,6 500多个神采各异形态万千的大小岛屿,滨海各具特色的人文景观,蕴藏着巨大的旅游资源潜力,利用得好,可休闲娱乐,扩大就业,创收外汇富国富民。还有,海洋生物又是医病健身的海洋药物来源和海洋保健品原料来源。随着我国科技的进步、人民需求水平的提高和综合经济实力的增强,海洋资源利用的广度、深度会不断加宽加深。海洋为中华民族的生存与发展提供了新的空间、新的资源、新的希望。

我国进一步发展海洋经济、建设海洋经济强国的外部条件也已经形成:

第一,海洋政策、规划和法制建设逐渐步入正轨。政府职能部门自 1988 年以来,相继制定了《全国海洋功能区划》、《全国海洋开发规划》、《中国海洋技术政策》、《中国海洋 21 世纪议程》等,编制了海洋开发、海洋环保等中长期计划;为了加强海洋管理,国家立法权力机构批准颁布了重大涉海法律、法规 28 个,包括维护海洋权益、保护海洋环境、协调海洋资源开发利用、强化海洋和海岸带综合管理等。这些法律、法规的颁布实施,较好地规范了各地的海洋开发活动,为海洋管理和维护国家海洋权益提供了法律依据,为海洋经济的有序发展创造了条件。

第二,海洋综合管理得到改善。这包括:逐步实行了开发用海确权登记制度;建立了国家级和地方级海洋自然保护区;对海洋环境进行了监测、监视和发布环境质量公报;实行了海洋倾废凭证制度;加强了海洋工程建设管理;强化了海洋行政管理部门的组织建设等。

第三,建立了海洋公益系统。已组建成了一个初具规模的海洋观测预报网络,以对我国各海域环境进行常年观测,定期发布海洋灾害公报;各环境预报中心及时发布海洋预报警报,为海洋交通运输、海洋开发、渔业活动以及沿海地区的经济活动、人民生活,特别是在减灾方面作出了贡献;建立了国家对海洋宏观经济、海洋资源、海洋环境、海洋灾害、世界海洋经济、海洋法规和科技情报、海洋科技文献等海洋信息进行搜集、传输、处理、管理和服务的信息系统,并通过 INTERNET 进入信息高速公路,加速了国际间海洋信息的交流交换。

二、建设"海上中国":当代中国的海洋经济战略

目前,再造一个"海上中国",已经成了我国沿海各省(市、区)和全国许多有识之士的积极主张,并逐渐变成实际行动。

1986 年,辽宁省提出了建设"海上辽宁"的战略构想。

1991 年,山东省七届人大四次会议的报告将"海上山东"描述为:"山东省海岸线长达3 000多千米,占全国的 1/6,近海面积 17 万平方千米,比陆地面积还大;山东又是全国海洋科研机构、科研人员最集中的地方。大力开发海洋资源是振兴山东经济的重要内容。要提高海洋国土和海洋资源意识,贯彻海陆并举方针,保护近海生物资源,加强海水养殖、海洋捕捞、海洋化工、海洋能源、海洋矿产、海洋交通的研究开发。近海重点开发利用1 980万亩浅海滩涂。经过长期不懈的努力,逐步实现'陆上一个山东、海上一个山东'的战略设想。""海上山东"战略的提出,在国内外引起强烈反响,"海上山东"被国外新闻媒体称作"山东在海上再造一个山东"。

海南省在建省时就提出"以海兴岛、建设海洋大省"的战略。

广西于 1992 年提出了"蓝色计划",按照中央的部署,正在把

北部湾建成大西南的出海通道。

广东在1993年提出了发展海洋产业的构想，在重点开发海洋渔业资源的同时，加快海洋矿产资源开发和岛屿的建设，建设“海上广东”，以弥补广东陆地资源的不足。

福建省各行各业掀起共建“海上福建”的蓝色大潮。

江苏发出“向海洋进军”、“向滩涂要宝”，建设“海上江苏”或“海上苏东”的号召。

浙江也是如此。

上海海岸线很短，他们提出以沿海区位优势带动外向型经济发展的总体战略，把浦东开发与海洋开发紧密结合起来。

河北省提出“立体开发海洋”的设想和“陆海经济齐抓”的战略。

吉林省没有海岸线，基于对海洋重要性的认识，他们主动请求图们江的出海权，向联合国开发计划署提出了在图们江地区设跨国经济特区和开发图们江的设想，并且得到了国际组织和有关国家的认可。

即使远离海边的北京，也与河北的唐山市联手，扩建唐山港，寻求自己的出海口……

改革开放后，沿海各地乘改革开放的东风，充分发挥滨海区位优势，大力发展海洋运输、海洋捕捞、海水养殖、滨海旅游，发展对外贸易，发挥海洋潜力，使沿海经济区成为全国最有活力、经济增长最快的地区。

一个“海上中国”，正在中国人的面前呼之欲出。所谓“海上中国”，就经济方面来说，就是要确立我国经济发展的陆海并重战略指导思想，由单纯以开发陆地为主转变到陆海整体开发、陆海开发并重上来，把海洋开发作为国民经济建设的重点方向，使我国海洋资源优势转变为社会经济优势。同时，“海上中国”战略注重把海洋产业、沿海城市的辐射作用放在重要地位，通过海洋产业的发展带动沿海经济的发展、沿海经济的发展又推动海洋产业的发展，把我国陆地国土特色和海洋国土的潜力、优势都发挥出来。

建设“海上中国”，可以使华夏儿女在经济领域乃至生活空间上回归海洋，这是解决人口膨胀、资源短缺、环境恶化三大危机的有效途径。

建设“海上中国”，对优化海洋产业的结构和布局，促进我国海洋经济的可持续发展，具有重大作用。海洋经济发展将会带动海洋产业结构变化，形成新兴海洋产业和产业群，如海洋油气产业、海洋信息业、海洋工程服务业等，这又会带动和促进相关的钢铁、冶金、机械、材料、电子等工业的发展，从而使产业结构不断优化。

建设“海上中国”，还可以充分发挥海洋区位优势，强化我国外向型经济的主体部位——沿海经济，强化沿海地区的经济实力和经济外向性，充分发挥沿海地区内引外连的区位优势，带动内陆腹地的经济发展，促进全国经济更多地参与国际经济交往。

建设“海上中国”，壮大海洋经济，增强沿海以至全国经济、国防实力，也有利于维护我国的海洋权益。

关于建设“海上中国”的目标，已有学者提出了鼓舞人心且可望可行的构想①：

依托“黄金”海岸带，建立起布局合理、结构优化、以市场为导向、外向型、现代化的海洋经济体系，使中国沿海地区成为环太平洋经济圈的重要一环，进入国际经济大循环的前沿；经过 20～30 年的努力，使占中国国土面积 1/4 的海洋国土，总产值达到国民经济总值的 1/4，使海洋产业能够承载全国人口的 1/4 甚至更多，从而使华夏儿女在拥有一个 960 万平方千米的“陆上中国”的同时，

① 王诗成《龙，将从海上腾飞》，青岛海洋大学出版社，1997 年。

拥有一个依托于我国所属300万平方千米海域而生存和发展的“海上中国”。

实现上述目标估计需要20～30年时间,可按30年规划,分为三步走:

第一个10年(2001～2010年)实现海洋经济总产值占国民生产总值10%以上,为海洋经济大发展奠定基础;

第二个10年(2011～2020年)是全面发展阶段,争取海洋经济总产值占国民生产总值18%以上,使海洋经济产业结构合理,发展重点突出,各自优势得以充分发挥,为海洋经济产业全面腾飞创造良好基础;

第三个10年(2021～2030年)是海洋经济全面腾飞的阶段,经济总产值达到国民生产总值25% 以上,“海上中国”得以实现,中国由一个海洋大国跨入世界海洋经济强国行列。

第二节　世界海洋渔业与运输业

一、世界海洋渔业

过去说到海洋对人类生活和经济发展的作用,大家常用的词儿就是“渔盐之利”、“舟楫之便”。对于“渔盐之利”之“盐”,我们人类谁也离不开。这里,我们着重看一看“渔盐之利”的“渔”(广义的渔,即海洋水产)。

纵观世界人口发展史,可见两大特点:一是持续增长,二是增长越来越快。在人类形成的初期,由于生存技能十分低下,平均寿命可能不超过10岁,人口增长十分缓慢。大约在10 000年前,人口增长开始加快。据初步研究，在公元前不久，世界人口约为2.5～3.5亿。到1650年，世界人口约为5～6亿，1750年为7.25亿，1850年为11.9亿，1950年为24.8亿。上面的数字显示，公元前不久到1650年近两千年的时间里，人口才增加约一倍。1650～1750年这100年间，人口增加1.75亿；1750～1850年这100年间，人口则增加4.65亿；1850～1950年这100年间，则人口增加12.9亿。进入20世纪的后50年，人口增长速度最快。1850～1950年仅100年时间，人口就增长一倍多。进入90年代，世界人口每年又以净增约7 000万人的速度上升。1991年世界人口54亿，到现在，人口已接近60亿。据统计资料，目前世界人口正以2%的速度增长，也就是说，每年净增加人口7 700万，即每天增加20万。如果照这个速度继续增加下去，到2025年世界人口将达85亿，到2050年则将达到100亿。

这么多人，每天都要吃饭。食物短缺将成为世界性难题。专家们为此大伤脑筋。人类是不幸的，仅靠陆地上的食物生产能力供养日渐增多的人口可谓困难重重，前景并不光明；然而人类又是幸运的，大自然赐予人类一片广阔的海洋，神秘的海洋中蕴藏着丰富的食物，这是人类的后备粮仓。

按照国际上通行的划分方法，世界海洋分为十多个大渔区，即太平洋和大西洋各分西北、东北、中西、中东、西南、东南几部分，印度洋分为东、西两部分，还有地中海、黑海及南极海海区。这种划分是极粗略的。按渔业资源的丰富程度，又可把世界海洋分为四大渔场，即北太平洋渔场、东北大西洋渔场、西北大西洋渔场和秘鲁沿海渔场。

世界海洋渔业资源可利用的潜力到底有多大？科学家们有种种不同的估计。联合国粮农组织(FAD)对世界海洋渔业资源每年可捕量的估计为：经济鱼类为1.04亿吨，经济甲壳类230万吨，头足类1 000万至1亿吨，灯笼鱼类1亿吨，南极磷虾1亿吨以上。即便不把南极磷虾计算在内，全球海洋渔业资源的每年可捕量也比目前全球渔获量高出两倍多。这说明，世界海洋渔业资源仍具有较大潜力，海洋捕捞业的继续发展有着坚实可靠的资源基础。人类为增加食物供应，增加蛋白质供应，改善食物结构，提高生活质量，完全可以面向海洋，开发海洋渔业资源。

1. 获取海洋水产品的两种方式：海洋捕捞和海水养殖

人类最早开发海洋水产资源的方式是海洋捕捞。其中近海捕捞最早开始，成为主要的、基本的方式。这种状况一直延续到今天。这不仅因为海洋渔业资源主要分布在大陆架水域即近海，还因为人们在早期阶段的捕捞手段、技术处在较低阶段，适合于近海作业。至今人类获取的90%左右的海洋渔业产量，仍然得自于近海。目前，有经济和科技实力的一些国家，都日益关注远洋捕捞业，希望获取更多份额的人类共有渔业资源。

20世纪后半期，世界海水养殖业也发展较快。海水养殖品种以藻、虾、贝、鱼四大类为主。海水养殖产量约占世界海洋渔业产量的13%。目前世界海水养殖正朝着大规模、集约化方向发展，而分子遗传学和基因工程等高科技的发展和应用，水产品需求市场的日益扩大，已使海洋养殖业呈现出了更加美好的前景。

2. 我国的海洋渔业

我国沿海由渤海、黄海、东海和南海四个海区组成，北起鸭绿江口，南至北仑河口，海洋生物品种和数量相当丰富。我国的近海水质肥沃，是各种海洋动物栖息索饵、生长、产卵的良好场所。我国海洋捕捞量的90%来自近海海域。据科学估算，我国近海及毗邻海域渔业资源可捕量（指在不破坏生态平衡，可以保持渔业资源自身再生产能力的前提下每年可捕捞数量）为400～470万吨，是世界重要的渔场之一。我国还有水深15米以内的浅海滩涂2亿多亩，全国流域面积在100平方千米以上的天然河流有5 000多条，给海洋带入大量有机质，适于鱼虾和贝藻类繁殖生长，具有发展海水养殖的良好条件。

从建国至今，中国海洋渔业经过数十年的曲折发展，取得了较好的成绩，尤以改革开放以来成就最为辉煌。20世纪90年代初，全国的海洋水产量是50年代的大约10倍，90年代中又有大幅度增长。1985年，由中国水产总公司组成的第一支远洋渔业船队，启程开赴西非海域捕鱼，从此揭开了中国远洋渔业发展的序幕。自此，我国海洋捕捞业形成了近海、外海、远洋捕捞共同发展的格局，海洋捕捞量至90年代中期，已居世界第3位。

再看我国的海水养殖业。它也是在1979年以后走上快速发展的道路的。1978年海水养殖产量为45万吨，占海洋水产品总产量的11.8%；10年后，即1988年，总产量达到142.5万吨，占海洋水产品总量的23.5%。90年代后，中国连续多年成为世界海水养殖第一大国。养殖品种有海带、扇贝、紫菜、贻贝、鲍鱼、蛏、牡蛎、蛤、海参、对虾、梭鱼、罗非鱼等几十种。近年来，中国海水养殖的品种结构不断优化，鲍鱼、海参、对虾、名贵海水鱼、扇贝等经济价值较高的品种比重不断提高，初步形成了以虾带贝，以贝保藻，以藻养珍的良性循环。

3. 世界海洋渔业目前存在的问题

滥捕使世界海洋渔业资源面临危机。世界对水产品需求的增长导致其价格上涨，刺激、诱使人们突破政府管制、法律限制，大量地捕获海洋渔业资源。人们滥捕的行为表现主要是：①在近海过度捕捞、使用一些"竭泽而渔"的渔具，网眼越来越小，大鱼小鱼一网打尽，破坏了渔业资源的再生能力；②一些渔船装备起来去远海捕捞，从深海里捕来一些稀有鱼种。这类鱼繁殖十分缓慢，任意捕捞，会使这些深海鱼种有可能早早灭绝；③捕捞品种结构失衡。世界海洋中可供人类捕捞的鱼类品种有500多种,甲壳动物、软体动物等有几百种,可世界渔业捕捞对象却大量集中在几十个品种上,其结果是,这些品种的再生能力受到严重威胁。

人类的过度捕捞和现代工业的发展也给海洋带来了种种污染,使世界海洋渔业资源受到了严重危害,许多捕鱼区内的水产品资源不能维持再生平衡,出现了衰竭趋势。在暹罗湾、东南亚的一些海域、北海的南部和地中海的北部等近海渔区,资源衰竭趋势已十分明显。一些科学家认为,在世界上十余个大的渔区,这种衰竭趋势都已出现。

这种情况在我国近海渔业中更是十分严重。在海洋渔业产量迅速增长并成为世界海洋渔业大国的背后,是近海渔业资源和海产品质量的严重衰退。这是由于过度捕捞等因素造成的。"船多鱼少"现象十分明显。更令人担忧和气愤的是,一些人采取了对渔业资源极其有害的电、炸、毒等非法手段获取鱼类:一些拖网渔船非法使用电拖网、电推网,滥捕鱼类,有的则用炸药雷管装制炸瓶炸鱼,还有的用剧毒物配制成饵料毒杀鱼群。其必然结果便是渔业资源和海产品质量的严重衰退。

人类在这一问题上的出路何在?从单纯的狩猎式渔业(捕捞)变为与耕作式渔业(养殖),双管齐下,这是人们利用海洋生物资源的一个飞跃。自20世纪60年代以来,不少国家提出并实施建立"海洋牧场"、"海洋农场"、"栽培渔业"、"海洋渔业农牧化"等耕海牧渔的政策和措施,已取得显著成果。

4. 生态渔业——可持续发展的渔业生产方式

生态渔业,是根据生态系统内物质循环和能量转换规律建立起来的渔业生产结构。任何生物都是在一定的生态系统内生存着,它的生长、发育、繁殖受到系统内其他生物及非生物环境的影响,既相互依存又相互制约。在生产中,利用各种营养物质的循环关系、各种生物群落的天敌和食物链与养殖对象的关系，各种动植物与环境的关系等，建立和谐互补的生产方式，走海洋生态渔业的道路，是人类开发海洋渔业资源的必由之路。生态渔业的优势在于：它主张在海洋开发中，特别是海水养殖中，从生态平衡这个角度来考虑增加养殖品种和它们各自的规模，而不追求单一品种的最大规模和最大产量。这对解决现实中存在的由于对海水养殖的单项过度开发造成的区域生态环境恶化、生产力下降问题，无疑是一剂良方。生态渔业是海洋渔业可持续发展的科学生产方式。

二、世界海洋运输业

近世以来的西方殖民主义历史已经终结，应为我们唾弃；但其海洋运输业对其国家经济发展的作用，却给我们以启示。历史的车轮运转到今天，没有哪一个沿海发达国家是海洋运输业不发达的；也没有哪一个国家海运业发达而国家却一贫如洗的。海洋运输在海洋分隔的陆地间架起了无数条桥梁，它使世界资源在全球范围内合理流动，产生最大的效益。

1. 海运业的优势

海洋运输是海洋空间利用的最重要的一种形式，是把海洋作为运输路线，利用船舶作为运载工具或拖运工具在海面上进行的一种经济活动。海洋运输既包括船舶自载自航的客货运输，也包括海上的拖带运输。海洋运输业作为海洋传统产业之一，是海洋经济的重要组成部分，是一个具有重大经济、政治、军事意义的产业部门。在人类的发展史上，海上交通曾为人类文化和经济交流、物质文明和精神文明的发展作出过重大贡献，是人类经济生产中的重要产业部门。在世界生产力迅速发展、国际间经济交流日益频繁、经济国际化已成为势不可挡的世界潮流的今天，海上运输更加成为世界经济发展的重要支柱，是世界交通运输业的最大动脉。

广阔的海域、海岸带、优良的港湾是沿海各国发展国民经济的重要战略资源。

海洋运输主要是通过船舶实现沿海各国、各地区间的客货交流的。与陆路运输、航空运输等方式相比,海洋运输有如下的优势。

第一,海洋运输是大容量洲际运输的惟一的交通运输方式。世界人口和资源分布不平衡,各地区、各国生产力发展水平不一样,这使得各国经济的发展日益依赖于国际贸易,而海洋运输是国际贸易货物运输的主要渠道。今天,国际贸易货物运输量的75%,货物运输周转量的95%是由海运承担的。

第二,由于世界自然地理条件,即各主要大陆为海洋所分割,海运作为大容量洲际交通的惟一工具,具备特有的便捷、经济的优势:

1) 17世纪荷兰学者格劳秀斯阐述的海洋自由学说,几个世纪以来逐渐为世界各沿海国家所公认。根据这一学说,一切商船有权航行于公海、各国领海,并进入各国对外开放的可供安全停泊的港口。这一公认准则使得在国际交通中,海运成为较其他运输方式更为方便、更为便捷的运输方式。

2) 海洋水体是一个整体,水体空间大,因而海洋运输距离长,范围广。从理论上讲,它完全可以有无限条航道同时航行,而不像铁路运输那样受单轨、双轨和路基铺设的限制。许多地区是被大洋隔开的,或是陆地相连但道路曲折,实际距离长,不像海洋运输那样基本上可以直线航行。海洋运输可以承担起大宗货物跨海过洋的运输职能。

3) 航空运输虽也可跨海过洋,但运量小,成本高,只适合于客运和少量价值大的货物。而海洋运输运量大,成本低,耗能少,能提供量大价廉的运输服务。船舶主要是在海上的自然航道航行,用于航道的投资比用于铁路、公路的投资少得多，而且其通过能力几乎不受任何限制。因此，海上运输可以实现大吨位、大容量、长距离运输，并大大降低运输成本。例如，一列普通列车满载时的货运量通常是0.3万吨，而目前世界上最大船舶的载重量在60万吨左右。如和汽车的运输能力相比较，一艘这样的船舶可大约相当于载重8吨的汽车7.5万辆。

4) 海洋运输的劳动生产率一般要高于陆路运输。有人计算过，在通常情况下，近海运输的劳动生产率是铁路运输的5倍，远洋运输的劳动生产率则更高，一般是铁路运输的10倍以上。

第三，海洋运输是保障国家经济独立、促进对外贸易的重要手段。在世界经济一体化、国际化趋势越来越强化的今天，各国经济的增长愈来愈依赖于对外贸易的发展。各国日益增长的对外贸易必须有强大的海运船队承担运输职能。正是海上运输为许多国家运进运出了发展生产不可缺少的大量原料、燃料，并运来运去了他们的产品。海上运输甚至可以说是国家的经济动脉。依靠中东原油供应国内燃料的一些西方国家，曾一度把中东原油运输航线比之为他们的"海上生命线"。

第四，从军事上来说，一支强大的海上商船队是一支强大的海军所必不可少的后备力量。这不仅因为，像两次世界大战期间那样，参战国往往需要征用商船用于战争，或像英国在1982年英阿马尔维纳斯群岛之战中那样，把商船直接征用于战争，还因为，发达的航运业是一个国家发达的造船业所必不可少的支柱，而发达的造船业是建立本国强大海军的必要条件。

当然，海洋运输也有局限性。一是受水文、气象等自然条件影响比较大。海洋运输由于受雾、风、浪、流、潮等自然因素影响，往往船期不如行车的时刻表那样准确，并且海上风险也比陆上要大些。二是海运速度较慢。三是海洋运输也有区域局限，它的起点和终点只限于海洋沿岸和江河沿岸，需要与陆上交通运输联运才能达到内陆各地，因此，海洋运输周转环节比较多。

2. 海运业如虎添翼：集装箱运输

当前，除大宗散货、石油等特殊商品外，集装箱运输是国际间货物运输的最主要、最普遍的方式。国际集装箱运输是以国际统一规格、标准化的、可重复使用的特制金属货箱为载货媒体，将运输货物装入箱内，并以箱为运输过程中的最小单元的特殊运输形式。集装箱运输具有装卸效率高、运量大、运输速度快、货运质量好、运费低、可门到门运输等主要优点。具体说来，有如下几个方面：

第一，实现了运输对象标准化，从而为运输机械化、自动化、规模化提供了前提条件。集装箱运输把过去种类纷杂、形态各异的货物，简化成以箱为单位的全球统一的标准运输单元，从而使货物运输实现了高度机械化、自动化、专业化的工厂式流水作业。另外，国际统一标准的集装箱，为装卸、运输设备的专门化提供了条件。适用于标准集装箱的专业装卸机械、专用车辆、船舶、码头、货场等，使货物装卸、运输效率得到巨大提高，扩大了货运规模。集装箱与传统杂货装卸相比，装卸效率可提高十几倍、几十倍以上，缩短装卸时间90%左右。

第二，便于多式联运。这是它最突出的优势。集装箱运输的装卸机械、车、船等都是专用设备，货物都是以集装箱为单位的标准件，在海、陆、空各运输方式中，从一种运输工具转移到另一种运输工具上（即换装）十分方便，并且货物从发货地装箱封箱直至运抵货主仓库，中途无论变换何种运输工具，都无需开箱检验或移动箱内货物。这就是通常所说的“一票到底”。

第三，可节省各类费用，降低运输成本，缩短货运周期。集装箱为水密、坚固的特制金属箱，不怕风吹、日晒、雨淋、水浸，不怕碰撞、遗失、被盗甚至火灾，对箱内货物具有极好的保护作用，可以做到基本上无货损、货差等，可以节省货物的索赔、保险等费用。集装箱运输的货物在转运中无需仓储，可节省货物仓储费用。集装箱的保护作用可以简化货物的外包装，甚至某些商品无需包装。根据资料，若实施门到门集装箱运输，节省包装费用可达50%以上。

集装箱运输，开始于20世纪50年代中期美国铁路与公路的联运。此后，1956年，美国泛大西洋轮船公司将一艘油轮改装载运集装箱，投入到沿海航线上，开创了海上集装箱运输的先河。10年后，该公司将改装后的全集装箱船投入至欧洲航线上，开创了国际海运航线上集装箱运输的历史。美国轮船公司的集装箱运输收到了非常好的经济效益，给其他国家的轮船公司起到了示范作用。从此，世界范围内的集装箱船舶经营体系逐步建立了起来，并得到了迅速发展。至20世纪80年代中期，世界集装箱运输已形成了约有100个国家和地区的300多个港口，500多条航线，940多个专用泊位的庞大运输体系。目前，从洲际集装箱运输增长率看，欧洲、美洲地区已进入稳定发展的成熟阶段，而亚洲地区则为各洲增长速度最快的地区。自1988年始，香港、新加坡集装箱吞吐量已稳居世界各大港口的前两位；1996年，排在前位的是香港、新加坡、高雄。

中国大陆集装箱运输起步较晚，70年代中期在天津、上海、青岛、大连、广州等主要外贸港口开始出现国际集装箱运输。当时还主要是随杂货班轮搭载，尚无专用船舶和专用泊位。改革开放后，集装箱运输迅速发展起来，1990年，全国有专用泊位18个，集装箱班轮航线70多条。随着中国经济的稳步发展，对外贸易量不断增长，近十年来，集装箱运输发展速度逐年加快，我国的船队规模已居世界第四位，集装箱生产能力居世界第一位。

目前,全世界80多个主要的海洋国家和地区有海港9 800多个,吞吐量大于100万吨的共有500多个,世界上主要的海运贸易港口有3 157个。这些海港推动着所在国家经济的发展,也推进着国际经济一体化的进程。

世界海洋运输业未来发展的总趋势是:随着国际经济贸易的发展,尤其是充满活力的太平洋经济中心的形成,世界海运需求和海运量将逐渐扩大,竞争也将越来越激烈。一方面,世界海运强国如希腊、日本、美国,决不肯让出其强者地位,会努力巩固甚至扩大自己的营盘;另一方面,发展中国家和地区拼力竞争,发展迅猛,如中国、韩国等。运力过剩导致运价不断下滑,大多数承运人承受着收入和利润下降的痛苦。目前,这种激烈竞争的硝烟已弥漫在大西洋、太平洋、印度洋这世界三大主航道上。

第三节　世界海洋能源的开发利用

一、海底油气的开采利用

目前人类所需要的能量,几乎有一半以上要依赖石油和天然气。从目前所探明的油气储量看,人类再过几十年后,陆地上的油气就用完了。海洋油气的开发,给人类带来了希望。自从1897年美国加利福尼亚州开钻了第一口海上油井,1947年墨西哥湾钻成一口近海油井,人类开始了开发海底石油的历程。自20世纪60年代以来,世界上从事海底石油和天然气勘探的国家,已由20个增加到现在的100多个。现在,全球每年开采的海底矿藏总产值为700亿美元,其中石油和天然气占绝大部分。

近些年来,世界海洋油气工业已呈蓬勃发展之势。世界海洋石油每年的产量约为10亿吨,其年增长率比世界石油总产量(海陆合计)的增长率快1倍;世界海洋天然气产量约为5 000亿立方米。专家预测,不久的将来,世界年产油气量,陆上和海上可能平分秋色,各占一半。世界上的海洋国家,每年钻井数量最多的是美国,占世界海上钻井总数的1/3以上;其次是英国、印度尼西亚、马来西亚、俄罗斯、印度、埃及等国。美国在深水石油钻井方面也处于世界领先水平。世界海洋石油产量较多的国家有英国、墨西哥、沙特阿拉伯等,它们的产量各占世界海洋石油产量的10%左右。海洋天然气产量较多的国家,有美国和英国。

中国的海洋油气资源,主要由近海大陆架油气资源和深海油气资源两部分组成。据粗略估计,中国海域石油资源量约451亿吨,天然气资源量约14.1万亿立方米。近海大陆架上的渤海、北部湾、珠江口、莺歌海、南黄海、东海等6大沉积盆地,经探明石油资源量约208亿吨。六大盆地中,渤海勘探程度最高,估计石油地质储量10亿吨,已探明储量近3亿吨;东海盆地最大,石油资源丰富,天然气资源储量最高,达3.5万亿立方米;珠江口盆地石油储量最大,估计石油地质储量达40～45亿吨;以已探明的天然气储量论,莺歌海盆地最高,达1.5万亿立方米。这6大沉积盆地中的局部海区,如渤海盆地的辽东湾、西南黄河口附近的浅海,珠江口盆地的东沙隆起地,东海盆地的西南部等,是今后发现油气资源的重要地区。除此之外,深海区也发现了曾母暗沙—沙巴盆地、巴拉望西北盆地、礼乐太平盆地、中建岛西盆地、管事滩北盆地、万安滩西北盆地和冲绳盆地等油气区,石油资源量约243亿吨,天然气资源量约8.3万亿立方米。

从20世纪50年代开始,中国就组织人员对临近海域进行过综合地质地球物理普查。1963年,中国在海南岛西部浅海进行浅井钻探,并发现了原油,这成为中国海上油气勘探之始。1966年12月15日,中国自制的第一座桩基式钻井平台在渤海开钻,次年6月14日试油,日产原油35.2吨,天然气1 941立方米。这是中国第一口海上油井。70年代,中国加强了近大陆架的油气资源勘探开发,到1979年,共发现12个含油构造,在渤海海域先后发现了5个油田,并投入开发,累计生产原油125万吨。进入80年代,中国海洋油气业进入了大发展时期。中国大规模引进外资和勘探技术,加快了海洋油气勘探开发的进度。1985年,中日合作的渤海埕北油田投产,成为中国海上第一个商业性开发油田。到1997年底,中国与近50个国家和地区的数十家公司签订了120多项石油勘探合同和协议,外国公司累计投入勘探风险资金和开发资金64亿美元,海上总计已有合作开发的近20个油气田投入生产。

中国海洋油气业起步晚,但进入20世纪80年代后,一直呈飞跃发展的态势。专家一致认为,中国海洋石油工业正处在一个上升期,具有很大的发展潜力,经过努力,到2005年,中国海洋石油年生产能力有望达到2 500万吨。中国海洋石油总公司确定了海洋油气勘探开发的奋斗目标是:到2005年原油年产量达到三个1 000万,即南海海域实现稳产1 000万吨以上(现在已年产原油1 300万吨);渤海海域原油产量从目前的200万吨提高到1 000万吨;以南海西部为主的南中国海域,天然气产量达到100亿立方米(相当于1 000万吨油)。

专家预测和中国海洋石油总公司的奋斗目标,向人们展示了辉煌的前景。

二、海洋新能源的开发利用

人类能源开发利用的迄今历史大致可分为薪炭时代、煤炭时代、石油时代等几个阶段。煤炭、石油、天然气均属常规能源,储量有限,不可再生。按照目前人类的开采速度和利用方式,这些常规能源在不太久的时间内就会消耗殆尽。这些能源资源在世界上的分布极不平衡,能源危机目前在世界上的一些地区已经存在。

在未来世界的发展中,常规能源的枯竭将会阻碍人类谋求进步追求幸福的步伐,能源危机是人类必然面临、因而必然尽早设法解决的迫切问题。

另外,人类开发煤炭、石油、天然气资源,不但受到资源枯竭的威胁,而且燃烧这类矿物产生的很多负效应,已经给人类带来了灾难。其中最大的灾难就是使全球变暖。全球气候正在变暖,为诸种异常现象所证实。南极冰川在减少,大洋海水在升温,全球春天在变长,不少沙漠在扩大,如此等等,无一不是气候变暖变热的明显征候。全球气候变暖引起南极冰盖和冰川受热融化,造成海平面升高,依目前的状况发展下去,到2050年,全球海平面平均将升高30至50厘米,到2100年甚至会升高1米。海平面升高的严重后果,将直接威胁到沿海国家以及30多个海岛国家的生存和发展。联合国专家小组经电脑模拟试验,曾得出这样的结论:当2050年全球海平面平均升高30～50厘米时,世界各地海岸线的70%、美国海岸线的90%将被海水淹没。美国环保专家的预测更令人担忧:再过50～70年,巴基斯坦国土的1/5、尼罗河三角洲的1/3,以及印度洋上的整个马尔代夫共和国,都将因海平面的升高而淹没;东京、大阪、曼谷、威尼斯、列宁格勒和阿姆斯特丹等许多沿海城市,也将完全或局部被淹没;届时将有数以亿计的人被迫沦为环境难民而逃离家园。除此以外,全球变暖还会助长热带疾病的滋生和蔓延,造成更多的物种灭绝,害虫逞凶,水源短缺,土地沙化,森林减少,风暴增多等一系列自然灾害。

人类正是因为已经面临或即将面临能源危机和过度使用煤炭、石油、天然气等常规能源给生存环境造成的巨大危害,才不得不探索开发新的能源，改善能源生产和消费结构。于是，原子能、太阳能、风能、海洋能、地热能等新能源的开发利用日益为世人所重视。科学家们探索研究的结果表明，海洋是人类尚未充分开发利用的能源宝库。除海底储藏着丰富的石油、天然气资源外，还有海水中蕴藏着的大量核燃料，海水运动产生出的取之不尽的能量等。未来的世界，将是人类向大海要能源的新时代。

海水总体积约为13.6亿立方千米，总重量达137亿亿吨。海水中的3%～4%是溶解在水中的各种化学元素及其化合物，约有80多种。海水中含有不少稀有贵金属，作为核燃料的铀和热核燃料的锂，数量也相当可观，远远超过陆地储量。

1. 海水提铀

铀是核裂变反应的重要元素。海水中含有的铀，据估算约有40亿吨，相当于陆地已探明铀储量的4 000多倍。一千克铀所能产生的能量，相当于2 400吨标准煤。如此算来，即使今后随着工业发展，能量消耗水平比现在提高100倍，也可以供应全世界使用1万年以上。

海洋中的铀资源是原子能时代的真正支柱。从海水中提铀，已引起许多国家尤其是工业发达国家的重视。那些地域狭小，资源匮乏，自身放射性元素原料矿藏极少或没有的国家，更加重视从海水中提铀。早在20世纪40年代末，英国就开始了吸附法试验，以从海水中提铀。1968年，英国哈威尔研究所开始兴建海水提铀工厂，后因耗资过大和工艺上的缺陷，中途停建。日本是一个贫铀国，陆地储藏量仅约8 000吨。从60年代起，日本就加快了海水提铀方法的研究。1971年，日本试验成功了一种新吸附剂。据报道，用这种新型吸附剂1克可以得到1毫克铀，用它从海水中提铀，远比从一般矿石中提铀的成本低。1986年，日本建成了年产10千克铀的海水提铀厂，同时制定了建造大规模海水提铀工厂的计划，预计到21世纪初，年产铀可达1 000吨。近年来，人们发现许多海洋生物有富集铀的能力，并找到了一些浮游生物，其体内含铀同比海水中的含铀量高1万倍以上，可以用来为海水提铀服务。德国在海水里培养出了一些特殊的吸铀海藻，铀可被吸附到海藻上，再用离子交换法，把铀从藻中分离出来。

2. **氢和重水**

水是由二个氢原子和一个氧原子组成的。氢有三种同位素：氕通称为氢，是氢的主要成分，约占氢的99.998 3%。氘又称重氢，约占氢的0.001 7%，重氢和氧的化合物称作重水，重水是一种无色、无臭、无味的液体。氚又称超重氢，其含量约为氢的亿亿分之一，一般忽略不计。

氕是一种性能优异的能源，同煤炭、石油、天然气等矿物燃料相比，有许多特点：一是原料来源于巨大的海洋水体，因而资源丰富；二是燃烧后的生成物是水，对环境污染小；三是燃烧值大，而且燃烧速度快，点火温度低；四是便于运输和贮存；五是用途广，既可以代替汽油作为机动车辆的燃料，又可以代替煤气作为城市生活燃料。一吨海水可制取的氕约相当于280千克汽油。

氘是一种重要的热核燃料，一公斤氘氚混合物发生热核反应产生的能量，相当于12 000吨标准煤，至少等于1千克铀裂变时放出的热量的4倍。海水中氘的总储量约为20万亿吨，每吨海水含有的氘相当于360吨标准煤。一升海水中含氘约0.03克，这些氘通过热核反应放出的能量，差不多等于300升汽油。

氚也是一种热核燃料。氚和氘在聚变生成氦的反应过程中，能释放出巨大的能量，每合成4克氦释放出的能量，相当于12吨标准煤。

海水中还有一种热核燃料锂。海洋水体中锂的蕴藏量约2 500亿吨。锂在中子作用下生成氚。锂作核燃料氚的原料，可用作核聚变反应堆中氚的再生区的原料。氚和氘、氚和锂都能实现热核反应，产生巨大能量。

3. 永恒无尽的潮汐能和波浪能

地球表面的巨大海洋水体中，蕴藏着极其丰富的动力资源。根据估算，全球海洋中大约储藏着10～6 350亿千瓦的潮汐能，25～100亿千瓦的波浪能，1～50亿千瓦的海流能。海水中的动力资源是一种可再生的能源，这是因为它属于海水本身所具有的自然能量。这些能量包括海水运动的动能和势能（如潮汐能、波浪能、潮流能）、海水中的热能（温差能）以及海水的化学能（盐度差）等。许多国家都希望从海洋能中获得工业性能源，利用的方式主要是发电。各种海洋能的开发和利用情况极不平衡，大部分处于试验阶段，小部分达到了实用化、商业化水平，并开始从中小型向大型发展。

1）利用海水潮汐能发电。潮汐是人类最早开发利用的一种海洋动力资源。在早期，人类利用潮汐能转变成机械能来推动磨米、锯木、提水机械。远在11世纪，法国、英国的海滨就已建造了磨坊，利用潮汐的作用碾磨谷物。18世纪初，在俄罗斯的阿尔汉格尔克，有好几个潮汐锯木厂运营。19世纪50年代，中国第一座潮汐水轮泵站开始运行，利用潮汐能转化为机械能，提水灌溉农田。

尽管人类利用潮汐能转变成机械能推动磨米、锯木、提水机械的历史已经很久，但利用潮汐能发电却是不久的事。在潮汐能的开发利用方面，法国处于领先地位。1967年，他们成功地建造了世界上第一座潮汐电站。电站位于英吉利海峡海滨的朗斯河口，总装机能力24万千瓦，年发电能力为5.4亿千瓦时，是世界上运行作业装机容量最大的潮汐电站，至今运行良好。在成功建造朗斯电站的基础上，法国政府制定了利用潮汐能建造电站的长期发展规划。目前世界上一些濒海国家，大多制订了雄心勃勃的修建潮汐电站的计划，法国、俄罗斯、美国、加拿大、英国、印度、阿根廷、澳大利亚是主要代表者。据估计，21 世纪初年，全世界潮汐能发电量可达 300～600 亿千瓦时，到 2020 年，将增至1 000～3 000亿千瓦时。

据估算，中国潮汐能的蕴藏量大约为 1.9 亿千瓦，年发电量可达2 750亿千瓦时，可供开发的总装机容量为3 600万千瓦，年发电量达 900 亿千瓦时，居世界第四位。其中，以闽、浙两省潮汐能最丰富，约占全国潮汐能总储量的 90%。

2）利用海水波浪能发电。据估计，海洋中的波浪能总储量大约有 30 亿千瓦的装机容量。1799 年，法国发明出世界上第一个波浪能转换装置。进入 20 世纪，法、英、美、日纷纷进行波浪能发电试验。1978～1979 年，日本建成一艘波浪能发电船“海明”号，进行海上试验。后来，“海明”号纳入国际能源机构的共同开发计划，由日、英、美、加拿大、爱尔兰 5 国参加，船上装设了 8 台机组，总装机容量达 2 000 千瓦，一下子跃居为世界上最大规模的海上波浪发电站。英国的波能发电装置则另辟蹊径，是一种“点头鸭”式的“筏式波力发电装置”。1991 年，英国又独出心裁，建造了一座依靠天然海底洞谷的波能电站，装机容量 75 千瓦。1985 年，挪威建成了装机容量分别为 600 千瓦的振震水柱波能发电站和 350 千瓦的楔型波能发电站。前者是目前世界上正在运转发电的最大波能发电站。

中国从 20 世纪 70 年代中期开始进行波能发电研究，现已能生产系列化的小型波能发电装置，可以作为航标灯、浮标的电源。1990 年 12 月，中国第一座海浪能发电站发电成功。

波浪能是海洋能中蕴藏最为丰富的一种，是潮汐能的几十倍。波浪能发电不消耗燃料，没有任何污染。但是波浪能开发不如潮汐能那样方便，主要困难在于：波浪能是一种散布在海洋表面上的低密度不稳定能源，难以集中；波浪能变化无常，难以有效驾驭。越是大风大浪海区，越是波浪能集中的地方，发电设备要在极其恶劣的条件下运转，就必须改进技术，这又会大大提高设备的造价，使一些波能发电站的建造失去经济合理性。

3) 海水热能和盐差能的利用。海水热能，亦称海水温度差能，是太阳辐射进入海洋中的能量。据估计，海洋所接受的太阳能，按平均功率计，至少为 60 万亿千瓦，可能利用的约为 20 亿千瓦。海水吸收了太阳辐射能，水分子的运动速度加快，水温升高。不同深度的海水温度不同，不同海域的水温也不同，即海水水温存在垂直差异和水平差异。在热带和亚热带海区，表层和深层海水之间的温差有 20～25℃。海洋热能电站正是以海洋的表层海水作高温热源，而以 500～1 000 米深处的海水作低温热源，使用热力循环装置进行发电。从高温热源到低温热源，可获得 15～20℃左右的有效能量，最终可能获得具有工程意义的 11℃温差的能量。

人类利用海洋热能的时间并不算长。1881 年，法国物理学家达松瓦尔首先提出了利用海水温差发电的设想。半个世纪后，到 1926 年，达松瓦尔的学生克劳德实现了先师的夙愿，与鲍切特合作，取得了海水温差发电模拟实验的成功，从而使海洋中天然存在的海水温差热能的开发成为可能。1930 年，克劳德与人合作，在古巴沿海建成了功率为 22 千瓦的海水温差(海洋热能转换)电站。1948 年，克劳德又在非洲的象牙海岸，建造了一座 7 千瓦的海水温差发电站。上述两座电站都因技术上的不完善而失去了经济上的可行性、合理性，无法使海水温差发电站进入商业化阶段。1979 年 8 月，根据英国科学家安德森父子设想的原理(1964 年提出该设想)建造的一座海洋温差电站，在美国夏威夷海面上建成发电。

除此之外,美国还建成漂流式(浮动式)电站。美国电力专家将一艘油轮改造成一座浮动式的海上发电试验厂,以试验利用海水热能发电,号称“第一号海洋热能转换”计划。

20 世纪 80 年代,日本先后建成了几座海洋热能电站,规模不大。90 年代初,日本在鹿儿岛县建成了1 000千瓦级海洋热能电站,从而成为迄今为止世界上最大的实用型海洋温差发电系统。日本政府在“阳光计划”中指出,21 世纪初,日本的海洋热能发电研究即可达到实用化,最终目标是大型化,成为日本国内供电系统的一部分。此外,英国、法国、芬兰、荷兰、比利时、瑞典、中国台湾等国家和地区,也都积极从事海洋热能发电技术的开发、利用研究。据估计,到 2010 年,全世界将有约1 000座海洋热能电站投入运行,其中有一半发电功率在 1 万千瓦以上,10%的发电功率达 10 万千瓦以上。

海水盐差也能发电。据估算,海洋中存在着 26 亿千瓦可利用的盐差能。如果利用海中盐的浓度差来发电,其能量可排在海洋波浪能发电能量之后,比海洋中的潮汐能、温差能的能量都大。

利用海洋盐差能发电的设想是 1939 年由美国人首先提出的。盐差能发电的原理并不复杂:当把两种浓度不同的盐溶液倒在同一容器中时,那么浓溶液的盐类离子就会自发地向稀溶液中扩散,直到两者浓度相等时为止。盐差能发电,就是利用两种含盐浓度不同的海水化学的电位差能,转换为有效电能。

目前,海水盐度差能发电主要有两种方式。一种是将化学能直接转换成电能,即浓差电池(渗透式电池)的形式;另一种是利用淡水对海水的渗透压使海水升高,然后让具有势能的水发电,其原理和发电形式与潮汐能发电有些相似。但从世界范围看,海水盐差能发电技术研究毕竟时间尚短,技术复杂,成本高昂,距离步入商业化实用阶段尚需时日。

海洋能源的开发利用,在未来大致会出现以下趋势:

1)将有更多的国家花更多的研究力量和资金用于开发和利用海洋能源。

2)为了经济上的合理性,发电站的规模将趋于大型化。

3)就目前来看,海洋能源的开发利用与常规能源比较,成本较高,这阻碍了其商业化的进程,使大规模开发利用受阻。为了提高经济上的竞争能力,必须更新开发技术,以降低成本。

实行综合开发利用也可降低成本,并将成为未来的一个发展方向。如潮汐能的开发与海水养殖和旅游业相结合;海洋热能开发与淡水生产、海水养殖相配合;波浪能开发与建造防波堤及从海水中提取稀有金属相结合。这样综合开发利用,可增加整体经济效益,最终降低海洋能源开发利用的成本,提高与常规能源在价格上的竞争能力,从而部分地代替常规能源,应用于人们的生产与生活之中。

中国海洋能资源丰富。沿海地区人口密集,工农业发展快,能源消耗量大,需求量与日俱增。因此,开发利用海洋能源对全国,尤其是对沿海和岛屿地区的经济发展,具有重大的经济价值和战略价值。

第四节　世界海洋药业的兴起

一、人类对海洋药用价值的认知与开发利用

健康长寿,是古代上至帝王下至庶民、当今上至元首下至百姓最起码的对生命本体的追求。人类自古与海洋打交道,海洋生物

资源的药用与营养保健价值，也自古即被认知，并得到了程度不同的开发利用。如果说古代对海洋生物资源的药用与营养保健价值的认知和开发利用还十分有限的话，那么当今世界性海洋药物学的建立和海洋药物作为一个产业的兴起，已经导致了一种世界性对海洋药物和海洋营养保健品的重视和应用的潮流。

人类对海洋生物资源的药用与保健价值的认知与利用，仅就中国的古代文献记载情况来看，也已经有两千多年的历史。大约公元前 3 世纪成书的《黄帝内经》，就有关于海洋生物药用价值的记述。其后的《神农本草经》、明代李时珍的《本草纲目》以及后来更多的中医药著述，都对海洋生物资源的药用价值有了更多和更详明的记述。仅李时珍的《本草纲目》，就记述有海洋药物 90 多种。加之数千年来“医食同源”、“药食并用”等传统中医药理论所形成的文化认同的熏陶，数量可观的海洋药草药性阐释及中成药、药膳、验方等，构成了中国医学宝库的重要组成部分。比如关于乌贼、鲍鱼汁可以治病；海带、裙带菜、羊栖菜、紫菜等具有保健和药用价值；鲨鱼的皮、肉、肝、翅等均含药用成分；海鳗可以治疗神经麻痹、疮疥、胃病等；鳓鱼全身可以入药，具有开胃和强肾滋补功能；黄鱼的耳石、鳔、肉、胆、精巢均可入药，分别具有润肺健脾、清热解毒等功能；海龙、海马均具有补肾壮阳、止痛、强心、止咳平喘等功能；如此等等的有关记载，不胜枚举。

鱼，以其味美和富有营养，自古为人类所喜食，并形成了各民族各地方同同异异的食鱼文化。鱼类所富含的对人体健康非常有利的营养和保健成分，也早已为人类所认知和认同。人们发现，常吃鱼的人相比较而言更为身体健康，寿命长。调查表明，常吃海鱼的爱斯基摩人是世界上冠心病发病率最低的民族。吃鱼多的日本人，平均预期寿命男子达 79 岁，女子达 82 岁，而且生活在本土的日本人，高血脂症和冠心病的死亡率，均比移居欧美、膳食西化的日本人低;另据统计,日本人平均智商为115,每10年人均智商提高7.7%,而西方国家只提高1.7%。据分析,鱼类中含蛋白质13%~20%,有丰富的维生素、钙物质和氨基酸等,都是人体健康不可缺少的。

研究表明,人的一生都需要钙,钙约占人体所有矿物质的39%。成人每千克体重平均每天需要补充钙10毫克,乳儿对钙的需要量更大,每人每天需要400毫克。而在海产品中,钙的含量非常丰富,每100克中,虾含99毫克,鲈鱼138毫克,虾米达882毫克,虾皮最高,达2 000毫克。

海藻,是海洋中最主要的植物资源,分布广泛,数量巨大。海藻具有很高的工业、农业、食用及药用价值,长期以来被广泛认识和利用。

碘是人体不可缺少的营养与保健元素之一。碘主要储存在海洋中,据测算,总储量约为930亿吨。在不少内陆地区,由于食物结构中缺乏碘,那里的人们常常患一种"粗脖子病",即甲状腺肿大。海藻的可食用碘的含量之高,以及其重要的人体营养与保健价值,使得人们视其为量大便宜的"海中乌金"。在这其中,海带、裙带菜、紫菜等,是人们常吃、喜吃的海藻品种。在沿海地区的菜系中,有很多离不开出自海藻的名菜佳肴。

人类发展到今天,癌症、爱滋病、心脑血管病等多种疑难病症越来越普遍,威胁着人类的生存与健康,医学界不得不努力寻求攻克这些无情杀手的药物,但现有的陆生天然药物资源和化学合成药物的抗癌、抗病毒、抗真菌及免疫调节作用并未取得理想效果。由于人类已经认识到,占地球面积70%还多的海洋是一个蕴藏众多高效药理活性物质的巨大宝库,因而"向海洋要药",已成为人类的共识和科学家尤其是医药学家们的行动。

二、世界性海洋药业的兴起

据海洋药物学家研究表明，现在海洋中已知有230种藻含有多种维生素及药理作用，有246种海洋生物含有抗癌物质。海洋藻类药物对防止动脉硬化，有着其他类药物无法比拟的功效。至于抗菌抗病毒的许多海藻，也正在越来越多地被人们所认识和开发利用。如刚毛藻含有能抑制小鼠脑膜炎和肝炎病毒的活性物质；从红藻类的粗茎软骨藻中分离出的软骨藻毒，对革兰氏阳性菌、耐酸菌及真菌等，都具有抑制作用；褐藻类中的裂叶马尾藻水醇提取物质，对全葡菌、绿脓杆菌、大肠及副大肠杆菌、宋氏及雷氏和伤寒杆菌等，都具有较强的抑制作用。

进入20世纪60年代以来，随着海洋药物学、毒理学的发展，人们将海洋生物活性物质的研究与开发列入议事日程，世界上许多国家尤其是沿海国家，已经把海洋药品和营养保健食品的研制开发确定为战略课题。例如法国成立了海洋药物中心，美国政府指令其卫生管理部门、大学和医药公司等共同开发海洋药物资源。国际上最大的制药厂家瑞士罗什制药厂，为在海洋药物研制上取得竞争优势，在澳大利亚建立了具有现代化研究实验条件的海洋药物研究所，并取得了令人刮目相看的成果。

中国现代海洋药物的研制与开发，进入20世纪80年代后逐渐兴起，一批海洋药物的科研成果迅速转化为海洋医药产业产品，在许多领域取得了突破性进展。其中，被誉为“血栓病克星”的海洋新药“PSS(藻酸双脂纳)”是一朵奇葩，在中国海洋药物研制中具有里程碑意义。它的诞生，标志着中国在海洋药物研制领域中较早达到了国际领先地位。

“PSS”是由青岛海洋大学管华诗教授率领课题组于1985年研制成功的。针对缺血性心脑血管疾病这种“人类三大杀手之一”,“PSS”具有良好的抗血凝、降血脂和改善微循环的功能,在预防和治疗脑血栓、脑动脉硬化、高血脂症、高血粘度综合症及冠心病等方面疗效显著,优势明显,投入市场后,深受心脑血管病患者和医务工作者的欢迎,先后荣获山东省科技进步一等奖、山东省优秀产品一等奖、第十五届国际博览会新发明金牌、国家技术开发优秀成果奖、全国首届百病克星大赛金牌、中国海洋湖沼药用资源应用优秀创新特等奖、全国获奖药品临床应用信誉评价信得过药品奖等十余项国际国内大奖,在广大用户中享有很高的声誉。继“PSS”之后,管华诗教授还研制出一种海洋新药“甘糖脂”,具有低分子量、高抗栓、毒副反映低等特点,临床证明,对治疗急性脑梗塞症有效率达 95.6%,治疗冠心病(心绞痛)有效率达 98.1%。

另外,中国科研人员还用对虾的加工废料提取甲壳素制成人造皮肤,具有消炎、收敛和促进皮肤生长等功效,成为治疗烧伤的良好敷料,1988 年荣获欧洲尤利卡发明奖。获得国内外大奖的海洋药物还有“巨人脑黄金”、“金牡蛎”、“海星胶代血浆”、“珍珠精母注射液”、“鲎试剂”、“河豚毒素”等等。

20 世纪 90 年代以来,以海洋生物为原料的海洋药物和营养保健制品越来越受到人们的青睐,市场广大。仅在山东省长岛县,就建有多家从事海洋药物和海洋营养保健食品生产的企业,开发生产有“刺参多糖”、“刺参玉液”、“海洋减肥宝”、“扇贝调味汁”、“回春灵药酒”等多种新产品,很受欢迎。珠海新珠医药公司生产的“海珍口服液”,深圳海王药业有限公司生产的“海胆王”等,都曾获得过全国优质保健产品金奖。山东荣成鸿洋神集团开发出的海洋绿色食品系列,畅销市场,国家科委由此将鸿洋神集团列为“全国科技兴海示范基地”。该集团后来又开发出了富含 DHA、EPA 的“鸿洋神”牌深海鱼油丸,有效成分含量远远超过许多国外品牌,市场前景广阔。

海洋药业和海洋保健食品工业，已经成为世界沿海国家、沿海地区的新兴海洋经济产业之一，显示出了勃勃生机。它扩大了海洋开发的深度和广度，增加了社会财富，扩大了就业，造福于人民的身心健康，在21世纪里，必然获得更大的发展，产生更大的社会效益和经济效益。

人类对海洋经济价值的认识和开发利用，还表现在许多方面。例如海洋的广泛的旅游观赏价值及其形成海洋旅游业所具有的广泛的经济产业价值，我们在前面有关章节中已有涉及。至于海洋作为人类未来“新大陆”的广阔的空间利用价值及其经济效益，早已初见端倪，如海上人工岛、海上及水下城市、海上机场、海上工厂和农场、新型海上及海中游乐设施等等，都已经出现或即将出现，并引起了人们的广泛关注和兴趣。随着当代和未来海洋高科技的发展，人类社会更多的活动将以海上、海中、海底为舞台。

第十一章 海洋环境保护

第一节　海洋环境保护的基本概念

海洋环境，是指影响人类生存和发展的各种天然的和经过人工改造的海洋自然因素的总体，包括海水水体、海床洋底及其底土、海洋生物、矿物和其他非生物资源、岛屿、滩涂、海岸、滨海湿地、临近海面上空的大气以及海洋自然遗迹、人文遗迹、海洋自然保护区和海滨风景名胜区等。这样界定，既包括了海洋自然环境，也包括了海洋人文环境；既包括了海洋生态环境，也包括了海洋生活环境，体现了海洋环境是人类生存环境重要组成部分的观念。我们这里所要讨论的，偏重于海洋环境的自然属性，以及人类行为对它的作用与它的反作用。

海洋环境具有整体性、区域性、变动性和调节性等基本特征。

整体性。海洋环境的各个组成部分和要素之间，通过相对稳定的物质能量流动网络以及彼此关联的动态变化规律，维持着相对确定的排布与相互作用关系，构成了一个有机的整体。这种整体性使海洋环境成为一个完整系统。

区域性。海洋是地球上广大连续的水体。全球海洋环境成为一个大系统。但在不同区域海洋环境的各个组成部分和要素之间的结构方式，物质能量流动的规模和途径等，又具有相对的特殊性。在中国近海，就因地域差异，形成了许多不同类型的海洋环境系统，如海湾环境系统、河口湾环境系统、红树林环境系统、珊瑚礁环境系统、滩涂环境系统、浅海环境系统等等。

变动性。在自然和人类社会行为的共同作用下，海洋环境的内部结构和外在状态处在不断变化的过程中。火山爆发、地震、海啸、台风、风暴潮、洪水泛滥等不可抗拒，厄尔尼诺现象和臭氧层破坏等自然因素，又是引起海洋环境变化的重要原因。但在一般情况下，更应注意人为方面，即人类社会经济活动对海洋环境产生的影响。这种影响具有两重性：一方面，其中对海洋的合理的开发利用和保护活动，可以促进海洋环境的健康，使其更适合人类的生存和发展；另一方面，其中不明智的海洋开发利用和建设活动，也会导致海洋环境退化，而不利于人类的生存和发展。

调节性。海洋环境具有一定的自动调节能力。在人类对海洋的干预作用在规模、强度和速度上不超过一定限度的情况下，海洋通过其自身的物理、化学和生物作用，可以使进入其中的污染物的浓度自然地逐渐降低乃至消失，这就是所谓的海洋自净能力；通过海洋生物群落和非生物条件相互制约、转化、补偿、交换等作用，可以使人类行为引起的海洋环境结构与状态的某种变化逐渐消失，从而使结构和状态恢复原有面貌，达到一个相对稳定的平衡阶段，这就是所谓的保持生态平衡。海洋自净能力和生态平衡能力的综合,常被称为海洋环境承载能力。

由于海洋环境具有有限的自我调节能力,只要人类对海洋干预作用的规模、强度和速度不超过一定的限值,就能保持其结构和状态不发生对人类生存和发展的有害变化。而如果不顾海洋环境的承载能力,人类对海洋的干预作用无论在规模、强度上还是速度上超过这个限值,海洋环境的结构和状态就会发生不利于人类生存和发展的变化,形成海洋环境问题。

海洋环境问题,可分为海洋环境污染和海洋生态破坏两大类。

海洋环境污染,是指人类直接或间接把物质或能量引入海洋环境,其中包括河口湾,以至造成或可能造成损害海洋生物资源、危害人类健康、妨碍捕鱼和其他正当的各种海洋活动、损坏海水使用质量和减损环境优美等有害影响。

进入环境后使环境发生直接或间接有害于人类生存和发展的物质,称为污染物。按其形态可分为废水、废气、固体废物,广义上也包括噪声、热、放射或电磁辐射等能量。向环境排放污染物或对环境产生有害影响的场所、设备和装置,称为污染源。可能对海洋环境造成污染损害的污染源,主要有海岸工程建设项目、海洋石油勘探开发,陆地产业活动和人类生活、船舶的废物倾倒。

海洋生态破坏,是指由于人类活动违背自然生态规律,急功近利,盲目开发海洋自然资源,使各种生物的和非生物的自然资源遭到人为破坏及由此而衍生的生态反应,如物种灭绝,生物资源衰退,渔场转移,滩涂荒芜,港口航道淤积,海岸侵蚀,海水入侵等等。

上述两类海洋环境问题,常常交织在一起,相互影响、相互作用,使问题更进一步加剧。

海洋环境保护,是指人类为解决现实的或潜在的海洋环境问题,维持自身生存和发展的条件而进行的各种具体实践活动的总称。其基本任务是保护和改善海洋环境,防治污染损害,保护生态平衡,保障人体健康,促进经济的持续发展。具体说,有以下几个方面:

1) 依据海洋环境的承载能力,合理开发利用海洋自然资源,防治环境污染和生态破坏,实现海洋资源、环境的可持续利用。

2) 切实改善海洋环境质量,建设一个安全、清洁、优美、舒适的海洋生活环境,提高人民的生活质量和生活水平,保障人体健康。

3) 正确处理海洋环境保护与经济建设的关系,在发展海洋产业的同时,有效保护海洋生态环境,促进经济持续发展和社会全面进步。

为了实现上述任务,海洋环境保护应当确立以下主要目标:

第一,保护人类赖以生存和发展的海洋生态过程和各种类型的海洋环境系统,使其免遭污染和破坏。

第二,保证海洋生物资源的永续利用和海洋生物产品的安全卫生。

第三,保存海洋生物种类的遗传多样性。

第四,保护海洋自然景观、自然遗迹和人文遗迹景观。

在海洋环境保护中,人类是中心和主体。生存与发展,是人类的基本需求。在人类的生存与发展中,人体健康是前提和基础。但人体健康又离不开社会财富条件的保障。所以经济发展同样为人类自身生存和发展所必需。这就决定了海洋环境保护的终极目标只能是:①保障人体健康;②促进经济持续发展。这两个目标,应当成为海洋环境保护的出发点和归宿。

海洋环境保护是一个长期的发展过程和庞大的社会系统工程,其主要内容包括海洋环境管理、海洋环境建设和海洋环境文化三个部分。

海洋环境管理——国家运用法律、行政、经济、教育等多种手段，对一切可能给海洋环境带来不利影响的开发建设活动和其他社会活动进行监督和控制。主要内容包括：海洋环境立法和执法，海洋环境规划和实施，海洋环境保护的宏观调控和指导协调等。

海洋环境建设——国家组织各地区、各部门、各单位所进行的对海洋环境产生有利影响的一切建设活动和采取的一切经济技术措施。主要内容包括：沿海工矿企业、事业单位、港口、船舶和海上设施的防治污染设施的建设，沿海城市排水管网、污水处理、道路、绿化、卫生设施的建设，海堤和海岸防护林的建设，海洋自然保护区的建设等。

海洋环境文化——国家借助宣传教育、文化艺术和科学技术部门及新闻媒体的力量，进行以认识海洋和调整人与海洋关系为核心的一切精神文明建设。主要内容包括：在意识形态领域里进行海洋环境保护宣传和教育，增强全民族的海洋环境意识和海洋法制观念，提高各级领导干部的海洋环境保护决策与执行能力。

海洋环境管理是海洋环境保护的行政措施，海洋环境建设是海洋环境保护的工程措施，而海洋环境文化则是海洋环境保护的思想观念措施。三者之间，既有区别又有联系，是相互依赖、彼此促进的。靠海洋环境管理促进海洋环境建设；由海洋环境建设落实海洋环境管理，而海洋环境文化则为海洋环境保护的顺利进行和健康发展奠定必要而坚实的思想认识基础。

第二节　海洋环境保护的历史发展

一、初始时期(1972 年以前)

荷兰法学家格劳秀斯 1609 年在《海洋自由论》中指出:“海洋是人类共有的,因为它无边无际,任何人都无法占为己有,无论从航行方面或是捕鱼方面,它都适合于人类共同使用。”长久以来,人们一直认为,浩瀚海洋中生物资源无穷无尽,可以自由捕鱼;海洋是天然垃圾箱,可以任意排污。1850 年以后,随着拖网和蒸汽机的广泛应用,渔业捕捞能力大为增强,引发了对渔业资源不可竭尽观念的挑战,导致了 1882 年《北海渔业公约》的诞生,开创了限制公海捕鱼和养护海洋生物资源的历史。1912 年,发生了“泰坦尼克”号海难、1 500多人丧生的惨案,引起了世人对从事国际航行船舶海上安全的关注,1914 年产生了《保证海上人命安全公约》,对船舶结构、设备和人员提出了要求,客观上为防止船舶污染海洋提供了保障条件。1912～1914 年间,船舶溢油污染大面积海域事件不断发生。1921 年,英国制定了《油轮通过水域条例》。1926 年,美国召开了防止船舶溢油污染海洋国际会议。1935 年,国际联盟主持拟订了防止油类污染海洋公约草案。第二次世界大战后,船舶造成的海洋石油污染日益严重,引起了国际社会的重视,1954 年,英国在伦敦召开了防止海洋石油污染的第一次外交会议,产生了《防止海洋石油污染国际公约》,标志着人类在防止海洋污染方面迈出了具有开拓意义的一步。1958 年,联合国第一次海洋法会议把海洋环境保护提到国际法的高度,在《公海公约》中规定,各国应采取措施防止船舶、管道排油和勘探开发海床及底土活动污染海洋,防止倾弃或使用放射性物质污染海洋。在《大陆架公约》中规定,各国有义务采取措施,以保护海洋生物资源不受有害物质的损害。在《捕鱼和公海生物资源养护公约》中规定,各国有义务采取必要的措施,以保护公海生物资源,避免使其面临过度捕捞的危险。

随着海上运油量的增加,油轮吨位不断增大,进入20世纪60年代,7～16万载重吨的油轮已普遍使用,油轮事故性溢油不断发生。1967年,美国油轮"托雷·卡尼翁"号在英吉利海峡公海水域触礁,11.8万吨原油倾入海中,使448千米海岸遭受严重污染,英法两国蒙受了巨大损失,震惊了国际社会。在国际海事组织主持下,1969年,在布鲁塞尔召开了有48个国家和地区的代表、6个国家观察员参加的外交会议,制定了《关于干预公海油污事故公约》和《国际油污损害民事公约》。1970年,联合国大会通过了《关于各国管辖范围以外海床洋底及其底土的原则宣言》,规定:各国应依照行将建立的国际制度,采取适当措施,并互相合作,防止海洋环境污染,防止干扰海洋环境的生态平衡,保护与养护海洋自然资源,防止对海洋动植物造成危害。1971年,联合国大会通过了《禁止在海床洋底及其底土放置核武器条约》。同年,国际海事组织外交大会制定了《设立国际油污损害赔偿基金公约》。英国、美国、加拿大、日本、希腊、加纳、埃及、土耳其、乌拉圭、科威特和前苏联等几十个国家制定了防止船舶油污染的国内法。但从总体上看,这一时期,国际社会对海洋环境问题的复杂性和严重性尚未有全面了解和清醒认识,海洋环境保护大体局限在防止船舶油类污染和对公海捕鱼的一般限制的范围内。正如联合国秘书长在1969年的一份报告中所指出的,迄今对人类环境问题"只作了片面处理,尚有待于全面的努力"。

二、全面发展时期(1972～1991年)

1972年,联合国在斯得哥尔摩召开人类环境会议,通过了《人类环境宣言》,制定了《人类环境行动计划》,提出了“人类环境”的概念,指出:保护和改善人类环境是关系到全世界各国人民的幸福和经济发展的重要问题,也是全世界各国人民的迫切希望和各国政府的责任,人人有权享有自由、平等和良好的生活环境,同时负有为当代和后代保护和改善环境的庄严义务。《宣言》提出了“各国有依据其环境政策开发其自然资源的主权权利,并负有义务确保在其管辖或控制范围之内的活动不致损害他国或国家管辖范围以外地区的环境”的基本原则;《行动计划》规定了保护海洋环境与资源,控制海洋污染的要求。这次人类环境会议,大大提高了国际社会对环境保护重要性和迫切性的认识,推动了世界环境保护事业的全面发展,成为人类环境保护史上的里程碑。1972年,在伦敦还召开了政府间海上倾倒废弃物会议,通过了《防止倾倒废物和其他物质污染海洋公约》。1973年,在伦敦又召开了有71个国家的代表、7个国家的观察员参加的国际防止海洋污染会议,制定了《国际防止船舶造成污染公约》,公约附有2个议定书和5个附则,对船舶各种污染物的排放作了全面规定。除了全球性公约外,国际社会还制定了1972年《防止船舶和飞机倾倒造成海洋污染的公约》(适用于东北大西洋的奥斯陆公约)、1974年《保护波罗的海区域海洋环境公约》(赫尔辛基公约)、1974年《防止陆源物质污染海洋公约》(适用于东北大西洋的巴黎公约)、1976年《保护地中海免受污染公约》(巴塞罗那公约)及1980年《保护地中海免受陆源污染议定书》、1981年《保护东南太平洋海洋环境和沿海地区公约》(利马公约)和1981年《合作保护和开发西非和中非区域海洋和沿海环境公约》(阿比让公约)等一批区域性海洋环境保护公约。

1972年以后,马来西亚、阿根廷、智利、哥伦比亚、斐济、新西兰等一批沿海国也都加快了海洋环境保护的国内立法和执法进程。自1976年冬至1977年春不到4个月的时间内,在美国及其附近水域连续发生了15起油轮海损事故。在同一时间内,世界其他地区也发生了多起油轮严重事故,严重污染了海洋环境。于是,世界各国掀起了要求严格油轮管理,防止海损事故和溢油污染的浪潮。1978年2月,在伦敦召开了国际油轮安全和防污染会议,制定了《1973年国际防止船舶污染公约》和《1974年保证海上人命安全公约》的1978年议定书,对于船舶污染海洋作了更广、更高和更严的规定。在1973~1982年间的第三次联合国海洋法会议上,海洋环境保护的议题倍受各国关注,"海洋环境的保护和保全"作为一个独立部分载入《联合国海洋法公约》之中。《联合国海洋法公约》在历史上第一次把"保护和保全海洋环境"从国际法的高度上,规定为各国的"一般义务"。要求各国采取一切必要措施,防止、减少和控制任何来源的海洋环境污染;确保在其管辖或控制下的活动的进行不致使其他国家及其环境遭受污染的损害;确保在其管辖或控制范围内的事件或活动所造成的污染不致扩大到其行使主权权利的区域之外。《联合国海洋法公约》并就海洋环境保护的全球性和区域性合作、环境监测和评价、海洋环境标准、海上污染应急计划以及关于"陆地来源的污染"、"国家管辖的海底活动造成的污染"、"来自'区域'内活动的污染"、"倾倒造成的污染"、"来自船舶的污染"和"来自大气层或通过大气层的污染"等方面,对防止、减少和控制海洋环境污染的国际规则和国内立法及其执行,作了系统规定,从而形成了对海洋环境保护迄今为止最广泛、最全面的国际法规则,推动了国际海洋环境保护的全面发展。1989年《控制危险废物越境转移及其处置巴塞尔公约》和1990年《国际油污防备、反应和合作公约》,发展了《联合国海洋法公约》中关于海洋污染防治的国际规则。南太平洋、东南太平洋、加勒比海、东非、红海和亚丁湾、北海区域的沿海国家加强了区域合作，还分别就防止陆源污染、海洋自然保护、紧急情况下油污应急措施或全面的海洋环境保护制定了公约。

1982年，中国在诸多的环境领域里首先颁布了《海洋环境保护法》。这是中国保护海洋环境的基本法律，主要对防止因海岸工程建设、海洋石油勘探开发、船舶废物倾倒和陆源污染物对海洋环境造成污染损害从法律上作了规定。此后，国务院先后发布了《防止船舶污染海域管理条例》、《海洋石油勘探开发环境保护管理条例》、《海洋倾废管理条例》、《防止拆船污染环境管理条例》、《防治陆源污染物污染损害海洋环境管理条例》和《防治海岸工程建设项目污染损害海洋环境管理条例》。中国在逐步建立海洋环境保护法律体系的同时，还逐步建立了海洋环境保护管理体制和执法队伍，不断加强了海洋环境保护工作，在沿海地区国民经济快速增长、城市化进程日益加快、污染物产生量急剧增加的情况下，不但使污染严重恶化的势头得到缓解，而且使局部海区的环境质量得到改善，使大面积海域的水质基本保持在良好的状态，在改善海洋渔业生态环境、保护生物资源和海洋自然保护区建设上，也取得了一定的成绩。

三、持续发展时期（1992年以来）

1987年，世界环境与发展委员会在《我们共同的未来》报告中，对“持续发展”作了如下界定：“持续发展是在满足当代人类的需要的同时又不损及后代人类满足他们自身需要的能力的发展。”1992年，在里约热内卢召开的联合国环境与发展大会，确认和发展了持续发展的概念。会议通过的《里约环境与发展宣言》指出：“人类处于受关注的可持续发展问题的中心”，“为了实现可持续的发展,环境保护工作应是发展进程的一个整体组成部分,不能脱离这一进程来考虑”。在会议通过的《21世纪议程》、《生物多样性公约》等重要文件中,也充分体现了当今人类社会可持续发展的新思想。经济发展必须与环境保护相协调;环境保护是全人类的共同任务,但是经济发达国家负有更大的责任;解决全球环境与发展问题、加强国际合作,要以尊重国家主权为基础;保护环境和发展离不开世界的和平与稳定;处理环境问题应当兼顾各国现实的实际利益和世界的长远利益等原则,是实现可持续发展的基本点。走可持续发展之路,是人类在未来发展的自身需要和必然选择。这是人类认识史上的一大飞跃,是环境保护的新纪元。根据可持续发展的要求,1995年,联合国大会通过了《全球防治陆源污染物污染海洋行动方案》,联合国渔业会议通过了《联合国海洋法公约有关养护和管理跨界鱼类种群和高度洄游鱼类种群的规定的执行协定》。

联合国环境与发展大会后不久,中国提出了《环境与发展十大对策》,制定了《中国21世纪议程》,强调实施可持续发展战略。长期以来,中国经济发展基本上仍然沿袭着以大量消耗资源和粗放经营为特征的传统发展模式,这种模式不仅会造成对环境的极大损害,而且使发展本身难以持久。因此,转变发展战略,走可持续发展道路,是加速中国经济发展、解决环境问题的正确选择。中国国家主席江泽民指出:“在社会主义现代化建设中,必须把贯彻实施可持续发展战略始终作为一件大事来抓。可持续发展的思想最早源于环境保护,现在已成为许多国家指导经济社会发展的总体战略。经济的发展,必须与人口、环境、资源统筹考虑,不仅要安排好当前的发展,还要为子孙后代着想,为未来的发展创造更好的条件,决不能走浪费资源、走先污染后治理的路子,更不能吃祖宗饭、断子孙路。”为实施可持续发展战略,在环境保护领域中,中国已推行清洁生产，加强生态环境和生物多样性保护；在污染防治的指导思想上，确立了“三个转变”，即：在污染防治基本战略上，从侧重污染的末端治理逐步转变为全生产过程控制；在污染物排放控制上，由重浓度控制转变为浓度与总量控制相结合；在污染治理方式上，由重分散的点源治理转变为集中控制与分散治理相结合。在海洋环境保护领域中，中国已决定在重点海域实行污染物排放总量控制制度，启动了重点海域的“碧海行动计划”，完成了近岸海域环境功能区划，使海洋环境保护工作由主要集中于污染源防治，走上了污染防治与生态保护并举、持续健康发展的道路。

第三节　中国的海洋环境问题

中国海洋面临着环境污染和生态破坏两方面的问题，造成的原因是多方面的，但主要原因与中国的基本国情有关。

中国现在处于社会主义初级阶段，其基本特征是：社会生产力落后，商品经济不发达，经济发展水平低，综合国力同人多地大的国家的地位不相称；人均国民生产总值居世界大多数国家之后；人民日益增长的物质文化需要同落后的社会生产力之间的矛盾比较突出。此外，中国的国情还具有下列一些特征：

1）人口多，但人口素质较低，结构不尽合理，人口在庞大基数上持续增长的趋势在一个相当长的时期内难以改变。而且，人口的地理分布很不均匀。

2）幅员辽阔，但自然环境复杂多样，有许多有利于经济发展的优越条件，也有一些明显的不利因素。北方水资源短缺，南方洪涝灾害多，中西部荒漠化面积大，渤海、黄海及杭州湾、珠江口封闭或半封闭海域水体交换能力差,生态环境脆弱。

3) 资源丰富,但按人均拥有量计算,耕地、水资源、石油等一些重要的矿产资源和森林等,均低于世界平均水平和低于大多数国家的水平,而且分布极不平衡。在海洋渔业资源中,多属浅海性、区域性种群,缺乏较大的高集群性鱼类,同世界范围比,属小宗、分散品种。

4) 文化历史辉煌,人民勤劳勇敢,富于革命传统,但现代文化科学落后。在总人口中文盲、半文盲占比例较大,而受过中等教育和高等教育的占比例很低,科学技术人才缺乏,人们的法制观念比较淡薄。

5) 经济发展模式落后。多年来基本上沿袭传统的粗放型经济增长方式,重发展的速度和数量,轻发展的效益和质量,重自然资源开发,轻生态环境保护,主要靠资源、能源的消耗和人力投入提高总产量,以外延方式扩大再生产。

中国的基本国情决定了必须把经济建设作为全国工作的中心,加快经济发展。而在发展过程中,自然也要从中国的基本国情出发,采取相应的对策,扬长避短,趋利避害,在合理利用人口、环境和资源条件,充分发挥传统优势的同时,特别要注意客观存在的会对环境和资源造成压力和冲击,导致影响和制约发展的一些带有普遍性和长期性的不利因素,即:

1) 人口因素。人多地少,"吃饭"一直是第一位的大问题,因而在指导思想上易于发生单纯突出粮食生产忽视农林牧副渔全面发展的片面性,毁林开荒,毁塘造田,超载放牧,乱捕滥捞等现象容易发生,本来就很脆弱的生态环境极易受到冲击和破坏。

2) 认识因素。认识水平不高的现象普遍存在,受其限制,对客观经济规律和自然规律缺乏认识或认识不深刻、不全面。在利用自然发展生产的过程中,往往只看到眼前的利益而忽视长远利益，或者只顾局部利益而忽视全局利益，或者面对日益严重的环境污染和生态破坏无动于衷，麻木不仁。认识上的片面性，常常导致行动上的盲目性和短期性，甚至对自然资源奉行一种杀鸡取卵、竭泽而渔的政策，既没有环境问题的危机感，也没有保护环境的责任感。

3) 生产因素。从根本上说，环境污染和破坏是特定生产方式的产物。中国工业企业多数规模小（中小型的占总数的90%以上）、设备陈旧（大约60%～70%技术装备老化）、工艺落后和管理水平低，能耗物耗高，加工深度不够，综合利用率低，大量的资源和能源以“三废（废水、废气、废渣）”形式（约占“三废”总量的25%～50%）排入环境之中，成为主要污染源。

4) 法制因素。改变法制松弛、法制观念淡弱的现象需要一个长期的过程。尽管从中央到地方陆续制定颁布了大量的法律、法规，在环境领域中基本上形成了法律体系和管理系统，只要认真守法和执法是可以防止、减少和控制大量环境问题的，但在实际上，有法不依、执法不严、以言代法、以权代法，不按法律、法规办事的现象普遍存在，这是造成环境问题的一个重要原因。

5) 经济因素。从技术上说，现存的环境问题大都是有出路的，可以解决的，前提条件是财力的支持能力。据测算，在21世纪初要实现基本控制环境污染和生态破坏加剧趋势的目标，需要投资4 500亿元人民币，这对于我们这样一个人口众多、经济落后又面临着经济发展巨大压力的发展中国家来说，难度巨大，所以在环境问题上常常出现“老账未还，又添新债”的被动局面，使得环境污染和生态破坏不断积累。

中国不利的环境因素，反映在海洋环境上主要表现为以下几个方面：

1) 在海洋渔业发展上，由于长期以来对渔业经济规律认识不足,使得渔业资源的开发利用不够合理。近海捕捞能力成倍增加,大大超过资源的再生能力。加上盲目发展底拖网作业,片面强调高产,实行酷渔滥捕,使近海主要经济鱼类资源遭到严重破坏,渔业资源朝着低龄化、小型化、低质化方向演变。

2）在海涂资源开发上,多年来缺乏统一规划和协调,基本上是谁有钱,谁投资,谁开发,谁利用,各部门各自为政,多头管理。这种状况使得开发者只顾本部门的生产利益,而不考虑海涂的多种功能。因而,海岸线地带往往成为许多部门之间矛盾集中而尖锐的地方,严重地影响了资源的合理利用与保护。

3）在海岸工程建设中,存在一定的盲目性,往往不经论证和评价,就在河口、海湾及沿岸浅水区采石挖砂,筑堤建坝,围海造地或进行其他围海工程建设,造成了海岸侵蚀、港口淤积、污染加剧、物种减少及沿岸生活环境恶化等严重的不良后果,并使国家经济蒙受了巨大损失。

4）在沿岸和岛屿开发中,违背自然规律和经济规律,一度在北方大搞毁苇开垦,使沿海芦苇面积锐减 2/3;在南方,常把大片红树林砍掉或开辟农田或作薪炭,常把珊瑚礁作为生产石灰的原料大肆开采,致使红树林和珊瑚礁遭到严重破坏,鱼类失去生存环境,红树林和珊瑚礁海岸受到破坏,沿岸土壤盐碱化。一些地区的沿海防护林遭受砍伐,很多岛屿上的天然林破坏严重,加之过分采石和不合理的工程建设,使这些岛屿的生态环境更为恶化。

5）沿海城镇星罗棋布的工矿企业尤其是乡镇、街道企业,其工业废水、城镇生活污水及各类船舶污水等,大都未经达标处理而直接排入海域或河流入海口处,还有主要入海河流沿流域携带的大量污染物,沿岸农田、果园、菜地农药化肥的流失物,加上海洋倾倒物和事故排放污染物,使得近岸海域水质恶化日趋明显,重点河口、海湾、港口、大中城市毗连海域的污染都比较严重,重要水域渔业资源进一步遭到破坏，生物种类明显减少，水产品质量日趋下降。

6）赤潮灾害严重。由于沿海地区使用的化肥、农药和植物生长剂大量流失入海，城市生活污水和含有机物的工业废水大量排海，加上海水养殖迅猛发展，使近岸海域海水富营养化程度明显加重，从而引发赤潮出现的频率逐年增加，现我国海域每年发生30多起，对海洋生物资源和渔业生产造成严重损害。

7）海域油污事故频繁。随着海上石油运输量的增加及海洋石油勘探开发的发展，海上溢油事故不断发生，自1976年至1996年的20年间，我国沿海共发生船舶溢油事故达2 242起，给渔业、养殖业、旅游业等海洋产业带来巨大损失，也使海域和岸线环境受到严重污染。

8）区域海洋污染日益突出。以渤海为例，每年接纳的陆源污水量为28亿吨，各类污染物70多万吨，使渤海几乎成了一个巨大的纳污池，生态环境急剧恶化，渔业资源渐趋枯竭。在杭州湾和长江口海域、闽东和台湾海峡、珠江口海域，也不同程度地存在着区域海洋环境问题。

可以看出，中国的环境国情反映在海洋领域，问题相当突出：近岸海域环境质量逐年退化，近海污染范围逐渐扩大，突发性环境灾害事故频率加大，生态环境破坏加剧，已经在一定程度上阻碍了经济、社会的健康发展，甚至对人民群众的健康构成直接威胁，成为人民群众日益关注的重要问题。而且，随着国家经济的较快速度增长，加之人口继续增加，城市化速度加快，对资源的需求总量越来越大，以及在温饱问题解决以后，人民群众对环境质量的要求越来越高，海洋生态环境和生活环境问题将愈发突出。

第四节 海洋环境保护的基本原则和主要制度

一、海洋环境保护的基本原则

环境保护是中国的基本国策。为贯彻这一基本国策,必须有序、规范地开展工作,遵守一些基本原则。这些基本原则,体现了国家保护环境的基本方针和政策,是环境保护的基本准则,适用于环境保护包括海洋环境保护在内的各个领域和各个方面。这些基本原则主要是:

1. 经济发展与环境保护相协调

经济发展是人类自身生存和发展的需要,也是保护和改善环境的物质保证。保护环境的实质就是保护生产力。只有在经济增长中保护好环境,发展才能健康,才有后劲,才可持续。以牺牲环境换取经济发展,或是靠抑制经济发展来保护环境,都不利于人类长久生存和不断进步。经济发展与环境保护之间应该相互依赖、协调发展。只有坚持经济建设、城乡建设与环境建设同步规划、同步实施、同步发展,实现经济效益、社会效益和环境效益相统一的方针,坚持把国家制定的环境保护规划纳入国民经济和社会发展计划,并积极发挥环境保护在经济发展中的宏观调控作用,“协调发展”才能得以实现。

2. 资源的开发利用与保护增殖并重

开发利用自然资源不能脱离环境的承载能力,要在维护生态平衡的前提下,合理地进行开发利用。否则,如果违背自然生态规律,盲目开发、滥用,必将造成极其严重的后果。在处理开发与保护这对矛盾时，既要考虑经济效益，又要考虑生态效益；既要考虑眼前的经济效益，又要考虑长远的生态效益；既要考虑局部的经济效益，又要考虑整体的生态效益。要在处理好二者关系的前提下，边开发，边保护；在资源开发利用中，要采取措施保护生态环境；对已经开发并造成不同程度破坏的资源和环境，要分期、分批地进行综合治理，努力使其得以恢复和改善。

3. **预防为主、防治结合**

环境问题主要是人类在经济发展和自然资源开发利用中忽视环境保护所造成的结果。实践证明，环境问题一旦发生，往往给国家经济和人体健康造成重大损失。据估算，中国每年因环境污染和生态破坏造成的经济损失为1～2千亿元，其中由于大气污染导致人体健康方面的经济损失达1～2百亿元。而且，环境问题所造成的影响一般在短期内难以消除，环境污染所引起的某些疾病潜伏期长，发病后也难以根治。因此，在经济发展中不能走“先污染后治理”的路，在环境保护中，既要把预防环境污染和生态破坏放在首位，着眼于控制产生环境问题的根源，严格把关、坚决控制新污染；同时，又要积极治理已经产生的环境污染和生态破坏。防是核心，治是预防措施的补充，要把两者紧密地结合起来，不可偏废。海洋环境问题比陆地环境问题更为复杂，不仅污染源广，而且污染持续性强、扩散范围大、控制手段复杂。海洋生态环境一旦遭到破坏，往往难以恢复，有的即使能恢复也需要很长时间和巨大代价。因此，在海洋环保中，坚持预防为主、防治结合的原则尤为重要。沿海地区的优势在于海，发展的潜力也在于海，如果失去了海洋环境和海洋资源这个物质基础，沿海地区的优势也就失去了前提。

4. **谁污染谁治理、谁开发谁保护**

长期以来，排污者不顾后果任意排污，却不承担治理污染的义务；开发者只顾本部门、本单位的生产利益，对自然资源不顾后果地进行利用，却不承担保护生态环境的义务，而把治理污染和生态破坏的责任，都推给了政府和社会，颠倒了环境责任。实际上，政府也难以承受防治环境污染和生态破坏所需巨大资金的压力，其结果就使得环境污染和生态破坏长期得不到治理。实行谁污染谁治理、谁开发谁保护的原则，就在于使经济活动的“外部不经济性影响”内在化，明确环境责任，解决环境治理的资金来源，调动排污者自行治理污染、开发者主动保护生态的积极性。

5. **强化环境管理与推动科技进步相结合**

环境管理是国家的一项基本职能。中国的环境问题严重，现有的许多环境污染和生态破坏问题，是管理不善造成的。中国是个发展中国家，政府不可能拿出很多钱来治理环境。这样的国情决定了，出路主要在于强化环境管理。正是由于依靠强化环境管理，才在一定程度上弥补了资金不足的缺憾，基本控制住了经济迅速增长可能带来的环境状况急剧恶化的趋势。但强化管理的潜力是有限的，要从根本上改善环境，还必须依靠改善国家的经济结构和推动科技进步。现代科技在合理利用资源能源、寻求不损害环境的技术和工艺等方面具有重大作用，经济结构的改善在很大程度上取决于科技进步。

6. **依靠人民群众保护环境**

防治环境污染和生态破坏以及合理开发利用自然资源，关系到国家大局和长远发展，关系到人民群众的切身利益，关系到当代人的幸福和子孙后代的利益。因此，人民群众具有积极参与环境保护的愿望和要求，这使环境保护具有坚实的群众基础。因此，在环境保护工作中，必须把人民群众作为基本力量，并从法律和制度上，鼓励、支持、动员和组织人民群众积极参与，实行法制和人民群众自觉维护相结合，政府官员管理与人民群众监督管理相结合，使环境保护真正成为人民群众为之奋斗的全民的事业。

7. **政府对环境质量负责**

一个地区的环境质量如何，是衡量一个地区社会物质文明和精神文明的主要标志，是一个地区社会经济发展的综合体现。这涉及整个地区的规划布局、城乡建设、生产发展、产业结构、公众和领导人的环境意识以及政府的环境管理水平等诸多因素，涉及几乎所有的政府职能部门。各部门的工作对环境保护事业的发展，都有重要的、直接的影响。各部门的工作做好了，一个地区的环境状况才有可能得到改善。衡量环境质量状况的尺度，是国家和地方制定的环境质量标准，如《海水水质标准》、《地面水环境质量标准》、《环境空气质量标准》等，它们都是对一定时间和空间范围内的环境中有关污染物容许含量的法定限制值。实行"谁污染谁治理、谁开发谁保护"的原则，只能规范排污者和开发者的行为，并不能要求他们对环境质量负责。政府环境管理部门包揽不了环境保护工作，也无能力对环境质量负责。一个地区的环境质量，只能由政府特别是政府行政首长负责。而且，也只有政府行政首长能对整个地区的环境质量负起责任。实践证明，明确各级政府行政首长保护环境的责任，是做好环境保护工作的关键。

二、环境保护的主要制度

以上环境保护的基本原则，是涉及环境保护全局的、从总体上为人们提供环境保护的基本行为准则。基本原则的实现需要相应的基本制度配合，以将其具体化，使之具有可操作性。我国政府所规定和实行的环境保护基本制度，主要有以下内容：

1. **资源开发与环境保护规划制度**

国家在对自然资源和环境状况进行调查和评价的基础上，对自然资源的保护、增殖、开发利用和在一定时期内的环境保护目标、防治污染与破坏的主要任务以及实现目标和任务的保证措施，作出全面安排。自然资源开发利用的规划,是国民经济和社会发展规划的有机组成部分,也是进行资源与环境管理的基本依据,其目的在于协调资源、人口、环境和发展的关系,促进经济和社会的可持续发展。

2. **环境影响评价制度**

国家规定,建设单位在建设项目可行性研究阶段,就建设项目对环境可能造成的影响要进行分析和预测,并提出环境保护的对策和措施。国家根据建设项目对环境的影响程度,对建设项目的环境保护实行分类管理:建设项目对环境可能造成重大影响的,应当编制环境影响报告书,对建设项目所可能产生的污染和对环境的影响进行全面、详细的评价;建设项目对环境可能造成轻度影响的,应当编制环境影响报告表,对建设项目所可能产生的污染和对环境的影响进行分析或者专项评价;建设项目对环境影响很小,不需要进行环境影响评价的,应当填报环境影响登记表。建设项目环境影响报告书(表),必须按照规定的程序,报政府环境保护部门审查批准。建设项目环境影响报告书(表)未经批准,建设项目不得设计和施工。新建、改建和扩建海岸工程建设项目、海洋石油开发项目和在沿海设置拆船厂等,建设单位必须执行环境影响评价制度。

3. **"三同时"制度**

国家规定,建设项目需要配套建设的环境保护设施,必须与主体工程同时设计、同时施工、同时投产使用。设计单位应当依据经审查批准的环境影响报告书(表)进行初步设计。在初步设计中,应当编制环境保护篇章,并需经政府环境保护部门审查。施工单位应将环境保护设施与主体工程同时施工;建设单位在建设项目竣工后,应当申请政府环境保护部门对环境保护设施进行竣工验收;经验收合格,该建设项目方可投入生产或使用,与其相配套的环境保护设施,也必须同时发挥其应有的作用。

4. 污染物排放控制制度

国家对向环境排放的污染物的浓度和总量实行控制。国家环境保护部门根据国家环境质量标准和国家经济、技术条件,制定国家污染物排放标准。省级人民政府依照法律规定制定地方污染物排放标准。一切建设项目,必须遵守污染物排放的国家标准和地方标准。一切现有排放污染物的单位,排放的污染物都必须符合污染物排放的国家标准和地方标准。

5. 排污收费制度

国家对向环境排放污染物的单位和个人征收一定的费用。这是贯彻"谁污染谁治理"原则,运用经济手段使污染者承担污染责任的另一种形式,并借以促进排污单位加强经营管理,节约和综合利用资源,积极治理污染。排污单位交纳排污费,并不免除其应承担的治理污染、赔偿损害的责任。所有向海域排放陆源污染物的单位、从事海洋石油开发工业生产的单位和向海洋倾倒废物的单位,都必须依据国家规定的标准,缴纳排污费或倾倒费。

6. 限期治理制度

国家以政府行政命令的形式,责令对环境造成严重污染的单位,在限定的时间内治理污染。这项制度适用于已经对环境造成严重污染的单位,也适用于在依法划定的风景名胜区、自然保护区和其他需要特别保护的区域内,已经建成的、其污染物排放超过排放标准的非工业生产设施。被限期治理的单位必须如期完成治理任务。对逾期未完成治理任务的,由政府依法责令其关闭、停业或转产。为了加快治理老污染,国家又规定:现有排污单位超标排放污染物的,都要限期治理。在21世纪初,全国所有工业污染源排放的污染物要达到国家或地方规定的标准;各省、自治区、直辖市要使本辖区的主要污染物排放总量控制在国家规定的排放总量指标之内。

7. 许可证制度

可能对环境造成影响的活动，需经申请、审查和颁发许可证，对其进行科学化、目标化和定量化管理。这种制度适用于自然资源开发利用活动，如渔业捕捞许可证、采矿许可证、海域使用许可证、林木采伐许可证等，也适用于环境污染防治，如水污染物排放许可证、海洋倾废许可证等。实行这项制度，便于把影响环境的各项活动纳入国家统一管理的轨道，严格限制在国家规定的范围内，使国家能够通过管理，在一定程度上有效地防治环境污染和保护生态环境。

第十二章　国家海洋权益

第一节　国家海洋权益的基本概念

在近半个世纪中，全球面临着越来越大的人口膨胀、资源短缺和环境恶化的冲击和压力，世界各国，不论是沿海国还是内陆国、群岛国还是地理不利国，普遍把实现经济社会发展的希望寄托于获取和扩大开发利用海洋的国家权益上，于是出现了多种多样的有关国家海洋权益的学说、理论、政策、策略和国家实践。争夺和维护国家海洋权益的尖锐斗争，包括国家间的、地区性的和全球性的斗争一直不断，成为现代国际关系中长时期的热点和焦点。

第二次世界大战后，拉丁美洲国家带头兴起了捍卫国家海洋权益的斗争。广大发展中的亚非拉国家为捍卫国家主权，维护海洋权益,发展民族经济,围绕对海洋的掠夺与反掠夺、霸权与反霸权以及打破旧的海洋制度的束缚与建立新的国际海洋秩序,同以美国、前苏联两个超级大国为代表的海洋霸权主义和发达的海洋强国展开了长期激烈的斗争,并不断取得胜利。

当今世界,随着世界战略格局的转换和海洋战略地位的提高及《联合国海洋法公约》的生效,围绕国家海洋权益的斗争,呈现出了一些新的特点,即对海洋的争夺和控制由过去的以军事目的为主转变为以经济利益为主;由争夺有战略意义的海区和通道为主转变为以争夺岛屿主权、海域管辖权和海洋资源为主;由超级大国、海洋强国对海洋的争夺转变为沿海国家,特别是发展中国家对国家海洋权益斗争的广泛参与。当前,我国面临着复杂的海洋形势,所存在的岛屿被侵占、海域被分割、资源被掠夺的问题一直没有得到缓解。我国与周边一些国家在划分海洋管辖权方面存在着复杂的矛盾。正是在这种情况下,国家主席江泽民 1993 年为海军题词:“维护海洋权益,捍卫领土主权。”而后又指出:“我们一定要从战略的高度认识海洋,增强全民族的海洋观念。”显然,维护海洋权益,不仅关系到国家海洋主权、主权权利和管辖权的行使,关系到国家领土的完整和国家的形象尊严,也关系到经济、社会的可持续发展和国家的长治久安,因而已成为一项事关国家重大政治利益、经济利益和安全利益的紧迫的战略问题。

自国家对海洋享有合法权益的国际法准则确定以来,全球海洋实际上一直被划为国家管辖范围内的海域和国家管辖范围以外的海域两部分。在第二次世界大战以前,前者包括内水、领海、毗连区或渔区,后者为公海。后来,前者增加了大陆架。在《联合国海洋法公约》中,国家管辖范围内的海域又增加了专属经济区、群岛国的群岛水域和用于国际航行的海峡,而把国家管辖范围以外的海域和海底分开,形成了公海和国际海底区域两部分。

所谓国家海洋权益，主要是指根据国家法律和国家参加缔结的国际条约、协定或者其他有关国际法，而由国家享有的、不容侵犯的控制、管理、开发利用和保护国家管辖范围内海域的权利和利益，及根据国际法和国家参加缔结的国际条约、协定，而由国家享有的、不容侵犯的开发利用国家管辖范围以外的海域与海底的权益。

国际社会围绕国家海洋权益的斗争，主要表现为以下四种途径和形式：

1）在创立和编纂海洋法的过程中，对不同海域的法律地位、范围界定与界限划定原则的确定，对不同国家在不同海域中权利与义务的分配和其他相关事项的规定等方面存在争议；

2）海岸相向或相邻国家间在国家管辖海域界限的划定中，在解释或适用国际公约、协定或其他有关国际法原则、规则上存在分歧；

3）在特定海域、海湾、海峡、岛屿、群岛的主权归属上存在争端；

4）违反国际法基本原则侵占或侵犯、掠夺其他国家管辖的海域、海岛、自然资源，或进行其他非法活动而引起纠纷。

传统的国际法不承认内陆国在海洋上享有权益。内陆国在海洋上的权利要求，最初集中在悬挂本国旗帜的船舶的航行权上。第一次世界大战后，在1919年《凡尔赛和约》和1921年《巴塞罗纳宣言》中解决了这个问题。1958年日内瓦海洋法四公约扩大了内陆国的海洋权益，《联合国海洋法公约》进一步满足了内陆国在海洋方面的权利要求。因此，我们现在所说的国家海洋权益，是指所有国家的海洋权益，既包括沿海国也包括内陆国，这体现了人类社会的可持续发展已经越来越多地依赖海洋的必然趋势和客观要求。

第二节 国家海洋权益争端与国际立法

一、古代争夺与维护海洋权益的斗争

国家海洋权益的争夺始于欧洲中世纪初叶。公元529年,奴隶制罗马的《查士丁尼法典》主张海洋是“大家公有之物,处于人类共同使用的状态”,承认各国都有利用海洋的权利。随着封建制度的确立,罗马君主提出了海洋应归罗马所有的主张。到10世纪,英国国王自称为“不列颠海之王”。地中海、北海、波罗的海沿岸国家竞相对海洋提出权利要求,规定在其主张权利的海域航行的外国船舶要向其旗帜敬礼,或缴纳通行费,或控制、禁止外国船舶的航行、捕鱼等,形成海洋割据局面。

进入15世纪,西班牙和葡萄牙成为海上强国,争夺海洋的斗争更加激烈。1492年哥伦布率领西班牙船队横渡大西洋,发现并占领了中美洲沿岸地带。1493年,教皇亚历山大六世颁发教谕,划分西班牙和葡萄牙两国在大西洋上的势力范围。1494年西葡两国签订条约,规定以佛得角以西2 057千米的子午线为界,线以西,包括墨西哥湾和太平洋归西班牙;线以东,包括摩洛哥以南的大西洋和印度洋归葡萄牙。1497年,达·伽马奉葡萄牙国王之命,率船队绕过好望角进入印度洋,探索通往印度的航道。从1510年起,葡萄牙人、西班牙人和荷兰人相继到达印度尼西亚。1519年,麦哲伦率西班牙远征队跨越大西洋绕南美洲进入太平洋并侵入菲律宾。1529年,西班牙和葡萄牙两国又签订条约,在太平洋中再划一线,将全球海洋一分为二,妄图垄断海洋和进行殖民扩张。这

种垄断的局面不符合欧洲资本主义经济发展的需要，引起了许多新兴殖民国家的反对。1496 年，英国国王亨利七世发布诏书，指令英国船队驶往东、西、北三个方向寻找尚未知道的岛屿、海域或陆地。荷兰船队也不断冲破西班牙和葡萄牙两国的限制，向印度洋、太平洋沿岸扩展殖民空间和掠夺物质财富。为此，经常引发外交或武装冲突。1609 年，荷兰法学家 H. 格劳秀斯发表了著名的《海洋自由论》，提出了海洋不能成为任何国家财产的主张。此主张不仅受到了西班牙和葡萄牙两国的反对，也受到了英国的反对。同年，英国国王宣布"拥有不列颠海主权"。1618 年英国的塞尔登撰写了《闭海论》，宣称"海洋同土地一样可以成为私有的领地或财产"，引发了一场"开放海洋"和"封闭海洋"的大争论。17 世纪中叶，英国首先完成了资产阶级革命，18 世纪后半叶，又进行了工业革命，蒸汽机的发明和使用极大地提高了社会生产力，资本主义发展的内在要求推动着资产阶级寻求新的原料产地和商品市场，开拓新的殖民地，为此需要海洋的完全开放。所以英国便逐渐放弃了"海上控制论"的主张，倾向于把海洋划分为属于沿海国主权范围内的领海和不属于任何国家支配的公海两部分。1745 年，丹麦提出 4 海里领海的主张，随后欧美沿海国家相继宣布了领海宽度，逐步确立了领海的习惯国际法地位。1789 年，法国完成了资产阶级革命。1795 年，法国《万国公法宣言》草案申明公海不得为任何一国所有。1808 年，英国撤销了对在其原来主张主权的部分公海海域内航行的外国船舶需向英国旗帜敬礼的要求。1825 年，俄国放弃了禁止外国船舶在其原主张主权的太平洋北部海域航行和捕鱼的立场。至此，公海自由原则，不论在理论还是在实践上，都被公认为是国际法原则。

如前面有关章节所及，在古代，我国造船和航海业相当发达。舵的使用、指南针用于航海、大炮装备兵船等都创始于我国，汉代以后舟师相当强大。北宋时(公元 960～1127 年),海军就已巡海至西沙群岛一带,对西沙、南沙群岛海域实施管辖。1405 年,郑和奉命通使“西洋”,率大小舰船一万余艘,出长江口南下,两年而返,前后七次奉使,遍历东南亚、印度半岛、波斯湾、阿拉伯半岛、非洲东海岸和红海海口的 30 多个国家,促进了中国与各国的经济文化交流,但从来没有占领别国的一寸土地。与此相反,从 14 世纪起,日本海商、海盗集团疯狂掠夺、侵扰我国东南沿海。自 1553 年起,葡萄牙人入居我国澳门。1624 年起,荷兰人侵占了我国台湾。我国人民对外国强盗进行了坚决抵抗和反击。戚继光于 1555～1556 年统领陆、海军荡平了猖獗两个多世纪的倭寇。郑成功于 1661～1662 年率将士数万自厦门渡海征战,驱逐了侵占台湾的荷兰殖民军。这些,都在我国维护国家主权和海洋权益、反对海上霸权的历史上写下了光辉篇章。

二、近代争夺与维护海洋权益的斗争

领海是处于国家主权支配下的海域。领海与公海如何划分,不论从经济上还是从战略上,都是涉及国家海洋权益的重大问题。对于领海宽度,历史上曾经有 100 海里、60 海里、地平线视距、一日航程等多种学说。1625 年,格劳秀斯提出了“有效统治原则”。在此基础上,荷兰法学家宾刻舒克提出了大炮射程规则,西西里外交官加利亚尼提出了 3 海里规则。实践上,有的国家 3 海里,有的国家 4 海里或 6 海里,有的国家 9 海里,还有的国家 12 海里。一般地说,海洋大国主张窄领海而中小国家主张宽领海。对于领海基线,长期以来法学家也有着许多说法,如高潮线、高潮线上能安全构筑炮台的海岸线、低潮线、低潮线下的可航线,等等。采用不同的领海基线决定着不同的内海面积或沿岸捕鱼区域,对沿海国和其他国家的海洋权益都有重大影响。1935 年,挪威为了制止英国渔船闯入其沿岸水域捕鱼，国王颁布敕令，规定采用直线基线，此举引起英国的反对和旷日持久的激烈外交斗争。

一国在领海之内可行使主权，但由于某些实际利益的需要，沿海国还希望将某些权利扩大到其领海之外的一定区域。1736 年，英国颁布“游弋法”，规定在离海岸 5 海里的区域内，有权对有运载违禁品嫌疑的外国船舶进行检查，有权对运载违禁品的船舶没收货物和罚款。后来，又把这个区域扩大到 6 海里、12 海里和 24 海里。进入 19 世纪后，设立类似区域的国家越来越多，或由国家立法或通过双边、多边条约加以确认。由此，引发了不少国际争端。1922 年，美国颁布法令，规定外国船舶不论是否驶往美国，只要进入 12 海里的范围内，美国都可登临检查。这引起了许多国家，特别是英国的反对。19 世纪以来，随着机动渔船、底拖网的广泛采用，捕捞能力大为提高，打破了海洋渔业资源取之不尽、用之不竭的传统观念，促使一些沿海国提出对其领海外的一定区域的渔业资源实行管理和控制的要求，有的要建立专属渔区，有的要设置渔业养护区，规定外国渔民不经许可不得进入捕鱼，或进行捕鱼活动应服从沿海国的管理。尽管一些沿海国在领海之外的区域内，为一定的目的设置了不少管制区、管辖区，但沿海国可在这种区域行使什么权力，沿海国可把这种权力扩展到什么地方，都是国际社会长期争论的问题。在 1930 年海牙国际法编纂会议上，48 个国家的代表讨论了一个月也未能解决。

国家海洋权益的争夺还大量表现在公海捕鱼上。1867 年，俄国将阿拉斯加卖给美国。美国为了垄断阿拉斯加沿海的海豹狩猎，1881 年声称它对白令海全部海域拥有主权。英国拒绝承认这一要求。1886 年，美国政府下令扣留在白令海捕获海豹的所有船只。加拿大和英国提出抗议。但美国坚持说，白令海原是俄国的领海，美国已经接替俄国人的权利。1892 年，美英交付公断。结果,美国的主张未得到支持。为了调整有关国家公海捕鱼的权益,保护公海渔业资源,1882年,英国、法国、德国、比利时、丹麦和荷兰等六国签订了《北海渔业公约》;1910年,英国和丹麦签订了《冰岛岸外和法罗群岛海域渔业公约》;1911年,美国、俄国、日本和加拿大四国签订了《保护北太平洋海豹公约》;1925年,美国和墨西哥签订了《墨西哥海湾渔业条约》;1930年又产生了国际捕鲸公约。

国家海洋权益争夺的另一个焦点是在海峡上。全球有成千个海峡,可用于国际航行的有100多个。其中,直布罗陀海峡、达达尼尔和博斯普鲁斯海峡、麦哲伦海峡、松德海峡和大小贝尔特海峡、马六甲海峡和霍尔木兹海峡等,都是海洋的咽喉,具有重要的战略地位和经济价值。它们的法律地位和通行制度,涉及到几乎所有国家的利益。正因为如此,一些海上强国为了对外扩张和掠夺的需要,不断使用炮舰威逼海峡沿岸国,建立适合其控制或自由使用的海峡制度,由此产生了一系列条约。如1904年英法两国关于直布罗陀海峡的协定,1841年和1856年关于达达尼尔和博斯普鲁斯海峡的《伦敦公约》和《巴黎公约》,1857年欧洲各海洋国家和丹麦之间关于松德海峡和大小贝尔特海峡的《哥本哈根条约》,1881年阿根廷和智利两国关于麦哲伦海峡的条约等。

在同一时期,中国人民为捍卫民族独立、保卫海疆主权、抵御外来侵略,同外国资本主义、帝国主义进行了殊死斗争。到19世纪40年代,由于工业革命的广泛发展,欧美列强征服殖民地的活动日益加紧,中国的一些邻近地区和国家相继变成了它们的殖民地和势力范围。而这时的中国却处于衰败落后和闭关锁国的状态之中,自然成为殖民主义者侵略扩张的对象,美丽富饶的海域成了帝国主义入侵中国的便捷通道。从1840年起,在百余年中,日、英、美、法、俄、德、意、奥等国的军舰入侵中国沿海地区达 470 多次，几乎所有的重要港口、海湾、岛屿都遭到过践踏，香港、台湾及附近列岛相继沦丧，胶州湾、旅顺口、大连、威海、九龙、广州湾先后被列强控制。中国的许多港口贸易权、海上航行权、捕鱼权纷纷落入外国人之手，使中华民族坠入了民族屈辱的深渊。但是，外国资本主义、帝国主义频繁从海上入侵，使中国沦为半殖民地的过程，也就是中国人民反抗列强侵略、保卫万里海疆的过程。在两次鸦片战争、中法战争、中日甲午战争和抗击八国联军中，在太平天国运动、义和团运动中，在台湾和香港、澳门人民反抗占领者的斗争中，以林则徐、关天培等为代表的爱国将士和以洪秀全等为代表的人民大众，谱写了一曲曲惊天地、泣鬼神的悲壮战歌，彻底粉碎了列强妄图瓜分、统治中国的企图。

三、现代争夺与维护海洋权益的斗争

1945 年 9 月 28 日，美国总统杜鲁门发表了《关于美国对大陆架海床和底土自然资源的政策宣言》和在毗邻美国海岸的公海区域建立渔业养护区的公告。在捕鱼方面，美国感到仅有 3 海里领海是无法防范外国渔船到美国近海捕鱼的。早在 1936 年至 1938 年间，日本渔船就蜂拥到阿拉斯加浅水区大肆捕捞鲑鱼，严重打击了美国沿海渔业，激起了美国公民的抗议和政界人士的忧虑，从那时起就有议员不断提出法案，要求扩大美国近海的管辖权，以限制外国渔船在美国近海的捕鱼活动。在大陆架方面，由于早在 19 世纪末(1894 年)和 20 世纪初(1918 年)，人们就发现加利福尼亚沿岸浅水区和墨西哥湾存在石油，1938 年，罗斯福总统提出了对处于公海海底的部分区域的管辖权要求。在第二次世界大战中，美国石油消耗巨大，陆地石油资源日益不足，所以，第二次世界大战刚刚结束一个多月，美国总统杜鲁门就又发表了上述宣言和公告，

规定美国有权在邻接其海岸的公海区域划定渔业养护区,美国有排他性的管理和控制权;规定"处于公海下但毗连海岸的大陆架的海床和底土的自然资源属于美国,受美国的管辖和控制"。

"杜鲁门公告"宣布后,在国际上引起了强烈反响。拉美国家鉴于其在地理上几乎都与公海相邻接,不存在与海岸相向国家的海域划界问题;南美西海岸国家的大陆架较为狭窄,从大陆架概念中几乎毫无所得,加上沿岸渔业资源丰富却不断遭受美、日、苏等远洋渔业大国的酷渔滥捕,所以智利和秘鲁在1947年率先宣布200海里的领海,掀起了发展中国家捍卫海洋权益的斗争。到1970年底,拉美国家中主张200海里海洋权的国家发展到21个。1971年4月,智利的委·瓦·卡里略教授提出了"承袭海"概念。与此同时,肯尼亚提出了"专属经济区"概念,得到了包括内陆国在内的几乎所有非洲国家的广泛赞同。200海里国家管辖权彻底打破了"领海以外即公海"的传统国际法观念,使占世界海洋面积35.8%的海域处于沿海国的管辖之下,那里提供了94%的世界渔获量和87%的海洋油气储量,世界上一些重要海湾和海峡几乎都包围在国家管辖范围内。因此,一些发达国家极力反对200海里经济区的主张。

1967年8月17日,马耳他驻联合国大使阿·帕多博士提出了国家管辖范围以外的海床和洋底是"人类共同继承遗产"的概念。他所以提出这个问题,主要是由于:①到了60年代,深海探查技术已获得巨大进步,超级大国和发达国家妄图凭借资金与技术的优势,垄断海底区域多金属矿藏的开发;②超级大国的军备竞赛使大洋底面临变成核武库的危险;③超级大国和西方国家向公海海底倾倒了大量过时的毒气弹、核废料,严重污染了海洋环境。这一概念集中反映了广大发展中国家的利益和要求,所以一经提出即被联合国大会接受,在同届(22届)联合国大会上决定成立一个海底委员会，专门研究国家管辖范围以外的海底区域的和平利用问题。在以后的联合国大会和海底委员会上，发展中国家与发达国家之间进行了激烈斗争。

四、国际海洋法律新秩序的形成

1958年和1960年，联合国召开了两次海洋法会议。在这之后，国际形势发生了深刻变化，建立一个新的国际海洋法律秩序，是大势所趋、人心所向。在这种背景下，1970年第25届联合国大会通过决议，定于1973年召开第3次海洋法会议，目标是制定一个关于海洋问题的一揽子公约。该会议于1973年12月3日开幕，历时九年，共开了11期16次会议，先后有167个国家的代表团和50多个包括民族解放组织、国际组织和未独立地区在内的观察员出席，于1982年4月30日完成了《联合国海洋法公约》的制定工作，并以130票赞成、4票反对、17票弃权获得通过。同年12月10日起开放签字，到1984年12月9日开放签字截止时，共有包括中国在内的155个国家和4个实体在《联合国海洋法公约》上签了字。这个公约由17部分共320条和9个附件组成，涉及领海和毗连区、用于国际航行的海峡、群岛国、专属经济区、大陆架、公海、岛屿、闭海或半闭海、内陆国出入海洋的权利和过境自由、国际海底区域、海洋环境的保护和保全、海洋科学研究、海洋技术的发展和转让、争端的解决等各个方面的法律制度。《联合国海洋法公约》吸收了传统海洋法的一些原则和规则，同时确立了许多海洋法的新概念，几乎涵盖了海洋的一切资源和用途，是迄今为止最全面、最广泛的一部海洋法，其主要特点是：确立了200海里专属经济区制度，从而扩大了国家管辖海域的范围，有利于沿海国维护海洋权益，同时确立了国际海底区域及其资源是人类共同继承财产的原则，有利于打破海洋霸权主义对国际海底区域及其资源的垄断。由于世界各国的社会制度、发展水平、历史背景、地理位置以及对海洋法律主张的立场、观点不同,《联合国海洋法公约》只能是一个妥协性产物,在某些方面存有缺陷和不合理的成分,会给那些地理条件优越的发达国家带来更多的利益和好处;但它毕竟突破了旧海洋法框架,建立了一套新的海洋法律秩序,因而不少国家把《联合国海洋法公约》看做"当代国际外交的一次突出成就","其深远意义仅次于《联合国宪章》"。由于美、英、德等主要发达国家认为《联合国海洋法公约》第 11 部分关于国际海底区域的某些规定不能满足其要求,它们或者不签署该公约,或者签署了但无意批准该公约。为了解决《联合国海洋法公约》的普遍参加问题并使其第 11 部分得以有效执行,联合国秘书长于 1990 年 7 月至 1994 年 6 月主持了对公约第 11 部分的非正式协商,形成了《关于执行第 11 部分的协定》,于 1994 年 7 月 28 日在第 48 届联合国大会续会上以联大决议的形式获得通过。1994 年 11 月 16 日《联合国海洋法公约》连同《关于执行第 11 部分的协定》同时生效。从而标志着当代统一的国际海洋法律制度的最终确立,这必将对国际海洋事务包括海洋政治、军事、经济、外交、环境等方面产生重要而深远的影响。中国政府一贯支持发展中国家维护海洋权益的正义斗争。1971 年底中国参加了联合国海底委员会,从 1973 年起参加了第三次联合国海洋法会议的全过程,对《联合国海洋法公约》的诞生发挥了重要作用,受到了广大发展中国家的赞许。中国政府认为,《联合国海洋法公约》在总体上反映了广大发展中国家维护其海洋权益的要求,是当代国际社会关于海洋权益和海洋秩序的基本文件,总的方面符合中国的主张和要求。基于此,1996 年 5 月 15 日,中国全国人大常委会决定批准《联合国海洋法公约》。《联合国海洋法公约》已于 1996 年 7 月 7 日起对中国生效。

五、国际法规定的海域界定与划分

1. 领海基线和内水

领海基线是测算领海宽度的基准线，也是测算毗连区、专属经济区和大陆架宽度的起始线。沿海国有权依据其海岸和沿海岛屿的地理特征，采用正常基线或直线基线。沿海国为适应不同情况，也可交替使用正常基线和直线基线的方法确定基线。

内水，在海洋法上是指一国领海基线向陆一侧的水域，也称内海。

在采用正常基线的情况下，内水主要包括海港、领湾、领峡、河口湾和"历史性"海湾。

领湾，也称内海湾，在海洋法上是指沿岸属于一国，其天然入口处两端低潮线之间的距离不超过24海里，且其水域面积大于或等于以其入口宽度为直径所作的半圆的面积的明显水区。

领峡，也称内海峡，是指两岸属于一国，且两岸之间的距离不超过领海宽度两倍的一般性海峡。

河口湾，是指在河流入海口由河流两岸向海的延伸部分构成的一片类似海湾的水域，如果河口湾沿岸属于一国，则可按有关内海湾的规定划定其内水范围。

"历史性"海湾，是指沿岸属于一国，其湾口宽度超过领海宽度的两倍，但在历史上一向被承认是沿岸国内水的海湾。例如，加拿大的哈德逊湾入口处宽50海里，挪威的瓦兰格尔峡湾入口处宽32海里，俄罗斯的大彼德湾入口处宽110海里，都是各国公认的"历史性"海湾。

2. 领海和毗连区

领海，是指邻接一国陆地领土和内水的一带海域。在群岛国的情形下，是指群岛水域以外邻接的一带水域。每个国家有权确定其领海宽度,从领海基线量起,不超过12海里。沿海国的主权不仅及于领海水域,也及于领海的上空及其海床和底土。

毗连区,是指毗连领海在领海之外由沿海国行使管制权的区域。毗连区从领海基线量起,不得超过24海里。沿海国对毗连区的管制只限于水域而不包括毗连区的上空。

3. **专属经济区和大陆架**

专属经济区,是指领海以外邻接领海具有特定法律制度的一个区域。专属经济区从领海基线量起,不应超过200海里。

大陆架,是指领海以外依其陆地领土的全部自然延伸,扩展到大陆边外缘的海底区域的海床及底土,如果从领海基线量起到大陆边外缘的距离不到200海里,则扩展到200海里的距离。从领海基线量起到大陆边外缘的距离超过200海里的,可以得到超过200海里的大陆架,但最远距离不应超过从领海基线量起350海里或不应超过2 500米等深线100海里。

值得注意的是,沿海国对专属经济区和大陆架的权利依据并不相同:专属经济区的权利需靠国内立法宣布对专属经济区的主张来确立,否则,这部分海域仍属于公海;而大陆架的权利,不依靠沿海国对大陆架的占领或宣告,而是根据存在的事实,这就决定了大陆架的权利对于沿海国是专属性的,即:如果沿海国不勘探大陆架或开发其自然资源,任何人未经沿海国明示同意,均不得从事这种活动。

海岸相向或相邻国家间专属经济区和大陆架界限的划定,是涉及国家海洋管辖权和国家根本利益的重大问题。有关国家应当通过协商,在国际法基础上以协议划定,以便得到公平解决。在达成协议之前,有关各国应基于谅解与合作精神,尽一切努力作出实际性的临时安排,并在此过渡期间内不危害或阻碍最后协议的达成。临时性安排应不妨碍最后界限的划定。如果有关国家间存在现行有效的协定，关于划定专属经济区或大陆架界限的问题，应按照该协定的规定加以决定。

4. **公海和国际海底区域**

公海，是指国家管辖的专属经济区、领海、内水或群岛国的群岛水域以外的全部海域。专属经济区和群岛水域制度的确立大大扩大了国家管辖海域的范围，所剩公海面积大约占世界海洋总面积的 2/3 。

国际海底区域，是指国家管辖范围以外的海床、洋底及其底土。

第三节　中国海洋权益的法律体系

维护国家海洋权益，既要靠国家的综合国力，现代科技力量，海上军事实力，全民族的海洋意识和海洋行政管辖能力，还要靠完备的海洋法制，使国家在维护海洋权益的斗争中有法可依，有章可循。

中国海洋权益立法包括海洋基本法和单行法两个部分，分法律、行政法规、地方性法规、行政规章和地方政府规章等几个层次。

中国海洋的基本法律有：

《中华人民共和国领海及毗连区法》，1992 年 2 月 25 日七届全国人大常委会第 24 次会议通过；

《中华人民共和国专属经济区和大陆架法》，1998 年 6 月 26 日九届全国人大常委会第 3 次会议通过；

全国人民代表大会常务委员会《关于批准“联合国海洋法公约”的决定》，1996 年 5 月 15 日八届全国人大常委会第 19 次会议通过。

根据《中华人民共和国领海及毗连区法》,中国政府 1996 年 5 月 15 日发表《关于领海基线的声明》,宣布中国大陆领海的部分基线和西沙群岛的领海基线。

中国的海洋单行法和涉海单行法主要有:

《中华人民共和国海洋环境保护法》,1982 年公布;

《中华人民共和国海上交通安全法》,1984 年公布;

《中华人民共和国渔业法》,1986 年公布;

《中华人民共和国矿产资源法》,1986 年公布;

《中华人民共和国野生动物保护法》,1988 年公布;

《中华人民共和国进出国境卫生检疫法》,1980 年公布;

《中华人民共和国外国人入境出境管理法》,1985 年公布;

《中华人民共和国公民出境入境管理法》,1985 年公布;

《中华人民共和国海关法》,1987 年公布;

《中华人民共和国海商法》,1992 公布。

国务院为加强海洋管理,实施国家海洋法和涉海法,在海洋环境保护、海上交通安全、海洋资源开发利用和规范其他海洋活动方面,还制定发布了一系列行政法规,其中涉及维护国家海洋权益的主要有:

《国务院设立机动渔船底拖网禁渔区线的命令》,1955 年发布;

《水产资源繁殖保护条例》,1979 年发布;

《中华人民共和国对外合作开采海洋石油资源条例》,1982 年发布;

《中华人民共和国防止船舶污染海域管理条例》,1983 年发布;

《中华人民共和国海洋石油勘探开发环境保护管理条例》,

1983 年发布；

《中华人民共和国渔业法实施细则》，1987 年发布；

《中华人民共和国渔港区域交通安全管理条例》，1989 年发布；

《铺设海底电缆和管道管理规定》，1989 年发布；

《中华人民共和国水下文物保护管理条例》，1989 年发布；

《关于外商参与打捞中国沿海水域沉船沉物管理办法》，1992 年发布；

《中华人民共和国船舶和海上设施检验条例》，1993 年发布；

《中华人民共和国水生野生动物保护实施条例》，1993 年发布；

《中华人民共和国船舶登记条例》，1994 年发布；

《国际航行船舶进出中华人民共和国口岸检查办法》，1995 年发布；

《中华人民共和国涉外海洋科学研究管理规定》，1996 年发布；

《国内交通卫生检疫条例》，1998 年发布；

《矿产资源开采登记管理办法》，1998 年发布。

此外，国家海洋、海事、渔业、环境保护等有关行政主管部门，沿海省、自治区、直辖市和依法拥有立法权的省、自治区、直辖市的人大常委会和人民政府，为实施国家海洋法律、涉海法律和行政法规，制定了一系列规章和标准、地方性法规和地方政府规章。目前，已基本形成了具有中国特色的海洋法律体系。

第十三章 “海洋国土”与海上国门

第一节 中国的“海洋国土”

一、中国“海洋国土”的提出及国际法律依据

“海洋国土”，是人们对海洋认识上的一个飞跃，是在长期开发利用海洋，保护、管理海洋的实践中逐步形成的一个新概念。在我国，从20世纪80年代中期开始，许多具有战略远见的政治家和专家，根据我国的海洋工作实践和新的国际海洋法律制度，提出并逐步建立起了“海洋国土”新概念，明确指出：讲中国国土，只讲960万平方千米的陆地领土，或讲陆地领土加几十万平方千米的内水和领海是不完整的，必须要讲包括数百万平方千米的管辖海域，即

我国大陆架和专属经济区。

中国"海洋国土"的国际法律依据,是《联合国海洋法公约》。

我国是世界上最早签署《联合国海洋法公约》的国家之一。1996 年 5 月 15 日,第八届全国人大常委会第 19 次会议决定,批准《联合国海洋法公约》,同时声明如下:

> 一、按照《联合国海洋法公约》的规定,中华人民共和国享有 200 海里专属经济区和大陆架的主权权利和管辖权。
>
> 二、中华人民共和国将与海洋相向或相邻的国家,通过协商,在国际法基础上,按照公约原则划定各自海洋管辖权界限。
>
> 三、中华人民共和国重申 1992 年 2 月 25 日颁布的《中华人民共和国领海及毗连区法》第二条所列各群岛及岛屿的主权。
>
> 四、中华人民共和国重申:《联合国海洋法公约》有关领海内无害通过的规定,不妨碍沿海国按其法律规章要求外国军舰通过领海必须事先得到该国允许或通知该国的权利。

同日,我国政府还就我国大陆领海的部分基线和西沙群岛的领海基线发表了声明。

1. 中国的领海

中国关于领海的概念早在 1864 年便已确定,尽管当时采用"内海",而没有正式使用"领海"这一术语。1930 年海牙国际法编纂会议上,要求参与国表达对领海宽度的观点时,当时的中国代表与其他 19 个国家主张 3 海里领海宽度。中华人民共和国成立后,为维护我国的海洋权益,行使我国的领海主权,1958 年 9 月 4 日我国政府发表关于领海的声明,规定了我国的领海制度;1992 年 2 月 25 日第七届全国人民代表大会常务委员会第二十四次会议通过并颁布《中华人民共和国领海及毗连区法》。根据这一声明和《中华人民共和国领海及毗连区法》以及国际惯例,我国领海制度的主要内容是:

①宣布我国拥有领海和领海宽度为 12 海里。此项规定适用于我国的一切领土,包括中国大陆及沿海岛屿,台湾岛及其周围各岛,澎湖列岛、东沙群岛、西沙群岛、中沙群岛、南沙群岛以及其他属于中国的岛屿。其中《中华人民共和国领海及毗连区法》在这一段法律文字表述中,特别增加和强调了"台湾及其包括钓鱼岛在内的附属各岛",对进一步明确我国主权和海洋权益具有特别重要的意义。

②我国领海基线划法采用直线基线法,从基线向外延伸 12 海里的水域是中国的领海。在基线以内的水域,包括渤海、琼州海峡在内,都是中国的内海。在基线以内的岛屿,包括东引岛、高登岛、马祖列岛、白犬列岛、乌丘屿、大小金门岛、大担岛、二担岛、东碇岛在内,都是中国的内海岛屿。

③中国政府拥有领海的全部主权,包括领海上空的主权。

第一,一切外国飞机和军用船舶,未经我国政府的许可,不得进入我国的领海和领海上空。

第二,外国船舶在我国领海享有无害通过权,但必须遵守我国政府的有关法令。如有违反,由我国有关机关依法处理。

④依国际惯例，对通过我国领海的外国船舶上的犯罪行为，我国一般不行使刑事管辖权，但犯罪行为或罪行后果及于我国、我国公民或我国利益、或不涉及我国利益但涉及国际惯例、国际和平与安全，如贩奴、非法贩运麻醉品等，我国可以行使管辖。

2. 中国的毗连区、专属经济区和大陆架

我国自明、清以来，由于封建统治阶级长期实行“闭关自守”和“海禁”政策，从未涉及划定沿海海域的管辖范围问题，因而“毗连区”的概念也无从产生。1840 年鸦片战争以后，帝国主义国家凭借武力威胁，迫使当时的清政府与他们签订了许多不平等条约。这样，致使西方国家早期所通行的海关缉私管制区的概念，在某些通商条约中得到反映。我国最早出现的海关缉私区概念，是 1899 年中国与墨西哥的通商条约。该条约第十一条款规定：“……彼此均以海岸去地三力克(每力克合中国十里)为水界，以退潮时为准。界内由本国将海关章程切实施行，并设法巡缉以禁走私、漏税。”

1934 年 6 月 19 日，当时的中国政府在《海关保护法》中，主张 12 海里的管辖。这种“管辖”的概念和内涵，类似于 1958 年联合国第一次海洋法会议的《领海和毗连区公约》及 1982 年联合国第三次海洋法会议制定并通过的《联合国海洋法公约》中关于毗连区的制度。中华人民共和国成立后，1955 年在中日民间签订的渔业协定中，中国划定了三个军事区；1975 年在中日政府间渔业协定中，规定了两个军事区，其内涵都明显地类似以上两个国际公约中关于毗连区的制度。

在 1955 年签订的中日民间渔业协定中，中国划定的三个军事区是：

①军事警戒区：连接辽东半岛东端点与山东半岛东

端点以西海区，规定在该海区日本渔船非经特别批准不得进入。

②军事禁航区：位于钱塘江河口周围，规定日本渔船在任何时候都禁止进入。

③军事活动区：位于台湾海峡，北纬29°以南，规定日本渔船进入要自承风险。

1975年中日政府间渔业协定中规定的两个军事区是：

①军事警戒区：位于黄海北部，日本的船舶只有获得中国有关当局许可时才能进入。

②军事作战区：位于台湾海峡，北纬27°以南，建议日本渔船由于存在风险不要进入捕鱼。

1992年2月25日第七届全国人大常务委员会第二十次会议通过并公布了《中华人民共和国领海及毗连区法》。有关我国毗连区法律制度的主要内容是：

①中华人民共和国毗连区为领海以外邻接领海的一带海域，毗连区的宽度为12海里。

②中华人民共和国有权在毗连区内，为防止和惩处在陆地领土、内水或者领海内违反有关安全、海关、行政、卫生或者出入境管理的法律、法规的行为，行使管制权。

③中华人民共和国有关主管机关有充分理由认为外国船舶违反中华人民共和国法律、法规时，可以对该船舶行使紧追权。

④以上规定的紧追权，由中华人民共和国军用船舶、军事器具或者中华人民共和国授权的执行政府公务的船舶器具行使。

依据《联合国海洋法公约》，中国享有对专属经济区包括上覆水域和底土在内的一切自然资源进行勘探、开发、养护和利用的权利；对区域内的人工岛屿设施和结构的建造及使用、海洋科研、环境保护和保全等具有管辖权。

我国海岸线漫长，拥有资源丰富、水面辽阔的经济海域和极为广阔的大陆架。渤海和黄海海底全部为大陆架，东海有2/3的面积是我国大陆向海洋方面延伸的大陆架，最宽处有640千米(345海里)。南海大陆架占南海面积1/2以上，主要在南海海域的北部、西北部和西南部，由西北向东南倾斜。南海中央是深海盆，所以南沙群岛岛架狭窄。南沙群岛及其周边海域，海洋资源十分丰富，仅石油储量就约有350亿吨，不少海洋地质学家冠之以“第二波斯湾”。

我国除渤海大陆架外，其他海域大陆架都存在与邻国划界的问题。大陆架问题将同划界问题一样，是我国与邻国关系的一个重要问题，而且随着世界能源危机意识的不断强化，大陆架资源的重要性日益得到强调，因而大陆架问题将变得更加突出。

1998年6月26日，第九届全国人大常委会审议通过了《中华人民共和国专属经济区和大陆架法》，其中第二条规定：“中华人民共和国的专属经济区，为中华人民共和国领海以外并邻接领海的区域，从测算领海宽度的基线量起延至二百海里”；“中华人民共和国的大陆架，为中华人民共和国领海以外依本国陆地领土的全部自然延伸，扩展到大陆边外缘的海底区域的海床和底土；如果从测算领海宽度的基线量起至大陆边外缘的距离不足二百海里，则扩展至二百海里。”

3. 国际管辖海域与中国的权益

按照《联合国海洋法公约》，国际管辖海域由公海和国际海底区域组成。

1) 公海。公海是联系各国海上运输的纽带、交通要道。公海为全人类提供了广泛的开发利用空间。自20世纪60年代以来，公海不少水域还被用于军事方面，如军事演习等。

按照公海的法律地位，公海是人类的共同财富，供所有国家平等地共同使用。依照《联合国海洋法公约》的规定，所有国家都享有在公海中航行、飞越、捕鱼、科学研究、铺设海底电缆、管道和建造使用人工岛屿、设施与结构的"六大自由"，以及由此产生的权利；享有在国际海底区域申请勘探开发矿物资源的权利，及分享国际海底管理组织从其他国家商业开发国际海底矿物资源中所得收益的权利。

如何利用公海条件和丰富的公海海洋资源，保护我国在公海享有的合法权益，是我国正在重视的问题。随着我国改革开放步伐的加快和国家发展的需要，利用好公海条件、公海资源，意义日益突出。

2) 国际海底。大洋底矿藏储量极其丰富，据科学家估算，仅大洋底的锰结核储量就有3万亿吨。其中太平洋储量最多，约1.7万亿吨。锰结核矿最富集的地区位于北太平洋北纬6°30′～20°，西经110°～180°的一条长约7 000多千米、宽约1 000～1 300千米的狭长地带，锰结核丰度每平方米可达10千克以上。

在国际海底区域及其资源的法律地位问题上，我国政府坚决反对任何凭借实力的霸权主义理论，坚决支持发展中国家关于国际海底及其资源是全人类共同继承的财产的观点。1972年3月3日中国代表在海底委员会上首次发言，阐明我国政府关于海洋权益问题的原则立场。1970年12月17日第25届联大通过《关于各国管辖范围以外海底洋底及其底土的原则宣言》时，中国没有恢复在联大的合法席位，但对这项重要决议，中国代表于1972年7月27日，在海底委员会第一小组委员会上作了关于海底国际制度问题的发言,表示支持《原则宣言》,并指出:《原则宣言》提出了关于人类共同财产的概念,规定任何国家和个人均不得以任何方式将该区域的任何部分据为己有、对它行使主权,或宣称拥有与国际制度相抵触的权利;规定在国际海底区域,应该建立适用于该区域及其资源的国际制度,包括成立适当的国际机构,以保证海底区域的和平利用,保护海底环境等,都基本上符合各国人民的利益,因此,我国原则上同意在《原则宣言》规定的基础上,建立管理国际海底的国际制度。第26届联合国大会通过决议恢复中华人民共和国在联合国的合法席位后,中国代表团参加了历次海洋法会议有关国际海底问题的协商,在许多问题上都声明了中国的立场,一如既往地支持发展中国家提出的关于国际海底是“人类共同继承财产”的原则及关于国际海底勘探开发管理的主张。中国的这一原则立场,受到世界各国尤其是广大发展中国家的欢迎。

在如何充分利用国际海底资源、维护我国在国际海底区域的合法权益方面,我国起步较晚,但已经取得了进展。自20世纪70年代中期到80年代初,我国先后投资在太平洋进行大规模的海底多金属结核调查工作,勘探面积达200万平方千米。在此基础上,我国于1990年8月正式向联合国有关组织提出申请,要求将中国大洋矿产资源研究开发协会登记为先驱投资者。同年12月,有关专家评审通过了中国的矿区申请方案,并于1991年3月得到联合国海底筹委会的批准。至此,中国已成为继印度、法国、日本和前苏联之后第5个国际海底多金属结核开发先驱投资者,获得了在夏威夷东南约7.5万平方千米的国际海底多金属结核矿区的开发权,使我国在开发国际海底资源方面占有重要的席位。

第二节 蓝色战略与国家兴衰

一、海洋意识与世界海洋强国的战略

海洋意识，通俗地说，就是人们对海洋在人类社会存在与发展中的作用、地位及重要性的总体认识和反映。

从世界海洋强国发迹史来看，一些同我国地理位置相类似的沿海国家，之所以成为海洋强国，虽有许多别的因素，如有的对外实行强权、殖民扩张甚至对他国实行侵略和掠夺政策等，但还有一个不可忽视的重要原因，这就是浓厚的海洋意识，从统治阶级到整个民族的强烈的海洋观念，十分尊崇并极力实施国家的蓝色战略。

近百年来，各国历史学家，每到论述世界海洋强国时，都把葡萄牙、西班牙称为世界上第一代海洋强国或第一代海洋霸主，把英国、荷兰称为第二代海洋霸主，把法国、德国、美国、俄国、日本称为第二代海洋霸主之后发展起来的海洋霸主或有海洋实力的国家。在世界近代史上，这些国家，尤其是这些国家的统治阶级，都把海洋看成是他们成为世界强国或世界霸主的重要通道和桥梁。

15 世纪末至 16 世纪，是葡萄牙、西班牙称霸海洋的时期。英国就是在“谁统治了海洋，谁就能控制世界”的观念的驱使下，在彻底打败西班牙舰队以后，同荷兰在整个 17 世纪争夺世界海洋霸主地位的。到了 19 世纪末和 20 世纪初，英国成为一个庞大的殖民帝国。1914 年英国的殖民地面积达 3 350 万平方千米，相当于英国本土的 100 多倍；殖民地人口近 4 亿，等于本国人口的 9 倍。英国成为世界金融的中心。它的对外贸易额占世界总贸易额的1/5，

控制着全球海洋,并有着从欧洲到世界各地的海上交通线和海军基地网。英国海军军力具有双强标准,商船吨位近1 000万吨,超过了美、法、德、日的总和。神气十足的英国人自称他们是大不列颠“日不落帝国”。

继英国成为海上霸主之后,德国已经发展成为欧洲大陆上举足轻重的国家,把手伸向了英国这个海上霸主的腰包。德国皇帝威廉二世公开宣称:“德国的未来在海上。”“定叫海神的三叉戟(即制海权)掌握在我们手中。”他表示“德国的目的,只有当德国控制了海洋时才能达到”。帝国的宰相皮洛夫也跟着叫喊:“把土地让给一个邻国,把海洋让给另一个邻国,而自己只剩下纯粹在理论上主宰天空的时代已一去不返了。我们要为自己要求阳光下的一切地盘。”1871～1914年,德国政府经议会连续批准5个扩军法案,除建造了上百艘轻、重型巡洋舰外,轮船总吨位由8.2万吨增加到510万吨。与此同时,德国在海外也占据了一些有扩张价值的海岛和港口,其中把中国山东划为自己的势力范围,占领了青岛港。当时英国企图靠商定裁军来限制德国争霸海洋,但德国首相态度强硬:“要求签订任何一类裁减海军建设的合同,就意味着战争。”英德扩充海军愈演愈烈,终于导致了1914年的第一次世界大战爆发。

第一次世界大战结束,由于德国不敌英国,德国战败,英国依旧霸占着海洋。在第一次世界大战中,正当英国海上霸主地位摇摇欲坠、英国正与德国拼死决斗时,美国正在酝酿着一个独霸海洋的计划。1939年第二次世界大战爆发,在德国、日本的猛烈进攻下,英国这个所谓的“日不落帝国”穷于应付,美国则趁火打劫,于1940年以50艘超役驱逐舰换取了在大西洋西部的英国岛屿及建立海空军基地的权利。1945年8月第二次世界大战结束,英国虽然是战胜国,但严重的战争创伤使英国的政治、经济地位一落千丈。在舰船数量上,美国以超过英国一半的优势而遥遥领先。美国的星条旗出现在世界海洋上,成了第三代世界海洋霸主。

美国成为第三代海洋霸主的历史,从其理论主张上可以追寻到美国南北战争结束之后,此时美国工业已超过英国跃居世界第一位。当时,美国海军"瓦渚塞特"号巡洋舰舰长艾尔弗雷德·塞耶·马汉(1840～1914年)潜心研究了大量的历史事实之后,悟出了这样一条道理:"所有帝国的兴衰,决定性的因素是在于是否控制了海洋。"1890年,马汉的名著《制海权对1660～1783年历史的影响》公开发表。马汉在作了大量考察论证后说:"正因为英国控制了海洋,它才可能成为殖民帝国,从海洋贸易中获得利润,并将那些想动摇它海上霸权的陆上强国一一击败。"马汉还认为:"海上威力不仅仅依赖海军的力量,还应考虑到地理条件、人口条件、人民气质及政府性质等诸种因素,概略地说,一个有航海传统、有良好港口和有不需要大量陆军来守卫自己边境的国家,如果政府又是开明和精明的,那就可以利用开发海洋为自己的利益服务。"马汉特别强调指出:"对于美国来说,国家的生存有赖于对海洋的控制。"他还指出,海上武力是决定国家历史的决定性因素;"制海权,特别是在与国家利益和贸易有关的主要交通线上的制海权,是民族强盛和繁荣的纯物质因素中的主要因素。"他认为,世界统治地位可以由控制海权而取得。

马汉在海权论轰动了英、法、德等海洋强国后,又于1897年出版了《美国现在和将来对海权的利益》一书。在这本书里,他提出了美国具体的战略措施:一是建立一支能够控制北美水域的舰队;二是要在防御半径内开辟战略基地;三是要在世界海洋交通线要道上建立据点;四是要占领殖民地。马汉的"海权论"和"海上武力论"传到了他的密友、美国总统西奥多·罗斯福那里,被确定为美国的全球海上战略。甚至直到今天,马汉的理论仍是美国人推崇的海洋军事观念。

从世界近代史看，不论就欧洲还是就全世界而言，俄国始终算不上一个海洋强国，但俄罗斯民族的海洋意识很强。俄国彼得一世曾这样说：“只有陆军的君主是只有一只手的人，而同时具有海军才能成为两手俱全的人。”从彼得一世到末代沙皇尼古拉二世(1894～1917年在位)，都把争夺海洋作为发展俄国的重要步骤。十月革命胜利后，前苏联也并没有放弃向海洋扩张。前苏联原海军司令戈尔什科夫(1910～1988年)指出：“没有海军力量的国家不能长期占据强国的地位。”这种当代海军思维，为前苏联海军的发展和继续推行向外扩张的海洋战略提供了理论依据。前苏联经过长时间的发展和准备，终于把海军从一个主要从事“近海防御”的海上力量，变为一个具有“远洋进攻能力”的庞大舰队。据戈尔什科夫1967年发表的《苏联海战艺术的发展》透露，早在50年代中期，赫鲁晓夫就对海军未来确定了方针，即建立一支能够完成进攻性战略任务的远洋舰队。据西方报刊有关资料统计，1962～1972年间，前苏联10年间共建造了910艘舰艇。到1976年，前苏联海军的舰艇总数已大大超过了美国。同年，前苏联除了拥有黑海舰队、波罗的海舰队、北方舰队、太平洋舰队4支常设舰队外，还在印度洋和地中海分别成立了常设分舰队，在北欧海域也建立了两支常设分舰队。正如前苏联领导人勃列日涅夫所宣称的那样：“世界海图上难以找到苏联船只航行不到的地方。”与历史上世界所有海洋霸主不同的是，前苏联不但在水面争夺，而且还率先提出了这样的口号：“最先控制海底的国家将控制全世界。”竭力向水下和海底迈进，建造深潜、远洋潜水艇，在海底设置核武器和军事设施，建立水下居住室，编绘太平洋、印度洋、大西洋的海底沉积图，为霸占整个海底做准备。前苏联这种气势逼人的海上武力大膨胀，必然引起世界上另一个超级大国和一些海军强国的关注。

于是,从 20 世纪 70 年代至 90 年代初期,以美、苏两霸为首的海上竞争愈演愈烈。1991 年苏联全面解体,俄罗斯继承了前苏联的主要军事力量,俄罗斯的海军力量仍然是世界上惟一可以同美国相抗衡的海军力量。

随着陆地资源的减少和不断枯竭,随着新技术革命的冲击和高科技的发展,围绕海洋权益和海洋资源的争夺战将在一些地区、尤其将在一些海洋大国和强国之间更加激烈地展开。

比如,1988 年 7 月,我国报纸曾报道"日本正在采取措施,抢救其最南端的领土——冲之鸟岛"。冲之鸟岛位于日本本州以南约1 700千米、距日本京都以南约 2 000 千米的太平洋上,由珊瑚礁构成。当海水涨潮时,海面上只露出两块仅仅有一席之地的礁石,最宽处只剩下 2.6 米。由于波涛的冲刷,这两块礁石下的石柱愈来愈细,很难讲哪一天这一块石头会被海水冲掉。岛上既无矿藏,亦无珍兽,更无居民,日本政府为什么决定投入巨资挽救这个小岛呢?弹丸之岛虽本身无军事、经济价值,然而保住这一块"领土"(必须露出水面才能称为领土),按《联合国海洋法公约》规定,就可以拥有四周 1 500 平方千米的领海和管辖附近 40 万平方千米的专属经济区,其水域面积比日本本土面积 37.7 万平方千米还多。可见,这昔日几乎无人能看得起的小岛礁石,今日,它的沉浮,关系着多么巨大的国家利益。

另有报道说,日本建设省制定的抢救冲之鸟岛的方案是:在距这块礁石 10 米和 50 米的圆周上,将一万个用生铁铸造的防波墩筑成两道防波堤,然后往防波堤圈内水域注入水泥,直至将这两块方圆各 50 平方米的人造岛灌到与礁石差不多一样平为止。生铁防波墩每个重 3.5 吨,由于驳船不能驶入珊瑚礁,便采用直升机从空中将防波墩吊至礁石周围投放。整个工程,日本建设省拨款为 300 亿日元。据新闻跟踪报道,冲之鸟岛抢救工程早已完成。之后日本又提出了扩建小岛的新构想。其具体步骤是:第一步,将该岛建成海洋基地,岛上除建造气象和海洋观测设施外,还将建造科研和港湾设施,以作为远洋渔业的中继站。第二步,将基地扩建成海洋城市,供旅游、观光居住。估计需经费1万亿日元。有专家认为,日本资金雄厚,拥有先进技术,只要这项计划获得通过,弹丸小岛建成海洋城市将不是难事。该海洋城市若建成使用,对日本的经济、贸易、海运等将起很大作用。从军事角度看,这将成为日本在太平洋中的“一艘不沉的航空母舰”。

二、中国海洋国土面临的形势

根据《联合国海洋法公约》的规定和我国的主张,可划归我国管辖的海域面积近300万平方千米。这近300万平方千米的海洋国土,依托在我国18 000多千米的大陆海岸线和14 000多千米的岛屿海岸线上。它包括内海、领海、毗连区、专属经济区、大陆架,相当于我国陆地面积的1/3或20个山东省或30个江苏省的面积。我国大陆东部和南部濒临渤海、黄海、东海和南海,台湾以东濒临太平洋,除渤海外的其他海区都存在着与相邻或相向邻国划分海域疆界和维护海洋权益的复杂问题。

黄海,总面积38万平方千米,是一个陆架浅海,沿岸国有我国和朝鲜、韩国。黄海东、西两侧大陆海岸线共长6 000多千米,其中我国一侧长4 000多千米,朝鲜和韩国一侧长2 000多千米。在建立国家管辖海域制度方面,我国与朝鲜、韩国都宣布了12海里的领海制度。由于海区最窄处只有104海里,最宽处约300海里,有关海域的划界要经过双边谈判解决。对此,双边的立场存在争议。

东海,总面积77万平方千米,东北—西南长约700海里,东西宽约400海里。东海的西部是我国大陆,南部为我国台湾岛,东海大陆架是中国陆地领土的自然延伸,日本只是同我相向而不是共架的国家。冲绳海槽,形成了我国大陆架与日本的硫球群岛岛架之间的天然界线。我国的海洋调查资料也表明古长江的两个入海口,就在今天的冲绳海槽旁边。对此,中日双方的立场存在争议。

南海,总面积350万平方千米,按照已经得到世界公认的传统海疆线划分,南海将有210万平方千米左右的海域归属我国管辖,约占整个南海面积的60%。对此,我国政府与南海相邻、相向的许多邻国存在着许多争议,有的问题还相当严峻。

法规是管理的依据和基础。在维护国家海洋权益、海洋国土主权利益的斗争中,只有国际法还不行,还要有相应的国内立法。因此,《联合国海洋法公约》的许多条款中,都要求并明确规定沿海国家要制定相应的法规规章,这是沿海国家的一种权利,也是一种义务。我国在海洋立法方面虽然已经做了不少工作,但是与《联合国海洋法公约》的要求相比,以及从海洋管理的实际需要来看,制定出配套的国内海洋法规,并切实贯彻执行,任务还相当繁重。

就我国争取国际管辖海域正当权益的工作而言,虽然成绩不小,但也存在着后劲不足的问题。如我国的远洋渔业虽然短期内发展很快,但基础尚较薄弱,自1985年3月派出第一支10多艘渔船的远洋渔业队以来,虽然每年增加,至今已有400多艘被派到国外开展远洋作业,但渔船吨位小,且设备陈旧落后,难以形成较强的远洋捕捞能力。国际海底矿产资源十分丰富,但一般都在水深5 000米左右,要大规模开采提炼难度尚大。大洋底多金属结核开发,包括着大洋勘探、海底采集、矿石提升、运输和选炼(或海上选炼)等五大系统,要形成生产规模必须国家重视,实行必要的政策倾斜,加大财力物力和人力投入。我国矿产资源人均占有量远低于世界平均水平,尤其是锰、铜、钴等金属资源长期供应不足,需花巨额外汇进口。随着我国经济建设的发展,上述资源短缺的情况将更为突出。我们应进一步加大国际管辖海域中我国国家海洋权益的利用力度，进一步加大国际海底矿产资源开采工作的投入力度，实行必要的政策倾斜，以开创利用国际海底资源，建设我国海上强国的新局面。

第三节 中国的海防与海军的使命

150多年前，号称“日不落帝国”的英国用铁甲战舰打开了中国的大门，震惊了一代中国人。龚自珍、林则徐、魏源……他们由海洋忧患、民族危亡之虑萌发出中国近代海防意识，提出“师夷之长技以制夷”的思想。然而，用金钱买回来的西洋炮舰终未能拯救中国的海上颓势。

1949年新中国成立，开创了中国历史的新纪元，也开创了中华民族海洋观念和海防的新纪元。

新中国成立前后，毛泽东等认真总结了中国近百年被帝国主义侵略的历史和教训，指出，中国人民要有效防止帝国主义的侵略，必须建立一支强大的海军和拥有巩固的海防。1949年3月24日，毛泽东和朱德在给“重庆”号巡洋舰起义官兵的复电中指出：“中国人民必须建设自己强大的国防，除了陆军，还必须建立自己的空军和海军。”1949年9月21日，毛泽东在中国人民政治协商会议上郑重宣告：“我们的国防将获得巩固，不允许任何帝国主义再来侵略我们的国土。我们的人民武装力量必须保存和发展起来，我们将不但有一个强大的陆军，而且有一个强大的空军和一个强大的海军。”1949年10月10日毛泽东和朱德在给“长治”号军舰起义官兵的复电中，勉励起义人员“积极参加建设中国人民海军和完成解放中国全境的伟大事业”。接着,毛泽东在给初建的华东军区海军所作的题词中指出:“我们一定要建设一支海军,这支海军要能保卫我们的海防,有效地防御帝国主义的可能的侵略。”1953年2月,毛泽东首次视察海军舰艇部队,并为海军题词:“为了反对帝国主义的侵略,我们一定要建立强大的海军。”1953年2月24日,毛泽东在“南昌”舰听取海军汇报工作时指出:“我们有了强大的陆军,再有一个强大的空军和一个强大的海军,帝国主义就不敢欺负我们了。”

1957年7月,周恩来在青岛检阅海军部队时为海军题词:“为建设强大的人民海军而奋斗。”1958年6月21日,毛泽东在中央军委扩大会议上指出:除了继续加强陆军和空军的建设外,必须大搞造船工业,大量造船,建立海上“铁路”,以便在今后若干年内建立强大的海上战略力量。1959年10月毛泽东号召:“核潜艇,一万年也要搞出来。”10年后,我国第一艘核潜艇诞生。1959年11月刘少奇为海军题词:“建设强大的海军,发展我国的海洋事业。”把建设强大海军与发展我国的海洋事业、开发利用海洋密切地结合了起来。1975年6月25日邓小平为海军题词:“坚决执行毛主席号召,为建设一支强大的海军而努力奋斗。”1979年8月2日,邓小平再次为海军题词:“建设一支强大的具有现代战斗能力的海军。”20世纪90年代,江泽民就军队的任务指出:“今后要努力适应现代战争的需要,注重质量建设,全面增强战斗力,更好地担负起保卫国家领土、领空、领海主权和海洋权益,维护祖国统一和安全的神圣使命。”

人民海军从1949年4月23日在江苏泰州市成立到今天,已经走过了半个世纪的历程;由组建初期的数千人和数十艘起义、缴获、投诚的破旧舰艇、木帆船,发展到今天,已经成为多兵种的合成军种,有水面舰艇部队、潜艇部队、海军航空兵,海军陆战队和各种技术勤务部队;50年中,同国内外敌人先后作战1 200多次,击沉、击伤和俘获敌舰船400多艘,击落、击伤敌机500多架,毙敌近4 000名,俘敌3 000多名,为解放沿海岛屿,打破敌人的海空封锁,保护海上交通安全和渔业生产的安全,维护我国的海洋权益,保卫海防,防御帝国主义的侵略作出了应有贡献。

人民海军成立50余年来,保卫祖国海防安全和维护祖国海洋权益的历程大致可分为三个阶段。

第一阶段:解放沿海岛屿,巩固新生政权。

从1949年海军组建到1955年解放除台、澎、金、马和东、西、南沙群岛外的沿海岛屿,打破国民党的海空封锁。这一时期人民海军作战的特点是:国民党残部逃到台湾和退守沿海岛屿,人民海军乘胜追击。国民党为了巩固海上防御阵地,阻止人民海军进攻,经常派舰艇并网罗海匪,封锁和袭扰大陆沿海港口,破坏海上交通和渔业生产,并用飞机轰炸大陆沿海要地。在这一时期,人民海军的主要作战任务是:配合陆军解放沿海岛屿、清剿海匪、反空袭、反封锁、保障渔业生产和海上交通运输安全。这一阶段,人民海军创造了很多以小打大,以弱胜强的战例。

第二阶段:阻击国民党窜犯大陆,保卫海防安全。

从1956年全国沿海岛屿解放(除台、澎、金、马及东、西、南沙群岛外)至60年代末阻击国民党“反攻大陆”、反武装袭扰和反“心战”。这一时期,海防斗争形势非常复杂,台湾当局先是配合美国在中东的侵略行动,宣布进入“特别警戒”状态,妄图窜犯大陆,加强对大陆沿海的侦察袭扰,输送小股特务偷登;在“窜犯大陆”图谋失败后,又采取所谓“攻防一体,以防为主”和“七分政治,三分军事”的所谓“心战”方针。人民海军在这一时期的主要作战任务是:反空袭、反侦察、反“心战”和防止小股武装袭扰,封锁金门马祖,巩固已解放的岛屿,保卫沿海交通安全和渔业生产安全。

第三阶段:维护国家海洋权益,捍卫海洋国土完整。

从20世纪70年代初收复西沙群岛到80年代末部分收复南沙群岛。这一时期人民海军主要是同外国入侵之敌斗争,维护国家海洋权益,捍卫海洋国土完整。1974年初,南越海军入侵我国西沙群岛,炮击我国巡逻舰艇。同年1月19日至20日,我国海军南海舰队协同海南军区和海上民兵,进行自卫反击。海战中,击沉敌舰一艘,击伤三艘,打退了敌人对深航、广金两岛的进攻,收复了甘泉、珊瑚、金银三岛,全歼了来犯之敌。西沙反击作战,是我国海军部队首次与外国海军舰艇作战,是一场维护我国海洋国土完整的正义斗争。

1987年7月,联合国教科文组织海洋委员会召开第14届年会,决定在全球平面建立统一编号的海洋观察站,并决定由我国建立5个海洋观察站,其中西沙和南沙群岛各建一个。海军积极参加站址的勘探和选点,并对多次前来骚扰破坏的外国登陆舰和武装船只展开反击,打退了来犯之敌。1987年11月,国家正式确定南沙观察站建立在永暑礁。迄今,我国海军已在南沙海域华阳礁、赤瓜礁、南薰礁、东门礁和渚碧礁等6岛礁建立了永久性守岛设施或半永久性多处设施。至此,我国已在南沙海区(台湾部队驻守南沙群岛中最大岛屿太平洋岛)取得了稳固的立脚点,为最后全面收复我国南沙群岛,维护我国海洋权益创造了前提条件。

建国50余年来,中国人民海军的武器装备建设,也取得了重大成就,从零开始,至今已完全走上了自行研究、设计、制造、不依赖别人的独立自主的道路。迄今,中国人民海军已有了自己设计制造的核动力弹道导弹核潜艇、攻击型核潜艇和各种常规潜艇;有了自己设计制造的各类型水面舰艇;有了自己研制的各型导弹,包括潜地导弹、舰舰导弹、舰空导弹、空舰导弹、岸舰导弹等,还有各种口径的舰炮;各种型号的鱼雷、水雷武器;各种现代化的电子设备和各种型号、各种功率的动力设备。

建国50余年来，海军在“建军先建校”、“培养干部是海军当前和今后长时期各项工作中的中心任务”的决策下，已建立起完整的海军院校体系，先后建立了海军的指挥院校、工程院校、技术院校，培养了大批指挥干部、工程技术干部和各种管理干部，为建设强大海军打下了坚实的人才基础。

建国50余年来，海军在宣传海洋，增强全民族海洋意识，把我国由海洋大国逐步建成海洋强国方面作出了不朽的贡献。宣传海洋，热爱海洋，献身海洋，一直是人民海军指战员思想教育的重要内容。自1953年2月毛泽东向海军发出“爱舰爱岛爱海洋”的号召以后，海军的海洋观教育、敬业精神教育成了永恒主题。自60年代以来，由于世界人口过快增长，地球陆地资源日益减少和枯竭，世界许多国家把目标转向海洋，中国人民海军也及时配合有关部门，加大了海洋观教育和宣传的力度，建立了专门的海洋知识、海军历史和海军兵器博物馆、展览馆，建立了100多处以海军历史古迹为依托的海洋观教育基地，为增强全民族的海洋意识和海洋观念作出了贡献。

人民海军走过的50余年的历史道路，已雄辩地告诉世人，中国有海无防的历史已宣告结束。100多年来，帝国主义及其列强视中国海洋为“乐园”，肆意为所欲为的时代，已一去不复返了。中国人民海军已经是一支有优良素养、能够有效保卫海防安全、保卫国家主权和领土完整、捍卫海洋国土、维护海洋权益、防御和反击帝国主义侵略的坚强的克敌必胜的力量。

第十四章　海洋文化的研究方法与信息传播

第一节　海洋文化研究的一般方法

海洋文化研究的目的，就是了解、认识和把握海洋文化本质、现象及其发生发展规律，对此进行认真、系统、深入的分析和扬弃，以更好地为人类社会的文明发展服务。海洋文化具体课题的研究，一般包括酝酿和确定选题、制定计划、搜集调查资料、甄别整理资料、论著或报告的撰写等几个步骤。从总体上说，每一个步骤本身都是研究，是研究的不同环节和阶段，并不是只有最后的论著撰写才算得上研究。如果只把最后的这一步骤看做是研究，轻视甚至忽视了前几个步骤，那就会不但前几个步骤做不好，最后的“研究”也难以做出来。尤其是海洋文化作为一种广袤的社会文化存在，对其较大的课题进行研究，非单枪匹马、一朝一夕所能进行，需要大家的分工合作，人手各有侧重，若大家都轻视或忽视前几个步骤，都把兴趣和力量投注到最后的“研究”上，那么会成为一个什么样的局面，也就可想而知了。前几个阶段或步骤，是最后的“研究”的准备和前提，不但本身就是研究，而且是整个课题研究的重头戏，所以万万马虎不得。这里我们首先谈谈这几个步骤，然后重点谈谈其中最为主要的田野(包括海上)采风问题。

一、酝酿和确定选题

要进行海洋文化研究，漫天撒网自然不行，总得有个重点，有个中心议题，也即我们所说的“选题”。人们常说文章选好了题目，也就写好了一半，海洋文化研究也是这样。你想搞一个题目，那么你至少需要对下列问题进行研究把握：其一，这一课题有什么意义？其二，前人对这一课题有无研究？如已有，研究程度如何？成果如何？有哪些不足或失误，有哪些方面需要进一步探讨或重新研究？其三，就这一题目进行研究，你准备使用哪些方法？当然，这要视不同题目的不同需要而定，比如海洋文化理论课题，则多使用演绎、推理、比较、阐释、论辩、证明等方法；海洋文化现象课题、海洋文化史课题，则多使用扫描、状述、归纳、溯源清流、历史比较、类型比较、地理比较等方法；而无论做何种研究，都离不开掌握和使用具体的海洋文化资料；海洋文化资料的获得，自然又离不开调查、征集等方法。其四，研究这一题目，可行性怎样？也就是说，成功的把握性如何？其五，为了取得研究的成功，你想采取哪些具体程序和步骤？只有把以上这些问题研究透了，“吃透”了，你的选题才有意义，你下一步的研究才能顺利进行，你的整个研究才有可能收到满意的效果。

确定选题还应该注意：第一，尽量选择海洋文化研究中急需解决的、在理论上或实践上具有现实意义和深远影响的课题来做。应该说,由于海洋文化研究的领域非常广泛,海洋文化研究的历史又很短,前人已做的工作和成果毕竟有限,还有大量的工作需要去做,而且随着人类海洋事业的不断发展,海洋文化也在不断发展,我们的研究工作还会随时遇到一些新的问题需要去解决,因此,我们所选择的每一个课题,都应该是意义重大、首当其冲迫切需要解决的。第二,尽量选择自己比较熟悉、关注和思考时间已经较长,酝酿已经较为成熟的题目来做,切忌"临上轿现扎耳朵眼儿",或单凭一时的热情,或单凭一时对其重要性的认识而在缺乏必要的理论和资料准备的情况下匆忙下手,因为那样不但容易事倍功半,甚至徒劳无获,而且往往导致谬误。第三,尽量选择比较具体的题目来做,这样做起来比较容易把握,所知容易全面、系统,材料的得来和运用容易信手拈来,得出的理论见解或结论容易深刻、独到,或者能解决实际问题。因此,要避免泛泛而论,或片面追求大而全,费力费时,没有多少意义。

二、制定研究计划

制定研究计划,是选题步骤完成以后紧接着必须进行的重要一环。如果一项研究工作没有计划,那就容易没有头绪,忙乱无章,想到什么干什么,在有限的时间里抓了芝麻丢了西瓜,甚至到头来一无所获。

制定计划应该注意以下几点:第一,尽量根据选题的大小、难易程度、花费人力物力财力的多少,把计划制定得现实一些,可行一些,不要单纯追求速度,追求轰动效应,急功近利或求成心切,想一口吃个大胖子,贪大贪多嚼不烂,反而伤了自己的胃口。伤了自己的胃口事小,如果是较大的选题和较大的研究工程,造成"塌方",造成人力物力财力的浪费而收不到应有效果,则是一种犯罪。

只有把计划制定得切实可行，才能保证基本上能够按照计划一步一步地顺利向前推进，直到取得研究工作的最后的成功。当然，研究工作中途修改计划，也不是没有的事，但那应该是研究过程中发生了制定计划时没有发生、根据常识和预见不可能发生的情况，研究工作必须面对现实，改变原来的计划，尽量达到殊途同归的目的。这丝毫不能成为我们在制定研究计划时可以单凭热情，任意想像地闭门造车的理由。第二，制定研究计划，应尽量做到细致、全面、一环扣一环。每一个步骤要有任务，有要求，有具体办法和措施，整个计划应指出重点、难点，尤其需要把计划定得细致、周密。在一个关节上出现漏洞，计划实施过程中有可能全盘皆输，前功尽弃。做计划时想到的难点多一点比想到的少一点要好，想的细一点比粗一点要好。当然，这里并不是说搞得越保守越好，越繁琐越好，应该做到稳稳当当，周密细致，繁而不杂，有章有法，以实用为要。第三，制定完研究计划以后，应交有关同行讨论，认真听取专家学者和海洋文化实际工作者的意见，进一步修订、完善计划，有些还要报送有关部门审批或备案。特别是动用人力物力财力较多的海洋文化研究选题，还有政策性较强、比较敏感的海洋民俗研究选题，比如对一些涉海少数民族某些风俗的研究，就有一个少数民族政策问题，这一方面要求我们研究者要有很高的政策水平，另一方面经有关部门审批或备案以后，得到他们的支持和协调配合，这样研究工作进行起来自然会顺利得多，成功也就有了保证。

三、海洋文化研究资料的搜求与使用

计划确定之后，接下来就是资料的搜求获得了。搜集、调查海洋文化研究资料的途径，或者说海洋文化研究资料的来源，大略说来不外有四：

一是“田野(包括海上)作业”,进行海洋人文社会调查,从中获得大量的、系统的、生动丰富的第一手资料。这是海洋文化研究资料的主要来源,对此我们下面专门来谈。

二是文献资料钩辑。尽管海洋文化学视野下的海洋文化研究历史很短,还在初创阶段,但中外对于海洋文化的关注、记叙的历史则很长,尤其像我国和欧洲海洋国家,有文献的历史,可以说就是有海洋文化资料记载和保存的历史,中外古代文献非常丰富,现代人的著述也非常之多,无论是理论书也好,还是资料书也好,尤其是资料书,都为我们保存下了大量的海洋文化资料,我们要研究海洋文化史,研究某一海洋文化系统,某一海洋文化现象的来龙去脉,研究历史上各朝各代海洋文化的面目,都必须大量地征集、钩辑历史文献资料。而古籍文献和现、当代人的著述浩如烟海,总要确定一些重点书目、篇目,这需要借助于工具书。比如,要从现存我国古籍中列一份海洋文化资料参考书单,主要可查《四库全书总目》(清·永容撰,中华书局 1965 年影印版)。这是我国历史上最大的一部解题目录,著录经史子集图书10 254种、172 858卷,中华书局印本书后附有书名、著者姓名索引,用四角号码检字法编排,另附笔画检字,使用很方便。另外,一些出版社还出版有《中国古籍辞典》之类的工具书,对现存古籍一一作了介绍,因系今人编纂,使用现代汉语,并用今天的学术眼光作了编排体例等的处理,使用也很方便。中华书局 1980 年又出版有《古籍目录》一书,收 1949 年 10 月至 1976 年 12 月新版的各类古籍目录,从中可以知道所要查找的书有没有新版本,可以省却不少为找一本古籍远途来往于大图书馆之间的麻烦。再如,要想就某种、某类海洋文化现象,看看古人有没有记载、有多少记载、怎样记载的,可查阅一下类书,如《太平御览》(宋·李方等撰,中华书局 1960 年出版)、《册府元龟》(宋·王钦若、杨亿等撰,1960 年中华书局影印版)、《古今图书集成》(清·陈梦雷、蒋廷锡等编,中华书局 1934 年影印出版)、《佩文韵府》(清·张玉书等撰,中华书局等有多次影印本)等。例如《古今图书集成》,有 6 个汇编,32 典,6 109 部,1.6 亿多字,是现存最大的一部类书。它每部下又分项编次,列有"汇考"、"总论"、"列传"、"艺文"、"纪事"等项,从中钩辑海洋文化资料,查考海洋文化事项的原委极为方便。充分利用这些类书,可以省却我们许多翻检查找之功。当然,使用这些类书时要注意材料的准确性,最稳妥的办法就是把从中所要利用的材料,根据所注出处再校对一遍原书原文,有时别看只一字之差,意思却相离甚远,甚至大相径庭。

海洋文化研究资料的来源之三,就是上网搜寻。对此,我们下面也作专门介绍,在此不赘。

来源之四,就是平日留心观察,用心所记。海洋文化研究者要做观察、记录海洋文化事项的有心人,这样日积月累,相同、相异者渐得日多,无论对于海洋文化理论的研究思考,还是对于海洋文化事项的描述、介绍、分析,抑或是对于海洋文化应用研究的具体设计和实施,都具有重要的意义。

在大量地、详细地占有海洋文化研究资料的基础上,要使自己的研究以成果形式问世,其间还要有一个认真甄别、整理资料的过程。甄别、整理资料,就是对所得资料一件件进行仔细的分析,甄别真伪、正误,选择出那些最有价值的资料,然后根据课题需要,作出不同的处理。如果课题本身就是有关资料的汇编,那么就需要根据课题所需要的体例将资料进行编排,一件一件地核对原书原文,引录正确,力争做到一字词一标点也不出现差错。如果课题是海洋文化史、海洋文化现象的流变追溯的研究,这些资料将被作为描述对象或论据来运用,那么就有必要将这些资料一件件做出卡片,以备进行论著撰写时根据需要任意排列组合,方便于查考、引用。如果将所得资料一一写出内容提要,作为卡片的重要内容,那么使用起来就更方便了。现在使用微机已比较普遍,这些基础性工作自然会做得更好。如有必要的话将这些整理出来的资料编为一册,或将这些资料的提要编为一册,俟论文或专著写成,附在后面,以供读者参考,自然非常有用。

就海洋文化的基础研究而言,论著的撰写,是研究课题的最后一个程序,也是将所有前期的"研究"最终体现为成果形式的非常关键的程序。在这一阶段,需要研究者对所得的海洋文化资料进行仔细、反复的思考,有些还需要重新认识,对原来的预想和写作构思作出相应的调整、充实、完善,从而作出系统的理论阐释、概括,或作出系统、详实、完备的现象史扫描、阐述,或以古今正反两方面的海洋文化发展的经验教训,为今后的海洋文化发展提供经得起论证、鉴定的切实可行的方案,这样,再加上所用的文字、图表、照片或音像文本等的充分展示,尤其是文字的既通俗易懂又富有文采、富有吸引力的表达,那么可以说,这一课题的研究,就算大功告成。至于应用研究之后的实施,我们这里姑且从略。

第二节 海洋文化的采风

如上所说,搜集、调查海洋文化研究资料,"田野(包括海上)作业"是其中最主要的手段之一,也是海洋文化资料尤其是现实生活中存在的海洋文化资料的主要来源渠道。同时,田野(包括海上)"采风"本身,更是海洋文化志采编的一个过程。因此,在这里,我们再专门谈谈海洋文化资料的采风问题。

所谓"采风"、"田野作业",也就是海洋文化研究工作者为搜集、调查海洋文化资料而走出书斋,走向社会,深入民间,直接到海洋文化事象发生、传承和演变的现实环境中去，直接观察、采录这些海洋文化事象。人类学、社会学、民族学与民俗学一样，都主要依靠实地采风调查获得资料，许多学者甚至把这种实地采风作为其学术生涯的主要组成部分，甚至为此而贡献了一生。

一、进行海洋文化采风的必备条件

进行海洋文化事象的采风，是一件花费时间、人力、物力、财力的事情，采风人员需要跑腿、熬夜、吃苦。有人可能认为，海洋文化事象的采风虽然是必须要搞的，但"可搞可不搞"的，就用不着费劲去搞了；某一个地区、某一个民族、某一个项目以前已经搞过的，有现成的资料，拿过来用就行，也用不着费劲再搞了，这显然不对。以前已经进行过的海洋文化采风所取得的资料，哪怕当时看来已是很全面、具体、丰富、翔实的，也不会完全适用于今天的研究。尤其是当今时代，社会发展变化是快速率的，海洋事业所涉及到的文化的变迁是多面性的，快速率的，涉海民众的思想观念、生活方式、风俗习惯、道德标准、行为准则、人际关系等都在不同程度地发生着变化，有些旧的可能已被淘汰，一些新的可能已经产生，这些都不是原来已有的海洋文化采风所能采得到的。因此，我们说，海洋文化采风不仅进行得面越广越好，而且就同一地区、或同一民族、或同一文化事象来说，下一次采风同上一次采风的时间间隔越小，频率越高越好，采风技术和所用的设备越先进越好。只有这样，我们才能比较全面地、生动具体地把握到变化着的海洋文化动向，及其每一时空坐标上的鲜活的态势，为我们的进一步研究提供出准确的资料信息。

进行海洋文化采风，采风者应该具备以下几方面的基本条件：

其一，需要有正确的指导思想和良好的品德、品质修养，具有献身学术、服务于人类社会文明发展的精神，绝不能把海洋文化采风当成游山玩海或满足对奇风异俗的猎奇心理的手段。

其二,需要有人类学、社会学、民族学、民俗学等相关社会科学和人文科学的基本修养,对海洋文化现象的基本呈现形态、基本特征和传承播布规律等最起码有总体的大致了解,并较熟悉所要调查的海洋文化现象的大概情况。

其三,如前所说,需要有较高的政策水平,特别要掌握民族政策。有些涉海地区、民族存在着一些奇异风俗,如果采风者政策水平不高,随意品评、议论、讥笑,甚至犯一些政策错误或生活错误,都是对海洋文化采风和学术研究的亵渎。

其四,要有一定的身体素质和性格锻炼。要肯吃苦,有耐力。下去进行采风调查的地区、点,如渔村、海岛甚至海上等,可能条件很艰苦,应有这样的思想准备,经得起考验。也许根据需要时间很长,应有耐心、毅力,不耻下问,不厌其烦,自始至终热情饱满,不得怨苦喊累,草草应付,甚至半途当了逃兵。

其五,要会使用现代化的录音、照相,摄像技术,以及绘图、制表等方法。现代的社会文化采风不同于以前的采风,以前的采风多只用文字记录,附以绘制图表,至多到后来能拍些照片、用录音机录音等。那样进行海洋文化采风,往往是把活生生的、具体生动可感的海洋文化事象变成了文字的描述或图表的展示,至多有个照片和几盘录音,把活的、立体的生活文化事象变成了死的、平面的东西或单方面的东西,这在技术水平和设备条件还达不到要求的当时,没有办法解决,只能如此;我们现在有了摄像机和质量更好、功能更全的录音机等,在海洋文化采风中要尽量运用,把它当成必备工具,因此我们的采风人员要会使用它,并尽力高质量、高水平地发挥它们的作用。

根据需要选好了采风人员,那么应该事先及时发到每个采风人员手中的,就是一份海洋文化采风调查的提纲了。

二、海洋文化采风调查提纲的拟定

海洋文化采风调查提纲的拟定，同样是一门学问，而且是一门很高的学问，不是随便就可以拟定得好的。它取决于提纲拟定人对海洋文化本身及其调查研究领域的理解，反映着提纲拟定人的海洋文化学识和理论水平，以及对所要调查的海洋文化事项之每一项的周密设想。

海洋文化采风调查有一般性采风调查、某一涉海地区或某一涉海民族的全面性采风调查、某一专题的采风调查等。这里，我们不妨从张紫景著《中国民俗与民俗学》[①] 中录出进行某一地区或某一民族的全面性民俗调查的调查提纲的一个样本，以便于我们进行海洋文化调查前自行拟定提纲时用作参考，至少是一些方面的参考。

1. 经济民俗

①村落（包括山村、牧村、农村、渔村、猪（猎?）村、茶村、桑村、菜村）形成的原因；当地的自然环境（地理、气候、生态等）对村落的影响；村名、地名的来历及其传说；采集、狩猎、饲养、种植、伐木及土法开采的品种；生产方式和加工方式；劳动工具的制料、形貌、功用、民族特点和地方特点；与各类生产有关的仪式、禁忌、行话、称谓及其他信仰习俗；技术的进步对自然和社会的影响。

②民间的各种职业集团（包括手工业生产、商品交换、消费、生活服务、交通运输、文化娱乐和宗教信仰等集团），它们的性质、组织形式、生产方式、生产工具、活动方

---

① 张紫晨《中国民俗与民俗学》，浙江人民出版社，1985 年，第 22～26 页。

式(固定的、游动的、经常的、季节的);各职业集团的特殊技艺、规章制度及有关仪式、禁忌、行话、隐语、称谓、行业幌子、商标及其他习俗。

③民间的集市贸易、赶集、赶场、日期规定、交换物的品种、集市组织、货品排列、交换方式(是货币形式,还是以物易物,是否有中间人等);当地的集市、庙市、野市的规模、组织、牙行、交易行、信用社、钱庄、信贷。

④衣、食、住等消费生活方面的民俗传承。居住的传统方式(房舍、窑洞、地窨子、毡包、仙人柱、竹楼);住房的结构(砖、瓦、木、石、土、竹),布局的特点,家庭人口及人畜分配,室内外装饰(张贴物、悬挂物、陈设、绘画、雕刻),人口分配(住房是否按辈分,怎么居住),人畜位置,井灶位置,通风、采光、取暖方式;建筑惯俗、禁忌、祝贺、帮工;当地饮食的民俗结构(日餐数、主食、副食、调味、烹饪术的特点、嗜食习惯、制作、加工与储藏方式);土特产、风味小吃;日常饮食、节令饮食、仪礼饮食等的特殊讲究;食物的称谓、食法及来历;饮食禁忌与特殊信仰。当地服饰种类、习尚、特征、名称;服饰在当地的民俗特征(如民族、性别、年龄、色彩、质料、季节、职业、场合等的不同);服饰在人生礼仪中的习俗(婚服、冠服、寿服、丧服等)。

2. 社会民俗

①家族和亲族系统及民俗传承。家族的来历(土著、移民、何时何地何因迁入);血亲(直系、旁系)与姻亲的关系;家族、亲族中诸人身份之称谓法;家族、宗族制度的诸民俗的表现(如宗祠、祠产、族长、祭祖、族谱、族规、家产、家法、家教、家风、家誉等);村落地名同家族制度的关系;不同家庭生活方式的类型;走亲戚和待客习俗;不同

家族的特殊讲究。

②人生仪礼方面的习俗继承(包括诞生礼、满月礼、成丁礼、命名礼、婚礼、寿礼、丧葬礼方面的习俗)。产房的规定及禁忌;普通婚嫁的过程及习俗(说媒、相亲、定婚、聘礼、陪嫁、迎娶、结婚、宴客、闹房、回门、新式结婚、集体结婚、车骄使用、宾宴方式、喜馈、喜赏等惯习);哭嫁歌、喜歌、撒帐等仪式歌谣;有无抢婚、服役婚、交换婚、买卖婚、舅表婚、招赘婚、等郎婚、童养媳、试验婚、指腹婚、转婚、冥婚(包括娶殇及嫁殇)等古老婚俗或特殊婚俗;寡妇再嫁与鳏夫再娶的习俗;当地群众对买卖婚姻的态度及买卖婚姻对人们经济生活的影响;近亲结婚及其恶果;祝寿的礼仪程序;丧葬的类型(土葬、火葬、天葬、水葬、树葬、悬棺葬)和程序;祭品的种类及其含义;扫墓与祭奠。

③乡里往来方面的民俗传承。同村人的族缘、地缘观念在习俗上的表现;同附近其他民族或家族的交往方式;与邻居、土著及外来户的关系;在生产上、生活上的互助习俗与答谢方式;民间自发的协力组织、社交组织、文体组织,及其他组织的结构、职能、经费来源、活动时间与方式;各种“会”、“社”的民俗表现,传统的乡规、民约的内容及其执行方法;验戒方式与手段;乡规民约的演变与发展。

④岁时民俗传承。在各个民间传统节日里当地人在衣、食、住、行、庆、祭、玩乐诸方面的特殊行事方式,特殊讲究;各民族的节日(如三月三、六月六、火把节、那达慕大会等)的活动及习俗。

3. 信仰习俗

①古代信仰(原始宗教)在当地还存在哪些遗留痕迹?对天空诸自然物,如天地、日月、晨辰、雷电、风云等的崇拜及祭祀;对地上诸自然物,如土地、山岳、森林、河流、沙漠、泉、石、火等的崇拜与祭祀;对某些动物或植物的崇拜与祭祀;当地人的祖灵观、神灵观和鬼魂观;图腾崇拜的痕迹、祖先崇拜的痕迹。对庙宇宗教神的信仰。

②各种宗教在当地群众生活中所占的地位及其影响;宗教活动的内容和仪式;宗教职业者的生活、经济情况;与宗教有关的节日活动及其他。

③前兆迷信及占卜。以自然现象为征兆的前兆迷信;以各种生物如喜鹊、乌鸦、蜘蛛、鼠、蛇、蝙蝠、豕、羊、鸡、犬等为征兆的前兆迷信;梦兆迷信及梦占;当地民间流行的占卜法、厌胜法、禳解法、除灾法、巫术;当地通常使用的避邪物。

④当地各种迷信职业者,如算命、测字、打卦、占卜、禁咒、巫医等的称谓、活动方式、使用工具、仪式过程;迷信职业者所使用的特殊语汇和歌谣;迷信职业者的经济收入、数额、方式;他们在当地群众心目中的地位、影响;迷信活动所导致的恶果。

4. 文艺民俗

①民间口头文学。当地群众中流传的神话、传统、故事、史诗、叙事诗、歌谣、谚语、谜语、曲艺说唱及小戏等,在什么情况下演唱,有否仪式或其他活动伴随;反映的民族历史、乡土生活、心理、信仰及风俗;传承人的情况(历史、职业、年龄、气质、性别、住址、文化程度);作品流传的地区及范围;杰出的故事讲述家、歌手和艺人。

②民间美术。年画、版画、图案画、家用器物装饰、雕

刻、窗花、剪纸；当地著名民间美术家，民间美术品的制作、质料、风格、象征意义。

③民间音乐。土制乐器、民乐器具、乐曲、乐队组织、演奏场合、方式；喜庆乐曲、丧葬乐曲；杰出民间音乐的活动与事迹。

④民间舞蹈。舞蹈种类、表演场合；民间舞蹈与体育活动、武术活动、宗教活动的关系；春节期间社火中的舞蹈项目及其象征意义；当地优秀的舞蹈及其活动。

⑤民间游艺。棋类、骨牌、纸牌、玩具、管竹、花炮、焰火、皮影戏、傀儡戏、面具戏、杂技、民间武术、龙灯、旱船、狮子、高跷、秧歌、体育竞技等，它们的种类、活动方式、参加人员、规矩等；民间走会的日期、组织、组成、规模等。

⑥民间工艺。刺绣、纺织、印花、编织、制陶、漆艺；金属、石玉的雕刻制造；首饰、裁缝等的技艺、风格、样式、特色、制作过程；杰出工匠、艺人的情况；手工艺品的使用范围及销售，与当地土特产的关系等。

当然，这份提纲即使就民俗调查来说也不甚完备，如交通旅游方面的民俗、集市贸易及小商小贩和小手工业者等的市声、文艺民俗中的小儿游戏等等，在这份提纲里都没有反映出来；至于涉海的民俗事项，这份提纲更无此用意，我们进行海洋民俗事项及其他海洋文化现象的采风调查时，需要既用它来作为我们自己制定专用提纲的整体架构的一种参考，又不受此限制和拘束，根据实际情况和实际需要再行增删、繁简。而且，换一种思维或角度，或许更能贴近实际和便于操作。

拟定一个全面性的调查提纲，不仅对一个地区或一个民族的全面性海洋文化调查至关重要，即使对局部的或某一具体的海洋文化现象的专门性采风调查，也是不无意义的，至少可以有个整体观念和全局把握，进而确定专门性采风调查的更为具体、更为详细的提纲。从事一般海洋文化的采风调查如此，进行专门性海洋文化的采风调查同样如此。至于专项海洋文化事项的调查提纲，兹录民俗学者山曼为青岛市民俗学会起草的一份《青岛城市民俗调查大纲》中的“青岛海港民俗”作为一例：

青岛海港民俗：

1）海港本身：码头、港湾、灯塔。

2）客运状况：船、票、舱的历史变迁，船上人员构成、船上服务、停泊、旅客基本构成及流向的变迁。

3）货运状况：船、停泊、陆上装卸、搬运的历史变迁，搬运工人、搬运工人的生活习俗，吃住行禁忌，在不同历史阶段的管理制度及在工人中形成的习俗，劳动工具，劳动号子。

4）渔民：渔船、捕捞工具、海上禁忌、船的类型、船名及别号、造船业、上下船的仪式、渔民习俗。

三、海洋文化采风调查的具体实施

制定出调查提纲以后，就是采风调查的具体实施了。

海洋文化采风调查的具体实施，应坚持以下原则：

第一，不打无准备之仗。调查人出发前，起码要做好三方面的准备。一是预先尽可能熟悉一下所要调查的地区、民族或专项调查事项的一般情况，做好有关的使用资料的准备，如交通线路图、地理形势图、民族分布图、文化面貌图等，以及有关的地方志、游记、调查报告、论文或著作等，尽量阅读一遍，做到事先心中有数。二是做好有关调查工具的准备，如照相机、录音机、摄像机、纸、笔、电池、胶卷、磁带、录像带等等。三是做好同所去当地有关部门的事先联系工作，取得当地有关部门和团体的支持，并做好调查人员去后的吃、住、行等安排工作。如果是到少数民族语言地区或调查人员听不懂当地方言方音的地区，还要事先做好翻译人员的选择配备工作。

第二，密切同群众的关系。海洋文化采风调查尤其是海洋民俗采风调查，主要就是向涉海民众的调查，不仅是向民众"要"资料，而且是理解、感知民众中的海洋文化现象、海洋文化观念及其生活方式，必须有很强的群众观点，坚持走群众路线，同群众打成一片，争取得到群众的最大限度的支持和合作。绝不能轻视他们，甚至瞧不起他们，与他们格格不入。

第三，坚持实事求是、客观真实的原则。采风人员不能对所调查的对象——涉海民众及其文化风俗，有任何任意拔高或贬低。不能因看到现行海洋文化事象尤其是民俗中仍有落后的、丑陋的、封建性的东西，就故意避而不录——其实那也是海洋文化的有机构成，并是海洋文化研究的有用的材料，比如可以进一步证明海洋文化发展变迁的相对稳定性和慢速率，也为有关学者研究这种文化现象与社会发展的不协调性提供例证，为新文明的建设工作提供出对症下药、除旧布新的工作对象；更不能以为把部分陈陋文化事项调查出来就是给大好形势抹黑。社会现象是复杂的，各地、各种社会文化的进步速度是不同的，要正确地、客观地反映出来，这才是实事求是的科学的态度，这才是对社会负责，对人民负责。隐瞒就是欺骗，就是犯罪。

第四，坚持海洋文化表层现象的调查与海洋文化深层结构的调查相结合的原则。海洋文化采风调查要依据调查提纲，这是毫无疑问的，但提纲上列出的，大多只是、也只能是海洋文化的表层现象，而仅仅这些是不够的，只有调查人依据提纲所列项目，调查时对每一项追根求源(比如其传承中的经历、心理基础、情感若何,目的性若何,自觉的还是非自觉的,依民俗行事做了如何、不做又会如何,社会历史文化和自然景观、人文景观对此有何影响等),对项与项之间的相互联系、连锁反应等,都能尽量挖掘出来,这样,海洋文化采风得来的资料才会是全面的,立体的,真正有用的;这样的调查才算是成功的。

要完成采风调查提纲中所拟的任务,也既要得到所要得到的海洋文化资料,并达到我们上面的要求,更要有一套有效的采风调查办法。下面我们介绍几种常用的调查方法。

1. 点面结合法

这主要适合于一般性海洋文化调查和某一民族、某一地区范围的全面性海洋文化调查,也适合专项性海洋文化调查。无论哪种调查,无论调查队伍多么庞大,不可能把地球上哪怕一国的沿海地区、涉海民族的每一个角落都跑遍,也不可能所到之处都把调查提纲上的所有内容滴水不漏地全部调查清楚,所以,大面积的海洋文化调查实际上也是由一个一个地区、进而一个一个村落、一个一个岛屿、一个一个行业、一种一种现象的调查构成的,所以选点调查是很普遍地采用的一种方法。一定要选最有代表性的一些点作为深入调查的对象,此为"解剖麻雀"。点的确定,一是根据已经掌握到的情况,一是根据当地有关部门的介绍,一是根据当地群众提供的线索和建议,将那些最能够代表、最能够反映本区域或本民族、本行业、本事象的典型确定下来,然后做试点调查,如不理想,还可另选。几个点上的调查工作完成以后,再在点外的大范围内作尽量多的抽样调查,用作对选点调查所得资料的验证、充实和比较。在目前大多涉海地区海洋文化现象大量交叉、交替、转换的时期,选点时应注意,既要选择传统古朴的海洋文化事项保留最多的点,也要选择传统古朴的海洋文化事象已大多消逝、新生的海洋文化事象已为主要呈现特点的点，还要选择处于两者中间状态的点。这样再加上点外的尽可能多的抽样调查，得出来的结果和结论才最符合实际，最有价值。

2. **现场观察法**

这也是海洋文化采风调查的基本方法之一。调查者对海洋文化现象及其发生的现实场景氛围耳闻目睹、亲感实受，得到的印象最深刻，材料最鲜活，因而也最易于准确把握。比如我们要了解一个点上的专项海洋文化事象，尽管我们事先从有关文献、材料上看到了介绍，有了大致的了解，尽管来到此地后又听了当地"风俗通""知事佬"的讲述，甚至看过、听过有关的音像资料，但毕竟还是间接的、第二手的，不全面的，甚至与真实的原貌有很大的距离。而如果亲自到现场观察到那一海洋文化现象发生、展现的场面，从头到尾都认真、仔细地看到了，感受到了，并作了记录或拍摄，那么这样得来的资料，对于一个海洋文化采风调查者和研究者来说，是最为重要的，日后做专题研究就最有发言权。而且即使单纯从资料学的角度看，这样的调查所得所记也最真实、具体、可信。当然，这种现场观察调查法往往存在着两方面的限制，需要与别的调查法相互配合、相互补充。一是在调查人员前来调查的这段时间里，有些非日常的文化事象不一定呈现，如调查提纲中有婚丧习俗、节日习俗的内容，而且是很重要的部分，但前来采风的这段时间里却恰恰没有遇见结婚的、出丧的，也不在重要的民俗节日时间，因而就难以安排现场观察；二是现场观察往往因所要调查的事项在发生现场的呈现时间不会太长而又万象纷呈，调查人员最容易走马观花、来不及做深入的和各个角度的观察，而且，由于这种发生场面的呈现就像过电影，有些细节记住了，而有些细部却忽视了，或者遗忘了。弥补这两个方面的缺陷，一是需要合理地安排前来采风的时间，比如正好赶在海洋民俗节日期间、结婚嫁娶最为集中的季节、集市庙会期间等等;二是调查人对计划进行现场观察的海洋文化事项要提前做好准备,比如查阅有关文献记载,询问有关情形,对该文化事项所要发生的现场提前考察一番等等,以便充实届时的现场观察所得;三是这样的现场观察最需要运用现代化的采风手段,即运用录音录像手段,尽力做到“真实的再现”。另外,有条件的话,进行多人合作分工和反复的现场观察也是必要的。

3. 开调查会

这是采风调查习惯运用的方法。这种方法的好处是可以比较省时、省力地集中调查搜集到大量的资料,只要把调查会开得自然、活跃,收获是会很大的。为了把调查会开好,一些准备工作必须做好,调查会的掌握必须讲究技巧。

调查会的准备工作主要包括:

一是要拟好具体的调查项目,避免把调查会开成随意漫谈会。尽管随意漫谈“沙里淘金”也是需要的,但一般来说召集一次调查会很不容易,时间也不会太长,最好是能够在这样难得的机会和较短的时间里,使大家谈得比较集中,不太跑题,从而得到较多的东西。

二是要物色、选定参加调查会的人员。人选要有各方面的代表性。比如调查当地渔民的婚嫁生育习俗,参加调查会的人选最好有当地抓精神文明和计划生育的干部、当地的媒人、接生婆(如果有的话)、思想比较保守甚至比较迷信的老人、思想比较开明的年轻人、刚刚结婚的、正在怀孕的妇女、生孩子较多的老年妇女、在生育禁忌和神灵崇拜等方面比较“讲究”的老婆婆等参加,这样就会调查了解到渔民婚嫁生育习俗的各个方面。

三是要选择好时间、地点。时间的选择以晚上较宜,尤其是大忙季节,较闲季节或节日期间自由度尚大一些。当然,这还要看具体情况和当地习惯。地点的安排也以参加调查会的人选的方便为宜。

四是要做好录音、录像、照相等的准备，包括检查、放置好仪器，随时启用。至于纸笔作记录用，自不在话下。

调查会开始，掌握会议运行的技巧十分重要。调查会一开始就要给人一种相互信赖、言谈不受拘束的心情舒畅的气氛，不能给人一种生硬的面孔，使参加调查会的调查对象感到不舒服，心情紧张，望而生畏，甚至望而生厌。一定要注意民族政策，尊重民族的或当地的风俗习惯、宗教信仰，不能冒犯。要善于带引导性、启发性地提出问题，不能用指示性、命令性口吻对待调查对象，即使有的人发言太啰嗦，不着边际，或者说不清楚，也要耐心、再耐心，巧妙地引导他们归入正题。对弄不清楚的地方，待人家把话说完后再问问清楚，或问问在座的别人。同时，也要注意时间和与会人员情绪的掌握，既不要轻率散会，收获甚少，又不要贪多嚼不烂，对什么文化事象也只得大概，浮光掠影；既不要当调查对象情绪正高、讲得正兴奋时因时间较晚而突然中断人家，宣布散会，也不要因尚不到预定散会时间，大家都谈累了，不想再谈什么了，或者再也谈不出什么了，却迟迟不散会。总之，掌握开好调查会也是一门学问，需要多研究，多从实践中摸索经验。

4. **个别采访法**

这也是进行海洋文化采风调查必不可少的方法。所谓个别采访，就是根据所要采风调查的项目的需要，找当地的最了解情况的人或具体文化事项的当事人进行单独的问答式、攀谈式采访，也包括到被访者的所在地或家中进行观察采访。其中，问答式采访比较正式一些，好处是不跑题，内容集中，符合调查人原来的设想和要求，不足之处在于采访者与被采访者都受拟定的问题和提出的问题的约束，属封闭性的，双方都难以就具体问题展开来谈，调查人设想不到的某一问题的有关方面，提问不到，被采访者自然回答不到(大多情况下是这样),那么这个问题的有关方面就成了空白。攀谈式采访非正式一些,被采访人不受约束,心情不紧张,可以谈得自由酣畅,绘声绘色,可以使调查人不仅能得到一些想得到的东西,而且还可能得到一些意外的收获。但这种攀谈式采访也有短处,即有可能漫无边际,甚至让采访对象牵着鼻子走,难以回笼话题,谈的时间不短,得到的收获却不多。这关键在于调查人如何掌握,采访的水平和技巧如何;也要看采访对象本身的海洋文化信息承载量以及语言表达能力和表演能力。说到底,还是取决于调查人选择采访对象是否选择得好,加之能否将问答式采访与攀谈式采访酌情有机地结合起来运用。

5. 表格调查法

这是充分发动群众力量对有关问题进行普查的好办法。由于如上所说,正式调查人员不可能有那么庞大的队伍、充分的时间把每一处、每一事、每一时的海洋文化现象全部调查清楚,只能以点带面,面上的调查可用抽样法,但抽样法只能得出概率,而不能得出实际的总的把握。如能运用这种表格调查法,就弥补了这个方面的不足。表格调查,或问卷调查,一般性海洋文化调查可以用,局部性海洋文化事象调查也可以用。可以充分发挥当地教师、知识青年、有关干部甚至一些中老年有文化的人的积极性和能动性,发动他们认真填写,只要表格和问题拟得具体、易懂、易答,甚至中小学也是可以帮忙的。

6. 居住调查法

这比较适合于小规模的调查。一个或几个调查人为了某一个海洋文化事项专题,选择有关地点安家落户,长期居住下来,同当地涉海群众打成一片,长期观察、采访和参与他们的海洋文化活动,详细地、而且免不了反复地调查和记录、录制有关资料,有些研究成果甚至可以就在当地完成。使用这种调查法,既能局外观察,

又能亲身体验，是最深入的一种调查，也是最能“解剖麻雀”的一种调查，因而也是最易出成果的一种手段，不少人认为这是最理想的调查方法。世界上不少人类学家、民族学家和民俗学家的许多极有价值的调查报告和专著，就是通过这样的长期居住调查写出来的。

以上各种调查方法，各有所长，各有所短，各有其适应性，可以综合使用，但不能相互替代，需要我们很好地掌握，以便理想地达到调查目的。

另外，调查中还应十分注重海洋文化历史文物性实物的收集、购求。海洋文化实物是海洋文化的重要组成部分，是载体，是物质铁证，我们万万不可忽视。

这里还要强调一下照相、录音、录像在调查中的使用问题。现代技术设备可以给我们提供很多方便，是我们进行海洋文化采风调查的大有必要的现代手段，但绝不能以为有了这些东西就可以代替文字记录了。录音录像的系统化、条理化，日后的整理、剪接，都离不开当时的文字记录作为依据，没有文字记录，录音录像很容易弄成驴唇不对马嘴，张冠李戴，甚至弄成一团乱麻，理不出头绪，根本不能使用，使海洋文化采风调查前功尽弃。另外，录音录像时如果不做文字记录，一旦机器或磁带发生故障，就会临时抓瞎；如果只靠录音机，采访对象在讲述、表演中或因方言方音问题、或因鼻音嗓音问题、或因表演、模仿、体语问题，出现了录音不清楚，甚至干脆没有声音可录的情况，这都是常有的事，因此绝不能贪图省事不作笔录。另外，录音录像结束后，每盘磁带上应贴上标签，记明录音录像的内容、讲述人姓名、性别、年龄、职业、讲述时间、地点等，并尽量及时整理出来，以便日后使用。用照相机拍照，也要依次作好文字记录和说明，以免洗印出来之后记不清所拍为何人何时何地何事何物，不便使用，造成人力物力财力精力和情绪的浪费。

调查工作结束之后,应及时把所得一切资料甄别整理,妥善保存,根据研究课题的具体要求使用。用后最好归档保存,最大限度地公开提供给别的有关研究者和海洋文化工作者查阅使用,最大限度地、长久地提高这些海洋文化采风资料的利用率。

第三节 信息时代的海洋文化传播

当今世界正处于由工业化社会向信息化社会的转变之中,这一转变给人类社会方方面面带来的巨大的冲击和深刻的影响,已逐渐呈现在我们面前。它不仅是物质生产领域,而且是文化领域中的意义非凡的革命。信息技术的突飞猛进,信息网络和知识库的迅速形成,使人类文化的保存和传播在介质上、形态上、机制上、方式上发生了根本的变异,作为人类文化重要组成部分的海洋文化亦不例外。我们应当重视这种变异的特征和影响,了解和利用世界海洋文化资源传播的新途径。

信息社会最令人瞩目的成就是网络的兴起和普及。近年来,因特网(INTERNET,又译为"国际互联网")正以令人难以置信的速度在全球扩张发展。据粗略统计,目前世界上有超过7 000万的"网民"。以因特网相对落后的中国为例,据中国互联网络信息中心 1998 年 7 月 8 日发布的《中国 INTERNET 发展状况统计报告》(1998 年 1~6 月)统计,中国上网用户亦已接近 120 万,在短短 8 个月时间内,上网用户、上网电脑、WWW 站点等均成倍增长,估计 2000 年中国上网用户接近 1 千万。与此同时,网上信息资源的数量更是以几何级数增长,人类知识、文化的一切成果,都可以化

成电脑语言的0和1两个数字,在无远弗届的全球因特网上传播流通。在信息网络空间(CYBERSPACE)中,数字化的文化信息被加速到电子的速度,在因特网上每秒钟的信息量,可以是美国国会图书馆藏书总量(2 700万册图书及难以计数的手稿、照片、地图等资料)的几百倍。文化的传播交流变得如电光火闪般迅捷,文化资源的获取共享在瞬间即可实现。

目前,因特网上的国际海洋文化资源已是丰富多彩,成为难以竭尽的信息宝库。以下所列,仅为沧海一粟。

一、WWW(万维网)资源

WWW(WORLD WIDE WEB)是由无数的依据超文本(HYPERTEXT)格式写成的网页构成的网上世界,信息在网站中以非线性方式整合、动态存储,通过网络浏览网站网页是因特网上获得海量信息的最重要的手段。

万维网上的海洋文化资源,可分为下列几类:

1. 海洋博物馆及有关文化名胜网站

世界各地的海洋博物馆,已有数百个建立了自己的网站,其中以美国、澳大利亚、加拿大、英国等国家数量最多,较具代表性的如:

英国国家海洋博物馆网站(National Maritime Museum)。位于伦敦泰晤士河南岸的国家海洋博物馆建于1934年,其前身是17～19世纪的三个博物馆,历史悠久,藏品丰富,保存了全世界最多的17世纪荷兰、18～20世纪英国的海洋题材画作,以及大量各类航海用具、图表、服装、刀剑、装饰艺术品等。进入它的网站(http://www.nmm.ac.uk),可查阅博物馆概貌、参观指南、科研和商业服务、海洋教育、展览活动,并可订购有关物品、出版物。网站提供了两种馆藏检索方式:一是按字母顺序,一是按类别,分为书目、手稿、画作等类。如进入书目查询,输入作者、书名或关键词,即可在该馆最早是15世纪版本的10万余部书籍中,查询到所需书籍。该馆海洋书籍的收藏量为世界之最。

澳大利亚国立海洋博物馆网站(Australian National Maritime Museum)。作为海洋国家最重要的海洋博物馆,该网站(http://www.anmm.gov.au)页面美观,内容丰富多彩,用文字、图片等全面展示了澳大利亚海洋考古、历史、文艺、科技等。网站充分利用因特网的多媒体传输性能,有数节不同格式的影像及声音片段列在"虚拟现实之旅"栏下,供网上访问者下载欣赏,使人如临其境。加入博物馆会员者,可免费收到该馆的海洋文化季刊《信号》(Signals)。网站上亦载有该刊的部分内容介绍。其1998年第三期(总第43期),刊有专文介绍由香港艺术博物馆与美国皮博迪·爱塞克思博物馆联办的国际展览"眺望珠江三角洲",该展览旨在展示两个多世纪以来中西文化在中国广东珠江三角洲地区的碰撞、交流及其影响。

台湾鹿港天后宫(妈祖庙)网站(http://www.matzu.org)。妈祖神是中国海洋信仰中非常重要的神祇。作为海洋文化名胜,鹿港天后宫是台湾惟一奉祀湄洲祖庙开基圣母神像的庙宇,因庙宇年代久远、规模宏伟而闻名。其建筑结构富丽堂皇,彩绘及木石雕刻,皆精致绝伦。庙中陈列的珍贵史料及宗教文物令人叹为观止,如前清皇帝的御笔匾额,古代碑记及昔日往湄洲祖庙谒祖的照片和祖庙赠与的大灵符《圣母宝玺》,均是台湾绝无仅有之文物,均可在网上欣赏其照片。该网站分"妈祖宝像"、"历史沿革"、"本宫简介"、"巍峨宫貌"、"珍藏文物"、"香客大楼"、"管理委员"、"访客留言"、"推荐连结"等栏目,以文字和图片对全宫进行了详细的介绍。在"推荐连结"栏内,与"彰化妈祖信仰圈"、"客家妈祖"、"北港迎妈祖朝天宫"、"顺天圣母三奶夫人碧云宫"等台湾民间庙宇的网站进行了地址链接,为查询者提供了便利。网站建立后,来自世界各地的网上访客已达数千人,成为宣传台湾海洋民俗文化方面较为成功的一个网站。

2. 网上数据库和图书馆书目查询

国际上已经与因特网联网的图书馆不计其数,许多综合性图书馆都收录了海洋文化方面的书籍。读者更可通过访问专题图书馆和资料库网站,获取所需的资讯。收藏海洋文化方面图书较多的专题图书馆有:

美国东卡罗来纳州大学图书馆(telnet://marquis.lib.ecu.edu)。该大学设有海洋史和海洋考古方向的硕士学位课程,相关馆藏丰富。

美国海军学院尼米兹图书馆(http://www.nadn.navy.mil/library)。收藏了大量海洋史方面的书籍。

加拿大纽芬兰纪念大学图书馆"海洋史档案馆"(http://www.mun.ca/mha)。收藏集中,内容丰富。

英国部分大学图书联检系统(http://copac.ac.uk/copac)。可检索剑桥大学、牛津大学、爱丁堡大学、格拉斯哥大学等大学的图书馆有关英国海洋文化方面的书籍。

海洋史虚拟档案馆(http://pc-78-120.udac.se:8001/www/nautica/nautica.html)。信息量极大,提供了与其他博物馆、图书馆的链接。

海洋历史与遗产网站(http://www.cronab.demon.co.uk)。设在英国,广泛收集了诸多主题的文章,尤以海洋史方面为多。

除图书馆、档案馆所藏书目可在网上查询外,如前所述,许多海洋博物馆所藏的书目亦可在网上查询,如加拿大大湖海洋博物馆(http://www.marmus.ca/marmus/database.html)就提供了十余个数据库,包括档案、论文索引、馆藏物品索引、图片索引等,供访问者查询。

3. **图书杂志专题网站**

与综合性的图书馆网站不同,这类网站主题单一明确,集中于某位作者、某部作品或杂志,如:

赫曼·麦尔维尔网站(http://www.melville.org)。麦尔维尔(Herman Melville)是海洋文学最著名的作家之一,此网站由"赫曼·麦尔维尔因特网协会"创办,内容包括:目前世界各地有关麦尔维尔的活动,麦尔维尔的生平和创作(可直接阅读其作品电子版全文),作品评论,艺术中的麦尔维尔等,还提供了与其他相关网站的链接。

美国民间生活中心网站(http://lcweb.loc.gov/folklife)。此网站中收录了泰勒(D. Taylor)的专著《纪录海洋民间生活》(Documenting Maritime Folklife)。此书图文并茂地论述了海洋民俗的各个方面,如口头传统、信仰、习俗、物质文化等,详细介绍了搜集海洋民俗资料田野作业的具体方法、技巧,特别是所附的上百部参考书目,基本上囊括了西方学界在海洋民俗研究方面的成果。

学术杂志方面,有关于海洋史和海洋艺术的学术季刊《美国海洋》杂志网站(http://www.pem.org/neptune),此杂志创刊于1941年,已成为学界最重要的刊物之一;主要内容包含海洋考古各个方面的权威杂志《国际海洋考古学》杂志网站(http://www.hbuk.co.uk/ap/journals/na)等。这些杂志网站均接受网上投稿,访问者亦可直接阅读杂志的部分文章,对研究者有重要的参考价值。

此外,因特网上还有海洋文化教育方面的信息,有的大学提供了相关课程的介绍(如夏威夷大学的海洋历史和考古学本科课程,东卡罗来纳大学提供的全美惟一的海洋史硕士课程等等。网上还提供了以"海洋文化"为题的短期班全套课程设计,包括日程、主题、参考书、教学方法及活动、教学目的等，对宣传普及海洋文化提供了很好的参考材料。世界各地许多学术团体、组织也纷纷建立网站，传播海洋文化。

4. 音像资料网站

因特网的多媒体存储、传输特性，大大促进了有关海洋文化资源中声音、图像资料的传播。除了博物馆、图书馆中的音像资料外，网上还有不少专门的站点：

“数字化传统民歌数据库”(http://www.mudcat.org/folksearch.html)。

“传统歌谣索引”(http://www.csufresno.edu/folklore/balladindextoc.html)。以是二者均收录了大量民间海洋歌谣。

“木船音乐”(http://www.woodenshipsmusic.com)，收集海洋音乐，包括水手起锚歌等。

“海洋艺术信息中心”网站(http://www.marineart.com)。

“海洋绘画作品”网站(http://www.pem.org/maritm3.htm)。搜集保存了大量海洋艺术的图片资料，供访问者欣赏。

“塞德·库扎”网站(http://users.ids.net/tallship)。塞德·库扎是著名的海船摄影师，此网站介绍了他精彩之极的摄影作品。

二、网上讨论组

加入因特网某一专题网上讨论组，即可以电子邮件的方式自动收到其他组员的讨论意见，亦可将自己的观点随时传至网上，同时散播给所有组员。散布在世界各地的海洋文化学者，通过这一便捷的方式交流信息，切磋讨论。目前主要的讨论组有：

“海船”(listserv@listserv.cc.va.us)。这是关于传统海船航行运作的讨论组。因有著名的海洋史学者参与，此讨论组有较高的学术水平，信息丰富。

“Marhst-1”(listserv@post.queensu.ca)。这是交换海洋史、海洋博物馆信息的讨论组。

“海盗”(majordomo@listbox.com)。它汇集了史学家、考古学家、作家等,讨论海盗史问题。

“海洋信息”(infonaut-list-request@lists1.best.com)。这是“海路”出版公司主办的多学科讨论组,内容涉及海洋历史、考古、文艺、博物馆、海船设计与建造等。

“Ishmail”(mailserv@vaxc.hofstra.edu)。它是有关著名海洋文学作家麦尔维尔的专题讨论组,参加者多为研究麦尔维尔的学者和其作品的爱好者。

因特网上的海洋文化信息之丰富,从以上摘录资料已可略见一斑。当然,从有关网站的情况来看,还有不尽人意之处,如:信息分布极不均衡,特别是与英文信息相比,中文信息过少。通过 infoseek, Yahoo, Excit 等著名搜索引擎,用英文“海洋”、“文化”作关键词进行检索,结果可达成千上万项之多,这是数十条的中文信息所远不可及的。此外,部分中文网站虚有其名,包含的信息量极少、栏目不全。再如,部分网站主页的制作过于简陋,未能发挥超文本的特点,层次单薄,链接少。视频、声音资料更为罕见,未能充分体现 WWW 网站的优势。相信假以时日,会逐渐改进完善,使世界各地区、各民族的海洋文化,在网络上以更大规模、更多层次、更多方式传播交流,使海洋文明的成果为全人类所充分共享。

需要补充说明的是,鉴于因特网上资源的丰富性、动态性、时效性,一些光盘出版物(CD-TITLE)亦在相关内容中列出了可供参考的网站地址链接,使读者在阅读时随时可以方便地进行联机检索,获取最新资料。如微软公司出品的著名光盘百科全书 Encarta 98 版,在海洋历史文化的条目中,就提供了一些博物馆万维网网站地址的链接。光盘亦是信息社会中重要的新型信息存储介质，一张直径约12厘米、厚约1毫米、重约20克的光盘，便可存储文字、图像、声音的大量信息，可以提供声光色影的多媒体效果，其超文本的自由检索结构更是给读者带来了莫大的便利，并且易于保存、复制、流通，这些都是传统的印刷文本所难以企及的。微软(Microsoft)公司出品的《海洋探奇》(Oceans-Explore the Mysterious World of the Deep)光盘，就包含了700余篇总计逾10万字图文并茂的文章、100多节影像片段、1 000幅照片和1 000段录音资料等。该公司推出的《500部落》(500 Nations)、《古国探幽》(Ancient Lands)等光盘读物，亦分别收录了不少北美洲、古希腊有关海洋文化方面的内容。可以预见，随着电脑及多媒体技术的普及发展，光盘等信息时代的新型媒介，势必对包括海洋文化在内的人类文明成果的完善存储、广泛传播、多向交流推波助澜，起到越来越重要的作用。

附篇 海洋科技创新与海洋文化建设

21世纪是国际社会所公认的海洋世纪。海洋世纪,应该是一个海洋经济大崛起、海洋意识大提高、海洋科技大创新、海洋文化大发展的世纪。海洋科技的创新,现在已经摆上了国际社会包括我们国家的重要议事日程。《中国海洋21世纪议程》、"国家海洋863计划"等,都为我国海洋科技的发展创新提供了政策依据和项目规划及其保证前提。我国科技界尤其是海洋科技界,正在积极投身其中。现在的问题是,海洋科技的发展创新,与海洋文化的建设发展,应该有什么样的关系?海洋文化建设在海洋科技创新中,能够起到什么样的作用,占有什么样的地位?这个问题不加以解决,或解决得不好,势必会影响海洋科技创新发展的方向甚至成败。作为海洋文化学科的应用问题,导源于海洋文化学科的学术目的,我们不能不对此作出我们的阐释。

一、从文化看科技："福兮祸之所伏"，科技是柄双刃剑

对于这个问题的认识，一直是一个薄弱的甚至可以说缺失的环节，未能引起人们的足够的重视。在人们的传统观念里，科技就是科技，它自然是广义的"文化"的一部分，何以再谈它同文化的关系？更何况，"海洋文化"这一概念，是我们近年刚刚提出的；人们的"海洋文化"意识的觉醒，更仅仅是近些年来的事情；而海洋科技的发生和发展，以及它所产生的巨大经济效益和社会效益，早已经引起人们的极大重视，以至于人们一谈海洋科技，一般而言，压根儿就不会意识到里面还会有什么文化问题。

显然，这在过去，是可以理解的，也是十分自然的，因为当科技包括海洋科技的发生和发展还在初步阶段、人们的注意力还处于对某一种科技成果及其效力的好奇和兴奋状态之中、感慨和感奋于它对人类文明和社会生活的发展带来了极大促进作用的那个时候，人们对它所可能带有的弊端、所可能产生的危害，不可能有清醒的认识，不可能有理性的自觉，因为它那个时候不可能一开始就显现得出来。譬如人们的航海和捕捞正处于风力帆船的阶段，当有人发明了柴油以至汽油动力船，人们自然感兴趣于它的相对极大的效能，当时谁也难有先见之明，意识到当所有的帆船都换成了柴油或汽油机动船以后，在某一渔区或港湾万船竞渡时，它的泄漏倾废会给整个渔区或港湾带来污染；当人们还处于靠捕捞手段"收获"海产的渔业生产阶段，随着渔船的越来越多，渔网的越来越密，网眼的越来越细，近海捕捞的渔获量越来越少，远洋捕捞的成本越来越高，这时有人发明了围海养殖，自然容易获得高产，人们自然感兴趣于它的相对极大的效能，谁也难有先见之明，预见到当人们进行大面积海水养殖之后，养殖业会带来生态平衡问题，"泛滥成灾"问题，海水富营养化等等问题；当人们发现海上石油业大有发

掘潜力，获利厚丰，因而大力发展海上石油业的初始阶段，谁也难有先见之明，预见到它往往会造成大面积的海上和油港污染。

科技往往是一把双刃剑。电的发明给人类带来了光明，却又带来了许多弊端；飞机的发明给人们的远距离来往带来了方便，却又因飞行事故的多发而往往让人提心吊胆；机动车辆的发明利处自不必说，却又因其已经“泛滥成灾”而带来城市空气污染严重、路岗交警肺病多发、交通拥挤不堪、交通事故频仍；有人说战争是历史上刺激科技发展的强心剂，而用于战争的科技愈发展，其杀伤力就愈大，对人文历史和人文世界包括人类自身的破坏力亦就愈加严重……为此，不知有多少科学家伤过脑筋，甚至不少科学家为此而不知自己的发明是对是错，是功是过，因而有的干脆结束掉了自己的生命。

“世界范围内科学技术发展突飞猛进，为人类创造着日新月异的经济奇迹，同时也带来了许多社会问题、科学伦理问题。核技术、电子技术应用于现代武器，使传统的战争观面临着挑战，环境污染、资源滥用、生态破坏、科技犯罪等全球性问题也不断困扰着人类。这一切都有力地印证着这样一个真理：科学技术是一柄‘双刃剑’，既可造福人类，也可能为人类带来灾难。盲目推崇科技进步，忽略人类总体利益以及社会发展的基本道德价值原则，人就会沦为科技的奴隶。有识之士都痛切感到，应提高全人类所有成员特别是那些掌握科学技术的人的人文素质，以消除世界范围的人文精神危机。”①

值得注意的是，我们经常对我们中国古代的四大发明没有用之于产业并形成产业化、却被西方学去并引发了他们的工业化社会的到来而愤懑、嘲笑甚至奚落我们自己的前人，这实际上是对我

① 罗承选《要重视理工科学生的人文素质培养》，《求是》，1996年，No.21。

们自己的文明历史不甚了了、至少是不尊重我们自己的文明历史的缘故。比如火药的发明,我们常常看到和听到诸如“我们的古人发明了它,却用来制造烟花爆竹,而西方人引进后,所派的用场是制造火枪大炮”之类的议论,其实,制造烟花爆竹以供节庆活动观赏,没有什么不好;制造火枪大炮以供征战杀掠,反倒问题严重。只不过既然有人已经制造了火枪大炮,用来征战杀掠,其征战杀掠的对方若不以同样的甚至更为“先进”的火枪大炮予以还击,就得束手就擒、任其宰割,因此才得出只有制造火枪大炮才似乎是发明火药的“正经”用场的“结论”。到底谁之过,十分清楚:人类自己的科技发明创造,目的不是为了用来更为“有力地”、更为大规模地“有效地”残杀自己的同类。

诚然,世界范围内的科技时代的到来及其突飞猛进的发展,无疑是由西方世界发起和刺激起来的,以至于像我国这样的科技相对落后的国家不得不奋起直追,由此所裹挟而来的“科技病”也似乎“在所难免”。我国的海洋科技尽管也同样相对落后,发展速度尚不尽如人意,也仍然已显示出了其莫大的副作用。近年的《中国海洋报》曾刊出过一个“六一”专版,题为“我们心中的大海”,发表的是来自全国各地包括沿海和内陆的小学生们的征文,从其中很多征文可以看出,由于海洋被科技“文明”严重污染,很多孩子们心中的大海已经不再那么可爱了。海洋若失去了孩子们的喜爱,失去了下一代人的喜爱,海洋事业将无以为继。1998 年的《青岛晚报》副刊上有一版孩子们画的关于海洋环境的漫画,一幅幅都画得那么真实,都那么触目惊心。

这是作家李存葆的《鲸殇》中的几段话:

科学的发展渐次将鲸的神秘面纱层层揭开,人类对鲸的崇拜也遂偃息消歇。……当人的欲望之喙膨胀得比鲸口还大时，鲸类的黄杨厄闰便过早地降临了。

近20年来，所谓鲸类集体自杀的事件频频发生，人类在惊恐凄迷中，也对这种怪异现象进行了大含细入的探奥。……猜想与学说纷纷行世……上述论说的通病是推卸了人类的责任……当珠穆朗玛峰圣洁的白雪中有了汞和锰的粉末，当太平洋海底绚丽的"花园"里有了铅和铬的沉积，人类方终于敢将自己放到被告席上，去自我审判，自我解剖，这才渐次揭开了所谓鲸类集体自杀之谜。

当今，人类已凭借科学的司天魔杖，使力与速度得到了空前的延伸。作为随时都在享用工业文明成果的人们，没谁会去恋栈青油孤灯，更没有谁会去憧憬老牛破车。然而，当"超音速"使人类难有"采菊东篱下"的情致，当"核裂变"使人类难觅"清泉石上流"的幽境，人类便不得不顾及地球的"耐心"了……

爱因斯坦曰："科学是让人生得更加美满，不是让人死得更加沉重。"这位有着人类巨大智慧头颅的老人，于晚年说出的话语，更是振聋发聩：第三次世界大战的结果难以预料，可第四次世界大战，人类将用石斧来对打。

"福兮祸之所伏"，两千年前的老子一语直抵堂奥……科学能使人的生活变得更加舒适和便捷，却也加剧了资源消耗和环境恶化；科学能使人类变得无比强大，却未能使世界变得更加安全，原子战、化学战、细菌战的阴影，常使人类惴惴不安；科学能使人类去广泛认识物质世

界，却未能使人变得更加善良和高尚……①

实事求是地说，尽管西人李约瑟的《中国科技史》高度钩述铺陈和评价了我们中国古代的科技文明成就，令我们中国人不无自豪，但近世科技文明时代的到来，却的确是西人们的“功绩”。然而成亦萧何，败亦萧何；功在萧何，罪亦在萧何。何况，西人在开创近代科技文明的时候，脑子里还有一个上帝，他们一方面追求以科技手段进行对自然世界的认识和把握、利用，一方面还在笃信上帝的旨意和安排，在他们的信仰里，上帝掌管人的灵魂，人的道德，人的价值观，社会的人文理想：“西方高等教育，由教会管人文，管灵魂，管德育；由大学管科学，管知识，管智育。”② 而我们呢？近代以来，“从清朝末年开始，我们搬来了西方大学，没有搬西方教会，只搬来西方高等教育整体的一半，即科学这一半，丢下另一半，即人文那一半。……中国自己有几千年的人文，管灵魂，管德育，管得怎样呢？至少不比西方教会管得差。所以不搬西方教会，是对的，因为中国自己早有一套……近百年来，‘可为痛哭’‘可为流涕’‘可为长太息’的是，中国人文，尤其是人文精神，被中国人（当然不是全部）‘批判’、糟蹋、凌辱、摧残、横扫，没有与科学同步发展，而是濒于绝灭，沦为垃圾，于是人失灵魂，恶于癌瘤（当然也不是全部）。物极必反，剥极而复，复兴人文，呼声四起，这是极好消息，是真正值得敲锣打鼓送喜报的‘特大喜讯’。”③

既然如此，是否人类的科技就不需要发展，不需要创新？答案自然恰恰相反。问题是，怎样才能在大力发展科技的同时，除其弊而兴其利。既然科技是柄双刃剑，其利其功自不待言，其弊其罪也

① 李存葆《鲸殇》，《十月》，1997 年，No.1；《新华文摘》，1997 年，No.7。

② 涂又光《论人文精神》，《高等教育研究》，1996 年，No.5。

③ 涂又光《论人文精神》，《高等教育研究》，1996 年，No.5。

显然不是科学技术本身的错，错就错在有些掌握了科技的人，有些掌握了科技的人缺失了人文自觉和人道精神。观照我们的海洋科技，其利其功与其弊其罪，也是同样。不错，发展是硬道理。“发展问题是当今中国的首要问题，对于我国现代化的实现尤为重要。”① 但发展是历史范畴，是随着历史进程而变化的，经历了注意于从经济到社会最终到人的发展历程，大致分为四个阶段：人们最初对发展的理解是走向工业化社会或技术社会的过程，也就是物质财富的积累或经济增长的过程，这一过程从工业革命延续到20世纪50年代前。第二阶段到20世纪70年代初，随着工业化进程，人们将发展看作经济增长和整个社会变革的统一，即伴随着经济结构、政治体制和文化法律变革的经济增长过程。第三阶段，1972年联合国斯德哥尔摩会议通过《人类环境宣言》以来，人们将发展看作追求社会要素（政治、经济、文化、人）和谐平衡的过程，注重人和自然环境的协调发展。第四阶段，20世纪80年代后期以来，人们将发展看作人的基本需求逐步得到满足、人的能力发展和人性自我实现的过程，以可持续发展观念的形成和在全球取得共识为标志。② 这是就人类社会发展的总体状况尤其是西方发达国家的状况而言的，在我国，我们进入每一个阶段都晚得很多，尤其是进入第四个阶段，可以说只是最近几年来的事情，而且还远远没有达到观念普及、意识明显的程度，还需要我们做大量的深入持久的工作。我们强调，“我们的发展必须以经济建设为中心不动摇，经济发展必须同社会发展紧密结合不动摇，社会的物质文明和精

① 王葆青《科技引导社会可持续发展》，《〈中国21世纪议程〉纳入国民经济计划培训班教材》，北京：1995。

② 王葆青《科技引导社会可持续发展》，《〈中国21世纪议程〉纳入国民经济计划培训班教材》，北京：1995。

神文明要两手抓,两手都要硬。”① 我们的原则和方针都是正确的,问题就是我们怎么落实,怎么做。我们现在面临的状况是,至今还有不少人“对社会发展问题认识不够”,“甚至认为只有等将来经济发展了才能顾得上社会发展”。② 然而“发达国家和一些发展中国家曾经走过不少弯路,在工业化过程中造成人口膨胀、环境污染、资源浪费、大量失业、贫富差距悬殊以及城市病等严重的社会问题,过后不得不回过头来解决,并为此付出了数倍的沉重代价。我们应当吸取他们的教训”。③

UNDP一本宣传册中有这样一段话:“传统的发展模式正受到怀疑。尽管在许多人的想法中市场经济取得了成功,但现实日益表明,我们过去对于发展的认识已经不合时宜,‘从前的方式’已经没有立足之地。如今发展正面临三大危机。首先是政策的危机,其权威性已大为减弱并在许多国家产生了信任危机;其次是市场的危机,由于对自然资源的过度开发,对政府职能的侵蚀破坏,以及‘取得合理价格’原则凌驾于一切之上的做法,使得市场在人们心目中变得越来越不可靠,过去对市场的许多支持也将会失去;危机之三来自科学,尽管科学的重要性不容置疑,但其发展过于专一,难以适应诸如多样性之类的需要,已使人们对它产生了疑问。”“发展中国家在近半个世纪的时间里一直误认为发展就是物质的发展。我们不能在‘人类可持续发展就是物质发展’的误区中痛失

---

① 江泽民1994年10月在会见出席全国社会发展工作会议代表时的讲话,转引自王葆青《科技引导社会可持续发展》,《《中国21世纪议程》纳入国民经济计划培训班教材》,北京:1995。

② 王葆青《科技引导社会可持续发展》,《《中国21世纪议程》纳入国民经济计划培训班教材》,北京:1995。

③ 王葆青《科技引导社会可持续发展》,《《中国21世纪议程》纳入国民经济计划培训班教材》,北京:1995。

另外半个世纪。”[①] 岂止半个世纪。

为此,具体到海洋经济和海洋科技的发展来说,一方面,我们需要海洋经济和海洋科技的大步骤、高速度的发展,一方面,海洋人文精神和整体人文精神的缺失,是我们必须补课、必须避免的问题。重视和落实这个问题,已经刻不容缓了。也就是说,在我们的海洋科技的发展创新中,海洋文化的建设也必须同样提到重要的议事日程。

二、关键在教育:教育机制的弊端及其根源

在海洋科技发展创新中强化海洋文化建设,就是将海洋科技的发展创新与海洋人文精神建设和海洋人文教育建设,纳为有机统一的社会发展工程。

“人文的内容,分为人文知识和人文精神。……人文知识是‘知道’,人文精神是‘体道’;前者是知,后者是行。人文知识,体之行之,才成为人文精神;人文精神,说之写之,就成了人文知识。”[②]文化包括知与行两个方面,缺一不可,两者都重要,而行更重要。但行的前提是知。知和行,都要靠教育。

关键的问题是教育,正如我们常常挂在嘴边的一句话,说“这些年来我们最大的失误是教育”。“建国以后,我国高等教育为国民经济建设培养了大批优秀人才,但由于在办学体制上机械照搬苏联模式,在教育观念上片面强调培养‘高级专门人才’,因而在专业划分上过细过窄,特别是文科、理科、工科等几大门类之间,各自封闭,泾渭分明。就理工科院校而言,除了马克思主义理论课和外

---

① UNDP《人类可持续发展》,转引自《〈中国21世纪议程〉纳入国民经济计划培训班教材》,北京:1995。

② 涂又光《论人文精神》,《高等教育研究》,1996年,No.5。

语类课程，有关人文科学的课程几乎等于零。”① “在这种教育观念指导下的理工科高校培养出来的学生存在明显的弱点”：“第一，专业知识较丰富，但文化素养差。理工科院校95%的教学内容都与科学技术知识有关，学生朝朝暮暮只与X，Y，Z与实验室的仪器打交道，对文史哲的基本知识知之甚少，有的甚至连基本的语文表达能力都没过关。”“第二，‘书生气’十足，社会适应能力较差。不少理工科学生只关心本专业科技理论知识的学习，缺乏对社会历史和现实人生了解、认识，习惯用‘专业’眼光看待复杂的社会问题。”“第三，科技指向明晰，但人文价值迷失。在理工科院校中，不少教师和学生都自觉不自觉地以‘科技至上’为价值观，认为只有科学技术才是真才实学，搞人文科学就是‘空头理论家’，没有价值。”“第四，功利意识强烈，对人生根本问题淡漠。人文素质培养的一个重要意义在于，让每一个人都理解‘人’的使命及归宿，正确认识和处理人与自然、人与社会以及自我与他人之间的基本关系，进而明晰人生的价值与意义。……遗憾的是，大多理工科学生都缺乏这方面的教育。他们往往只关注科学技术能否带来经济效益，很少关心人类自身的处境及命运问题……”②

高等教育出现的问题，近一二年来已引起了许多人的反思，并引发了一场全国范围的教育大讨论。“1952年院系调整，清华不但文、法学院，连理学院也分出去了，变成了纯工科大学。这项措施之为一大失误，而且已造成不可挽回的损失，大约已成共识。”③清华的问题具有代表性。全国各地高校的院系调整及其后果，也多为人所诟病。重理(理工相较，更重工)轻文，科研学术界情况亦

① 罗承选《要重视理工科学生的人文素质培养》，《求是》，1996年，No.21。

② 罗承选《要重视理工科学生的人文素质培养》，《求是》，1996年，No.21。

③ 资中筠《清华园里曾读书》，《读书》，1995年，No.1。

然。具有代表性的，是将中国科学院的各人文学部分出去，另行成立中国社会科学院。原综合性中国科学院时期，全国高校，研究机构，文理工科都有“学部委员”，而“分家”之后，只有搞理工的有(现在称为院士)，搞人文社会科学的没有了；国家对理工科研的经费支持力度，尽管仍无法与发达国家和许多发展中国家的相比，但和对人文社会科学支持的力度比起来，后者少得几乎让人忽略不计……

高等教育和科学研究界出现的这一问题，这些年来变得愈发突出，直到现在才稍有改观。尽管我们一直强调物质文明和精神文明一起抓，“要两手抓，两手都要硬”，但实际上“一手硬、一手软”的问题一直得不到很好的解决。原因多得很，但政府的投入不够，远远不够，是最重要的一条。看一看我国投入教育的经费、投入科学研究的经费(而且其中主要还是投入理工科的经费，至于专门投入人文社会科学研究的经费，如上所及，低得可怜)所占国民经济总收入的比例，再看一看我们庞大的“吃饭财政”所占国民经济总收入的比例，就很能说明问题。“全国总人口和政府官员的比例，唐代是3 900:1，明代2 900:1，解放初期是297:1，1978 年50:1，到1994 年竟达到29:1。从 1978 年到 1993 年，我国搞了三次较大动作的机构改革，结果每次精简过后，都迅速膨胀，全国公务员由改革前的 279 万人增加到 530 万人。有人形象地比喻为：一个正在试图减肥的人，痛苦地节食一段，发现自己又胖了 10 斤，于是信心全毁了。”① 无怪乎我们年年说重视教育，却年年“拿不出钱来”，都被“吃饭财政”吃掉了。“科教兴国”重要，还是维持这个“吃饭财政”重要？道理谁都“明白”，但做起来很难。

人们对海洋科技与海洋教育的期望值和价值观，海洋科技界

① 刘洲伟《费改税：谁有权力收钱》，《南方周末》，1998 年 12 月 4 日，第二版。

教育界自身对自己的期望值和价值观,多是“经济第一”。一方面,是社会上,包括政府部门,由于重视海洋经济的发展,因而才重视海洋科技。比如“海上山东”、“海上辽宁”、“海上苏东”、“海上浙江”、“海上福建”、“海上广东”、“海南海洋大省”以至“海上中国”等概念和战略的提出,都是作为海洋经济发展战略提出来的,所有的指标,都是经济的指标;这同我们一谈成就,一谈政绩,就是经济增长多少多少一样。另一方面,就是涉海高校和科研部门自身。这些年来高校招生的一些“热门专业”,报考理工的,热在那些能直接见到经济效益的能“挣大钱”的专业,也即偏热于工科、技术类专业,而且是那些当前市场热门的工科;基础理论研究学科相对而言较少有“志愿”问津;报考文科的,热在那些经济管理、国际贸易、财政税收、金融会计、外语等等市场上“吃香”的专业,至于在从众眼光看来“务虚”“无用”的真正的纯文科文史哲专业,其在考生们心目中的地位,是可想而知的。原因在于大学毕业生们的就业市场。学文史哲的,很少有单位抢着要。涉海高校考生和毕业生就业状况也是同样,所有属于基础学科者多受冷落,应用学科看好,相关的人文学科专业,仅靠第一志愿,大多完不成“满意的”招生计划,因为考生们(更因为他们的家长们)“实惠”得很,他们中许许多多人考虑的更多的,是“学成”之后,能否挣到更多的“大钱”。这就是问题的症结。

三、海洋科技与海洋文化的应有关系:“以人为本”

“以人为本”,这是人类社会之所以成为人类社会而优于动物世界,并以文明社会的进步程度为理想的、理智的发展动力和发展目的的标尺。文化是相对于自然而言的人的创造,以及因了这种创造而享用的人与自然共同作用的一切精神的和物质的成果。文化的全部成果就是文明。从这一视角观之,科技本身就是文化的构成部分。科技只有充分显示着文化的含量，它才会不与文化、文明的目标相偏离。如上所言，近代以来，尤其是现代以来，更尤其是在当代社会，“以人为本”的追求物质享受、享乐主义的一面被有意无意地受到了强调，导致了并非一时一地的物欲横流，因而科技对物质文明、对经济发展的贡献率被人们过分地看重，科技已经被从文化之中剥离了出去，被偏离地夸大了和怂恿了它的魔力，似乎成了独立于文化的存在，如此的“科技”所暴露出来的问题也就愈发明显了。比如，“由于工业化过程中的处置失当，尤其是不合理地开发利用自然资源，造成了全球性的环境污染和生态破坏，对人类的生存和发展构成了现实威胁。保护生态环境，实现持续发展，已成为全世界紧迫而艰巨的任务。”① 为此，必须还“以人为本”的全面内涵，充分地还科技以本来应有的文化面目。即使是对应于狭义的文化概念，摆正科技与文化的关系，也是时候了。面对21世纪作为海洋世纪的到来，海洋科技对海洋事业的可持续发展、对人类海洋文明的方向与目的所应有的贡献率，应该纳入海洋文化范畴甚至整个文化范畴来考虑、认识和发展。

首先，海洋文化揭示海洋科技的最终目的。人类的文明社会与动物的“本能社会”的高低之分，就在于从总体上来说，人类的一切活动除了其作为人的本能以外，还有着为了整个同类、整个社会的发展和获得精神享受、道德修养的更为高级、更为长远的目的。为了达到一定的目的，人类可以理性地思辨、克制自己可能有违、有碍最终目的的某些本能。我们认识和把握海洋，开发利用海洋，既然目的是为了人类自身获得的财富更多，经济发展更快，生活条件更好，那么进行海洋科技开发时不考虑它对人类生存和发展的质量、对人类的身心健康和安全、对人类的心理感受、审美感受有

① 李鹏《中国21世纪议程前言(代)》，中国环境科学出版社，1994年。

无副作用，有多大副作用，能否防止或克服这些副作用，只考虑其一而不考虑其二，只知其一而不知其二，或只顾其一而不管其二，显然不可。目的即利益。短暂的目的有短暂的利益，长远的目的有长远的利益；局部的目的有局部的利益，全面的目的有全面的利益。"事情有大道理，有小道理，一切小道理都归大道理管着。"① 我们在对待海洋上之所以出现了这么多问题，就是由于我们很多时候的利益目的眼光太浅、太短、太片面、急功近利、只顾其一不顾其二、只顾小道理而忽视或根本不懂大道理的缘故。我们需要的是大胸怀、大道理、大目的和由此而带来的大利益。一个国家、一个民族的健康文明的发展需要这种大胸怀、大道理、大目的；整个人类的健康文明发展需要这种大胸怀大道理大目的。

因而其次，"人文为科学启示方向"，"人文使技术获得人道方向"。② 海洋科技与海洋文化的关系，自然同样如此。目的既已明确，没有合于人文发展轨道的正确方向，科技就会走上歧途，就达不到目的，甚至事与愿违。海洋文化建设的主要任务，就是要强化人们面对海洋的人文意识，历史意识，人道意识，审美意识，幸福意识，并为此提供民主的和法制的保障机制，凡是不符合这一方向的科技"创新"，自然都在被排除、淘汰之列，如此，"就不至于出现高科技杀手、智能匪帮、'奥姆真理教徒'了。"③ 同时，海洋科技专家们也就会在这样的人文、人道、社会审美意识和使人类生活获得幸福感的方向下面，自觉地去进行科技创新。

再次，海洋文化为海洋科技的创新及其成果向社会的转化应用和效能的发挥，提供人文保障。比如海洋观念和海洋意识包括

① 《毛泽东选集》，第二版，第 348 页。

② 涂又光《论人文精神》，《高等教育研究》，1996 年，No.5。

③ 涂又光《论人文精神》，《高等教育研究》，1996 年，No.5。

海洋环境意识的被强调，可以使得人们强化对海洋科技创新及其成果转化的文化效能的重视，从而使得海洋科技的发展获得一个大的观念认可、思想重视的人文环境，从而避免再开发出一些虽从经济角度看效益很好，却对环境保护、对生态平衡、对人体健康、对心理审美、对资源保护与可持续利用祸患无穷的"高科技产品"来。而一旦出现了这类"高科技创新产品"，海洋文化的机制又可以通过道德舆论、大众心理与价值评判和法制渠道，使得它不被社会接纳和承认，使得它无立锥之地。

其四，海洋文化为海洋科技提供人道主义关怀。海洋科技工作者是高智商、高层次、高能力因而应具有高社会地位、高社会贡献率、高社会影响的人群，他们的科技工作不应是为科技而科技，以研究出某种科技发明、研制出某种科技产品为最终满足。对他们来说，科技发明、科技产品的成功只是一种媒介和途径，一种获得社会承认(越广泛越好)和评价(越高越好)的媒介和途径，他们的最大的成就感和幸福感，是他们亲眼看到自己的发明得以为社会所广泛承认和高度评价，由此获得一种为了人类社会生活的美好、海洋事业和海洋文明的发展而贡献了自己的能量的神圣感、使命感。无疑，这种社会的承认和评价，这种成就感和幸福感、神圣感和使命感，这种为海洋事业贡献自己的工作目标甚至人生目标，就是文化的内涵，因而也是海洋文化的内涵。而且，一般说来，海洋科技工作者比一般科技工作者辛苦得多、寂寞得多，他们要常年工作在实验室或海岸、海上，他们往往抛家舍口，远离五彩缤纷的社会，甚至要牺牲自己的性命，在一般人眼里，他们的生活是单调的，他们工作的过程往往是默默无闻的，甚至一生都默默无闻，甚至相当危险，即使是成功者，他们中的大多数也是无名英雄。因此，海洋文化的强调，不但可以强化他们的科技目的意识和方向意识，强化他们的社会贡献意识和人生价值意识，而且可以通过全社洋意识和海洋观念的强化,增强全社会对海洋科技工作者及其科技工作的理解、认可和评价,增强海洋科技工作者在全社会人们心目中的形象和地位,从而对他们投入更多的人文关怀,把他们的工作和自己的美好生活、人类的美好未来密切联系起来。如此,也有利于海洋科技成果的社会化应用,同时也有利于形成海洋科技成果的更新、更多的出现及其社会化应用的良性循环。

四、海洋文化建设的基本思路

海洋文化既然对海洋科技的创新和发展有着如此重要的作用,那么加强海洋文化的建设也就成为当务之急。如何做为好?我们的基本思路有如下几点。

其一,普及海洋文化知识,提高全社会的海洋文化意识、海洋人文道德意识。海洋意识是一种整体意识,应成为一种民族意识,一种把对海洋的认知、保护、开发利用同整个国家、整个社会的发展统一考虑、全盘规划的意识,是一种把我们民族的过去、现状和未来同我们蔚蓝色的海洋密切联系在一起的意识。地球面积的70%还多是海洋,我们的人类实际上是居住在海洋之间的一个个大大小小、或相连或分散的岛屿上,就人类文化的发生、发展的历史和大多数国家、大多数民族和大多数人口、大多数居住区来说,人类大多数的文化是和海洋发生着或多或少、或直接或间接的密不可分的联系和扭结的。海洋文化,就整体来说,绝不仅仅限于直接的涉海文化,它是一个全面意义上的整体文化概念,就世界范围来说,它是一种世界文化;就我们中国来说,它是一种华夏历史文化,一种民族文化,关系和联结我们民族的历史与未来的文化。近年来,有关部门曾经作过不只一次的社会调查,发现我们的国民海洋文化知识和海洋观念意识相当淡薄,1998 年是“国际海洋年”,这一年我国有关方面加强了宣传力度,效果尚属明显,但无疑远远不够。“国际海洋年”早已过去，而宣传我们的海洋，善待我们的海洋，保护我们的海洋，普及海洋知识，强化我们的海洋意识和海洋文化，保证我们的海洋事业的可持续健康地合于文明轨迹地发展，应是我们长期的而且是艰巨的任务。为此，我们的广播电视媒体，我们的图书报刊媒体，我们的电子音像媒体，我们的大中小学教育，我们的青少年组织，我们的各级各类有关部门，都应该认识到我国作为一个海洋大国的客观事实及其国际地位，认识到海洋事业的发展对我国社会的文明进步、对人类社会的文明进步的价值和意义，在对全社会的普及宣传、教育上，制定切实可行的措施，狠下一番工夫。尤其是从娃娃抓起，从教育抓起，乃万年大计。

其二，国家法规和政府手段，是硬性的两大法宝。在我国，尤其是近些年来，涉及海洋管理和权益的法律法规建设相对来说已经不少，但细化不够，可操作性不够，执行力度不够，而且远远不够。地方利益，部门利益，“无利益”的就扯皮、踢皮球，“有利益”的就你争我抢，这种情况不是个例。有时只好要求“齐抓共管”，结果更无人管，有法不依，执法不严，令不行、禁不止的现象相当常见。这绝不是因为管的部门少了，管的人少了，而是管的部门多了，管的人多了，最根本的解决办法只能是精兵简政，使之依法独立行使职权包括执法权，执法必严，不严必究。政府手段的一个重要方面，就是宏观的政策导向和微观的政策扶持。对于海洋科技创新，应选择那些有利于社会文明发展的有利无害至少是害少且完全能够给予无害处理的项目，加大支持投入力度，而对于那些目光短浅、急功近利的有利又有害的项目，再有经济价值也坚决予以否决，淘汰、取缔。在海洋文化建设的“软”的这一方面，政府也应同样加大支持投入力度，使其理论成果和文化硬件设施同样变得“硬”起来，不再仅仅停留在那些务虚的、不疼不痒的、人家可听可不听的口号、提倡和号召的层面上。

其三，海洋文化基本理论的建设要迅速跟上。海洋文化的学术意识和学术研究，在我国刚刚兴起，全国范围的海洋文化研究尚未形成热的气候，海洋文化基本理论的研究尚未被人文社会科学界所广泛重视，相关研究成果尚未构成系列和系统，其对海洋科技的创新发展和对国民海洋观念、海洋意识的强化所应有的作用力尚未得到有力的显示。当然，任何学科的创建和发展，都要有一个过程，甚至是一个较长的过程，但这绝不等于我们由此就可以任其自然，时代的发展、21世纪作为海洋世纪的国际态势，海洋科技创新的历史机遇和理性自觉，都要求我们的海洋文化基本理论建设必须迅速发展起来，贯穿于海洋科技创新机制和海洋人文社会的发展之中，并担当起“人类社会的进步将越来越寄希望于海洋，换句话说，未来文明的出路在于海洋”① 的历史重任。

第四，海洋科技创新体制中不但应该考虑海洋文化的保障因素，而且应该作为一项相应的制度予以确定。科技包括海洋科技的发展，以前忽视的就是文化的包括海洋文化的因素的考虑，因而才出现了资源、环境包括海洋资源和环境越来越恶化，人们社会生活的安全感、幸福感、美感越来越缺失的严重问题。今后的海洋科技创新，应该建立一种创新机制，在这种机制中纳入相关海洋文化建设的有机内容，以充分发挥海洋文化对海洋科技发展和人类社会文明发展的导向和保障作用。

---

① 李瑞环《在会见第二十四届世界海洋和平大会代表时的讲话》，《光明日报》，1996年11月18日。